수퍼바이저의
자기성찰

박 순 지음

Σ 시그마프레스

수퍼바이저의 자기성찰

발행일 | 2020년 9월 10일 1쇄 발행

지은이 | 박 순
발행인 | 강학경
발행처 | (주)시그마프레스
디자인 | 고유진
편 집 | 김은실

등록번호 | 제10-2642호
주소 | 서울특별시 영등포구 양평로 22길 21 선유도코오롱디지털타워 A401~402호
전자우편 | sigma@spress.co.kr
홈페이지 | http://www.sigmapress.co.kr
전화 | (02)323-4845, (02)2062-5184~8
팩스 | (02)323-4197

ISBN | 979-11-6226-282-5

* 책값은 뒤표지에 있습니다.
* 이 도서의 국립중앙도서관 출판예정도서목록(CIP)은 서지정보유통지원시스템 홈페이지
(http://seoji.nl.go.kr)와 국가자료종합목록 구축시스템(http://kolis-net.nl.go.kr)에서
이용하실 수 있습니다.(CIP제어번호 : CIP2020034412)

두 번째 태어남을 조력하여 주신
Rev. Frank & Ingegaard Jean, Rev, Randy & Sue Rice와
세 번째 태어남을 이끌어 주신
정석환, 유영권, 권수영 교수님께 이 책을 바칩니다.

추천사

박순 박사님의 세 번째 개인 저술인 〈수퍼바이저의 자기성찰〉 출간을 진심으로 축하드리고 강력한 추천의 글을 씁니다. 추천자가 봉직하는 연세대학교 상담코칭학 박사과정에는 삶을 관조할 수 있는 나이의 중년 여성들이 대거 진학하곤 합니다. 이들이 중년에 다시 시작하여 학문적 성찰과 개인적 성장을 이어가는 놀라운 과정을 저는 지난 15년 넘게 관찰해왔습니다. 그런 중년 상담학도 중 가장 먼저 생각나는 분은 단연코 박순 박사님입니다. 만학도 중에서도 상대적으로 늦은 나이에 시작한 그는 그럼에도 불구하고 끝이 보이지 않을 만큼 정진하는 모습을 보여주어 후배들의 귀감이 되는 분입니다.

　상담을 효과적이고 전인적으로 수행하기 위해서는 상담자 자신의 부단한 노력이 필요합니다. 학문적 이론/지식의 학습과 병행하여 임상 실제에 대한 수련이 필수입니다. 박순 박사님은 연세대학교 박사과정 과정 중에 장기간에 걸친 임상의 노력을 결집하여 매우 독창적인 학문적 결과를 만들었습니다. 존속살해 무기수에 대한 장기적인 동행의 결과로 〈학대받은 존속살해 무기수의 이야기심리학적 심리전기〉라는 우리나라 최초의 이야기심리학적 심리전기 학위논문을 완성하였습니다. 평소 감리교회의 평신도로서 남몰래 이어가던 선교와 봉사의 삶이 학문적 관심으로 승화되어 기독(목회)상담적인 접근을 시도하였고 마침내 학문적 결과물을 완성한 것입니다. 사회의 극단에 있는 가장 취약한 대상에 대한 인간적이며 동시에 학술적인 연구와 실천적인 관여는 기독(목회)상담자에게 필수적으로 요청되는 덕목이기도 합니다. 또한 학위논문 완성 이후에도 현재까지 20년이 넘게 동일한 대상에 대한 관심과 지원을 이어가는 것으로 알고 있습니다. 이러한 삶의 태도와 학문적 자세가 박순 박사님의 독특한 면모이자 기독(목회)상담학도가 지녀야 할 필수 자원이라고 생각됩니다. 또한 이러한 힘이 장기적인 헌신과 성찰적 삶의 양식을 담은 〈상담자의 자기분석〉에 이어서 〈수퍼바이저의 자기성찰〉이라는 새로운 저술을 이어가는 저력이라고 믿습니다.

　연세대학교 상담코칭학과의 학문적 분위기는 한국의 일반적인 상담학계의 분위기와는 그 출발부터 여러모로 다릅니다. 연세대학교 신과대학 교수이자 2대 학장을 역임하셨던 이환신 교수님께서 한국전이 발발하고 부산으로 피난 가서 천막에서 수업을 진행하실 1951년에 〈문의학〉이라는 과목으로 강의를 한 것이 효시입니다. 이후 미국 선교사였던 반피득 교수님께서 1968년에 오픈한 연세대학교 학생상담센터와 이후 국내 최초로 세브란스병원에서 시작된 임상목회실습(CPE)은 오늘날 상담이 일선 학교와 병원 등에서 중요한 서비스 기능으로 자리잡는 데 크게 기여했습니다. 박순 박사님은 개인적으로 이러한 분들과 개인적인 친분과 함께 공적인 관련도 가지고 있습니다. 연세대학교 영문학과에 입학한 첫 해에 학생상담센터가 개소된 것이 제게는 박순 박사님을 영문학에서 상담학으로 영역을 확장하도록 이끈 하나의 운명적인 동인처럼 보입니다. 그가 대학졸업 후 오랜 기간 중고등학교 영어교사로 재직하다가 상담학으로 전환하여 오늘에 이르고 있기 때문입니다. 부친이신 고 박상래 교수님은 연세대학교 신과대학의 교회사 교수님이었고 연세대학교 학생처장과 교무처장을 역임하셨습니다. 특히 고 박상래 교수님은 당시의 백낙준 총장님과의 긴밀한 협력으로 전쟁 중에도 학교교육을 이어가는 데 중대한 역할을 하셨다는 기록이 남아있습니다. 그렇다면 바로 그 현장에서 국내 최초로 상담학(당시는 문의학이라는 이름으로 개설) 강의가 열린 것도 박순 박사님에게는 운명 같은 사건이라고 여겨집니다.

　연세대학교 상담코칭학과는 앞에 열거한 기독교 선교와 목회적 전통을 기반으로 피어난 귀한 열매입니다. 신학을 기반으로 하되, 심리학과 기타 사회과학 등이 상담과 코칭 서비스를 구현하는 데 긴장감 있는 균형을 유지하도록 교육하고 수련합니다. 그러하기에 일반 상담학 분야에 비해 보다 신학적인 탐구, 특히 목회 신학적 성찰을 학문의 가장 중요한 기반으로 제시하고 요청합니다. 이에 한국기독교상담심리학회, 한국목회상담협회와 직간접으로 깊은 관계를 맺고 수련합니다. 박순 박사님께서 늦은 나이에 박사학위를 취득하고서 다시 일반 상담학 분야의 새로운 수련을 시작하였다는 것은 놀라운 일입니다. 저는 여러 해 전부터 한국상담학회와 한국상담심리학회 등 일반 상담학회와의 대화와 협력을 통하여 국내 상담사법 제정과 NCS(국가직업능력표준) 개발 등 상담서비스를 제도화하는 일에 참여하였습니다. 이에 2012년 연말 경 연세대학교 상담·코칭지원센터의 전임 상담사들과의 모임에서 가능한 분들은 일반 상담학회의 자격증도 취득하도록 권유한 적이 있었습니다. 당시 가장 연장자였던 박순 박사님에게도 "박순 박사님도 따세요"라는 농담 섞인 격려의 말을 던졌습니다. 박순 박사님은 당시 저의 그 한마디를 가지고 고민하면서 자격취득을 다시 시작하여 한국상담학회와 한국상담심리학회의 1급 상담전문가의 자격을 취득한 것을 보면 정말 나이는 숫자에 불과하다는 것을 다시금 절감하게 했습니다. 이런 도전정신 역시 상담학도 후배들에게 귀감이 되는 일이라고 여겨집니다.

　현재 연세대학교에서 동문수학한 이들과 함께 연세다움코칭센터의 원장으로서 상담코칭센터 운영을 원활히 이어가고 있다는 소식은 후배들에게도 귀감이 되고 있습니다. 상담코칭학을 현장에서 꽃 피우고 있는 박순 박사님의 인생행보를 축하드리고, 앞으로 더욱 고귀한 일에 하나님께서 요긴하게 사용하시기를 축복하면서 수퍼바이저로 살기 원하는 모든 상담자에게 강력하게 일독을 권합니다.

2020년 7월 10일

권수영

연세대학교 연합신학대학원 원장

(사)한국상담진흥협회 회장

감사의 글

2009년에 〈상담자의 자기분석〉으로 자기 벗음과 자기 비움을 시작하고 10년이 하루하루 지나갔다. 〈상담자의 자기분석〉에서 태어나서부터 예순 즈음까지를 회고하였다면, 이번에 묶는 〈수퍼바이저의 자기성찰〉은 이전에 미처 말 못한 이제는 '말할 수 있는 비밀'과 지난 10여 년의 회상의 결합이다. 그리고 아직도 말할 수 없는 그런 이야기는 겨드랑이 속에 숨겨 놓는다. 모두 다 말한다는 것이 가능하지도 않고 필요하지도 않다고 생각한다. 세상의 모든 사람들이 생전에 하고 싶은 말을 다 하지 못하고 죽는다는 우스갯소리가 있다. 나도 예외가 아니다. 당신도 여기에 속하지 않겠는가?

상담은 내담자의 자기개방에서 시작된다. 수퍼비전 또한 수퍼바이지의 자기개방에서 출발한다. 지난 10년간 자신의 소중한 사례를 용감하게 내어 놓고 함께 "어떻게 내담자를 더 잘 도울 수 있을까?" 고민하였던 귀한 수퍼바이지들에게 존경의 머리를 숙인다. 그리고 수퍼비전을 앞두고 머리가 아프고 배가 아프고, 때로 소변을 지리기도 하고 설사를 하기도 하면서, 사례발표를 준비하였던, 그리고 그 과정에서 기쁨과 행복의 성장을 위해서 기꺼이 눈물을 흘렸던 수많은 상담사들에게 감사의 인사를 드린다. 상담사가 국가공인도 되지 않은 서러운 현실 속에서,

오직 진정한 상담사가 되겠다고 수많은 낮밤을 내담자와 그리고 사례발표보고서와 씨름한 상담사들의 헌신이 언젠가는 반드시 온 국민으로부터 인정받고 합당한 예우를 받게 될 것임을 확신한다. 다시 말해서 그러한 상황이 현실화되는 그 순간까지 모든 상담사 및 수퍼바이저들과 함께 연대하면서 우리의 목소리를 확실하게 낼 것임을 천명한다. 2008년도부터 연세대학교상담코칭지원센터에서 한국목회상담협회의 임상감독과 한국기독교상담심리학회의 수련감독 자격을 갖고 시작한 수퍼바이저의 여정이 이제 10년이 넘었다. 지난 10여년을 돌아보면서, 앞으로의 10년의 새로운 도약과 성숙을 도모하려고 한다.

전문코치를 위한 자기분석 코칭 프로그램을 개발할 때 인생을 세 마당으로 나누었다. 인생 1막은 '자녀로 시작한 첫째 마당', 인생 2막은 부부 혹은 창조적 독신의 둘째 마당, 그리고 인생 3막은 '함께 또 따로 하는 셋째 마당' 인 세 마당으로 구별하였다. 그리고 〈상담자의 자기분석〉이 첫째 마당과 둘째 마당에서 헤메기도 하고 놀기도 하면서 진행한 '잠재력 진로개발이야기'였다. 셋째 마당은 감사하게도 아직까지는 배우자와 함께 쓰고 있다. 여전히 나의 잠재력을 개발하기 위해서 분투하고 있고, 진로 개척을 위해서 기도한다. 인생 셋째 마당의 이야기를 '수퍼바이저의 자기성찰'이란 제목으로 엮었다. 3막에 새롭게 등장한 것이 현재까지 세 가지이다. 하나가 목사 안수이고, 둘째가 현재 소속하고 있는 '연세다움상담코칭센터' 창립이고, 셋째가 내 인생에 팝업창으로 전격 등장한 '코칭'이다. 헤메이던 시간에 인도하신 보이지 않는 숨결에 감사하면서 책을 시작한다.

책은 모두 제5부로 구성되었다. 제1부는 '상담자의 자기치유 저널'이다. 마음 동할 때마다 기록된 글들의 모둠이다. 기쁜 이야기와 우울한 이야기가 함께 한다. 제2부는 '수퍼바이저의 자기성찰'로서 이 책의 중심부분이다. 상담사 정체성 위에 수퍼바이저의 역할이 증대해온 지난 10여 년간의 '자기 들여다보기'이다. 필자가 후기 성인기를 지나는 한 여행객으로서 60세부터 70세에 이르는 심리적 여행의 후기이기도 하다. 제3부는 '나만의 상담방법론'으로서 이야기-영성-행위치료를 통합해 나가는 필자의 자기만의 상담방법론 개발 과정이다. 제4부는 '통합적 가족상담론'으로 '소로록 넘어가는 잡채 같은'이라는 부제를 달았다. 제5부는 비교적 최근인 2013년부터 만들어가고 있는 '코칭이야기'이다.

　부족한 사람의 원고를 채택하여 벌써 여러 권의 책을 출판해 주시는 (주)시그마 프레스의 강학경 사장님, 김갑성 차장님, 김은실 차장님과 여러분께 머리 숙여 감사드린다.

2020년 5월 24일
연세다움상담코칭센터 원장 박순
연희동에서

차례

01 상담사의 자기치유 저널

02   수퍼바이저의 자기성찰 노트

03   나만의 상담방법론 : 이야기-영성-행위 치료

04   통합적 가족상담방법론

05 코칭 이야기

프롤로그

옛날 한 옛날에

대학생 때 만나 일생 영향을 받은 중국인 선교사 Frank Jean 목사님은 대학교 4학년 취준생이던 내게 말씀하셨다. "준비되어 있으면 하나님이 쓰신다. 사람에게 의지하지 말고 오직 하나님을 의지하도록 하라. 근심하지 말라. 예비하고 예비하라." 그러면서 당신에게 남겨진 몇 장 안 되는 구겨진 지폐를 주시던 그 영상이 뇌리에 남아있다. 기도의 손길이 이어졌다. 45년이 경과한 후 2017년 겨울방학에 손자 준영이가 겨울방학 미국 여행길에 노환으로 기력이 없으신 선교사님에게 나의 선물을 전달하는 미션을 수행하기 위해서 만나 뵈었다.

상담사의
자기치유 저널

인간은 만남으로 성장한다

이 구호를 처음으로 신선하게 접한 것은 여의도에서 운영하던 류달영 박사의 인간관계훈련원에서이다. 1991년 당시 서울 생명의 전화에서 알게 된 이진숙 목사님과의 인연으로 여의도 인간관계훈련원에 출입하게 되었고, 이 구호가 마음에 와 닿게 되었다. 2002년에 한국상담연구원에 갔을 때 홈페이지의 첫 화면에 '인간은 만남으로 성장한다'가 기록되어 있어서 묘한 인연을 느끼기도 하였다. 2009년에 〈상담자의 자기분석〉을 완성하였을 때 교정을 도와주었던 H는 책에 대한 평을 한마디로 '인물열전'이라고 하였다. 그렇다. 나의 삶은 사람과의 만남으로 이루어졌다. 그 만남 속에서 이루어진 기쁨과 성장, 그리고 아픈 상처와 치유의 이야기가 결국 나의 이야기가 된다.

2018년 현재 지구 인구가 75억 명이 넘었다고 인터넷은 전한다. 융이 원형(archetype)이라는 개념을 설명하기 위해서 사용한 '지금까지 지구상에 존재하였던 인류의 경험의 침전물'이라는 개념 정의를 확장하여 '지금까지 지구상에 존재하였던 인류와 앞으로 올 인류 경험의 침전물'이라는 개념을 제시한다. 이는 바로 요한복음 17장 20절에서 예수님이 말씀하신 대로 '이 사람들만 위함이 아니요 또 저희 말을 인하여 나를 믿는 사람들도 위함이니' 처럼 '지금까지 만난 사람들과의 만남만이 아니요, 앞으로 만날 만남'을 위한 열림이기도 하다. 이는 융이 말한 5대 원형 중에 가장 중요한 개념인 자기(The Self)에도 해당된다. 객관적 정신(objective psyche)이란 과거에 살았던 인류만의 사고가 아니라 매일같이 새로 오는 새로운 사람들의 정신이 포함된다. 다시 말해서 최초의 인류부터 최후의 인류의 사고가 복합된 형체를 '자기'라는 객관적 정신으로 확장하여 사용하고 있다.

단순하게는 지금 기록하는 〈수퍼바이저의 자기성찰〉을 통해서 만나는 나 자신과 모든 타인 및 사물과의 교류가 얼마나 기대되고 소중한지 말로다 할 수 없다.

사단법인 한국상담연구원 구현 원장과의 만남

지난번의 저서 〈상담자의 자기분석〉에서 일부 이야기되었지만, 55세 여름 중년의 한가운데 있던 나에게 별난 일이 벌어졌다. 첫째는 한국상담연구원 구현 원장님과의 만남이다. 그날이 2002년 6월 25일 한국과 독일의 월드컵 경기가 있던 날이기에 기억은 선명하다. 서서울생명의 전화 전화상담원 교육의 일환으로 사단법인 한국상담연구원을 통한 심리상담사 2급 자격과정을 시행하던 중에 발생한 일이다. 사단법인의 자격검정에는 필수 요건으로 2박 3일의 집단상담이 있었다. 이는 지금도 마찬가지이다. 사단법인 한국상담연구원은 심리상담사 2급 자격을 위해 이론 100시간 연수, 참만남집단상담 30시간, 자격검정 60점 이상, 회원가입 등을 규정하고 있다. 1급 과정을 위해서는 이론 100시간 연수, 참만남집단상담 30시간 3회, 개인상담 10회기, 자격검정 등을 요구하고 있다. 이는 한국상담심리학회 및 한국상담학회의 자격요건에 준하는 것으로서 매우 실질적인 이론과 실제의 자격연수과정이다.

서두가 길어졌지만 서서울생명의 전화 상담봉사원 교육에 참가한 분들이 자격 취득을 위해서 집단상담을 지원하게 되었다. 6월에 참가하지 못한 분들을 위해

9월 초에 예정되어 있던 집단이었는데, 8~12명이 참가 예정이었다. 대부분의 교육생이 중년의 가정주부이다 보니, 본인의 의지가 강하여 참가신청을 마친 이후에도 변수가 아주 많았다. "시어머니가 서울에 올라오신대요", "애가 아파요", "남편이 도저히 맘 편히 동의를 하지 않습니다" 등의 가정사와 스스로의 자신 없음과, 굳이 자신만의 변화를 위해서 안 하던 일을 해서 집안을 어렵게 하랴 싶어 스스로 알아서 포기하기도 하였다. 약속했던 분들이 하나 둘씩 빠지기 시작하여 나중에는 참여자가 반도 안 되는 지경이 되었다.

나는 이미 박사과정에 지원하기 위해서 프리미팅을 하고 한 달이라는 단기간에 토플을 준비해야 했다. 서서울생명의 전화 김인숙 원장님께서도 당연히 "박 선생님은 이번에 참가하지 못하고 공부해야지"라고 사전에 이야기가 있었다. 이 절대 절명의 중대한 시간에 박사과정 지원자격에도 필요하지 않은 집단상담에 참가할 이유는 전혀 없었다. 다정도 병이라고 우리 선조님들이 이미 읊지 않았던가? 하나 둘씩 곶감 빠지는 것이 안타까워서 당일에 무작정 참가를 결행하였다.

집단상담 장소인 신대방동 삼거리에 있는 사단법인 한국상담연구원 본부를 찾은 우리는 다같이 한마음이었다. 3층인가에 연구원이 있다고 하였는데, 생명의 전화 직원이었던 정우영을 비롯해서 김인숙 원장님도 선뜻 올라갈 마음이 일지 않았다. 무슨 연구원이 이렇게 시장 바닥 가운데 있단 말인가? 신대방동 삼거리의 성대시장 입구에 있는 연구원은 내가 상상한 거대한 법인이 아니라 주상복합 건물의 3층에 위치한 주택이었다. 완전 살림집으로서 온돌바닥, 안방, 건너방과 주방과 화장실, 너무나 작고 초라하였다. 서서울생명의 전화는 목동에서 그 당시 가장 높은 건물이던 CBS건물 11층을 사용하고 있었기에, 더욱이 시장바닥에 대한 감정이 올라오고 있었다. 쭈빗쭈빗 내켜하지 않다가 올라가 보니 더욱 기가 막힌 광경을 목도하게 되었다. 연구원 사무실이 주택처럼 온돌방 위에 책상을 올려 놓은 형태였다. 주상복합 건물의 윗층에 주인이 살려고 지은 집을 빌려서 사단법인한국상담연구원이라는 거창한 이름을 내걸고 있었다. 나중에 안 일이지만, 이

보다 훨씬 열악한 환경에서 이곳으로 이사한 지 얼마 되지 않았으며, 원장과 직원은 이 연구원을 대궐로 알고 있다고 했다.

이 정도의 놀라움은 그다음에 집단을 시작하는 단계에서 받은 충격에 비하면 아무것도 아니었다. 구현 원장과의 집단이 두 번째인데 지난번 강화도에서는 선비 같은 모습으로 인자하더니만, 이번에는 다른 모습을 보인다. 우선 집단원이 8명이 되지 않아서 집단을 시작할지 말아야 할지 생각해 보아야겠다면서 일종의 신경질과 화를 내는 것이었다. 집단원도 구성이 안 되었으면서, 바쁜 자신에게 집단을 신청했냐는 것이었다. 그때 다 이름은 기억나지 않지만, 서서울생명의 전화 김인숙 원장님과 나, 정우영 이렇게 직원이 3명이었고, 교육생 중에 별칭이 '어리버리'였던 분, 공인중개사 한 분, 또 한 분은 장수돌판을 선물해 준 다른 가정주부, 이렇게 모두 합해야 6명뿐이었다. 구현 원장님이 겨우 겨우 화를 거두고 진정해서 집단을 시작했는데, 피곤하다고 온돌방에 아주 눕기도 하고, 눈을 감고 있기도 하고, 이전의 다른 지도자에게 볼 수 없었던 매우 불량하고(?) 불성실한 태도가 마구 보여지고 있었다. 우리는 의아해하면서 두 번째의 참만남집단상담을 경험하고 있었다. 저녁에 갓난아기가 있는 김연수 부장이 나타났을 때 우리는 감격해 마지않았다. 직장을 위해서 자신의 가정 일을 희생하는 모습을 보여주었다. 아직 어린 사람인데, 생각이 깊고 처신이 남다르다고 그때부터 지켜보았다.

예정에 없던 이 집단상담은 나의 삶을 바꿔 놓았다. 집단이 끝나는 무렵 원장님이 슬쩍 말씀을 건네신다. "박 선생님, 집단 끝나고 저 좀 만나고 가세요" 원장님은 "와서 살림 좀 맡아 주세요" 하면서 나에게 연구원 상담실장의 직책을 제안하였다. 직원이 모두 어리니(20대 사회복지사 3명) 와서 어른으로 살림을 맡아달라고 하였다. 그래서 "저는 10월에 연세대 박사과정에 지원할 예정입니다"라고 거절하였다. "학교 다니시면서 상담실장을 맡아 주세요. 저도 지금 박사과정 중이고, 종합시험을 준비하고 있습니다"라고 대범하게 제의를 하였다. 이리하여 연세대 박사과정을 시작하기 전에 직장을 제안받았고, 합격하고 나서 11월 한 달을 각종 관련되었던 단체생활에서의 끝내기를 하고 2002년 12월 2일에 연구원 근무를 시작하였다.

　그 당시에 두 곳의 합창단에 적을 두고 연습과 연주를 하고 있었는데, 기독교대한감리회여선교회전국연합회합창단과 중구용산지방여선교회합창단이었다. 전국연합합창단은 1992년 5월부터 시작해서 10년을 함께 노래 부르며 전국은 물론 미국의 카네기홀을 비롯한 세계를 누비며 선교하였고, 지방합창단은 창단부터 함께하여 몇 년째 국내의 교도소, 군부대 등 선교활동을 하고 있었다. 박사과정 하나를 위해서도 정리해야 했지만, 이제 직장과 겸해서 하게 되었으니 모든 것을 접어야 했다. 전국연합합창단과는 백암의 청송교도소 방문을 끝으로 정리하였다. 아쉬웠지만, 아주 아름다운 여행이었다. 이렇게 대학원 입학을 확정짓고, 하던 일과의 작별을 한 달간 모두 끝냈다. 2002년 12월 드디어 사단법인한국상담연구원의 상담실장으로서 살림을 살러 들어갔다.

참 아름다운 사람 — 배경희

이제 본격적으로 한국상담연구원에서 어떤 살림을 어떻게 했는지 한번 되돌아보고자 한다. 우선 가정집이었기에, 그리고 따로 청소해 주는 사람을 쓰지 않았기에, 우리는 함께 청소를 하였다. 요일을 정해서, 구역을 분담해서 열심히 하였다. 참 힘든 시간이었다. 지금 떠오르는 기억으로 청소에 은사가 있는 사람은 박미경 팀장이었다. 나를 포함한 그 외의 직원들은 울며 겨자먹기로 할 수 없어서 하였다. 어쨌든 우리가 청소를 하면서 근무를 하였다. 둘째로 우리는 점심을 함께 먹었다. 여러 가지 시도가 잇달았다. 처음에 가니 3명의 처녀총각이 밥과 반찬의 일부를 하면서 성대시장에서 반찬을 사다 먹고 있었다. 처음에 올 때 연구원과 어울리지 않게 보였던 성대시장이 살림꾼의 눈으로 보니 얼마나 편리하고 고마운 시장인지, 사람이란 것이 자기필요에 따라서 평가가 180도 달라지는 존재라는 것을 실감하였다.

　청소와 식사를 함께 하면서, 옷은 각자 집에서 입고 오고 우리는 이렇게 의식주를 함께 하는 식구로서 가족처럼 일을 하였다. 남자 직원 한 명만 더 좋은 곳으로 얼른 취직이 되어서 오래 함께 근무하지는 못했지만, 다른 여직원들 — 배경희 주임, 이소연 주임, 이영녀 간사, 박미경 팀장, 송예희 팀장, 조은주 팀장, 김선희 팀장 등 — 과는 함께 일한 기간의 장단에 관계없이 우리는 서로 소통하는 바가 있었고 현재까지 직간접으로 관계를 이어오고 있다. 이 중에 특별히 귀감으로 소개할 만한 젊은 친구가 있으니 바로 배경희 주임이다. 그녀는 현재 충청도 어떤 초등학교 행정실장으로 근무하는 공무원으로 변신하였고, 대학원도 시험 중이라 도서관에 와 있다고 문자를 하기도 하였다. 그런데 최근에 상담학 대학원을 졸업하였다고 소식이 왔다. 상담사 수련을 도와달라는 소식과 함께…

　2002년 12월 2일 한국상담연구원에 첫 출근을 하였을 때에 반겨준 세 직원은 배경희 주임, 이소연 간사, 김진 간사였다. 이소연 간사는 다른 기회에 그녀의 아름다운 속사람과 겉사람을 이야기할 기회를 마련하려고 한다. 특별히 결혼준비 과정이 매우 모범적이어서, 사람을 만나고 점점 깊이 사귀고 결혼을 결정하는 과정을 모두 함께 하였기에, 좋은 사례로 소개하고 싶다. 동의해 주려는가, 지우맘? 그때는 직원들과 월요일 아침 회의를 시작하기에 앞서서 '3분 스피치' 시간을 가졌다. 주중에는 함께 하지만 개인의 가치와 선택으로만 이루어지는 주말을 어떻게 보냈고 지금 어떠한 마음으로 한 주를 시작하는지 서로 나누고, 동시에 표현력, 언어구사 등의 신장을 위한 실질적인 목표를 갖고 있었다. 직원들이 회원을 대하는 데 정말 모범적이었고 상담적으로도 매우 높은 수준의 처신을 하고 있었다고 자부한다.

　배경희 주임에 대해서는 할 이야기가 점점 길어지고 있는데 그 시초는 바로 나의 교도소 아들에 관한 것이다. 오늘은 과감하게 그를 아들로 불러본다. 2000년 5월부터 이 글을 쓰는 2018년 4월까지 19년째 편지가 오가고 있고, 간간히 면회,

이런 저런 모양의 교류가 있으니 그는 나를 고모였으면 좋겠다고 하지만, 나는 용감하게 교도소 아들로 부른다. 한국상담연구원에 근무할 당시에는 그가 나의 둘째 아들과 동갑인 청년이기에 너른 범위에서 내 아들과 같다고 생각하고 있었다. 나는 교도소에 편지를 쓰면서 나처럼 어머니 같은 사람이 편지하고 면회 가는 것보다 동세대의 사람과 교류하면 더 건강하겠다는 생각을 편지로 쓴 적이 있었다. 그리고 사무실에서도 직원들에게 이런 나의 마음을 이야기하였다. 그런데 꽃같이 어여쁜 미혼 여성인 배 주임이 스스로 교도소에 편지를 하겠다는 것이다. 정말 말리고 싶었는데, 편지를 시작하였고, 지금까지, 2018년까지 이어지고 있다. 원주에 그가 있을 때 우리는 함께 고속버스를 타고 면회를 갔다. 원주교도소 찾아 가는 길에 이모정 막국수가 있어서 맛있게 먹었던 기억이 새롭다. 오가면서 서로가 지낸 이야기도 하고 아주 좋은 친구로 지낼 수가 있었다.

한번은 이런 일도 있었다. 동양고속인가를 타고 원주에 내려서 길을 걷다 보니 선글라스를 고속버스 좌석 앞 그물망에 두고 온 것이 생각이 났다. 면회 시간이 있어서 터미널로 돌아가지 못하고 전화를 할 때 배 주임은 자신이 전화를 걸어서 담당자가 나오자 나에게 건네주었다. 통화를 끝내고 나서 배 주임에게 물었다. 직접 직원에게 선글라스에 관해서 이야기할 수 있었는데 어떻게 나에게 건넸는가 물으니 "국장님이 귀하게 말씀하시는 것이 있어서" 그렇게 했다고 하였다. 나의 언어 사용에 대해서 이렇게 귀한 피드백을 받아본 것은 처음이고 내게 오늘날까지 큰 힘이 되고 있다. 다행히 선글라스도 잘 찾았는데, 찾은 선글라스 반가운 것보다 배 주임의 말이 내 가슴에 깊이 새겨졌다. 더 귀하게 말을 하고 싶다.

한 번은 배 주임이 사는 보령에까지 내려가서 얼굴을 보기도 하였다. 마침 친구가 보령인력센터 관장으로 일하고 있어서 님도 보고 뽕도 따고 일석이조의 방문을 하기도 했었다. 신랑도 착하고 맏딸 영서도 의젓하고, 그리고 둘째를 낳았다니 얼마나 기쁜 일인지 모르겠다. 이제 함께 상담사의 길을 가게 되었다. 내가 줄 수 있는 모든 것을 주고 싶은 상담사의 인간적인 자질과 전문적인 자질이 풍부한 사람이다. 주기 전에 이미 다 갖춘 상담사이다.

이야기심리학과의 만남

이야기심리학과의 만남은 아주 소중하고 귀한 만남이다. 박사과정 첫 학기에 정석환 교수님으로부터 '이야기심리학과 상담'을 배웠고, 박사학위 논문을 쓸 때 연구방법론이 되었으며, 지금까지 나의 상담과 수퍼비전의 핵심이론이며 방법론이 되어 있다.

〈이야기심리학과 상담〉 과목 수강생에게 주어지는 과제 중 하나가 자기분석 보고서 제출이다. '깨소금이 변하여 티본 스테이크 되는 이야기: 이야기 심리학적 방법론에 의한 자서전'이 과분하게도 A+를 받았고 박사과정을 지속할 수 있는 원동력이 되었다. 15년 전에 기록한 자서전 프롤로그를 다시 읽어보며 현재와 비교해보고자 한다.

1981년에 연합신학대학원 상담학과를 졸업하고 스물두 해 만에 다시 연세대학교의 품으로 돌아왔다. 학부와 대학원을 거쳐 세 번째 입학이다. 정석환 교수님의 '이야기심리학' 수업의 과제로 나의 삶을 되돌아보고 자서전을 쓰는 기회를 얻게 된 것을 삶의 중대한 전환기로 삼고 싶다. 오늘의 이 매듭은 중년기의 대통합을 위한 출발점이요, 앞으로 맞이할 기대에 벅찬 노년기에 대한 전주곡이라고 생각한다.

최근에 새삼스레 자각한 사실 중 하나가 바로 나는 대한민국의 건국과 더불어 이 땅에 태어났다는 것이다. 1948년에 태어나 조국의 건국, 6.25, 4.19, 5.16 등의 격변과 군사독재시대를 지나서 현재의 참여정부의 시대에 있는 나의 삶을 새롭게 자각했다. 일제시대와 광복의 감격, 그리고 6.25 비극까지는 나의 무의식적 자산이며, 긴 군사독재의 터널과 민주화 과정은 나의 의식의 통로이다. 연신원 입학하던 해인 1979년, 서른두 살 때 이기춘 목사님께서 과제로 내주신 '교류분석에 의한 자아 분석' 후에 지금 24년 만에 자신을 새롭게 들여다볼 기회와 도구, 그리고 모든 것을 주시는 하나님께 감사의 노래를 부르려 한다. 흥이 나면 춤도 출 것이다.

정석환 교수님의 말처럼 비정상적인 발달 곡선을 나타내는 쉰여섯 나이에 박사과정에 도전하면서 나의 동갑내기들과 십년지기 모두를 생각하며 용기를 북돋운다. 모성 이데올로기의 위력으로 20년이나 유보시킨 나의 꿈을 반드시 이루고 나의 노래를 부르리라. 그리하여 한국 중년 여성의 새로운 합창곡의 서곡을 쓰게 되리라. 어리지도 늙지도 젊지도 않은 인생의 이 성숙한 시기에 알맞게 익고, 깊은 맛있는 나의 시와 노래를 지으리라. 입학하는 첫 학기에 이런 작업을 시작하게 되어 더욱 뜻깊게 생각한다. 첫 손자 준영이의 할머니로서 교양과목으로 박사과정을 한다면 웃기는 말이 되겠지만, 나는 나의 grandparenthood를 위한 연구에도 최선을 다하려 한다. 준영이 할머니로서 나를 세워 나가려 애쓰고 있다. 그의 출생과 성장과정을 관찰하면서 인간에 대한 새로운 이해를 얻게 되었고, 삶은 마냥 신비 그 자체란 것을 새삼 느끼게 되었다.

기록은 신비하다. 기록은 힘이 있다. 15년 전에 쓴 글은 나의 지난 15년을 견인하는 서곡이었다. 마음과 뜻과 정성과 지혜를 다하여 박사학위를 받았고 나는 지금 노년기에 들어서고 있다. 후배들에게 종종 하는 말대로 나는 박사과정 코스웍과 직장을 병행하느라 다 죽게 되었었고, 그 대신에 논문을 쓰는 5학기 동안에는 스스로 풀타임 학생이 되었다. 논문을 쓰는 동안에 정말 강의 하나, 상담 한 사례도 하지 않았다. 나중에 영국 어떤 대학의 브로셔를 보니, 풀타임 학생과 파트타임 학생의 코스웍 기간이 다른 것을 발견하게 되었다. 후배들에게 가급적 과정에 몰두하도록 말해주고 싶었고, 제도도 그렇게 보완되었으면 좋겠다고 정석환 교수님께 말씀드리니 빙그레 웃기만 하셨다. 선지자를 보내도 그 말을 귀 기울여 듣지도 않았던 우리가 아니던가. 참 선지자이신 아들을 보내니, 그만 아주 없애버렸던 우리가 아닌가! 말로는 소용이 없고 오직 경험만이 힘이라는 것을 교수님은 일찍이 알고 계시고도 남음이 있으셨던 것이다.

배에서 뛰어내리지만 말라

박사과정 첫 학기에 수강한 과목은 정석환 학장님의 〈이야기심리학과 상담〉, 유영권 교수님의 〈집단상담의 이론과 실제〉와 〈한국문화와 목회상담세미나〉 이렇게 세 과목이었다. 첫 학기 과목이고 워낙 임팩트도 강하고 중요해서 수업시간의 여러 면모가 상당히 많이 각인되어 있다. 이렇게 기록하다 보니 2003년 봄 학기의 일들이 파노라마처럼 떠오른다. 아직 울고 있지는 않다. 그러나 상당히 긴장되었고 힘들었다. 재미있는 이야기를 하려고 하지만 먼저 어려웠던 부분부터 털어 놓고자 한다.

2003년 첫 학기에 유영권 교수님의 '배에서 뛰어 내리지만 말라'는 말씀은 커다란 구원의 메시지처럼 다가왔다. 그 당시에 집단상담을 수강하는 학생이 아펜셀러관 2층에 가득하게 약 50여 명 되었던 것 같다. 석사를 1981년에 마치고 22년의 강을 뛰어 넘어 2003년에 박사과정 첫 학기를 시작하는 나는 '어리둥절' 그 자체였다. 강의 시간에 수시로 연구원에서 직원들의 업무문의가 이어지고 있었다. 수업을 따라가기도 벅찬데, 직원들이 급히 묻는 문의사항도 만만치 않은 것들이었다. 그럴 때 들려온 하늘의 소리가 있으니 바로 "배어서 뛰어 내리지만 말라"는 교수님의 이야기였다. 지금도 학업을 중단하려는 많은 학생들에게 전하는 전설이기도 하다. 배어서 뛰어내리지만 않으면서 박사과정 첫 학기를 시작하였다. 그때의 꿈으로 돌아가 보려고 한다.

꿈 1. 2003년 3월 8일 아침

커다란 장관(남자)실을 향해서 사무실(많은 남자 직원들) 있는 방을 지나 들어갔는데 그는 들어오는 나에게 눈길을 주지 않고, 눈길을 내리 깔고, 계속 벨트를 1개, 2개, 허리에 맴…

───────────────────

키 큰 남자

기다란 책상

방에 들어감(나)

─────   ─────────────

방에 의자가 없었음, 먼저 말을 거는 나. 그가 자살을 결행하려는 것임을 감지함. 문을 열고 직원들에게 알려서 사고 방지. 모든 수많은 직원들의 감탄. 아까 들어갈 때부터 '깡=끼' 있는 여자로 보였었음. 그 방에서 나올 때 기다란 목도리를 두고 나왔는 듯, 나중에 안 사실.

[아래는 중략]

• 작은 언니 출현
• 고등학교 동창모임(큰 시글벅적한 복잡한 곳에 우리애들), 음식점(무슨 행사). 나중에 아이들 전부 만남. 임순희의 냉담. 나는 별도로 (사정 때문에) 이쪽에 있다가 은수가 수녀복을 입고 빨래 중임(정말 수녀복). 앉아서 비누 칠을… 엉뚱한 아이.

목도리를 찾으러 돌아다니다 못 찾음. 계단에 흩어진 얇은 목도리들(평화시장 옷감 파는 곳 계단 같은 분위기) 그것을 가질까? 아니 안 되지… 위에서 내려다보는 아이(안 갖기를 잘했다). 장관 방에 걸려 있던 내 초록색 체크 무늬 핸드백. 그 속에 넣었다고 생각하고 열어 보니, 비슷한 다른 것들뿐. 찾을 듯 못 찾고 전화 때문에 깨

(계속)

어납. 선명한 꿈, 무슨 꿈인가 궁금한 꿈.

• • •

의식상황 : 대학원에 입학하여 첫째 주가 지난 토요일 꿈이다. 연구원 일과 대학원 수업 가운데서 혼란스러웠던 상황이다. 아는 사람이 한 명도 없는 현실이다.

주관적 연상
- 키 큰 남자 : 수많은 석박사 과정의 학생들이 그 당시에 눈에 들어왔고, 그들은 모두 내게 키가 큰 사람들이었다. 그리고 나도 '키가 크기 위해서' 박사과정에 진학한 사람이다.
- 벨트 : 허리를 졸라매는 것, 단호한 결심을 나타낼 때 하는 행위
- 자살 : 배에서 뛰어 내리는 행위와 같은 것. 교수님이 그만두는 학생들이 없도록 당부하심
- 기다란 목도리 : 벨지움 친구로부터 선물받은 아주 멋있고 오랫동안 정이 든 여성스러운 목도리
- 체크무늬 핸드백 : 홈쇼핑으로 구매한 매우 만족스런 핸드백

이 꿈의 의미가 다시 성찰하는 2018년 9월 24일에 새롭게 다가오니 신기하다. 그 당시에 어렵지만 세 과목 수강을 진행할 수 있었다. 그리고 정말 내게 어렵게 다가온 과목이었던 고 강희천 교수님의 〈기독교 교육실천〉 과목은 수강변경 신청을 하였었다. 22년 만에 대학원에 돌아가니 실라버스에 있는 학자 이름이 모두 낯설어서 무서웠다. 한두 명 여성학자 외에 학자 이름도 모르는 내가 수강생도 몇 명 되지 않는 과목에서 토론을 하고 발표를 할 자신이 전혀 없었다. 큰 배에서 뛰어내리지 않기 위해서 작은 포기를 실천하는 용단이 있었다. 얼른 수강을 취소하고 안도의 숨을 쉬면서 첫 학기를 시작하였다.

제3의 탄생 : 박순의 새 신화를 위한 예배

2005년 7월에 〈박순의 새 신화를 위한 예배〉라고 써놓고 혼자 의례를 시작하였다. 개인의 신화 개정작업을 진행하여 5방패를 컴 앞 커텐 위에 붙여 놓았다. 나의 낙원과 실낙원, 그리고 낙원회복을 위한 비전과 탐색, 그리고 복락원에 무엇인가 써넣었고 그려 넣었다. 5방패의 탐색 부분에는 안경 쓰시고 넥타이 매신 정석환 교수님을 그려 넣었다. 내가 낙원에 다시 가는 길목에서 귀한 스승을 만난 것이다. 〈상담자의 자기분석〉에 신화와의 새로운 만남에 대한 감격이 잘 나와 있기에 여기에 다시 수록한다.[1]

상담학과 박사과정 수강과목은 알알이 진주이다. 그냥 과목이라고 하기에는 숭고한 것들도 있는데 바로 〈융 심리학과 상담〉, 〈꿈·신화·환상과 상담〉이라는 과목이 내게는 특별히 그러하였다. 융의 분석심리학을 현대의 융학파 가운데서 우뚝 솟은 Murray Stein이 편집한 Jungian Analysis[2]는 MDR(Memories, Dreams, and Reflections)의 한국말 번역서인 기억, 꿈, 회상[3]과 함께 융에게 발을 들여 놓게 한 최면제이었다. 읽어도 무슨 뜻인지 알 수가 없어서 진땀을 빼면서 읽고 또 다시 읽은 융의 자서전과 이부영 한국융연구원 원장님의 분석심리학, 그림자, 아니마와 아니무스, 자기와 자기실현 등으로[4] 겨우 약간의 감을 잡기 시작했을 때 〈꿈·신화·환상과 상담〉이라는 과목은 나를 신화의 세계로 안내하였다. 미국의 TV 프로그램을 위해서 저명한 앵커 빌 모이어스와 대담할 때 너무나 거침없이 멋있게 떠벌려서(?) 그보다 학력과 경력이 많은 사람들을 무색하게 한 신화에 빠져버린 사람 조셉 캠벨과의[5] 만남은 벼랑 끝에 서서 깊은 곳을 내려다보는 무서움과 함께 제주도 산굼부리에[6] 올라갔을 때 원시처럼 그냥 남아있는 분화구의 원형이 밑 모를 어떤 것과 접촉된 것과 같은 깊은 안정감을 주었던 것처럼, 신화와의 만남은 분석심리학의 내부자가 되게 하는 유인요소였다.

(계속)

〈융 심리학〉 과목을 수강하던 중에 융학파 정신분석가를 꿈꾸고 있는 심상영 목사님에게 개인적으로 꿈분석을 받기 시작하였고, 서점에서 꿈이라는 제목을 보면 열어 보지 않을 수 없게 되었고, 신화의 세계는 나를 마침내 인류의 최고의 유산인 그리스로마의 제신들을 다시 만나게 해 주었다. 무슨 예감이었는지 대학 때 사 놓은 그리스로마 신화 책이 노오랗게 변한채로도 여전히 책장에서 자리를 차지하고 있었고[7] 신화의 번역으로 유명한 이윤기 선생님의[8] 노고에 힘입어서 이상하게 벌거벗은 사람들의 허황한 이야기 정도로만 외면하던 신화 속에서 오늘 여기를 사는 우리의 이야기의 줄거리 곧 우리 삶의 이야기의 원형들을 만나게 되었다. 그 학기에 발제는 꿈에 관한 신간 원서와 신화에 관한 최근의 원서들로 대별될 수 있었는데[9] 나는 Anthony Stevens의 Private Myth: Dreams and Dreams를[10] 기독교교육학과의 김동석 목사님과 또 다른 전공의 고목사님과 준비하면서 죽도록 고생을 하였다. 상담학을 신학 전공보다 좀 말랑말랑하고 이해하기 쉬운 그 무엇으로 이해하고 있었고, 현장의 목회로 그것도 부목사로 바쁜 그분들과 발제준비를 위한 역할을 공정하게 나눌 수가 없었다. 상담학 전공인 내가 많이 하는 것이 당연하고 좋지만, 나도 직장에 다니고 있는 실정이고 원서는 어렵고, 신화와 원형을 이해하기가 어려워서 힘이 많이 들었다. 그래도 그분들과 호흡을 해 본 것이 좋은 추억으로 남아있다.

〈꿈·신화·환상과 상담〉으로 얻은 새로운 지평이 있다면 그것은 신화에 대한 열림이다. 공적인 신화는 물론이고 나의 개인적인 신화에 대한 관심이 고조되었는데, 이것이 논문자격시험이라는 종합시험과 맞물려서 깊이 탐색되고 개정되어야 했다. 그 때에 다른 조에서 김춘일, 장성금, 김형숙 등이 Personal Mythology: The Psychology of Your Evolving Self라는 개인의 신화개정 작업을 위한 이론적인 토대와 구체적인 방법론과 사례가 망라되어 있는 내용을 구체적인 시연과 함께 발표한 적이 있고 이 발표는 나의 마음에 안착되었다. 그들의 접근은 다음 3가지 기본 전제를 가지고 있었다.[11]

1. 신화 만들기란, 개인과 집단적 차원 두 가지에서, 인간의 삶을 통해 그들의 길을 이끄는 가끔은 인식되지 않지만 심리학적 체계가 제1원리이다.
2. 동시대 문화에서 사람은 좀 더 뚜렷하게 개인 신화학을 구축할 수 있고 선사시대

보다 더 신화학을 연구하고 의식화 할 필요가 있다.

3. 신화의 기초를 이루는 원리를 이해함으로 우리는 어린 시절과 문화의 신화학에 덜 얽매이게 되고 이미 예정된 삶의 패턴에 영향을 주기 시작한다.

이 책은 George Kelly의 개인 구성주의 이론, 인지심리학이 이성과 상상 사이의 가교가 되어야 한다는 주장을 하는 Jerome Bruner의 이야기(narrative), 의미(meaning), 신화에 대한 연구를 기반으로 Carl Rogers의 개인 성장 능력에 대한 존중에 영향을 받아서, 심리학적 건강과 '인간 본성의 확장'을 주장한 Abraham Maslow의 주장에 의해 영향을 받고 있었다.[12] 나는 이 책의 메세지를[13] 구체적으로 나의 삶에 적용하며 나의 개인적인 신화의 개정작업을 시도하였다.[14] 개인적인 의례를 위해서 개인일지를 작성하기 시작하였고, 요즈음 한창 GIM 명상이라고 불리는 상상훈련(Guided Imagery Instruction)도 시도하고, 나의 꿈 들여다보기 위한 노력을 경주하였다. 무엇보다도 이 책의 서문에 제시된 신화개정의 5단계, 즉 5방패 작업을 시도하였다. 5방패를 그려서 책상 앞의 커텐에 붙여 놓고 수시로 참조하면서 나의 개인적인 신화개정 작업을 주도해 나갔다. 기독교적인 용어로 〈낙원-실락원-낙원의 회복을 위한 비전-나의 탐색-새롭게 된 비전: 복락원〉의 5방패를 그려놓고 새롭게 된 비전에는 Ph. D라고 써 넣었다. 나는 나의 개인적인 신화의 창조를 위해서 융의 상징의 변환에서 아래의 글을 차용해서 큼지막하게 붙여 놓고 종종 소리 내어 읽기도 하였다.

〈박순의 개인 신화 창조를 위해서〉

문화에서의 모든 진보는 심리학적으로 말해서 의식의 확장이다.

… 그러므로 진보는 항상 개성화로부터 시작한다.

개인적이고 고립에의 의식을 가지고서

이제까지 금지되어 왔던 영역을 통과하는

새로운 길을 잘라내는 것이다.

이렇게 하기 위해서

(계속)

처음에 그는 모든 권위와 전통과는 상관없는

자신의 존재의 근본으로 돌아가야 한다.

그리고 스스로 그의 독특성을 알게 되도록 허용해야한다.

만약 그의 넓혀진 의식에 집단적인 타당성을 주는데 성공한다면

그는 문화가 그 진보를 위해 필요로 하는

자극을 제공해주는

반대의 긴장을 창조해낼 수 있을 것이다.

Carl Jung의 Symbols of Transformations 중에서

2005. 6. 18

　종합시험이라는 거대한 산 앞에서 울고 있고 떨고 있고 소화도 되지 않는 나의 몸과 마음을 달래기 위해서 내가 할 수 있는 모든 것과[15] 함께 무엇보다도 개인의 신화 창조를 위해서 의례(예배)를 거행하고 일지를 기록하였다. 여기에 그 일부를 수록한다.

<박순의 새 신화를 위한 예배>

새 신화를 마음에 가져와라. 당신은 새 신화를 지지하는 혼잣말을 인정하게 될 것이다. 그것은 나의 새 신화를 지지한다. 편안한 자세를 취하고 몇 번의 깊은 호흡을 하고 그리고 긴장을 풀어라.

　다시 당신의 하나님을 부르라. (30초 쉼) 인사를 교환하라. 관찰하고 들어라. (쉼) 당신의 신비스러운 몸에서부터 당신의 새 신화와 관련된 느낌을 신비스런 몸에서 창조하기 위해 이전에 했던 개인적 의례로 발전시켰던 신체적인 이미지를 사용하라. 너의 새 신화를 써라. 당신의 삶에서 새신화가 했던 역할을 이해하고 논의하라.

2003년 3월 남편에게 : 나는 이제부터 차려주는 밥도 먹을 시간이 없는 사람이다.

2004년 12월 남편에게 : (기말 보고서 작성 중 컴퓨터 날라감-내일 세끼는 당신이 알아서 먹고, 나에게 간간히 맛있는 것을 먹여라.)

하나님과 함께 그 신화를 지지했었던 몇 개의 문장을 정하라. 네 기억에 그것들을 담거나 네가 너의 저널에 그것들을 레코드할 수 있도록 자신을 부드럽게 격려하라. 너의 새 신화에 영향을 줄 수 있는 3~4개의 자기진술의 리스트를 써라. (쉼) 네가 이것을 다 끝냈을 때 하나님과의 대화를 끝내고 너는 부드럽게 너의 깨어있는 의식으로 돌아와라.

2005년 6월 30일 원장에게 : 나는 종합시험을 위해서 7~8월 계획을 세웠다. 억만금을 줘도 이 시간은 양보할 수 없다. 원한다면 재택근무를 할 것이다.

나 자신에게 : 너는 차분하게 종합시험을 준비할 수 있다. 긍정적인 기분을 즐긴다. 규일, 규봉 입시준비 때 했던 마인드컨트롤과 기도를 자신을 위해서 한다. 목요일과 금요일은 시험을 위한 몸과 마음으로 만든다. 안정된 장소, 시간, 필기도구 모든 것을 준비한다. "relax and enjoy the ride", "Praise the Lord", "The Lord is with me."

남편에게 : 당신의 도움이 절대로 필요합니다. 이 특별한 기간에 나의 몸과 영혼을 위해서 기도해주기 바랍니다. 그 이후의 삶은 더욱 의미 있으리라고 생각합니다.

아이들에게 : 엄마를 위해서 기도해다오. 9월 8, 9일 (목금) 양일간 12시간의 시험을 본다. Please be with me.

중보기도 요청 : (명단 생략)

안수기도 요청 : (명단 생략)

할렐루야 아멘!

산 같은 부담감, 바다 같은 열등감

2006년 3월 1일 수요일 아침에 나는 이전보다 조금 더 솔직해진 나의 이야기를 시작한다. 요즘 나날이 어렵다고 되뇌었다. 그때 써 놓은 글을 용기 내어 실어 본다.

오늘 McAdams의 Power, Intimacy, Life Story에서 마틴 루터를 읽으면서 나를 돌아본다. 나 박순은 여러 단상에서 내려온 경험이 있다. 여기까지 이야기하니 그것은 벌써 아버지의 이야기가 되어 버린다.

1. 나는 교사로서의 강단을 1979년에 대학원 진학을 위해서 내려왔다.
2. 과장으로서의 홀트 데스크를 엄마역할–아들의 대학 입시에 집중하기 위해서 떠나왔다.
3. 지방여선교회 회장으로서의 역할을 뒤로 하고 다시 대학원 진학과 한국상담 연구원의 상담실장으로 떠났다.
4. 종합시험을 치르고 논문을 쓰기 위해서 한국상담연구원의 사무국장의 직책을 내려놓았다.

아버지는 자존심을 세우고 남에게 비굴하게 머리 숙이지 않기 위해서 연세대학교 총무처장이라는 직책을 내어 놓았다. 그 결과로 우리 가족은 극심한 가난과 정신적인 고통, 즉 '우리는 이렇게 살아야 하는 가족이 아닌데 이렇게 산다'는 괴리감을 공유하면서 어렵게 지냈다. 어머니는 어렵게, 어렵게 우리 사 남매를 먹이고, 입히고, 교육시키고, 대학졸업을 시키셨다. 너무나 다른 이야기이다. 한 분은 버리고 한 분은 창조하고 감당하고. 나는 그런 가족 속에서 자랐다.

그리고 오늘 처음 드는 생각은 내가 이렇게 계속 떠나는 것에는 어떤 이유가 있을 것이라는 것이다. 신광여고를 떠날 때에도 남들은 몰랐지만 나는 그 생활로 만족할 수 없어서 더 나은 것을 찾아서 나를 실현하기 위해서 떠났다. 꿈결 같은 대학원 시절을 2년 보내고 홀트로 인도되어서 정말 국제 경험 많이 하면서 열심히 일했는데, 그때도 나는 내면적으로 만족하지 못하고 있었다. 삼성박물관의 이경희 박사의 피드백이 기억난다. 어느 해였던가, "크리스마스 카드가 왜 이렇게 심난합니까?"라는 피드백을 보내왔다. 남들은 모르지만 나는 그때도 그 일이 나의 최선이 아니라는 갈등으로 극심하게 고민하다가 신경쇠약까지 걸리고 결국 급작스럽게 직장을 그만두었다. 1991년도부터 2001년까지 소위 야전생활을 하였는데, 다양한 일을 위해서 이곳저곳 이동하는 삶이었다. 보람도 많았는데, 거기서 또 만족하지 못하고 '무언가 다른 더 좋은 것'을 찾아서 다시 길을 떠났다.

2002년도 가을에 시작된 재취업과 재진학의 이야기는 특별한 이벤트였다. 박순이 2년여간 자신을 활활 불태운 기간이다. 매일 밤늦게까지, 그리고 시내버스 안에서 글을 읽고 책과 컴퓨터와 씨름한 기간이다. 2005년 종합시험이 또 다른 계기가 되었다. 종합시험 이전부터 나는 벌써 한국상담연구원을 떠나야 하는 적정한 시기와 상황을 계속 기다리고 있었다. 그렇게 지난 가을 떠났고, 지금 나는 아무도 아니고 아무것도 아니고, 가진 것은 산 같은 부담감과 바다 같은 열등감뿐이다. 나는 박사학위 논문을 쓴다는 것이 불가능하다고 판단된다. 기말 보고서도 겨우 겨우 이것저것 짜깁기해서 낸 적도 많았고, 나의 창작을 낸 것은 많지 않았다. 나는 지금 남의 글을 옮겨서 요약하는 것도 벅차다. 이해하고 가지고 노는 것 정도이다. 나만의 시각, 나만의 논지를 펴야 하는 학위논문 작성이 바윗덩이로 나를 짓누르고 있고, 나는 날마다 고민한다. 시시각각으로 고민한다.

그러면서 오늘 문득 드는 생각이 나는 무엇을 찾아서 이렇게 계속 떠나는 것일까 궁금하다. 혹시 멀리 계신 아버지를 찾아서, 어디 계신지 모르는 아버지를 찾아서, 우리 가정에 아버지가 계시면 완전하고 행복할 것이라는 환상을 찾아서 계속 떠나왔던 것은 아닌가? 이제는 떠날 것도 없다. 논문은 못 쓰면 그만이지 따로 버리고 말 것도 없다.

물론 쓰고 싶은 마음이 하늘이다. 나는 올라갔다 떨어지는 이카루스인가? 나는 날개 치며 올라가는 독수리이고 싶다. 작년에 그러한 경험을 하였다. 7월 11일부터 9월 8일까지 2개월이 채 안 되는 기간에 종합시험을 준비하면서 붙든 메타포가 '58 독수리 2시간에 히말라야 오르기'였다. 혼자 힘으로 불가능하다는 것은 너무나 명약관화. 무엇 위에 타고 올라갈까 기도하는데, 성령님께서 나를 업고 가비얍게 히말라야 등정을 해주셨다. 그 경험은 엄청나게 힘이 있었고 지난 가을은 특별한 예외적인 기간이었다.

오늘 나는 냉철하게 나를 들여다보면서 수많은 실수와 허점, 아쉬움을 발견한다. 둘째 아기 낳고 시행한 불임수술 결정에 너무 자만하다가, 40이 되자 '아이쿠'

'아이쿠' 아쉬움이 밀려왔었다. 자녀가 나의 선생님인데, 더 모실 걸… 다른 도리가 없었다. 그러나 지금 생각하면, 둘도 힘든데 더 많다면 부모 노릇에 지쳤을 거라는 생각도 든다. 오늘 특별히 작년에 감신대에 교단청강 가라고 한민우 목사님께서 정보를 주셨는데, 그때는 지금 생각하면 꼭 필요하지도 않은 과목을 여섯 가지나 수강하느라고 단칼에 무시했었다. 올해도 다른 정보를 주셨는데, 도저히 엄두를 못 내고 기한을 넘겼다. 그러는 사이 법이 개정되어서 세 과목이던 것이 여섯 과목으로 늘었다.

이렇게 난감한 상황에서 두 가지 다른 일을 벌이고 있다. 어머니 자서전 국영문판 출판 준비와, 7월에 열리는 감리교여선교회 세계대회 참가계획이다. 두 가지 모두 거금이 든다. 겁도 없는 박순이다. 그리고 마음속으로 4월에 오시는 김혜선 목사님을 기다리고 있다. 그분이 천사인가? 나는 그동안 수많은 분들의 도움으로 여기까지 왔다. 오늘 책을 읽으면서, 자기 선물만 챙기고 나누지 못하는 것은 지나치게 자기중심적이라는 비판이 있었다. 가슴이 뜨끔하다. 박사학위 공부를 해서 남에게 나누지 못한다면 무슨 의미란 말인가? 물론 과거에도 그러하였듯이 끝에 가면 또 다른 문이 열릴 것이라는 것을 안다. 그러나 나는 오늘 열등감과 불안감에 휩싸여 있다. 사실 그대로 기록하고 나니 조금 마음이 가볍다. 전에는 이런 식의 이야기를 잘 하지 않았던 것 같다. 내려왔다가 다시 올라가고 올라갔다가 다시 내려오는 나의 삶의 모티브의 원형은 무엇일까? ─ 아, 시지푸스!

주님, 이제는 나의 신화를 개정하고 싶습니다. 잃어버렸던 낙원을 회복하기 위한 비전으로 지난 3년의 탐색을 주심에 감사합니다. 오늘에 주신 통찰, 너무 귀합니다. 아주 작은 것에, 그리고 당신께 진심으로 경배하고 감사하는 하나의 인간이고 싶습니다. 주님, 마음 어두울 때마다 수많은 천사를 통해서 함께 하여 주신 주님. 당신의 거룩하신 이름을 위하여. 주여 나로 당신께 향하게 하소서. 당신이 내가 찾던 아버지이고 나를 품어주시던 어머니이십니다. 당신만이 나의 구원입니다. 아멘.

추기 : 친정에 대한 짐은 2003년에 벗어버렸다. 우리 자녀에 대한 짐도 이제 많이 가벼워졌다. 남편에 대한 짐은 2005년에 벗어버렸다. 많은 짐을 내려놓았다. 오직 '나' 한 몸이 있을 뿐이다. 이 한 몸 튀어 굴러서 의미 있는 자취를 남기고 싶다. 어머니 자서전에 기록되어 있는 봉사씨로 오늘의 마음을 정리한다.

봉사씨

홍 난파 작사/ 작곡

나는 봉사 씨이외다.
까만 몸 홀로 튀어 굴러서
검은 흙 속에 썩히는 뜻은
봄에 고운 싹 나렴 이외다.

나는 조선의 어린이외다.
하루 또 하루 간단없이
열심을 다해 배우는 뜻은
조선을 다시 보렴 이외다.

나는 풀잎에 이슬 한 방울
바다를 향해 가렴이외다.

유언장 작성

여보, 그동안 나와 함께 살아줘서 고마워. 무엇보다도 내가 아플 때 나의 곁에 있어 주고 지켜준 것에 감사해. 규봉이가 화상을 입던 날, 그날 밤 당신이 혼자 모든 것을 감당하고, 나를 집에 보내주고, 대학원 입시를 치르게 해준 점은 놀라운 당신의 능력이야. 때로 살면서 잊어버리기도 하고, 당신에게 불평을 많이 하였는데, 하나님이 정해주신 최상의 선택임을 알아보지 못한 나의 어리석음을 뒤늦게나마 깨닫고 있어.

요즈음 아이들이 떠나가고 우리 둘이 있게 되면서 우리에게 약간의 지각변동이 있었지. 나는 혼자 바깥 일로 바쁘고 당신은 주로 집에 있는 집사람이 되고, 우리의 역할이 전도되는 과정에서 커다란 어려움이 있었고 2009년은 시련의 해이기도 한 것 같아. 나는 나의 한계를 모르고 자꾸 일을 새롭게 시작하는 것을 마치 젊은이 마냥 지속하고 있고, 당신은 내가 당신의 말을 듣지 않으니 얼마나 마음이 상했을지, 이제 부끄럽게 깨닫게 되네. 여보, 나와 함께 하여주고, 나의 힘이 되고, 나의 위로가 되어준 것에 감사해.

큰아들, 너의 엄마로서 참으로 행복하였다. 너는 우리의 기쁨이었고, 자랑이었으며 언제나 속 깊게 엄마와 아빠의 마음을 헤아려준 것에 감사한다. 준영이와 시영이를 통해서 조부모가 되는 기쁨을 준 것에 감사한다. 새미야, 너를 사랑한다. 너도 많이 어렵게 자랐는데, 내가 더 품어 주어야 했는데, 부족할 때가 많았구나. 무슨 말인지 알 것이다. 새미야, 너와 나의 다른 성격 — 그대로 너를 인정하고 사랑한다.

둘째 아들, 대학 입학할 때, 너는 너의 가능성을 하늘과 땅에 입증하였다. 하나님의 인도하심으로 예전에 생각하지 못한 일을 해낸 너는 앞으로도 새로운 가능성에 도전하면서 너의 삶을 잘 개척할 줄 믿는다. 네게 아픔이 있을 때 엄마가 함께 울었다. 많이 울었다. 이제는 새로운 만남, 새로운 가능성을 하나님이 열어주시기를 기도한다. 둘째야. 너를 돕는 배필을 만날 수 있기를 엄마가 기도한다. 꼭 신앙 안에서, 하나님을 의지하는 사람으로서, 부모님도 하나님을 의지하는 분이기를 기도한다. 엄마 아빠가 이전보다 많이 약해졌다. 엄마 힘든 것 알고 있지? 꼭 다시 새 힘을 얻고 하나님께 영광을 돌릴 것이다.

하나님께서 만리현교회를 통해서 주신 사랑을 말로다 할 수 없습니다. 만리현 교회의 무궁한 발전과 모든 교우들의 건강과 행복을 기원합니다. 형편이 닿는 대로 김효원 전도사님 후손들이 만리현교회를 섬기고 봉사하게 되기를 간절히 기원합니다. (2009. 10. 17.)

어떻게 지는 게 이기는 것입니까

오늘 길한 날인가? 2011년 12월 초하루 새벽기도회에 다녀온 후 체육관에 가서 배드민턴을 무려 3시간 이상 쳤다. 여러 사람으로부터 '참 체력이 좋으십니다'라고 들었다. 꿈에도 상상하지 못하던 체력 좋다는 평가를 들었다. 한두 사람이 아니다. 춘자 씨, 정희 씨, 그리고 동글동글 인상 좋으시고, 배드민턴 잘 치시고, 또 나에게 꼭 필요한 게임요령을 가르쳐준 아저씨도 같은 말씀을 하였다. 그러면서 나를 분석하는 새로운 실마리를 찾았다. 나는 배드민턴도 그냥 운동이 좋아서 했지, 경기의 승부에 별 뜻이 없었다. 그냥 운동하면 되는 것이지, 꼭 이겨야 되는 법도 없고, 오히려 난타를 오래 치는 것이 훨씬 재미가 있었다. 그런데 이는 합창단에서의 경험과 닮아 있었다. 연습과 운동을 반겨 하고 연주와 경기를 덜 달가워하는 나의 특성에 대해서 나름 분석을 시도해본다.

전국연합합창단에 다닐 때 늘 연습은 한없이 좋은데, 연주는 오히려 덜 반기는 마음이었다. 왜 그럴까 스스로 의아하기도 하였다. 합창연습은 연주를 전제로 준비되는 것이 아닌가? 그런데도 나는 연습이 더 좋았다. 솔직히 연습하면서 기도하고 생각하는 시간이 한없이 은혜로웠기에, 처음에는 짜증스럽던 지휘자의 끊고 또 끊는 그런 지도법도 나중에는 당연하고 효율적이며, 은혜로운 방법으로 받아들였다. 그분이 그렇게 지독하게 한 곡을 수십 군데로 끊어서 연습시키고, 한 사람씩 각각 시키고, 둘셋 모아 시키고, 줄 별로 시키고, 파트별로 시키고, 일어서서 시키고, 손들고 시키고, 될 때까지 ― 한 곡을 백 번이든 천 번이든 정말 될 때까지 반복 또 반복 연습시킨 방법이 나의 철학과 인생관을 바꾸기까지 하였다. 전공하지 않은 중년의 권사님들이 정기연주회에 25곡 이상을 완전히 외워서 부르는 것을 보고 관객들이 놀라고 새로 맞은 사위가 '우리 장모님과 그 합창단'에 대해서 경탄을 금치 못한 사례가 늘 비일비재했다. 지휘자는 분명하게 "연습은 연주를 위한 것이지 연습만 하면 무엇합니까?"라고 못 박았지만, 나는 일 년 내내 연습만 하는 합창단이었으면 속으로 더욱 좋아하였을 것이다.

어찌하여 나는 합창 연주 시간보다 연습 시간을 월등 선호하고, 배드민턴 경기보다 그냥 편안히 난타 치는 것을 더 좋아하게 되었을까? 이런 생각을 하면서 연희동 집에서 일산으로 향하는 길은 마냥 시원하다. 연희동에서 시내 방향으로 가지 않고 일산을 향하다 보면 어느새 나도 모르게 마음이 피어난다. 공기가 맑고 시야가 트이고, 마음이 맑아진다. 쾌적한 환경의 영향을 얼른 받아들이고 음미하면서 목적지를 향한다. 며칠 전에도 누군가에게 이야기하였거니와 일산에 신도시가 들어서기 전에, 모래내나 연희동 시장에서 일산배추나 일산딸기는 값을 호가하였고, 그럼에도 불구하고 있으면 먼저 팔려나가게 되는 주부들의 사랑을 받았다. 왜 그랬을까? 맛이 달랐다. 열무도 딸기도.

일산 맑은 공기에 힘입어 기원을 조사해보니, 이기는 승부에 관심이 없고, 오히려 연주보다 연습을 더 사모하는 나의 마음은 돌아가신 어머니의 유훈이 피어나는 꽃밭인가 보다. 어머니는 늘 말씀하셨다. 지는 것이 이기는 것이다. 참는 것이 이기는 것이다. 더 나아가서는 '동갑도 언니로 불러라.' 가족을 위한 출석부 기도 때에 내 차례가 되면 항상 온유하고 겸손하게 해주시라고 간구하셨다. 이 글을 쓰는 이 순간 어머니의 마음이 전해져 와서 다시 감동이 되지만 오늘은 다른 말씀을 어머니에게 드리려고 한다.

엄마 아버지가 모두 충청도 분이시고 기독교인으로서 양보가 몸에 배어 계셨다. 두 분 다 막내이셔서 윗분들에게 양보하는 것이 예사였다. 내가 앞에 나서기 싫어하는 것을 알아주신 고마우신 선생님, 바로 중앙여중고 수학교사셨던 양형택 선생님이시다. 중학교 이후로 한 번도 손을 들고 질문하지 않았었다. 모르면 내가 알 때까지 궁리하는 습관을 개발하였고 적극적으로 나타내는 것을 몹시 싫어하였다. 마음이 그러하기에 앞에 나서는 연주나 경기에 이기기보다 그냥 실속 있게, 지금도 합창 연습 많이 하고 배드민턴 난타 많이 치는 것을 실속 있게 여기는 나 자신을 보고 놀라게 된다. 오늘은 어머니에게 말씀드리고자 한다. "엄마, 어떻게 지는 것이 이기는 것이 되고, 참는 자가 모두 복이 있습니까? 무슨 이유로 동갑을 언니라고 불러야 합니까? 이제는 앞에 나서기도 하고, 할 말을 하고, 경기에서도 이기려고 더 열심히 노력하는 사람으로 변화하고자 합니다. 어머니, 그렇게 알아 두세요."

기쁨의 일기

자리에 누웠다가 다시 일어났다. 내일은 이 장로가 백두산에 가는 날이다. 그는 잠이 들었고, 연속 방송극을 2개나 본 나는 새삼 잠이 다 달아났다. 〈이웃집 웬수〉, 〈인생은 아름다워〉라는 SBS 드라마를 주말마다 재미있게 보고 있다. 내가 유일하게 정규적으로 시청하는 프로그램이다. 오늘 저녁에는 서로 사랑하는 장건희와 윤지영 아줌마의 아름답고 가슴 아픈 사랑 이야기가 내 가슴을 파고들었고, 동성애자로서 깊은 고뇌에 빠져 사는 두 남성의 괴로움도 묵직하게 다가왔다. 나의 가슴에도 슬픔과 당혹감이 적지 않다. 그러나 나는 새롭게 시작하는 내 일기의 이름을 〈기쁨의 일기〉라 부르기로 하였다. 바로 바울 선생님이 쓰신 옥중서신 중 빌립보서가 기쁨의 편지인 것처럼 나의 인생의 새로운 이야기를 기쁨으로 의미 짓는다. 예기치 않게 찾아온 손님이며 또한 하나님의 선물인 현재의 나를 마음을 다해 맞아들이며, 글로 이 모든 과정을 기록하기로 마음이 먹어졌다.

항상 기뻐하라 쉬지 말고 기도하라 범사에 감사하라

이는 너희를 향하신 하나님의 온전하신 뜻이니라(살전 5:16~18)

2010년 8월에 가진 건강검진 결과는 나를 어디로 이끌어 가고 있는 것일까? 여러 해 전부터 그렇듯이 고지혈증이라고 나왔지만 나는 이것이 무엇을 의미하는지 잘 모르고 있었다. 그간의 숫자 중에는 가장 높다. 252, 277인 적이 있었지만 280. 세란내과의 박형근 원장님은 경동맥초음파 검사를 권했고, 이를 위해서 심전도 검사도 하고, 헤모스핀이라는 혈액 검사도 하고, 암튼 중등도의 동맥경화증이라는 진단과 함께 세브란스 신경과 김경환 의사에게 진료의뢰소견서를 작성해 주었다.

동맥경화증? 생소한 단어는 아니다. 나는 나의 집이 동맥경화증에 걸렸다고 전부터 생각하고 있었다. 우리집 현관에 놓인 물건들, 복도에 놓인 여러 잡동사니들, 책상 위에 가득한 물건들, 화장대 위의 온갖 자잘한 물건들을 볼 때마다 나는 동맥경화증이라고 진단명을 내렸고, 이는 나의 성격과 관련이 있고, 곧 나의 모습이라고 생각하며, 나의 혈관에도 동맥경화증이 있을 것이라고 생각해왔다. 그러면서 실상, 그 위험성 ─ 뇌졸중과 혈관성 치매에 관해서는 전혀 무감각하였고 따라서 무방비 상태로 10년 이상을 지내왔다. 콜레스테롤 약 복용한 실적이 총 3개월이다. 2005년엔가 한 달 먹고 좋아지니, 의사가 끊으라 해서 끊었고, 올해엔 연희동의 가정의학과에서 일생 계속 먹어야 한다고 해서, 의심 가득한 눈초리로 두 달 먹고 끊었다. 약사 친구 정희가 두 달 먹고, 두 달 쉬었다가 혈액검사를 해보라고 했는데, 또 2개월을 지연해서 정기 건강검진을 8월 초에 하였다.

세란내과를 거쳐서 스마일 영상의학과에서 뇌 MRA 촬영결과를 아주 친절하고 믿음직스런 여의사에게 설명을 들었다. 보호자도 같이 들어오라고 해서 말이다. 부모님이 어떻게 돌아가셨느냐고 묻는다. 아버지는 80세에 중풍을 맞아서 3년 있다가 돌아가셨고, 어머니는 86세에 교통사고로 약간의 마비 증세가 있으셨다. 그리고 오빠가 심장판막 환자였다고 덧붙였다. 일단 가족력 부분이 완벽하게 나를 뇌졸중 고위험군으로 몰아넣는다. 나는 그분들이 고령에 돌아가셔서 건강하게 사신 분들로 치부하고 있었는데, 의사는 일단은 가족력을 힘주어 말한다. 그러면서 콜레스테롤 약을 열심히 먹고, 큰 병원에 가도 별다른 약이 없다는 식으로 세란내과에 가서 진료를 받으라고 한다. 한 가지 더 한다면 심장 CT를 더 찍어 볼 수 있다고 한다.

그래도 예약된 대로 세브란스의 김경환 선생님을 뵈었고, 그분은 요즈음은 치료제도 생겼다면서, 뇌인지기능검사, 심장 CT, 경동맥과 뇌의 MRI 검사를 찍고 약을 정하시려고 한다. 뇌기능센터에 예약을 하니 검사가 밀려 2010년 12월 17일에나 가능하다고 한다. 그래서 그만 심장 CT와 뇌 MRI를 12월 17일에 맞춰 가지고 가니 간호사는 실망하면서 진료 일을 2010년 12월 20일로 해주었다. 여기에서 나는 고민하고 있다. 이렇게 석 달 반이나 있다가 본격적인 치료를 하는 것이 옳은 태도인가? 날이 밝으면 세브란스에 검사예약을 앞당길 수 있는지 문의하려고 한다. 검사결과가 있어야 진료예약을 앞당길 수 있고, 본격적인 전문적 예방치료 투약이 개인에 맞게 처방될 것이다. 우선 아스피린과 또 한 가지 약을 먹고 있는데, 요새 약 이름이 빨리 외워지지 않고 도무지 입에 붙지를 않는다.

지난 금요일 어머니 산소에 다녀오면서 언니들이 내가 만든 예배 순서에 오타가 많은 것을 보고 이야기해주었다. 가서 보니 급히 만들기도 하였지만 예상 외로 많았다. 우연인가? 필연인가? 사무실에서 거의 매일 화장실 다녀오면서 커피포트나 안경을 놓고 들어와서 다시 가져오는 것이 일상이다. 두세 가지 연동작을 하면 꼭 한 가지를 빼먹는다.

오늘 교회에서 둘째가 어미를 꼭 껴안아 주어서 많은 위로가 되었다. 그리고 〈인생은 아름다워〉에 잠깐이지만 내 연배의 부부가 서로에게 어떤 일이 생기면 자식들에게 부담주지 말고, 나머지 한 사람이 데리고 가서 돌보아 주기로 약속하는 부분이 있었다. 모두가 노년에 대해 불안해하고 있고 겁을 먹고 있다. 모두 다가 아니라도 많은 사람들이 나를 포함해서. 이론으로 가르치던 치매와 중풍, 그 것을 염려하고 있다. 김기석 목사님의 말씀대로 生은 命이기에 누구나 꼼짝없이 복종하고 산다. 生命 주신 하나님께 감사함으로 보답하고자 한다. 내가 할 수 있는 일들을 찾아서 하고, 그 과정을 나의 삶의 새로운 국면으로 만들고자 한다. 최근에 교육분석을 시작한 이○○ 선생님이 지금 몇 살이냐고 물어서 흔쾌히 63세라고 하니 100세까지 사시면서 그 과정을 기록해 놓아서 다른 이들에게 로드맵이 되게 해달라고 하였다. 당당한 그녀의 목소리와 눈의 표정이 선연하다. 하하. 무조건 웃으면 행복해진다고 하니 웃고 본다. 하하하. 한밤중에 웃음소리는 나지 않아도 글 웃음도 좋다. 푸하하! (2010. 9. 5. 주일 밤에)

동맥경화증과의 대화

어제 오전 장고 끝에 드디어 스마일영상의학과에 전화하여 9월 15일에 CT와 MRI 촬영을 하기로 하였다. 세브란스 환자가 더러 와서 촬영을 하기도 하냐고 물으니, 사전에 의사 선생님께 말씀드리고 찍는 사람도 있고, 그냥 찍어가는 사람도 있다고 한다. 좋기야 그냥 세브란스에서 찍는 것이 가장 믿음직하고, 좋고, 편안한데, 비용 부담이 상당한 차이가 난다. 세브란스는 총액 200만 원인데, 이곳은 심장 35만 원, 목과 뇌의 촬영을 45만 원 정도라고 하니 80만 원이라면 차액이 100만 원을 넘는다. 자신의 건강에 관해서 어떻게 해야 할지 고민이 많이 되지만 어렵사리 이렇게 결정을 하였다.

서둘러 출근하려던 마음이었는데 황○○ 선생님이 병이 나서 교육분석이 취소되었다. 나가려던 마음을 진정하고 우선 추석을 위해서 몇 가지 물품을 G마켓에서 구매하였다. 오늘은 늘 하던 구매가 잘 이루어지지 않아 안내원의 도움을 받아 결재를 마쳤다.

이제부터 나의 삶은 동맥경화증과의 대화이다. 나의 혈관은 나의 삶을 반증한다. 나의 방에, 나의 상담실에, 나의 현관에, 나의 계단에, 나의 책장에, 나의 부엌에, 나의 모든 공간에 동맥경화증 현상이 공동으로 발견된다. 우선 보이는 것들을 치우기 시작하려고 마음 굳게 먹는다. 며느리 김○○ 집사도 한국에 왔다. 우선 오늘 오전에 시간이 있으니, 많이 치워야 하겠다. 어지러짐과의 싸움, 정말 많이 싸워야 한다. (2010. 9. 14.)

오늘의 단상

여섯 시 이십 분에는 감신을 향해서 가려고 한다. 잠시 오늘의 단상을 적어본다. 아침에 고양상담코칭지원센터에 가서 윤○○ 선생님 교육분석을 하였다. 봄에 만날 때보다 많이 여유가 생겼고 신앙인으로서 가족에게 전도하고 보살피는 이야기를 자신 있게 이야기하는 내담자가 사랑스럽다. 온갖 어려움을 극복하고 가족애를 발동하고 있는 내담자에게 이런 고귀한 마음을 주신 분을 찬미한다. 직장에서도 여유 있고 지혜로운 결정을, 오빠와 올케에게도 자신의 인생관과 신앙관을 요점 있게 그리고 호소력 있게 전달하였음을 보고한다. 남편에게도 상담을 배운 사람의 언어로 접근하는 변화를 스스로 자각하고 있다. 어머니에게도 신경질적 대응이 아니라 "그냥 그러세요"라고 짜증 없이 넘겼다고 한다. 할렐루야. 그녀의 이야기를 들으면서 신앙이 생활화된 언어를 목격한다. 문득 우리 가정이 생각난다. 갈 길이 아직도 멀다. 주님, 기억하소서, 주여. 나로 하여금 주의 길로만 가게 하소서.

틈새 시간을 이용해서 인터넷 수리도 의뢰하여 오후에 마쳤고, 세브란스 CT와 MRI 검사예약일정을 12월 17일에서 9월 18일 토요일로 당기고, 따라서 진료일정도 9월 29일로 앞당겼다. 오늘 오후에 교육분석에 온 이○○ 선생님과의 이야기는 적잖이 감동적이었다. 자신과 언니가 생리불순을 보였고, 언니가 불임이고 동생들이 뇌성마비 등의 정신장애를 보이고 있으므로, 결혼 후에 자녀출산에 문제가 있을 수 있음을 예견하고, 미리 산부인과 진찰을 통해서 배란이 되도록 주사요법 등을 지도받아 아들을 임신하였다는 이야기는 무엇인가 나에게 시사해주는 바가 많았다. 그렇다. 지금 현대의학이 날로 발전하고 있는데, 동맥경화증이 중등도라고 해서 그냥 뇌졸중과 혈관성 치매 등이 올 것이라는 것만 알고 느슨한 대처를 하기보다는, 첨단의학을 힘입어 발병을 늦추고, 강도를 낮추는 적극적인 태도를 지녀야 함을 스스로 다짐한다.

그리고 오후에는 집에서 치매, 섬망, 기억상실 등의 노인성 정신장애에 대해서 과거에 발제한 자료들을 훑어보았다. 유영권 교수님의 〈임상진단〉 시간에 나와 황해국 목사님, 그리고 김덕신 선생님이 이 부분을 맡았었는데… 김덕신 선생님은 시모님 이태영 여사의 치매와 우울 증상에 대해서 며느리로서 함께 생활한 부분을 사례보고하였고, 황해국 목사님은 진단에 필요한 검사부분들에 관해서 발제를 해주었다. 모시고 사시던 장인, 장모님이 연로하여서 더욱 관심을 가지신 것 같다. 나는 섬망, 치매, 기억상실의 증상과 의학적 분류를 중심으로 하였다. 문득 김포 김연 원장님의 노인시설에 가서 상담하였던 치매 어르신이 생각난다. 나를 당신의 손자녀의 학급 담임선생님으로 착각하고, 손자녀를 요양시설 근처로 전학시켜 달라고 간절히, 거듭거듭 이야기하시던 어르신이 떠오른다. 그 이야기 외에는 모든 부분이 정상적이셨다.

나 자신의 이야기를 진솔하게 마주하고 기록함이 나에게 유익하고, 또한 다른 이들에게 유용하리라고 생각한다. (2010. 9. 6.)

띠리링, 비가 샙니다

오늘은 또 다른 실험을 하게 되었다. 요사이 비는 정말 예사롭지 않다. 가을비가 호우로 3일에 300mm. 비는 사정을 봐주지 않고 퍼붓는다. 지난 9일 목요일 양평 아세아연합신학대학원에 처음으로 혼자 운전하고 갔는데, 오는 길에 폭우가 쏟아졌다. 앞이 잘 분간되지 않고, 더러 옆 차가 물을 뿜고 가면 앞창에 아무것도 안 보인다. 그래도 감사하게 무사히 다녀왔다. 나의 속사정 — 만리동 셋집에 물 새는 것도 모르시는지 비가 쏟아지셨다. 오늘 토요일 오후에 옥상 물매 공사를 하기로 맞추어 놓았는데, 다행스럽게 아침을 먹고 나니 비가 그친다. 가만히 살피니 차차 맑아진다. 설비 아저씨에게 전화하니 11시쯤에 떠나시겠다고 한다. 마음을 진정하고 1층에서 김병훈 교수님의 현대정신분석의 직면과 해석에 대한 중요한 구분에 대해서 읽고 있는데, 문자가 하나 들어와 있다.

> "아주머니 비가 와서 공사를 못하시나 보네요. 안방 공사하실 때 베란다도 3군데나 새니깐요. 같이 손을 봐주세요."

띠리링. 나의 마음은 흔들리기 시작한다. 오늘 예정대로 김혜신 선생님과 서울대 시치료 워크숍에 가야 하나 아니면 공사에 조금 더 만전을 기하기 위해서 약속을 취소하고 만리동에 가 보아야 하나…

2층에 올라와서 남편에게 이야기를 한다. 오늘 공사를 하기로 하였으니 가보아야 하지 않겠느냐고. 단박에 자신은 그런 일을 싫어한다는 대답이 돌아온다. 그렇지요. 싫어하지요. 그런 일을 누가 좋아하나요. 그럼에도 해야 하는 것이지요. 나는 속으로 계속 저울질을 한다. 취소하고 내가 가야 하나, 아니면 그냥 모든 것을 맡기고, 서울대로 가야 하는가? 12시 30분에 만나기로 한 김혜신 선생님을 오전에 두어 번 연락하였는데, 연락이 안 되었다. 문자로 사정이 있으니 연락을 달라고 해놓고 있다. 주택 구입이며, 세 놓는 일, 관리 및 수리하는 일 — 모든 주택관리를 거의 내가 해왔는데 지치기도 하고, 언제까지 나 혼자서 독차지하는 것이 옳은 일인가 생각이 든다. 서둘러 냉면을 삶아 먹으면서 그냥 서울대로 마음을 굳힌다. 남편은 다시 묻는다. 오늘 무슨 일로 서울대에 가느냐고? 정말 이런 일이 싫다고 한다. 그러시지요. 정말 싫으시지요.

만리동집 물 새는 일이라면 2004년에 겪을 만큼 겪었다. 처음 구매할 때 복덕

방 할머니가 먼저 2층 집의 보일러가 새서 물자국이 있는데 고쳤다고 했는데…
1층에 물이 흥건히 새고, 비는 연일 오는데, 원인을 파악할 수 없었다. 만리동 기
술자에게 옥상부터 여러 번 보여도 잘들 모르겠다고 한다. 착하디 착했던 신혼부
부가 직장으로 강의시간에 마구 전화질을 해댄다. 못살겠다고. 그때의 고충은 이
루 말할 수가 없었다. 그나마 연희동 정 씨 아저씨를 불러 2층의 생활하수가 새고
있는 것을 발견하고 고쳐 주었었다. 그래서 만리동 물 샌다는 이야기는 나에게 상
처가 된다. 이번에 이 일로 남편과 상의하니, 한 번 더 세입자가 연락 오면 자기에
게 넘기라며, 당장 이사 가라고 하겠다고 한다. 재개발로 분양신청까지 한 상태이
고, 세입자도 임대주택 신청과 이주비 보상을 바라고 있는데, 괜히 갈등이 깊어질
까 나는 마음이 편치 않다. 이전에 팔아 버리겠다는 말이 내용이 달라질 뿐이다.
무슨 상황이 생기면, 궁구해서 처리하는 것이 아니라, 그냥 갈등을 없애기 위해,
팔아버리겠다는 식으로 나오니 상의도 어렵다.

  그런데 나는 오늘 마음을 굳게 먹고, 만리동 수리 일을 그에게 맡기고, 잘 못 하
면 일이 더 복잡해질 수도 있고, 비용이 더 발생할 수도 있는데, 김혜신 선생님과
선약을 했다는 것 외에는 안 가도 큰 일 날 것 없는 시 치료에 간다. 박순은 달라
지려고 하고 있다. 가정에서 모든 관리를 도맡아 하고 남편에게 불평하던 나쁜 습
관을 고치려는 것이다. 그에게 기회를 준다. 오늘 김혜신 선생님과 엊저녁에 약
속한 것은 하늘이 주신 기회인가? 나는 오늘 무슨 시를 쓸 수 있을까? 나의 마음
을 있는 그대로 쓰고 싶다. 가을비 우산 속에 있는 나의 마음을 그대로 담아내고
싶다.

  나의 심장이 이전보다 조금 무거워졌다. 심장이 느껴질 때가 조금 많아졌다. 오
전에 1층에서 책을 읽으면서 심장이 불편해져서 살펴보니, 교회 홈피에서 어떤 댓
글을 본 것이 나를 괴롭게 하는 것을 알 수 있었다. 나는 남에게 대적하거나 조금
이라도 시비 거는 말을 보면 마음이 불편해진다. 좋은 것이 좋지 남에게 자신의
말을 다 해대는 것, 특별히 그렇게 가깝지 않은 사람에게 그런 것을 보면 괜히 당

사자도 아닌 내가 가슴이 두근댄다. 심약했던 어린 시절이 곧바로 떠오른다. 그래도 마음이 많이 강해졌다고 느꼈는데, 나는 본래 소심하고 약한 사람임을 다시 알게 된다.

무참히 깨진 신화

오늘 마음에 이는 큰 파장이라면 큰아들의 국제전화이다. 며늘애가 지난 주말에 집에 와서 점심도 먹고, 큰댁 추석모임에도 참가하고, 집에 와 하루 자고 교회에 같이 갔었다. 오후에 이경순 권사님과 김은아 집사님과 함께 점심하고 차를 마시고 있다고 하는데, 비가 많이 와서 무거운 여행가방하고 어떻게 갈지 걱정이 되었다. 혼자 운전할 자신이 없는 내가 안타깝다. 이 장로에게 말하니 택시를 타고 가라고 한다. 지하철 타고 간다는 새미에게 그 말은 전할 수 없었고, 마음이 무거웠다. 나는 새미가 곱고 이쁜데, 새미는 내가 아주 많이 어려운가보다. 하룻밤 보셨으면 되었지요… 지하실에 둔 장롱에 곰팡이가 피었고 앨범이 안전한지 마음이 쓰인다. 우리가 조금 더 신경을 썼어야 하는데, 우리 둘 다 지친 느낌이다.

이렇게 글을 쓰면서 떠오르는 광경이 있으니, 바로 어머니가 혼자 쓰신 일기장이다. 마음을 어디다 털어놓을 수 없으실 때 마지막 4년간 일기를 남기고 가셨다. 어찌 하실 말씀을 다 하셨겠냐마는 숨김 없이 당신의 마음을 많이 남기셨다. 외롭고, 괴롭고, 쓸쓸하고, 아쉬운 심정도 많이 적어 놓으셨는데, 언제 한 번 다시 보고 싶다. 물론 기쁘고 감사한 일, 예배 드린 좋은 일들을 아주 상세하게 적으셨다.

나 스스로 아들에게 최선을 다했고, 아들이 너무나 자랑스럽고 늘 고맙고 또 고마운데, 오늘은 조금 섭섭하다고 이야기하였다. 그 아이가 괜히 지나치게 신경 쓰는 것은 아닌지. 우리 새미는 참 착하고 반듯하고 좋은데… 오후에 심장 CT와 경동맥과 뇌혈관 MRA 결과를 설명 들으러 스마일영상의학에 간다. 원장님이 매우 친절하고 침착하셔서 마음이 편하다. 결과를 알고 잘 대응하려고 한다. 내가 나의 건강에 무지하고 소홀하였던 것이 부끄럽고, 안타깝고 어찌할 바를 모르지만, 나의 최선을 다하면서 하나님의 자비와 은총을 간구한다.

살면서 내가 믿었던 신화가 무참히 깨진 것은 남편이 60~65세까지 걱정 없이 사회생활하리라던 것, 우리 애들이 건강하고 평안한 가정을 이루리라는 믿음, 그리고 어머니가 말씀하셨듯이 큰 문제 없이 건강 축복을 받고 장수하리라는 믿음, 오히려 너무 오래 살까 봐 죽지 않음에 대한 공포(Fear of Not Dying)를 갖고 있었는데, 마주하는 현실은 자못 충격스럽다. 앞에 것들은 대체로 적응하였거니와 이제 우리 부부의 건강 지키는 것이 삶의 중요 과제가 되었다. 행복교실에 입학해야 하는데… 한명희 장로님을 비롯한 모든 분들의 신앙생활의 지혜가 한없이 우러러진다. (2010. 9. 20.)

뱃속부터 슬펐던 여자

2011년 8월 23일 화요일 오후 도봉노인복지관에서 산재근로자들의 재취업을 위한 집단상담을 진행하고 돌아오면서 버스 안에서 문득 이런 제목이 떠올랐다. 오늘 참가한 일곱 분의 삶이 정말 녹록치 않고 여전히 힘든 부분들이 많아서 상담자로서 마음이 많이 쓰이고, 개인들의 삶에 대해서 다시 생각하는 계기가 된다. 물론 그 개인의 한 사람이 바로 나다. 2009년에 〈상담자의 자기분석〉이라는 자기고백적인 책을 쓴 적이 있지만, 그때와는 다른 느낌으로, 다른 목적으로 나를 포함해서 사람들에 대한 이야기가 쓰고 싶어졌다. 이야기를 두런두런 풀어내고 싶다. 내 안에 쏟아져 나오고 싶은 이야기들이 기지개를 피기 시작하나 보다.

뱃속부터 슬펐던 사람으로서, 그리고 한 여성으로서 나의 삶을 반추하면서 얻어질, 공감될 이야기들이 적지 않다. 이런 생각을 하게 된 것은 그룹에서 비교적 젊고, 처음에 활기차던 어떤 참가자가 회기가 갈수록, 자기 내면을 들여다보면 볼 수록, 그룹에 솔직해지려 할수록, 괴로웠던 자기 인생의 무게에 짓눌린 표정으로 두 시간 내내 있었기 때문이기도 하다.

오늘 첫 말문을 제대로 연 S여사는 바로 두 달 전에 30대 초반의 막내딸을 유방암으로 잃었다면서 소리도 내지 못하면서 울었다. 환자 같지도 않게 보였던 딸이 갑자기 쓰러지고 보름 만에 가버렸다며, 딸이 사경을 헤맬 때 아무것도 해주지 못한 엄마로서의 자책감과 가장 마음에 드는 딸이었다는 이야기며, 믿음이 돈독한 딸이었다는 등 내내 가슴 에이는 이야기로 집단원 모두의 마음을 울렸다.

S여사의 이야기를 들으면서 벌써 마음이 어두워진 맥가이버님은 부모보다 더 사랑하는 큰누님 가정의 비슷한 상황이 떠올라서 벌써 눈물이 핑 돌았고 이야기 내내 손도 떨고 입도 떨고 눈물을 흘렸다. 부모님에게는 손톱만큼도 사랑을 받지 못한 불행하고 불쌍한 사람으로서 큰누님의 사랑을 가장 의지하고 있는데, 큰누님의 아픔이 바로 자신의 아픔이고, 자신이 당한 산재의 아픔을 누님이 눈물로 맞으셨던 이야기를 하고 나서도 내내 울먹울먹 어두움이 가시지 않았다.

그다음이 어느 분이었던가? 이쁜이님은 부잣집 딸로 어렵지 않게 살다가 연애한 신랑이 똑똑하고 부자인 줄 알고 시집왔더니 집도 없고 살림도 없고, 집안이 너무 어려워서 신혼 초에 울고 또 운 이야기를 하였다. 그러다가 시집에서 시어머니의 사랑과 인정을 받아서 정을 들었고 자녀들이 대학에 갔을 때 가장 행복했다고 이야기한다. 그러면서 지금 돈이 별로 없지만 자녀들과의 관계가 원만해서 지금이 또한 가장 행복하다고도 이야기한다. 긍정적인 사람이고 나름대로의 지혜로 잘 살아가고 있다.

또순이 중의 또순이 수퍼우먼의 이야기가 모두에게 신선하게 다가왔다. 부지런한 정도인 줄 알았더니 일생 2시간 정도 자고 살면서 5남매를 키우고 시어머니를 모셨단다. 남녀 구별 없이 경제활동을 하고, 받기보다 먼저 베푸는 삶으로 일관하며, 자신의 고령의 친정어머니도 쑥을 봉지봉지 팔아 하루에 3만 원도 벌고 하신다는 이야기며, 봉제공장을 셋이나 운영하기도 했고, 굴다리 밑에서 굴 장사로 시작해서 커다란 가게를 이루고 돈을 미처 받을 새가 없을 정도로 장사를 잘한 이야기며, 화초 키우고, 운동하고 손주와도 잘 지내는 건강한 이야기로 분위기를 반전시키기도 한다.

청양고추님은 집단 참여에는 열심인데, 개인사 이야기에는 지금까지 좋은 일 하나도 없었고, 행복한 적이 없다고 벌써 3회차인데, 계속 그렇게 이야기를 한다. 아버님이 4살에 돌아가시고, 어머니가 재가를 하면서 또 출산을 했고, 그 계부에게는 벌써 자녀가 셋이나 있었다는 정말 살기 힘들었다는 이야기를 조금 비추고는 얼른 이야기의 꼬리를 자른다. 한 번 터지면 크게 나올 것 같은데, 쉽게 말문이 열리지 않는다.

처음부터 이야기가 하고 싶어서 집단상담을 위해서 보청기 단계를 한 단계 올렸다는 이야기를 깔아 놓고 시작한 만물박사님은 그 애로가 또한 말이 아니다. 이북에서 내려온 강경한 부모님이 아내에게 시집살이를 혹독하게 시켜서 부부가 산에 한 번 같이 가보지도 못했고, 해외여행도 못해보았는데, 아버님이 구순이 넘어서 또 그다음 해에 어머니도 구순 넘어 돌아가셔서 올해 처음으로 부부가 한 번 해외여행을 다녀왔노라고 한다. 누우면 산이라고 할 정도고 산자락에 살아도 부부가 한 번도 자유롭게 뒷산에도 못 올라가 보고 70을 맞이했다는 이야기를 들으면서 한국의 동방예의지국의 일그러진 단면을 떠올린다.

끝까지 '삐딱선'을 탄 사람처럼 말을 꺼내기 꺼려 하던 백돼지님은 일곱 살 때 작은집으로 양자 갔다가 초등학교 4학년 때 양아버지 돌아가시고 다시 본가로 돌아와서 살게 된 '탁구공' 인생의 애환을 말하기가 좀처럼 입이 떨어지지 않는 듯했다. 호적은 그냥 두고 양자 갔다가 오는 바람에 누가 나의 아버지인지에 대해 겪은 혼란과 수치심, 반항심이 아직 사라지지 않았다고 또렷하게 이야기한다. 어릴 적 가정환경조사서를 쓸 때마다 정체성의 혼란으로 괴로웠고, 또한 발음하기 어려운 이름까지 가져서 자신이 누구인지 혼란스럽게 지금까지 살아왔음을 이야기하였다.

이런 이야기를 듣고 오다 보면은 상담자인 나의 개인감정이 건드려지기 마련이다. 어머니로부터 들은 이야기 — 너 가지면서부터 아버지랑 틈이 벌어졌다 — 는 나의 운명의 전주곡인 셈이다. 지금부터 60여 년 전 밤마다 이혼해달라는 남편과 5남매를 두고 그럴 수는 없다고 버티는 엄마의 갈등을 들으면서 나는 무슨 생각을 하였을까? 아마도 — 내가 무엇을 잘못해서 이분들이 이렇게 화가 났을까? 아 참 슬프다. 나의 삶은 뱃속부터 슬펐다.

나의 우울 이야기

며칠 전 C대학 이상심리학 강의 시간에 그만 학생들에게 나의 우울경력을 구슬처럼 꿰어 보였다. '관찰&경험한 이상행동/정신장애 보고서'를 과제로 부여하여서 40여 명 학생들의 다양한 이야기를 읽으면서 나도 모르게 그런 마음이 들었었다. 이렇게 힘든 이야기들을 진솔하게 교수에게 모두 털어 놓은 것을 읽노라니 스스로 마음의 빗장이 풀렸던 것 같다. 그날 이야기한 내용을 다시 한 번 정리해보고자 한다.

우울이란 단어를 처음으로 나 자신과 연결시켜서 생각한 때가 연년생으로 둘째를 낳은 힘들었던 그 겨울이었다. 앗불싸! 생후 2개월 된 갓난아기와 20개월짜리 형. 두 애가 모두 백일해에 걸렸다. 어떻게 백일해에 감염되었는지는 여기서 생략하기로 한다. 심증은 있지만, 그때나 이때나 그런 이야기를 하고 싶지는 않다. 100일간 기침한다는 그 무서운 병을 두 애가 걸리니, 어미의 고단한 삶은 정말 낮밤이 없어졌고, 늘 잠이 모자랐다. 큰 애는 6개월 정도 모유수유를 하고 힘들게 젖을 떼었는데, 둘째 때는 젖을 떼고 말고 할 것도 없이 4개월이 되어 그냥 젖이 말라버렸다. 두 애 백일해와 더불어 나의 산후기침이 시작된 것이다. 늘 그리워하는 청파동인데, 지금 '청파동'이라는 단어에 눈가에 눈물이 고인다. 참 힘겨웠다. 정말 힘들었다. 너무나 힘이 들었었기에 잊지 못하고 종종 그리워하고 생각하게 되나 보다.

　지금 생각하면 나의 신경줄에 용수철이 있었다면 그 용수철이 다 풀어지고 널부러질 정도로 하루하루가 벅찼다. 작은 애를 젖을 먹일까, 우유를 먹일까? 작은 애 우유는 3시간 간격으로 먹이고, 약은 둘 다 4시간 마다 먹여야지, 내 기침약은 6시간 마다 먹어야지. 이번에 우유를 먹이는 것이 좋을까? 아님 젖을 먹이는 것이 좋을까? 하루 24시간을 3으로 나누었다가, 4로 나누었다가, 다시 6으로 나누어도 보고, 한시도 마음을 놓을 수가 없었고, 깊은 잠은커녕 얕은 한 조각의 잠도 제대로 들 수가 없었다. 한번은 작은 애가 기침을 하는데 세어 보니 서른세 번 연속으로 기침한다. 백일해의 특징에는 청색증이 있다. 입술이 파래지면서, 숨이 넘어갈 것 같이 서른세 번 — 내 마음이 다 넘어가고 말았다. 그러나 고마운 것은 두 애가 한 번도 먹은 약을 토한 적은 없었다. 그 당시에도 너무나 신기했고 고마웠고 감격스러웠다. 어떻게 어린 것들이 힘들게 먹인 약을 토하지 않고 그대로 넘길 수 있었을까? 작은 플라스틱 약병에 들어있던 여러 가지 색깔의 물약에 가루약을 섞어서 먹이고, 하루에 두 번씩 병원에 가서 스테로이드 항생제 주사를 맞췄다. 입원을 할 수 없었고, 학교 출근을 계속 하면서, 아침 7시에 출근해서 저녁 7시에 퇴근하는 파출부 아주머니 한 분에게 의지해서 그 겨울에 우리는 죽지 않고 살아남았다. 정말 죽지 않고 살아남은 것이 기적이라 할 정도로 힘겨운 나날이었다. 청파동 추운 전셋집에서 머리를 감으면 감기가 더해지겠지, 그러면 아이들이 기침이 더 심해지겠지, 머리가 가려운데 머리를 감아야 하나 말아야 하나, 그런 고민이 우유부단을 만들고, 선택불안 증세를 가중시켰다. 그러다 보니 머리 감는 일 하나를 두고도 몇 시간을, 더러는 며칠을 고민을 한다. 신경줄이 늘어지고 또 늘어진다.

　그다음 보다 본격적으로 스트레스–취약 모델의 사례로 제시하기 좋은 일이 내게 발생한 것은 연희동 슬라브 단독주택에 2층을 증축하면서 발생하였다. 이미 40을 넘었고 아이들 키우는 일은 어느 정도 되었고, 마음의 여유도 많았기에 이런 확장을 결정한 것이다. 2층 증축이야기의 출발은 참 황당한 데 있었다. 우리 집 제일 안쪽 방에 세들어 살던 ○○이 엄마가 뒤늦게 임신을 하였다. 큰애가 6학년인가 되었는데 둘째를 갖게 된 것이다. 정말 지금 생각하면 웬 오지랖이 그렇게 넓었는지, 그들은 생각도 안 하는데 나 혼자 북치고 장구를 쳤다. 그 방에 살기 좁으니 넓은 공간을 주고 싶은데, 공간이 없으니 어쩌면 좋은가 고민하다가, 그 아이디어가 발전하고 변형되어 2층을 증축한 것이다. 우리 속담에 '미친년이 섶감을 들고 치마저고리 만든다고 돌아다닌다'는 말을 후에 들었는데, 내가 바로 그런 격이라고 하면 지나친 말일까? 마침 집수리 지라시가 신문에 끼어 들어왔고, 그렇게 그렇게 2층 증축의 이야기가 실제가 되었다. 1990년인데 그해가 얼마나 힘들었느냐고 묻는다면, 결국 다니던 직장에 사표를 내고 말았다면 다른 설명이 필요 없을 것이다.

집을 짓는 것이 소꿉장난도 아니고, 케익 만드는 일도 아닌데 결국 시작을 하고 나서 커다란 낭패를 경험하였다. 집짓기를 소홀히 보고서, 나는 아침에 일어나서 직장으로 갔다가 저녁에 돌아올 요량이었다. 다시 말해서 건축현장, 먼지 나는 곳을 피할 수 있다고 생각하였다. 그런데 공사가 시작되어 비계를 설치하고 인부들이 2층으로 올라가기 시작하면서, 새벽마다 커피 열 잔과 빵 10개의 서비스가 시작되었다. 지금도 나무 난간을 조심스럽게 올라가던 일이 기억에 새롭다. 여름에 시작하여 겨울에 끝났는데, 문제는 1층과 2층이 연결된 계단으로 쏟아지던 물이었다. 그해 여름에 비가 무섭게 쏟아졌는데 어느 날은 하루에 500mm가 내리기도 하였다. 책과 사진 앨범 등 모든 것이 물에 젖었고, 감당이 되지 않았다.

큰아들은 서울 과학고 1학년에 재학 중이어서 야간자율학습을 하고 11시경에 집에 오는데, 나는 그 시간까지 몸을 지탱할 수가 없었다. 내일 홀트에서 감당해야 할 일들이 가슴에 무겁게 놓여 있기 일쑤였다. 국제 업무라는 것이 그때나 지금이나 약간의 긴장과 노고를 요하기 때문이다. 그리고 그해 여름에 첫 미국 출장도 있었다. 미국 출장 중에 받은 남편의 전화가 또렷하다. "그냥 와, 죽겠어" 그리고 다녀와 보니 한샘싱크대를 남편이 이미 맞췄다. 주부로서 묘한 상실감이 찾아왔다. 직장과 고1 엄마역할도 벅찬데, 거기에 집을 짓는 일이라니… 그 당시 처음 공사비가 3,600만 원이었는데 지금 남아있는 체감 느낌은 3억 6천만 원을 쓴 듯이 힘이 들고 또 힘이 들었다. 그리하여 나의 신경줄은 느러질 대로 느러지게 되고 나는 그해 연말에 홀트에 사표를 던졌다. 활동적이던 막내 며느리가 갑자기 누워 있게 되자, 근심어린 어머님께서는 녹두죽을 쑤어 주시기도 하였다. 어머님의 사랑이 입안에 돈다.

그리고 이러한 패턴을 다시 한 번 반복하는데 바로 박사과정 코스웍 기간에 그러하였다. 밤낮없이, 그리고 주말도 없이 돌리던 직장과 연세대학교 연합신학대학원 박사과정은 58세의 여성에겐 너무나 무거운 맷돌이었다. 맷돌을 돌리다가 힘에 부쳐서 다시 직장을 내어 던지고 논문을 썼던 것이다. 세 번 해보았으면 충분하지 않은가 생각한다. 연년생 백일해와 직장맘, 입시생 엄마 하면서 집 짓기, 그리고 전일제 직장과 박사과정의 병행. 무리수를 두었던 내가 보인다. 너무 힘들면 우울하게 된다. (2011. 10. 17.)

너의 이야기

남편의 패턴에 대한 기록을 남기고자 한다. 상담일을 전문적으로 하는 내게 있어 패턴이라 함은 한 개인의 인지적, 정서적, 행동적 특성을 말한다. 때로 강의할 때에 Soma(몸), Ethos(정서), Psyche(정신)의 3중 기록(tripple bookkeeping)이 어떤 개인을 기술하는 방법론이라고 말하기도 한다. 한 인간을 통전적으로 이해하기 위해서는 위의 세 가지 요소를 모두 관찰하고 이해하고 파악할 필요가 있다.

나에게 있어 가장 구체적으로 '너'라고 말할 수 있는 일상의 대상이 바로 남편이다. 평소에 '너'라고 지칭해본 적은 없지만, 최근에 내면적으로 아주 건강하게 대상과 마주하면서 동등함을 자각하기도 하였다. 마음속으로 '너'라고 친근하게 부른다는 이야기다. '당신'이라는 말보다 존대를 낮게 한다는 뜻보다는 있는 그 대로의 그의 생성(becoming)을 존중한다는 뜻이 내포되어 있다.

남편은 처음 만나 결혼을 하게 될 무렵, 아니 신혼 초기에 이러한 이야기를 신부인 나에게 들려준 적이 있다. "나는 참 재수가 없어서 온갖 고생을 많이 한다. ROTC 장교로 복무하면서 어려움이 많았는데, 전역 직전에 중대장이 말하기를 "자네 굉장히 훌륭한 소대장이라는 걸 이제야 알았네"라고 했다는 것이다. 소대장으로 복무 시에 그 진가를 인정받지 못하고, 전역을 위한 회식자리에서 크게 인정받았다는 것이다.

그와 함께 하기 시작한 1974년부터 38년이 흘러가고 있다. 우리의 결혼생활을 어떻게 말할 수 있을까? 우선 외관상으로, 그리고 사실 그렇게 힘든 결혼은 아니었고, 비교적 안정적이고, 보기에 따라서는 모범적이기도 한 결혼생활이었다. 우리가 젊었을 때에 만리현교회 청년들이, 그리고 연대의 후배들이 우리를 보고 '결혼을 하고 싶다는 생각을 처음 했다'는 극찬을 듣기도 했었다. 도저히 못살겠다는 극단적인 생각이나 상황으로 간 적은 거의 없었다, 적어도 나의 입장으로는. 힘든 때도 있었지만, 성장한 아들에게 호소를 해 봐도 "그냥 사세요"라고 현실을 인정하고 대상을 그대로 수용하라고 요청받기도 하였다.

최근에 남편 이길종 장로의 성격적 특성과 대인관계 전략 및 위기대처 능력을 보면서 그의 사고체계와 정서적 특징, 그리고 행동양식을 통전적으로 이해하는 눈이 아내인 나에게 생기기 시작하였다. 40년이 가까워서야 조금 뚜렷해지는 남편의 모습이라니, 그동안 얼마나 모르는 채 함께 살아왔는가를 생각하면서 부끄러움과 함께 안타까움이 올라온다.

1982년에 처음 실시하였던 MBTI에 나왔던 대로 그와 나는 정반대이다. ISTJ와 ENFP. 그러니까 이길종 장로는 내성적이고도 또 내향적이다. 외부로 치닫기 보다는 집에 있으면서 독서하기를 즐기고 정말 독서가로서의 면모가 확실하게 세워졌다. 자신의 카페에 올린 기록을 보면 2017년 연말에 698번 독서 목록이 기록되어 있다. '1,000권을 향하여'라고 되어 있다. 평전, 역사서, 소설, 다큐멘터리 등 관심 있는 분야의 저술을 체계적으로 정독하고 있다. 그리고 매우 감각적이다. 센스가 있다. 두 며느리가 인정하는 대로 '우리 아버님 멋쟁이'이시다. 옷을 스스로 고르고 잘 코디해서 입는다. 감정으로 흐르는 나와 정반대의 사고 기능을 주기능으로 갖고 있고, 이 부분이 우리 부부가 상충하기도 하고 보완하기도 하는 부분이다. 매년 철마다 자신의 옷을 선정해서 버리고 새로 산다. 생활양식이 나와는 정반대이다. 아무것도 못 버리는 나와 정반대의 사람이다. 지금 38년의 결산이 이러한데 한 60년 같이 살게 되면 어떤 이야기를 하게 될까? (2011. 11. 21.)

신기하고 놀라운 일 : 배열(constellation)

오늘 아침 이 장로와 함께 연세대에 갔다. 큰아들의 지원서류 제본을 위해서 정법대의 제본실에서 작업을 잘 마치고 나의 목사고시 관련서류와 아들의 서류를 들고 신학관 2층에 갔다. 우선 권수영 교수님을 만났다. 그냥 눈인사를 나누고 스쳤다. 학장님 책상에 서류를 놓고 가면서 조교에게 물으니 정석환 학장님이 통상 11시 정도에 오신다고 해서 그냥 오려다가 혹시나 전화를 드려보니 10시 30분쯤 오신다고 하신다. 30분 정도면 기다릴 수도 있겠다 싶어서 커피를 마시고 주차장에 있는 이 장로에게 간다. 가다가 보니 주차권을 안 가져가서 다시 간다. 주차장에서 이 장로를 만나서 그냥 집으로 돌아가라고 말하고 오려는데 최재건 교수님이 걸어오신다. 한가하게. 그래서 그냥 함께 신학관 건물로 가다 생각해보니 교회사를 전공하신 분이어서 다시 이 장로에게 가서 만리현교회 100년사 한 권을 드리게 된다. 이 장로는 친구에게 보내려던 봉투를 빼내고 한 권 드린다. 최재건 교수님 방에 가서 맛있는 차 한 잔을 대접받으면서 아버지 박상래 교수님 이야기며, 언더우드 가족의 자서전이나 전기가 있는가 등의 화제에 두 사람의 관심이 공통되는 것을 느낀다. 언제 한 번 정식으로 인터뷰를 신청하겠다고 한다. 최 교수는 연신원 50년사와 신과대학 100년사 집필을 맡은 분이다. 대학 때부터 함께 이런 저런 일로 만남을 가진 일이 있는 특별한 분이기에 나와의 교류는 40년이 넘는다. 또 중간에 서중석 교수님이 있지 아니한가!

조교가 학장님 오셨다고 전화를 주어서 내려가 보니 전현식 교수님이 와계신 다. 5분만 더 기다리라는 학장님의 말씀에 밖에서 기다린다. 조교 말이 학장님이 초콜릿을 잘 안 드시는데 오늘 아침에는 벌써 전 교수님과 초콜릿을 들었다고 한 다. 매화차도 꼭 타드리라고 신신 당부를 한다. 정석환 학장님을 뵈니, 오늘 추천 서를 써주시겠다고 한다. 내친 김에 이규일 박사 이야기도 한다. 아참 그 전에 이 번 총장님이 되신 정갑용 총장님과 동창인 내담자 K에 관해서 말씀을 드린다. 새 겨서 들으신다.

예정했던 일을 모두 마쳤는데 만나기로 한 김○○은 '신과대학'을 '치과대학' 으로 듣고 치과대학에 있다고 문자가 왔다. 다시 신과대학까지 오라고 이야기하 고 다시 미진한 것인 생각이 나서 권수영 소장님을 찾아서 2층 센터, 3층 연구실 을 모두 다녀도 안 계신다. 김○○은 언제 오려나 내다보며 문에 나가서 기다리는 데 바로 그때 온다. 마악 2층으로 올라가려고 해서 불러들인다. 잠시 로비에 앉아 기다리라고 하고, 1층에 내려가 보니 권수영 교수님이 거기 계신다. 누군가와 전 화 중이다. 그래도 기다린다. 전화를 끝내고 사무실로 들어간 분에게 다가가서 말 을 건다. 제 손 좀 잡아 달라고. "나는 우리 아들이 권수영 교수님같이 되게 해달 라고 기도한다"고 말씀드린다. 영광이라고 하시면서 당신도 기도하겠다고 한다. 요청하기도 전에 ─ 먼저. 이것이 나를 빨리 보내려고 한 립서비스가 아니고 하나 님이 그 입술에 주신 말씀인 것을 안다. 아니 믿는다.

어떻게 이렇게 신기한 일이 있을 수 있을까? 아참 빼어 먹었네. 11시 무렵 2층 로비에서 정석환 학장님과 전 교수님 말씀 끝나기를 기다리고 있을 때에 유영권 교수님이 지나가신다. 친절하게 가까이 오시면서 요즈음 어떻게 지내느냐고 하신 다. 나는 목사고시를 준비 중이라고 말씀드린다. 수업 중이라 빨리 가신다고 웃으시면서 가신다. 매일 웃기만 하시는 분은 아닌데 오늘 환하게 웃으셨다.

어떻게 이렇게 신기한 일이 있을까? 〈권수영-최재건-정석환-전현식-유영권-권수영〉 약속을 하고 가서도 모두 만나기는 어려운 분들이시다. 권수영 교수님을 시작점으로 그리고 동시에 종착점으로 하고 돌아왔다. 이런 것을 융심리학에서 말하는 배열(constellation)이라고 하지 않는가? 하나님이 보여주시는 눈에 보이는 그림에 입술의 제사를 드린다. 감사합니다. 감사합니다. 찬미합니다. 영광입니다. 영광을 돌립니다. 할렐루야, 아멘! (2011. 11. 21.)

바오로에게

자네 건강은 요즈음 어떤가? 나는 작년부터 느러진 병자랑 시리즈를 계속 하겠네. 기침감기에 걸려서 지난 15일부터 벌써 10일간 고생을 하네. 다행히 열은 없지만 목을 쓰는 사람이기에 나도 괴롭고 남들에게도 피곤을 전달하고 있다네. 기침약과 좋은 차, 뜨거운 국 등 정성을 드리고 있는데, 절대적으로 휴식이 필요한 거지. 지금도 밤 10시 넘은 시간에 어떤 전화를 기다리면서 편지를 쓰네.

오늘 좀 특별한 소식을 전해도 되겠는가? 나에게 관한 아주 중대한 이야기를 털어 놓으려고 하네. 목사고시를 위해서 서류를 준비하고 있네. 지난 11월 17일에 이런 메일을 받았어. 〈샬롬~ KAICAM입니다. 답변이 늦어서 죄송합니다. 총무 목사님께 서류 확인을 받은 후에 답변을 드릴 수 있어서 좀 늦어졌습니다. 총무 목사님께서 서류를 확인하신 결과 지원가능하시다고 하십니다. 따라서 홈페이지에서 목사고시 청원서를 다운로드 받으셔서 준비하셔서 지원하시면 될 거 같습니다. 접수는 3월 16일(금)까지이며 서류접수를 하시면 예제를 받으셔서 준비하실 수 있습니다. 더 궁금하신 사항이 있으시면 문의하여 주시기 바랍니다.〉

kaicam은 Korean Association of Independent Churches and Missions의 약자이고 우리말로는 '독립교회선교단체연합회', 줄여서 독립교단이라고 하는 단체일세.

대표적인 독립교회로는 온누리교회(하영조 목사), 할렐루야교회(김성복 목사), 갈보리교회(박조준 목사) 등이 있네. 총무 목사님의 면담을 통과하면 예제를 가지고 겨울방학 동안 목사고시 준비를 해서 2012년 3월 27일에 목사고시를 치르고 그 결과에 따라서 목사안수를 받을 수가 있어.

어떤가? 너무나 뜻밖인가? 그러고 보니 내가 목사안수에 대해서 생각을 시작한 것이 2000년 무렵이니 이미 10년을 넘도록 품어온 생각을 이번에 실행에 옮기는 것이라네. 서서울생명의 전화에서 일할 때에 목사직을 가지면 여러 교회와의 접촉, 목사님들과의 교류, 평신도지도에 더 효율적이겠다는 생각이 들었어. 2005년 가을에 감리교신학대학교에서 '교단청강'으로 감리교 목사가 될 수 있는 기회가 있었지만, 자네가 아다시피 그때는 종합시험으로 몸과 마음이 초토화되어서 도저히 수강을 할 수가 없었다네. 다시 또 6년이 흘러서 이제는 "하나님께서 허락하신다, 원하신다, 인도하신다" 이렇게 말할 수 있게 되었네.

부족하고, 두렵고 떨리는 일이지만 이 길을 가려고 하네. 내가 존경하는 어떤 목사님의 묵상서신에 이런 글이 있다네. 〈영적 여정이란 자기의 뜻 없이 살던 시절을 지나 자기의 뜻을 세우고 살아 본 연후에 마침내 자기의 뜻을 넘어 하나님의 뜻을 따라 장도에 오른 것입니다.〉 (2011. 11. 23.)

신앙고백 진술서

믿게 된 경위

모태신앙으로서 아버님과 어머님이 모두 신학교육을 받으셔서 아버지는 신학대학의 교수로, 어머니는 교회의 전도사로 시무하셨습니다. 외조모께서 1930년대에 안면도와 청양을 비롯한 충서지역에 20여 개의 기도처를 개척하신 전라열(全羅悅)전도부인으로서 어머니는 그 신앙을 이어받고 신학을 하게 되셨고 아버지는 장모님의 전도로 독실한 신앙생활을 하셨다고 합니다. 본인은 대학재학 시절 대학생선교단체(ECF; Ecumenical Christian Fellowship)와의 만남을 통해서 1971년 2월 13일에 예수님을 저의 개인적인 구주로 영접하여 오늘에 이르고 있습니다.

신앙생활 여정

어려서 서울과 부산, 대전의 몇 교회를 거쳐서 초등학교 5학년이던 1959년에 만리현감리교회에 오게 되었습니다. 어머니께서 전도사로 봉직하셨고 자연히 교회의 모든 분야 — 교회학교, 찬양대, 선교회 등에서 열성으로 봉사하게 되었습니다. 어머니 은퇴 후와 소천 후에도 자녀들이 본교회에서 남아서 현재까지 신앙생활을 하고 있습니다.

신앙생활 가운데 특별히 중고등부 부장으로서 수련회 준비와 문학의 밤, 성탄행사 등으로 학생 및 교사와 호흡한 것이 커다란 훈련과정이요 보람이었습니다. 여선교회 활동을 하던 중에 주님의 인도하심으로 개교회를 넘어서 감리교회의 조직에 따라서 기독교대한감리회 중구용산지방여선교회회장, 서울연회 부회장, 여선교회 전국연합회 문화부장으로 활동한 경험은 신앙적으로나 인간적으로 엄청난 축복의 체험이었습니다. 또한 교회의 찬양대원으로 현재도 활동하고 있거니와 중구용산지방여선교회합창단과 함께 교도소와 군부대 위문 등 다양한 선교경험을 하였고, 무엇보다도 감리교여선교회전국연합회 합창단원으로서 함께 한 국내외 선교경험은 말로다 할 수 없는 은혜로운 활동이었습니다. 낮고 어두운 곳은 물론 영화스럽고 영광된 자리에서 주님을 찬양하는 생활을 수십 년 할 수 있는 복을 부여받았습니다. 현재는 연세대학교상담코칭지원센터 건립추진위 총무로서 찬양과 기도로 월례예배를 준비하여 한 달 한 달 은혜로운 예배를 드리고 있습니다. 주님의 은혜로 만리현교회에서 1959년부터 현재까지 신앙생활을 할 수 있는 복된 기회를 누리고 있습니다.

목회자가 되려는 동기

활발한 평신도사역을 하던 중에 처음으로 목사직을 희망하게 된 것은 10년 전쯤인 2000년 무렵이었습니다. 당시 서서울생명의 전화에서 홍보위원장으로 상담사역을 하는 중에 기관운영과 대외협력적인 목적으로 목사직을 받으면 더욱 효율적으로 사회활동을 하겠다는 생각을 시작하게 되었습니다. 2005년에 감리교신학대학 교단청강을 통해 목사안수를 희망하였지만 당시에 박사학위논문 작성 중이었으므로 유보하였고, 10여 년간 부화시켜온 서원을 이제 확실하게 실행하고자 합니다.

사실, 초등학교 5학년부터 전도사의 딸로 교회사택에 살면서 교회의 모든 일에 구체적으로 참여하면서 성장하였기에, 반 전도사의 정체성을 갖고 성장한 것이 이러한 서원의 모체가 된 것입니다. 친정어머니께서 늘 말씀하시기를 "나는 우리 어머니 신앙의 발뒤축도 못 따라간다"고 말씀하셨고 이는 어머니와 나의 경우에도 동일하게 적용됩니다. 어머니가 전도사로서 교회에서 어렵고 소외된 분들, 경제적인 취약자들, 사회적 약자들을 두루두루 찾아다니시며 위로하고 힘을 실어주는 심방사역을 하시는 것을 보면서 성장한 나는 나도 모르게 상담자의 훈련을 받았고, 동시에 목회수련도 받았다고 생각합니다.

저는 성인기 삶의 초반에 교사직을 과감하게 버리고 상담자의 길로 전환하여 대학원에서 상담학을 전공한 이후에 사회복지법인 홀트아동복지회에서 약 10년간 미혼모, 입양아, 양부모의 삶에 깊이 관여하는 사회생활을 하였습니다. 이 특별한 경험은 저에게 쉽게 감지할 수 없는 하나님의 드라마를 보게 하였습니다. 모세도 아닌 수많은 어린아이를 세계의 가정으로 흩으시고 파견하시는 하나님의 섭리를 다 헤아릴 수는 없지만, 하나님의 계획과 뜻이 아니라면 될 수 없는 일이라고 해석하게 되었습니다. 버려진 아이, 자녀를 포기하는 선택을 하는 부모들, 낳지 않은 자녀를 키우는 부모의 애환, 자신의 정체성 확립을 위해서 몸부림치는

10만 명이 넘는 해외입양인들, 이런 분들과 함께 울고 웃으면서 중년으로 발돋움 하였습니다. 사람의 말로 대답할 수 없는 수많은 민원들(inquiries)을 대하면서 하나님의 목소리가 전달되어야 할 필요를 절감하였습니다.

2008년부터 연세대학교연합신학대학원 부설 상담코칭지원센터에서 전문상담사와 교육분석가 및 수퍼바이저로 활동하며 4년째 상담목회의 일선에 있습니다. 개인적, 가정적, 사회적, 영적, 종교적 위험과 갈등, 고통의 한가운데에 처한 내담자의 삶을 눈여겨보고 그들의 이야기를 귀에 담다 보면 저절로 목회의 필요와 의욕을 갖게 됩니다. 예수님의 이름으로 한 사람 한 사람을 보듬고 함께 울고 웃으면서 주의 자녀로서의 권세를 누리게 인도하는 일은 보람의 차원을 넘어서 이제 소명으로 자리하게 되었습니다.

특별히 결혼갱신(marriage renewal) 예식을 베풀어야 할 수많은 부부들을 만나면서 목사직을 더욱 사모하고 결단하게 되었습니다. 평신도 상담사로서도 할 수 있는 일이지만 성직을 갖게 되면 더욱 효율적으로 수많은 부부를 섬길 수 있으리라고 전망합니다. 실제로 저와 상담을 하는 수많은 목회자와 평신도가 자주 저를 '목사님'으로 호칭하여서 더욱 이러한 생각을 확고하게 갖게 되었습니다. 이분들이 제가 목회자이기를 희망한다는 것을 수없이 체험하게 되었습니다.

향후 목회 계획

현재 별도의 목회 계획은 갖고 있지 않습니다. 저의 강의와 상담을 더욱 목회화하는 것이 가장 중요한 계획입니다. 수강생 한 사람 한 사람, 내담자 한 사람, 한 가정을 찾아가는 심정으로 말씀과 기도와 찬양으로 함께 하고자 합니다. 현재 대학소속센터에 있으므로 센터의 영성 증진을 위해서 다각적으로 모색하고 있습니다. 2008년부터 개인 홈페이지(http://web.yonsei.ac.kr/narrativedream)에 하고 있는 사이버 '꿈 이야기 교회'를 새롭게 활성화할 수도 있겠습니다. '꿈 이야기 교회'는 목회상담자들을 위한 사이버상의 교회입니다. 목회상담자들을 위한 집단상담사역을 계속 꿈 꾸고 있습니다. 어떠한 형태로 구체화할런지 아직은 모르지만 벌써 여러 해 상담자들을 위한 사역을 생각해오고 있습니다. 대학원을 졸업하던 1981년부터 저희 연희동 집을 '만남과 치유의 집'이 되게 하여 달라고 기도해왔습니다. 30년이 흘렀습니다. 연세대학교상담코칭지원센터와 저의 집, 강의실이 저의 사역지가 될 예정입니다.

나의 신앙고백

주님의 섭리와 은총으로 목사직을 받게 되면 이전보다 더욱 뜨겁게 사모하는 마음으로 주님이 지으신 사람과 사물을 대하려고 합니다. 받은 은혜를 말로 다 할 수 없거니와 받은 은혜의 천만 분의 일이라도 주님의 작은 자에게 전하고자 합니다. 먼지와도 같이 사라질 인간을 사랑하시는 예수님의 무한한 자비와 사랑을 주님이 저에게 바라시는 바로 그 사람에게 알게 하기 위하여 헌신하겠습니다.

  개인적으로 성인 후기를 시작하고 있습니다. 자녀에 대한 책임, 가정에 대한 책임도 상당부분 가벼워졌습니다. 어머님이 즐겨 부르셨고 어머님의 자서전에 기록되어 있는 '봉사씨'로 저의 고백을 대신합니다(봉사씨는 앞 부문에 있기에 생략합니다).

배우자 동의서

목사고시 지원자의 남편으로서 하나님의 확실한 부르심으로 믿고, 적극적인 외조자로 섬겨 사역하기로 동의합니다.

하고 싶은 말

아내와 저는 1974년에 결혼하였습니다. 만리현감리교회에 다니시던 저의 어머니와 교회의 여전도사님이시던 장모님께서 서로 사돈을 맺는 것이 합당하다고 생각하시고 추진하여서 서로의 인생에 동반자가 되었습니다. 아내의 결혼조건에 남편의 신앙이 절대적인 조건이었습니다.

아내는 전도사의 딸로서 교회 내 사택에서 살며 성장하여서 모든 예배, 찬양대, 교회학교 교사, 선교회 활동 등에 열성적이었고 결혼생활 이후에도 이를 지속하고자 하여서 때로 이해하기 힘들 때도 많았습니다. 자녀들이 아주 어린데도 크리스마스 캐롤을 준비하느라 밤 늦게 오기도 하였습니다. 결혼 후 장모님은 저에게 성경통신 공부를 권면하셨고, 이후 저는 베델성서 공부 등으로 성경의 깊은 은혜에 잠기게 되었고 교회학교 봉사를 주축으로 하여 1997년에 만리현교회의 시무장로로 취임하였습니다. 여기에는 아내의 숨은 내조의 공이 매우 큽니다.

저의 아내가 조금 남다른 사람이라는 것을 자각하게 된 것은 우리의 둘째아들이 한 돌도 되기 전인데, 이미 고등학교 영어교사로 있는 아내가 상담대학원 진학을 하겠다는 결심을 알려올 때였습니다. 하나님의 인도하심으로 장학금이 미리 준비된 상태에서 연세대연합신학대학원에 진학하여 상담학을 전공하고 연세대학생상담센터, 홀트아동복지회에서 근무하였습니다. 중년에 자녀들의 대학진학에 전념하기 위해서 퇴직을 하고서도 계속 선교합창단활동, 생명의전화 운동, 세브란스병원 찬양봉사활동 등으로 언제나 교회 및 사회에서 자원하여 봉사하는 삶을 살아왔습니다.

이후 다시 하나님의 인도하심으로 한국상담연구원에서 상담실장 및 사무국장으로서 전문상담인의 길을 하고 있을 때에, 이와 더불어 연세대 상담학박사과정을 2003년, 55세에 지원하여 2008년에 신학박사학위를 취득하였습니다. 어렵고 힘든 학위과정 중에 있을 때 곁에서 지켜보기 힘들 정도로 건강상의 문제가 발생하기도 하고 고통스러웠지만, 아내는 스스로의 결정에 책임을 지는 태도를 늘 견지하여 왔습니다. 학위를 마치고 2008년부터 현재까지 연세대학교상담코칭지원센터에서 교육분석가 및 전문상담사로 근무하고 있는데, 늘 일을 반겨 하고 즐겁게 하는 것을 잘 알 수 있습니다.

현재 상담과 강의로 충만한 삶을 살면서 또다시 성직을 받아 더욱 전문적인 목회자로서 기독상담에 헌신하며 대학강의에도 목회적 차원을 확장하고자 하는 아내의 바람은 벅찬 도전이면서도 또한 격려하지 않을 수 없습니다. 자신의 안일을 생각하면 일을 내려놓을 수도 있는 연륜인데, 새롭게 일을 창출하고 자신만의 독특한 삶을 살아내고자 하는 이 중년여성의 꿈과 비전을 함께 나누면서 기꺼이 목사안수에 동의하는 바입니다. 목회의 꿈과 비전을 하늘로부터 받은 것으로 확신하기에 이 두렵고 험난한 십자가의 길을 기꺼이 곁에서 힘껏 돕고 양팔을 벌려 지원하고자 합니다.

2011년 11월 20일
배우자 : ○ ○ ○ 인

추기 : 이 배우자 동의서를 여기에 수록할 수 있는 것은 이 동의서를 내가 작성하였기 때문이다. 어렵게 남편에게 목사안수 의사를 전했을 때 식사 중이던 남편은 "그것까지 해야겠느냐?"고 물었다. 나는 그렇다면서, 당신이 동의할 때까지 몇 년이고 기다리겠다고 하였다. 그리고 그것은 진심이었다. 남편은 "마음대로 써오면 사인해주겠다"고 하였다. 그리하여 나는 남편의 시각에서 나를 보게 되는 기회를 갖게 되었다. 그리고 남편은 읽어보지 않고 그대로 사인을 해주었다. 이런 면이 남편의 일면이다. 아마 오늘까지 읽어본 적이 없으리라고 생각한다.

목사 고시 추천서

위 사람을 한국 독립교회선교단체연합회에서 실시하는 고시에 응시할 것을 추천합니다.

추천 내용

박순 박사님은 연세대학교 영문과를 졸업하시고, 다년간의 교사활동과 홀트아동복지회에서의 사회사업활동을 배경으로 상담학을 공부하여 전문상담사로 활동하고 계신 분이십니다.

기독교 가정에서 성장하고 일생을 기독교 환경에서 활동하신 박순 박사님은 몸과 마음과 일의 영역에서 주님의 도구로서 손색이 없는 치유의 통로이며 사람을 성장시키는 사랑의 산소 역할을 충분히 감당하시는 분이십니다.

신앙의 동지로서 그리고 상담학 박사과정의 지도교수로서 박 박사님을 오랫동안 알아왔는데 박순 박사님이야 말로 믿음과 실천의 삶이 일관성 있게 통일되고 자신의 인격과 친화력, 인간에 대한 뜨거운 사랑과 열정이 충만하신 분이라 분명코 확신합니다.

금번 독립교회선교단체연합회에 목사안수를 지원하시게 됨을 크게 기뻐하며, 하나님께서 이 시대 상처 입은 자들을 위한 치유의 목자로 크게 쓰임 받으실 줄로 믿고 기꺼이 추천하는 바입니다.

2011년 11월 22일
추천인 : 정석환 인

인생에 후회되는 몇 가지

경향신문에 명사들이 '후회'라는 칼럼을 쓴다. 눈여겨 읽어본다. 고고학자의 발굴 후회를 비롯한 전문영역의 것도 있고 매우 사적인 가족 이야기도 마음에 와 닿는다. 엄마에게 손 내밀지 못한 아들 윤후명 작가의 이야기도 마음에 남는다. 그래, 손 내미는 것이 쉬운 일은 아니다.

아쉬운 것 중 으뜸이 1990년 북경에서 열린 아시아 올림픽에 참가하지 못한 일이다. 그 당시에 시누이 남편(고 오관영 목사)께서 체육계에서 활약 중이셔서 우리 부부를 북경으로 초청하였다. 그러나 우리는 기회를 귀하게 생각하지 못하고 다른 일에 몰두하였다. 그때 집을 2층으로 증축하였는데, 우리 부부에게 어려운 과업이었고 특히 내게는 심신이 지치는 무리한 일이었다. 아직 북경이 열리기 전의 옛 모습을 보지 못한 것이 아쉽다. 아직도 북경을 정식으로 방문하지 않고 있다. 북경 공항을 거쳐서 홍콩을 간 적이 한 번 있을 뿐이다. 공항에서 바라보던 스

모그 가득한 북경이 첫인상으로 남아있다.

후회하지는 않지만 만일 내가 영문과가 아니고 의대를 선택하였더라면 나의 삶이 어떻게 되었을까 생각해본다. 이루어지지 않은 길, 가지 않은 길에 대한 성찰이다. 고등학교 3학년 졸업고사 기간에 교회 화재가 있었고 교회 사택에 살던 우리는 가재도구가 전소하는 경험을 하였다. 고3 담임이신 고 김병칠 선생님께서 여러 번 나에게 제안을 하셨었다. "순아, 중앙대 의대 6년 장학금을 받아줄 수 있으니, 의대를 진학하면 좋겠다" 한번은 중앙여고 앞 버스 정거장까지 함께 걸으면서 그 특유의 눈빛으로 의대진학을 종용하셨었다. 그때도 답을 드리지 못하였거니와 아직도 대답을 드리지 못한다. 이후에 홀트아동복지회에서 일하면서 부속병원 의사선생님들의 진료업무와 직장에서의 예우와 보수의 현격한 격차를 보면서 잠깐 생각에 사로잡혔었다. 내가 의대를 갔다면 잘해냈을까? 소아과 의사로서 침착하게 진료를 잘하였을까? 이후에 50대에 와서야 "만일 지금 내가 40대라면 필리핀에라도 가서 의사면허증을 위한 공부를 하고 싶다"라고 할 정도의 심리적인 변화가 있기는 하였다. 징그러운 것 못 만지는 내가, 피를 두려워하는 내가 의대에 갈 생각은 전혀 없었다. 그러나 진학했다면 해냈을 것이라고 생각한다. 싫지만은 않았을 것이다.

더 진솔하게 연애하지 못한 일 — 이것이야 말로 되돌아가보고 싶은 부분이다. 가정적인 콤플렉스가 많고 기독교가치관에 사로잡혔으며, 도덕적 가치기준이 뚜렷했던 나는 말도 안 되는 사고의 지배를 받고 있었다. 대학 1학년 때부터 "결혼하지 못할 사람과는 연애할 수 없다"라는 비합리적인 신념의 노예로 살았다. 대학교 1학년 여학생이 이런 생각에 사로잡혔으니 이성교제가 자유로울 수가 없었다. 대학교 4학년 때 기독교에 깊이 귀의하게 되면서 이성에 대한 기준이 높아졌고 범위는 매우 좁아졌다. 예수 잘 믿는 남자, 우리 엄마 마음에 들 사람, 내 마음을 다 알아서 불편하게 안 할 사람, 그리고 구체화되지 않은 막연함이 오히려 대상을 만나 이야기나 연애를 시작하게 하지 못하는 걸림돌이었다. 관심을 가지고 접근해오는 훌륭한(?) 남성을 우선 신앙으로 재단하고, 나의 무의식적 환상을 이루어줄 막연한 기대감으로 바라보다 보니 쉽게 출발이 되지 않는 연애감정, 열애경험이 아쉽고도 아쉽다.

두 아들 출산 후에 복강경 불임 수술을 한 것을 두고두고 후회한다. 자녀가 부모를 성숙하게 하는 맞춤선생님이라는 인식이 들기 시작한 40 무렵부터, 우리 부부는 아들 딸 가리지 말고 둘을 더 낳을 걸… 하는 후회를 하기 시작하였다. 교육하기 어렵다고 하지만, 득실을 다루어보자면 배움과 이득이 훨씬 많은 것이 자녀양육경험이라고 생각한다. '둘만 낳아 잘 기르자'는 당시의 국가인구 및 가족정책에 순응한 것이 후회된다. (2011. 12. 3.)

의식이 있는 사람

이 장로는 공천위원회로 늦어지는데 벌써 밤 10시가 넘었다. 오후 3시 30분 이후에 모였는데, 어떻게 진행되는지 저녁 내내 마음이 간다. 이길종 장로의 마지막 기획위원회 겸 공천위원회다. 1997년 당회에서 장로로 피택되어 2012년 연회에서 은퇴하게 되는 15년간 정말 일도 많았고 탈도 많았다. 종합적으로는 모두 감사한 마음뿐이지만 과정 과정 마음 졸이고 불편한 일도 적지 않았다. 장로로 피택되어 기쁘고 감사한 마음으로 만리현교회 역사상 처음으로 그랜드 피아노를 바쳤다. 그렇게 큰 피아노를 어디 놓을 자리가 있겠냐는 반대도 있었지만, 피아니스트였던 김수민 선생님의 도움을 입어 삼익피아노를 구입하여 교회에 설치하였다. 그 감격이란 이루 다 말로 할 수 없는 것이다. 그리고 지금은 더 큰 그랜드 피아노들이 들어왔기에 성가대연습실에서 사용되고 있다. 그리고 당시 전도사님이시던 엄원석 전도사님의 요청으로 믹싱기를 또 구매하여 헌물하였다. 그것도 아마 교회 최초인지도 모른다.

가장 크고 기쁜 일이라면 2005년의 교회성전건축과 2011년 만리현교회 100년

이야기의 편찬이다. 전자에서는 건축위원장을 맡아 70여 억 원을 1원의 오차도 없이 정확하게 집행한 경험을 소중히 간직하고 있다. 그리고 보니 큰아들이 미국 캔자스 주 로렌스교회의 재무집사로 있다. 후자에서는 역사편찬위원장을 맡아 천신만고, 신고간난, 지리멸렬, 우여곡절, … 온갖 사자성어가 모자라는 엎치락과 뒷치락 속에서 아름다운 책을 펼쳐낸 경험이다.

100년의 역사를 지닌 품격 있는 교회의 시무장로서 맡은 여러 가지 중책에 감사하지 않을 수 없다. 〈만리현감리교회 100년사〉는 남편이 회사 은퇴하고 나서 45개월 동안 고생하며 만든 책이라 우리 부부에게는 커다란 자부심이 있다. 우리 교회는 6.25와 1966년 화재로 교회의 공식자료들이 거의 소실되어 없다. 그래서 남편이 발로 땀으로 범벅해가며 약 800명의 관계자들을 만나 자료를 얻고 인터뷰하고 간증채집하고 사진 찍고 해서 얻은 자료를 모아 집필자와 같이 만들었다. 한국 사회, 개신교 전체, 감리교 전체적 역사기술은 집필자가 하고 만리현교회 이야기는 남편이 집필한 것이다. 12대 담임목사의 은퇴로 인한 13대 담임목사 청빙과정과, 결코 예상하지 못했던 14대 담임목사 청빙과정도 교회의 중차대한 일이었고, 전자에서는 총무를 맡아서 전체적인 실무를 진행하였고, 후자에서는 위원으로 봉사하였다.

남편이 교회에서 장로로 피택되어 처음 시작한 문화부장 때도 우여곡절이 있었다. 할렐루야 성가대 지휘자의 교체 건으로 막강한 저항에 부딪혀서, 옆에 있는 내가 입술이 부르텄을 정도였으니 말이다. 일의 요청은 찬양대의 두 반주자에 의해서 시작되었고, 담당부장으로서 일을 진행하면서 모진 고난을 겪어야 했다. 그러고 보면 우리 부부가 대인관계의 의사소통에서 더 연구할 부분이 적지 않다. 남들은 뒤에서 뒷말하고 앞에서 웃는데, 나는 몰라도 우리 이 장로는 앞과 뒤, 표리가 일치한다. 어찌 손해를 보지 않겠는가!

결혼하기 전 두 어머니의 소개로 처음 선을 보고 결혼 말이 오갈 때 자신은 참재수가 없는 사람이라고 이야기한 것이 기억이 난다. 전역 전날 회식에서 중대장이 "이 중위 참 훌륭한 사람이야, 그런데 그동안 몰랐어"라고 했다는 것이다. 있을 때 인정을 받았으면 군복무도 덜 힘들고 마음도 편했을 터인데, 복무기간 동안 죽도록 고생하고 제대 전날에 인정받는 사람이라니… 함께 살 인연이고, 하나님의 뜻이어서 그랬는지 나는 얼른 말을 받았다. "앞으로는 재수 없다고 생각 말고 나에게 모두 이야기하세요. 내가 당신의 다리가 되어 드릴께요." 마침 그때 ECF(Ecumenical Christian Fellowhsip) 친구 유자희가 Simon & Garfunkel의 'Bridge Over Troubled Water'의 영어 가사를 프린트해 주어서 외우고 있던 중이었다.

김신조가 서울을 침공한 1971년 ROTC 9기 장교로 임관하여 파주, 문산, 임진각 등의 전방에서 근무하면서, 이북에서 공비가 침공하여 작전 중이던 다른 소대장들이 눈앞에서 유명을 달리하는 경험도 했고, 한국 근대사의 긴박한 장면들이 그의 남성으로서의 삶의 한 대목이다. 여성으로서 남성을 제대로 이해하기는 지금도 어렵다. 남편의 지도자적 자질을 잘 모르고 있었는데, 만리현교회학교 아동부 부장을 할 때 그가 얼마나 준비된, 훌륭한, 철저한, 섬기는 유형의 지도자인지 알게 되었다. "아하, ROTC 장교 출신이라는 것이 바로 이런 의미이구나." 적게는 20여 명에서 많게는 40여 명에 이르는 교회학교 아동부 교사들의 출석부를 만들어서, 일 년 내내 결석과 지각과 조퇴를 일일이 점검하고, 수요일 예배 후에 자장면으로 함께 식사하고, 주일 아침에 공과공부를 직접 교사들에게 미리 교육시키고, 교사들의 생일에 일일이 책선물을 하였다. 개별 면담 시간도 많이 가졌던 것으로 기억한다. 하도 교회 일에 충성을 해서 주일은 물론이고 달력에 빨간 날을 모두 교회학교 일로 채워서 나는 급기야 이렇게 불평하게 되었다. "여보, 언제 우리 가족끼리 놀아 보는 거야? 토요일과 주일을 모두 교회에서 보내면?"

그 당시 교회학교 교사들이 보내준 사랑과 정성은 특별한 물품으로 결정(結晶)되어 우리에게 전해졌다. 금으로 된 '행운의 열쇠'를 어느 해인가 연말에 우리 집에 모일 때 가져왔다. 그때에도 상상하지 못한 귀한 선물이었고, 금값이 하늘에 오른 오늘날에야 더 말해서 무엇하랴! 우리 이 장로가 일생에 받은 가장 고귀한 선물이 아닌가 한다. 돈 없고 어려운 만리현감리교회 교회학교 교사들의 정성어린 선물이어서 더더욱 그러하다.

그러니까 우리 남편은 눈앞에서 어떤 사람을 기쁘게 하기보다는 자신이 맡은 일을 소신껏 밀고 나가는 타입이다. 안경철 목사님, 이학성 목사님, 그리고 김종구 목사님 세 분에게 우리 이 장로는 결코 쉬운 사람이 아니었을 것이다. 예전의 중대장처럼 서로의 관계가 끝나고서 진가를 발견하는 일이 계속 일어날 것인지, 기도 제목이다. 한때 우리 부부는 엄청난 기도 제목을 붙잡은 적이 있었다. 한마디로 철이 없었다고 해야 할 것이다. 그것이 그렇게 어려운 일인 줄 몰랐기 때문이다. 우리 부부가 중년에 가슴에 품은 기도 제목은 바로 우리의 두 아들에게 꿈속에서 전달하고자 한다. (2011. 12. 4.)

I am strong

"간밤에 무서리가 저리 내리고 내게는 잠도 오지 않았나 보다."

누군가 시인의 싯귀가 생각나는 아침이다. 새벽에 나가니 서리가 하얗게 내렸다. 아침 운동을 위해 뒷산 정상 배드민턴장에 가니 마당이 꽁꽁 얼어 있다. 오늘도 변함없이 언 땅 위의 낙엽을 쓰시는 이 회장님의 빗질은 예술이다. 일정한 반달무늬가 아래 코트장에 나있고 한창 위 코트장을 거의 다 쓸고 계셨다. 숙원사업인 라인 파기 작업을 위해서 각목을 땅속으로 힘껏 밀어넣어 보지만, 언 땅이 나무를 밀어낸다. 나도 작은 빗자루를 들고 회장님과 함께 배드민턴 코트를 쓴다. 오늘은 네트도 치지 않고 둘이서 난타를 시작하려고 하니, 멀리 삼각산이 자기 모습을 거의 다 드러내고 있다. 가까운 산들이 옷을 거의 다 벗었기 때문이다. 올 겨울도 배드민턴 체육관이 휴관하는 월요일마다, 언 땅 위에서 삼각산을 병풍 삼아 배드민턴을 치노라니, 어느새 봄이 찾아와 언 땅을 녹이기 시작하면, 제비는 물을 찾아 부리를 깊숙이 드리 밀어, 배드민턴 장 가장자리에 아름다운 문양을 만들겠지. 제비 발자욱과 함께 찾아오는 내년 봄은 어떤 소식을 손에 들고 오실까? 봄처녀가 겨울이 채 되기도 전 벌써 기다려진다.

　서리가 내린 아침 기온이 차와서 기분이 더욱 상쾌하다. 오늘 아침에 회장님으로부터 칭찬을 한마디 들었다. "박 박사님이 운동하고 나서 체력이 많이 보강되었지요?… 이제는 내가 밀립니다." 그리고 보니 바람 탓인지, 회장님이 자꾸 뒷걸음을 치시고 나는 점점 앞으로 나아간다. 혹시나, 아니 정말 내가 힘이 많이 세어졌나보다. 지난주 체육관에서 여러 사람으로부터 들은 이야기는 정말 믿을 수 없는 이야기다. "체력이 참 좋으십니다." 지난 주말 목회상담협회 전문가 모임 뒷풀이에서 모교의 유 교수님과 동료들과도 잠시 나누었지만, '힘이 있는 사람'이라는 이야기는 '기적'의 실현이다. 꿈이 이루어진 것이다. 꾸지도 않은 꿈이. 아버지 마흔, 어머니 서른여덟, 가족계획이 없던 시대라 당시에 5남매의 막내로 태어났고, 또렷이 기억하는 유치원 때의 폐렴을 시작으로 나의 아픔과 질병의 내력은 찬란하다. 그러기에 '기적'이라 감히 이름 붙인다. 유치원 때의 폐렴으로 늘 기관지에 자신이 없고 이는 2011년 11월 초하루새벽기도회날 시작된 기침이 12월 새벽기도회 이후에 끊어지기 시작한 것으로 보아서도 나의 생물학적 진실 가운데 하나이다. 그날 교수님과 두 동료가 "어머 모르셨어요, 선생님, 무서워요"라고 했을 때 박사과정 시절에 내가 경청하지 못한 나의 등에 꽂혔던 이야기들이 뒤늦게 들리기 시작한다. 내친 김에 하나 더 놀라웠던 경험을 털어 놓았다. 2008년인가 연세대학교상담코칭지원센터에서 수퍼바이저 역할을 시작했을 때, 한 30대 남성이 스스럼 없이 진실이라고 이야기한다. "교수님은 강하시잖아요", "아니 뭐라고?, 내가 강하다고" 나는 속으로만 소스라치게 놀라고 겉으로는 말도 못한다. 이렇게 연약한 여성인데 말이다. 찬송가 "지금까지 지내온 것"을 무지무지 좋아하는데, 그중에 2절 가사는 언제나 나의 몸과 마음과 일심동체이다. "몸도 맘도 연약하나 새힘받아 살았네. 물 붓들이 부으시는 주의 은혜 족하다." 올 연말에도 어김 없이 감사찬송을 부를텐데, 내가 강하다니, 너무나 놀라서 입도 벙긋하지 못했다. 한 방 망치로 얻어맞은 것 같았다. "아유 기가 막혀, 내가 얼마나 몸이 약하고, 마음 또한 연약한 사람인데…"

60년 지녀온 정체성의 일부가 지각 변동을 일으키는 사건들의 연속이다. 연세대학교 터가 센 것인지, 아니면 신과대학 학장님과 상담코칭지원센터의 소장님의 기운이 좋으신 것인지, 아님 상담학과의 강의 내용과 임상훈련이 막강해서 그런지, 나는 더 이상 약하다는 소리를 듣지 못하고 있고, 나 또한 그런 말을 하지 못하게 되었다. 아쉬워라 오뉴월 하루 빛도 쬐다가 물러나면 서운하다는데, 60여 년 고이 가꿔온 나의 정체성의 옷 한 겹을 벗으려니 서운한 마음이 든다. 나의 피부처럼 나와 하나 되었던 나의 속사람 한 가지를 변환한다. (2011. 12. 5.)

나는 비록 약하나, 주의 힘은 강하다

대학교 ECF 시절부터 나의 애창곡 중 하나이고, 왜 이 복음성가를 그렇게 좋아하는지 몇 년 전에 나름 분석을 마친 상태였다. 후반절보다는 전반의 내가 약하다는 구절에 내가 꽂힌 것은 두말하면 잔소리이다. 이 찬양을 큰아들과 목청을 돋우면서, 둘이 기타를 치면서 연희동 아래층에서 불렀거니와 나는 종종 아들과 함께 기타 이중주를 하면서 이 찬양으로 뚜엣을 하는 우리를 상상해보곤 한다. 그렇다. 나는 정말 약하지만 주의 힘이 강해서, 내가 조금 주님을 의지하는 법을 익혔기에, 나는 강해져 있었다. 벌써 먼저의 저술 〈상담자의 자기분석〉 속에서 나는 고백하였다. 'You raise me up'이 우리말로 먼저, 그리고 금년 가을 영어의 옷을 입고 내 입술과 가슴에 붙었다.

> 나의 영혼 피곤에 지쳐 있고 나의 마음 어쩔 수 없을 때
> 주님은 나를 품에 안으사 힘 주시고 일으켜 주신다.
> 험한 산 길 나 홀로 걸어 갈 때에, 거센 파도 날 위협 할 때에
> 주님은 나를 품에 안으사 힘 주시고 일으켜 주신다.

험한 살 길 나 홀로 걸어갈 때에, 거센 파도 날 위협 할 때에,

주님은 나를 품에 안으사 힘 주시고 일으켜 주신다.

When I am down and all my soul so weary, when troubles come and my heart burdened be, I am here to wait here in the silence until you come and sit a while with me. Your raise me up so I can stand on mountains you raise me up to walk on stormy seas, I am strong, when I am on your shoulders, you raise me up to more than I can be.

이렇게 쓰다 보니, 우리말 가사보다 영어 가사의 'I am strong'이 나의 고백을 더 잘 표현한다. 사실 아버지의 어깨에 올라가 보거나 무등을 타거나, 그런 기억이 없다. 어머니가 업어 주셨을 터이지만, 나로서는 기억이 없다. 내가 업힌 기억이라면 혹자가 오해할 수도 있지만, 초등학교 5~6학년 때에 교회의 고등부 오빠가 업어준, 내게는 소중하고 아름다운 기억이 몸에 — 가슴 한 켠에 남아있다. 아주 성실하고 진실한 고등부 오빠였는데, 지금 여기에 기록하다 보니 이상한 생각이 들어 당황스럽다. 그 오빠는 고등학교 2~3학년이었는데, 지금의 정서로 떠올려보니 영 아니다. 결코 성추행이나 성희롱은 절대로 아니고, 그 비슷한 것도 아니라 하더라도 약간의 '부적절하다'는 느낌이 든다. 그 당시에 나로서는 절대 안전했고 편안했다. 나는 아주 작았고, 나뿐만 아니라 5~6학년 여학생들이 상의를 전혀 입지 않고 까만 팬티만 입고 집 밖 동네를 아무렇지도 않게 입고 다니기도 했다. 1950년대 말, 1960년대 초의 시대적인 정서로는 전혀 이상할 것이 없었다. 거기에 내가 막내라서 그랬던지, 정말 전혀 불편하지 않았고 확실히 안전했다. 업혀서 든든했던 기억은 그 오빠가 처음이자 마지막인 것 같다. 그 시대에는 우선 입을 옷이 없었다. 얼마나 가난하고 또 가난했냐면 종종 이런 일이 발생하곤 하였다. 식구가 방에 들어 앉아 저녁을 먹다 보면, 빨아 널은 와이셔츠를 훔쳐 걷어 가는 일, 세수하고 수돗가의 비누를 빨리 치우지 않거나 비누곽 뚜껑을 잘 덮지 않

으면 사람이 집어 가기도 하고, 쥐가 비누를 물어 가는 일이 비일비재하였다. 무슨 설명이 더 필요한가? 셔츠 한 장, 비누 한 조각이 하늘의 별이었다. 우리 집이 가난하기도 했지만, 대부분이 대동소이했다. 요즘처럼 빈부의 차이가 하늘이 아니었다. 큰애 출산 후 분유를 먹이기 시작했을 때만 해도, 대부분의 사람이 '그 귀한 분유깡통'을 차곡차곡 모아서 쌓아 놓고 보기를 즐겨했다. 양념통으로도 쓰고, 물통으로도 쓰고, 애들 소변통으로도 쓰고, 얼마나 쓰임새가 좋았던지. 애들 아빠는 분유통 안을 망치로 잘 다듬어서 두 아들의 소변통으로 쓰도록 해주었다. 남양분유와 매일분유 깡통이 무슨 재산목록이라도 되는 듯이 쌓아 놓고 보던 청파동 시절이 문득 그립다. 지난 간 것은 모두 다 아름다운 것이라고 푸쉬킨이 말하지 않았던가! 별것이 다 그립고, 또 그립다.

이렇게 지난 시절을 반추하면서 글을 써내려 가니, 타자 속도가 갑자기 빨라지고, 글의 모양이나 맞춤법에 상관없이 우선 속에서 나오는 대로 그냥 마구 써내려 가야 되겠다는 지혜가 생긴다. 성령님께서 속사람의 이야기 테이프를 틀어 주실 때 그대로 경청하면서 글줄을 써내려 가려고 한다. 사실 오늘 장신대에 교육분석을 하러 10분 안에 떠나야 하는데, 신학생들이 싫은 것이 아니라, 외출하기가 싫다. 그냥 하루 종일 글만 쓰고 싶다. 숨김없이, 남김 없이, 본 대로 느낀 대로. 솔직하고 자유롭게 나를 고백하면서 새롭게 만들어 가려고 한다. 상담자의 자기분석 2가 새로운 나를 탄생시킬 것으로 주문을 외워가면서 글을 써내려 간다. 지난번에 누락된 것 — 영문의 self-reflection과 심리학적 이론적인 내용 설명, 그리고 다하지 못한 이야기를 조금 더 자유롭고 솔직하게 써내려 가려고 한다. 지난번에 책을 내고 훨씬 편안해졌듯이 나의 분석을 한 단계 심화하려고 한다. 심층으로 내려가고, 고층으로 올라가고 오르락 내리락을 많이 자유자재로 하려고 한다. 최근에 있었던 ego-inflation 사건 — 둘째 아들에게 실례를 하고 톡톡하게 혼나고 반성한 일 등, 만리현교회 55년에서 생생하게 체험한 일들 — 예수 믿기보다 교회 다니기가 훨씬 힘들다. 신앙생활하기보다 교회생활하기가 수백 배 힘들다 — 나만의 고백인가? 최근 남편 이 장로가 교회에서 역사편찬을 둘러싸고 겪은 일화들은 말로만 하기에는 아까운 귀중한 자료들이 많다. 인간으로 인한 힘의 오남용 — 그러고 보니, 책을 쓰라고 하나님이 기회를 주신 것인가?

조금 있다가 아주 본격적으로 나의 질병의 역사를 연대기적으로 한번 굴비를 꿰려고 한다. 아픔을 기다리고 즐기는 버릇, 경락 선생님이 놀라는 참을성 — "이렇게 아프다고 안 하는 사람 처음 보았습니다. 다들 죽는다고 날린데 어쩌면 그렇게 아무 소리도 안 냅니까?"

왕언니 노릇

배드민턴 레슨을 받고 상쾌하게 돌아왔다. 간밤에 청주에 다녀온 일이 꿈만 같다. 이정선 선생님이 모친상을 당해서 전혜리 선생님과 둘이서 밤 11시에 청주에 도착하니 상행선 마지막이 11시 20분이라고… 동떨어진 장례식장을 칠흙 같은 밤을 지나서 가니 6남매의 정겨운 어머니가 세상을 떠나셨다… 이정선 박사는 세 딸 세 아들 중 막내 딸. 신랑의 얼굴이 한없이 순하고, 특전사에서 왔다는 아들의 짧게 깎은 머리는 얼마나 아름다운지 모르겠다. 문상을 하면서 기도가 나온다. 이 장례를 통해서 이정선 성생님이 상담사로서 더욱 성숙하게 해주시기를 원한다고. 큰 일을 치르면서 사람이 얼마나 성장하던가? 화목한 가족의 모습이 오순도순 정답다.

원래는 라마다 르네상스 호텔을 예약하려 했지만 호텔에 방이 없어 고속버스터미널 근처 라쵸호텔에 예약을 잡아 놓았다면서, 아들이 운전하고 이정선 선생님 남편이 함께 동행하여 예약 확인하고 방이 어떤지 염려된다면서 친절과 예의가 일품이다. 청주 양반, 원래의 충청도 사람의 모습을 오랜만에 만난다. 605호에 가니 트윈룸이 확 트였다. 더블 베드룸이 트윈으로 있다. 샤워하고, TV 시청하는데 이화여고동창회 100주면 기념 음악회의 오케스트라와 합창이 화려하다. 윤형주

교수의 날씬한 몸매, 합창단원의 발성이 전문 발성이다.

자세한 설명을 못 들은 남편이 어디에 갔다왔나 순간 의아해하더니, 자초지종을 듣고나서 화장실에서 양치하는 내게 와서 묻는다. "당신이 그러니까 왕언니 노릇한 거야?" 이 사람이 이제 제대로 알아듣고 나를 대우하는군. 그렇지 내가 왕언니 노릇한 거지. (2011. 12. 8.)

아버지 이야기

목사고시를 준비하다 전율적인 느낌을 갖게 되어 그동안 중단했던 〈나의 이야기〉에 글을 쓰지 않을 수 없어 잠시 교회사 공부를 멈춘다. 조직신학 공부도 재미가 크지만, 교회사 공부는 내게 다른 의미와 차원을 갖는다. 나는 누구인가? 나는 연세대에서 고대교회사를 처음으로 강의하신 박상래 교수의 막내딸이다. 아버지에 대한 애증도 아닌 증오와 원망 덩어리에 사로잡혀 그분을 바라보거나, 배우거나, 연구하거나 그럴 하등의 관심도 없이 60여 년을 살았다. 어찌하여 하나님의 은혜로 성직에 대해 결단하고 고시를 준비하면서 아버지를 새롭게 만난다.

학문적인 만남 이외에, MBC 방송이 한국방송계에 일대 변혁을 일으켰던 〈나는 가수다〉의 수많은 노래 중에서 인순이의 '아버지'와 박완규의 '아버지' 이 두 곡이 나의 아버지에 대한 굳은 생각을 조금씩 녹여냈다. 그것도 예상 찮은 눈물로… 몇 년 전 〈상담자의 자기분석〉이라는 책을 저술하면서 아버지와의 일종의 화해, 사면 같은 작업을 했었고, 3년이 흐른 근자에 다시 그분을 여러 각도에서 만나고 생각하게 된다.

예기치 않은 일 중 하나는 아버지의 고향인 충청남도 면천면의 유지이신 유병근 어르신이 3.1 학생독립운동의 발자취를 검토하시면서, 그리고 면천의 유력한 가문에 관한 글을 '면천지(沔川誌)'에 싣기 위하여서 접촉해 오시면서부터이다. 아버지의 형님되시는 박시래 어르신이 면천에서 이루신 지역발전의 역사가 뚜렷하거니와 집안의 형제분들의 삶의 발자취가 남다르므로 아버지의 이력과 삶을 써 달라는 요청을 받으면서 아버지를 다시 생각해볼 수밖에 없었다(사실 바쁜 와중 에 말이다). 고인이 되신 오빠가 추진하다가 이루지 못한 '독립유공자포상신청' 의 일을 우리 세 자매가 다시 시작하게 되었다. 보훈청의 연구관으로부터 오빠가 제출했던 서류를 다시 받아서 우리가 아버지의 독립운동의 발자취를 찾기 시작했 다. 만주의열단의 활동과 일본 동지사 대학시절의 독립운동에 관한 부분이다.

이 일이 어디에서 어떻게 종결될지 알 수 없지만 일단 우리는 출발하였다. 오빠 가 유공자 신청을 한 것도 자의에 의해서가 아니라 어떤 분이 수소문해서 우리를 찾아와, '왜 아버지의 독립운동 기록이 있는데, 자손이 유공자 신청을 하지 않느 냐?'고 문제를 던져주어 오빠가 혼자 아버지 독립운동 관련 서류를 준비하였다. 그때 본 기억에도 의열단 활동 명단에 아버지의 함자가 있었다. 그리고 이미 기억 너머로 사라지고 꿈에도 떠오르지 않고 있지만, 아버지와의 짧은 동거에도 한국 근현대사의 중요 인물이 늘 지인으로 거론되곤 하였다. 몸담고 계시던 연세대의 백락준 총장님은 물론이고 이범석 장군, 만주의 무슨 김좌진 장군, 이승만, 김구, 정일형 등 수많은 거물급 정치인들이 아버지의 삶에 깊은 연관을 갖고 있었다. 어 머니 생존에만 우리가 이 일에 관심을 가졌어도 총명하신 어머니의 기억에 아버 지의 삶이 다 들어있었는데, 사랑 없고 관심 없는 아버지와 자녀의 관계는 깊은 간극을 갖고 있었다. 어머니가 늘 말씀하시던 연세대의 최현배, 김윤경, 홍이섭, 현제명 교수, 문상희, 김찬국 학생, 그리고 아쉬움으로 되뇌이시던 이환신 감독님 이야기 등 이루 다 말할 수가 없다.

2012년 2월 18일에는 바쁜 와중에도 '동지사대학교우회 신년하례회'에 다녀왔 다. 처음에 불참으로 회신했는데, 곧 다시 정정하고 참석했다. 혹시 그곳에 가면 아버지 동지사 대학시절의 독립운동의 흔적을 찾는 데 길이 열리지 않을까 하는 생각에서였다. 그리고 그 밤은 참으로 아름답고 감동적이고 오랫동안 잊지 못할 깊은 감격으로 남아있다. 동지사 대학생이었던 '윤동주 시 방송의 밤'으로 꾸며

졌는데, 한국인과 일본인, 남녀노소의 낭송자들이 저마다의 해석을 자기 목소리에 실어 읊을 때 각기 다른 묘한 감흥을 맛보았다. 무엇보다도 시 낭송 사이사이에 이루어진 음악 프로그램이 이 모든 분위기를 창출했다고 해도 과언이 아닐 듯하다. 양혜영 교수님이 이끌고 온 테너 최세웅 교수와 바이올린 이진석의 연주는 윤동주가 괴로워하고 노래한 하늘과 별과 바람과 시를 우리에게 다시 쏟아부었다. 윤동주의 서시를 가곡으로 듣고, 우리 모두가 함께 낭송도 하면서 다함께 80년 전의 일본 경도의 동지사 대학과 후쿠오카 감옥, 그리고 윤 시인의 고향인 멀리 만주와 북간도를 오가는 국경을 넘는 그러한 카이로스의 타임과 시공간을 초월하는 경험을 누렸다. 또한 우리의 이해를 도운 것은 윤 시인의 가족대표로 윤인석 교수가 사진을 곁들인 윤 시인의 활동을 보여주었을 때는 100년 전 한국의 복식사와 문화가 그대로 눈앞에 펼쳐졌다.

아버지에 대한 이야기가 길어지려나 보다. 오늘 아침에 막 다시 글을 쓰게 된 것은 교회사에서 중요한 부분인 독일의 경건주의의 학자 한 명의 말이 나를 사로잡았기 때문이다. 수페너의 친구였던 고트프리드 아르놀드(1666~1714)는 교회사연구 방법론에 혁명적인 발언을 하였다. 곧 '이전의 소위 이단자들을 면밀히 검사 분석해서, 어느 누구도 그가 산 시대가 단죄했기 때문에 그다음 시대에서도 단죄되어서는 안 된다는, 혁명적인 결론을 내렸다. 사람은 누구나 그 자신의 한 일을 가지고 비판을 받아야 하며, 소위 이단자라 불리던 사람들의 견해도 그리스도교 사상에서 하나하나 제딴의 공헌을 했던 것이라고 밝혀냈다.[16]

위의 글을 대하는 순간 나의 머리에는 하나의 불이 켜졌다. 아버지에 대한 또 하나의 새로운 이해이다. 이전에 대학시절에 받았던 아버지의 음덕에 대해서는 다른 곳에서 서술할 기회가 있을 것이다. 그리고 그다음 순간에 이어지는 물음은 바로 나는 왜 부정적 사례에 집중하는가에 대한 해답이었다. 존속살해 무기수와 오랫동안 교류하다가 결국 그를 주제로 박사학위 논문을 쓴 나의 깊은 무의식의 역동 한 자락을 잡는다. 나의 아버지에 대한 오랜 혐오에도 불구하고 나는 그를 이해하고자 하는 마음을 심층에 늪처럼 갖고 있었다는 사실이 나를 찾아온 것이다. 아버지로 인해서 존속살해 무기수 바오로를 만나게 되었고, 대화할 수 있었고, 그와의 13년째 교류가 다시 나의 아버지를 새롭게 만나게 하는 힘이 되는 것을 실제로 경험한다.

이만큼 쓰고 나니 저절로 커피 생각이 난다. 아버지가 즐겨 마시던 파란병과 누런병의 칠성사이다가 아니고 나는 나의 시대에 맞게 블랙커피 한 잔을 끓이기 위해 글의 흐름을 잠시 놓는다. (2012. 2. 27.)

겹진 인연에 피는 꽃[17]

시인 김소엽 교수님을 처음 만난 것은 서로가 아직 '새댁'과 '아기 엄마'로 불리던 30여 년 전 1979년 봄이었다. 연세대학교 연합신학대학원에 입학하여 만난 우리는 전직 영어교사라는 정체성을 공유하고 있었다. 여성, 전직 영어교사, 크리스천 ─ 벌써 세 가지 이상의 동질성이 서로를 묶어 주고 있었고 몇몇 동기와 함께 자연스럽게 서로의 집을 방문하며 친교를 넓혀 가고 있었다. 그 당시에 함께 강의를 수강한 사람은 모두 여덟 명으로 ─ 환상의 그룹 다이내믹스가 수업시간마다 이루어지고 있었다. 대학을 졸업하고 사회생활 경험을 하고, 한 남성의 아내가 되고 자녀를 둔 어머니가 된 우리는 상담학과 기독교교육학 강의에 매료되어 있었다. 해외 유학을 마치고 오신 은준관 박사님의 Horace Bushnell 등의 기독교교육학자의 이론을 숨죽이며 경청하였고, 이기춘 교수님(후에 감리교신학대학교 총장 역임)의 교류분석을 통해 인간의 심층심리 읽기를 연습하였고, 바로 그때 귀국하신 김중기 목사님의 기독교윤리 강의에 매료되고 있었다. 서로의 삶의 모양새의 유사성과 상이점을 나눠가면서 하루하루 그렇게 가까워져 가고 있었다. 1979년 봄 우리의 만남이 2012년까지 이어질 줄 누가 알았을까? 아직 젊고 고운 여인이었던 우리가 칠순기념문집을 위한 글을 주고받는 긴 만남의 줄을 이어 오고 있다.

겹진 인연 : 영문과 교수님의 아내

어느 날 알았을까, 김소엽 교수님이 내가 다니던 연세대 영문과 양영재 교수님의 아내라는 것을! 너무 착한 사람을 하늘이 먼저 데려간다는 말이 예부터 있을 정도로 양영재 교수님은 아주 젊은 나이로 갑작스럽게 하늘나라 사람이 되셨다. 정말, 어~~ 하는 사이에 당한 일로, 약간의 병변 소식이 곧바로 영원한 이별로 이어졌기 때문이다. 김소엽 시인을 알기 전 대학시절에 이미 양영재 교수님을 알고 있었는데, 일찍이 소천하신 양영재 교수님의 아내와 함께 대학원에서 인간에 대한 깊은 공부를 하게 된 것은 김소엽 교수님과의 인연이 예사롭지 않고 겹진 인연임을 말해준다. 나는 영문과 학생이기도 하였지만, 개인적으로 둘째 언니가 영어과 강사실에서 근무하는 직원이었기에, 스무 분의 다른 강사님들과 함께 이미 양 교수님의 인품을 진작 알고 있었다. 60년대 말 70년대 초에는 미국의 peace-co 강사님들이 연세대에 많이 와 있었고, 젊고 유명하신 총각 영어강사님들이 강사실을 가득 채우고 있었고 그 분위기가 매우 아카데믹하기도 하면서 국제적이고 젊은 지성의 요람이었다. 양영재 교수님은 과묵하시고, 점잖으시고, 아마 모든 강사님들 중에 키가 제일 크셨고 풍채가 있으셨다. 피부는 남성적으로 검은 편이었고, 안경 속으로 감춰진 눈웃음과 입가의 미소로 사람에 대한 따뜻함과 배려가 넘치는 분이셨다.

별과 사랑을 노래하는 시인

김소엽 교수님의 집을 방문한 어느 날, 아름다운 옛 이야기가 흘러나왔다. 그 당시는 일을 겪은 지 얼마 지나지 않은 때이고 사실 젊은 아낙이었던 김 시인은 남편과의 애틋한 모습의 한 단면을 우리에게 공개하였다. 글쎄 결혼 후 양 교수님은 어머니가 어린 자녀에게 하듯이 아내의 귀를 직접 후벼주셨다고 한다. 그때나 지금이나 양영재 교수님은 김소엽 교수님의 마음속에 변함없이 사랑하는 남편으로 자리하며 〈그대는 별로 뜨고〉로 동고동락하고 계시다. 제자들이 칠순을 기념하는 문집을 엮어서 바친다고 하였을 때, 김 교수님은 벌써 남편과 함께 그 자리를 상상하고 준비하고 계신다. 해가 갈수록 남편에 대한 정이 사무쳐 그녀는 님이 남기고 간 유품인 열쇠, 안경, 스타반지, 허리띠, 넥타이, 구두… 한 가지 한 가지를 시어로 승화시킨다. 시인의 마음이 되어 '양영재'를 인터넷에서 클릭해보기도 한다. 모두 아름다운 망부가인데 '구두'의 일부를 함께 읊으며 양 교수님을 추모한다. 먼저 훌쩍 가버리고 아내를 별과 사랑의 시인으로 만드시는 선생님의 사랑을 어떻게 이해해야 할까? 하나님이 참 얄궂으시다.

구두

하늘나라에는 맨발로 오라던가
그가 벗어 놓고 간
현관에 놓인
외로운 배 한 척

20년 동안이나 주인을 기다려 보지만
배는 항구에 놓여 있는데
마도로스는 어디로 갔는가

〈중략〉

아직도 현관에
외롭게 기다리고 있는
배 한 척 있는 걸 보면
분명히 집안에 그가 있음이여!

김소엽 교수님은 대학원 재학시절부터 이미 두각을 나타내었다. 시인으로서의 활발한 활동 이전에 졸업논문 — 〈카라마조프네 형제들〉에 나타난 죄와 구원의 성서적 이해 — 는 기독교교육학적으로는 물론 문학적으로도 가치 있는 논문으로서 필자도 존속살해 무기수에 관한 박사학위 논문을 작성할 때 소중하게 참고한 귀한 자료이기도 하다. 몸을 지닌 인간의 방탕과 무지를 드미트리를 통해서, 또한 지적인 오만함을 벗을 수 없는 이반을 중심으로 하는 인간 본성에 대한 탐구는 인간학의 핵심 주제이기도 하다. 소설을 읽고 시를 쓰면서 김 시인은 인간의 본성과 죄에 대해서 그리고 하나님의 궁극적인 구원의 주제에 관해서 어제도 오늘도 그리고 내일도 성찰의 깊이를 더해가고 있다.

사박사박 만난 우리

2008년 여름 우리의 만남은 새로운 궤도를 형성하였다. 알 수 없는 미래를 살아온 우리는 모두 박사학위를 취득한 사람이 되어 30년 후에 새롭게 만났다. 연신원 동창 가운데 김소엽 시인, 변정자 목사, 심창교 교수, 그리고 나 — 이렇게 네 명이 모두 늦깎이 박사가 되어 다시 만났다. 오랜만의 모임에 오면서 "아이구, 큰일 날 뻔 했어, 내가 미드웨스트 대학에서 명예박사학위 받지 않았더라면 이 모임에 끼지도 못할 뻔 했어." 환하게 웃으시며 들어오시던 그날의 모습이 떠오른다. 그날의 감격스런 모임을 되새기면서 언어의 유희를 좋아하는 나는 우리 모임에 〈사박사박〉이란 독특한 이름을 붙여보았다. 네 명의 60대 여성이 늦깎이 박사가 되어서 사박사박 걸어오는 모습이 그려지는가?

사박사박 만나요, 우리

사박사박
우리가 만났지요.

연신원 동산을 떠난 1981년 이후에
오늘처럼 만나기는 처음이니 27년 만이었습니다.

그동안 우리 모두 수고했고
자기의 길을 열심히 달려왔습니다.
예순 언저리가 되어서야
개인의 길이 보다 선명하게 되는 것을 경험합니다.

구월 스무날 만나기로 하였으니
여름을 건강하게 잼께 신나게
보내기를 기원합니다.

태산같이 쌓인 가슴 속 이야기를
우리 언제 한번 시원하게 풀어볼까요?
김소엽 석좌교수님의 미드웨스트 대학 명예박사학위
취득을 진심으로 축하드립니다.

그리고 예쁜 머그잔에 차거운 물 떠다 놓고
내담자 기다리고 있습니다.
선물 감사합니다.
사랑합니다. 감사합니다. 행복해요.

박사 공주

석좌교수 동문

김 교수님이 호서대에서의 교수생활을 마치고 대전대학의 석좌교수로 갔을 때 우리의 기쁨은 하늘로 치솟았다. 가까운 동문이 하늘 같던 그 이름 — 석좌교수가 되었다. 하나님의 은총이 함께 하심을 보고 듣는다. 연세대의 큰 행사에서 종종 축하시를 낭송하는 모습이 너무나 아름답고 자랑스러웠는데, 쉽게 오르지 못하는 영예로운 석좌교수의 직함을 갖고 정년퇴임 이후의 새로운 삶을 열어가는 인간 김소엽의 행로에 박수와 갈채를 우레와 같이 보낸다. 오늘 저녁 불을 밝히고 꽃을 바치며 사랑스런 한 사람을 마음껏 축복한다.

몇 줄 적는 날

잠을 자려고 누웠다 다시 일어나 컴퓨터 앞에 앉는다. 오랜만에 기쁨의 일기를 다시 읽어보면서 오늘 같은 날 몇 줄 적는 날이라고 직감적으로 느낀다. 생각할 거리가 많은 때이다.

5월 12일에 큰애가 완전히 귀국하였고 내일 모레면 그는 삼성종합기술연구원에 정식으로 출근하기 시작한다. 그날을 감사하는 마음으로 우리 부부는 6월 초하루 새벽기도회 조찬을 감당하기로 마음을 먹었다. 2006년 가을 10월에 미국으로 가서 일리노이 대학에서 2009년 여름까지, 그리고 그 가을부터 캔자스 대학에서 2012년 5월까지 6년 동안 아들은 post-doctoral course를 하고 돌아왔다. 바라던 대학은 아니지만, 한국에서 사람들이 선망하는 좋은 직장에서 사회생활을 시작한다. 하늘에 감사드리고 아들에게 감사한다.

이렇게 좋은 일에 생각할 거리가 생겼다. 꿈에도 생각 못한 아이들이 교회를 정하는 일에 관한 문제다. 작년에 며느리가 귀국하였을 때 사돈사모님이 "이 서방 귀국할 때까지만 일 년 하나님이 나에게 주신 좋은 기회라고 생각하니, 고향 교회를 다녔으면 좋겠다"고 하였고, 며느리는 "그러면, 어머님이 삐치실 것"이라고 했다. 나는 "그러면 내가 며느리와 손자를 볼 기회가 없습니다. 그리고 교회는 본인이 정하는 것이라고 생각합니다"라고 대답했다. 며늘애는 힘겹게 만리현교회를 오다가 최근에 밝힌 대로 그 일로 친정어머니와 너무나 어려워져서 할 수 없이 저희 엄마 교회로 갔었다. 그런데 아들이 귀국하니 아버지 은퇴하실 때까지만 친정교회에 다니자고 떼를 쓰고, 만리현에 다니자고 하니 화를 냈다고 아들의 동그란 얼굴이 길어졌었다.

우리는 함께 이 문제를 고민하고 기도한다. 지난 주일에는 내가 며늘애와 따로 이야기도 하면서 그 애의 고충을 들었다. 마음이 많이 상하고 눈물로 고민하는 그 애를 보았다. 오늘은 남편이 감리교 목사님들과 상담을 다녀오더니 "결혼할 때에 교회는 우리 교회로 정했는데, 이제 와서 무슨 소리냐고, 목사님들이 그 집에서 무리한 요구를 하는 것이다"라고 했다고 분명한 선을 밝힌다. 외갓집에 아이들 양육으로 신세 지는 일을 빨리 그만두도록 하라는 남편의 말은 백 번 옳고 또 현명한 판단이다. 의지하고 말고 독립하라는 말이다.

그리고 오늘 현신혜 선생님으로부터 아주 힘이 되는 말을 들었다. 상담 시간을 줄이시고 책을 쓰라고 한다. 쉽고 재미있게 상담을 풀어 쓰면 히트할 것이라고 한다. 힘이 된다. 늘 글쓰기에 대한 마음 한 자락이 저 밑에서 근음으로써 '도' — 하면서 미솔이 따라오기를 기다리고 있다. 〈기독상담학의 이론과 실제〉 — 바로 내가 한번 쓰고 싶은 저술이다. 나만의 기독교 인간관과 상담방법론들을 소재로 재미있게, 진솔하게, 나의 언어, 나의 방법론 — 즉 〈나만의 상담방법론〉을 쓰고 싶은 소망을 키워가고 있다. 이러한 꿈을 다시 일깨워준 현 샘에게 감사한다. 소중한 꿈을 품고 사는 나는 행복하고도 행복한 사람이다. (2012. 5. 30.)

자기 발견적 방법 : '잊었던 사랑'

나는 책을 좋아하는 사람이며, 전공서적을 넘어서 좋아하는 시인의 시집을 일 년에 한두 권은 사는 사람이다. 푸르른 가을 하늘에 시어를 공중에 던져 본다. 운동틀에 한가롭게 누워서 하늘에 하늘등기를 내기도 한다. 아카시아 잎 저 너머 파란 하늘은 바로 나의 소유이다. 바라보는 사람의 소유가 되는 비밀을 즐긴다.

하늘이 파랗고 높아서 생각이 잘되었을까? 2013년 9월 2일 월요일 아침은 완벽한 날씨를 구현하고 있었다. 늘 하던 대로 뒷산에 올라 이종남 회장님과 배드민턴을 몇 번 쳤다. 이제 박 박사도 기술을 한 단계 업그레이드해야 하니, 그립을 보다 짧게 잡고 치는 순간에 그립을 꽉 잡아서 스피드와 파워를 높이라고 친절하게 가르쳐 주셨다. 요즈음 스스로도 생각하고 있던 일이라 반갑고 고마운 말씀으로 받고 노력하는데 여간 서툴지가 않다. 뜻대로 안 될 뿐더러 이전보다 실력이 주는 것처럼 잘 나가던 셔틀이 계속 짧게 떨어지고 만다. 무엇이 한 술에 배부르랴! 이제부터 겨울까지 기술의 향상을 위해서 주안점을 갖고 마음에 새기고 노력할 일이다. 반복이 습관을 만들고 습관은 곧 나를 만드는 줄 알기에, 배드민턴 실력 향상을 위해서 어금니를 지그시 물어본다.

회장님께 드리려고 가져갔던 호박잎과 늘 들고 올라오시는 빗자루를 들어다 드리기 위해 회장님 댁으로 가는 길로 내려가다 보니, 같은 산이지만 이곳은 조금 다르다. 가을 풀의 향연이 벌어지고 있었다. 어떤 강아지풀은 나보다도 키가 크고 달개비와 관상풀 등이 천지를 이루며 서로 얼키기도 하고 설키기도 하면서, 벌써 가을 햇빛에 이울기 시작하여 풀잎이 불그레해지기도 하였다. 가을 풀의 억샘이란 풀을 뽑아보면 안다. 봄의 풀들이 여리고 가늘며 쉽게 뽑아지고, 한여름 풀은 무성하지만 비온 다음 날 같은 때에 발목을 잡아채면 잘 뽑혀 나온다. 그런데 가을 풀은 많이 다르다. 어떤 풀은 줄기가 굵어져 나무처럼 단단하고 잘 뽑히지 않는다. 그리고 줄기와 가지가 퍼질 대로 퍼져서 향연을 이루고 있기에 손발은 물론이고 얼굴을 할퀴기도 하며 억세기가 누구의 고집이라고 해야 할지, 잘 수그러들지가 않는다. 엊저녁에는 나의 사랑하는 춘향목 스물다섯 그루를 보호하기 위해서 귀하디 귀한 시간을 내어서 앞뒤 정원을 다듬지 않을 수가 없었다. 특히나 남의 발목과 허리는 물론 모가지까지 숨 가쁘게 조여 대는 관상풀(진득찰), 예쁘지만 사정 없이 달려드는 나팔꽃, 그리고 그 옆에서 달려오는 호박 줄기와 잎들, 달개비의 군단, 기타 이름 모를 풀들이 나의 사랑하는 춘향목을 그냥 두지 않기 때문이다. 이 춘향목은 둘째가 2009년 봉화의 지인에게서 사온 것인데, 가느다란 20~30cm의 묘목을 30그루 사왔다. 양평 박 장로님 댁에서 가져온 백송 세 그루와 함께 나의 비밀스런 기쁨의 원천이기도 하다. 서른 그루 남짓한 이 새 가족을 살리기 위해서 나는 풀과의 전쟁을 불사했다. 첫해는 아침저녁으로 아이들 주변을 살폈고, 이제 5년차인 이들도 한 달이 넘지 않게 수시로 주변을 살펴드려야 한다. 지난 8월 21일에 풀을 뽑고 꼭 열흘 만에 다시 내려가지 않을 수 없는 형편이 되었다. 신난다고 달려드는 관상풀이 소나무 꼭대기로 가을의 멜로디를 부르고 있는 것이 목격되고 있었기 때문이다.

엊저녁에 앞마당에서는 비교적 쉽게 풀들을 제거할 수 있었다. 올 봄에 옮긴 15그루 중에 한 그루가 끝내 말라버려서 누렇게 송장처럼 서있어 마음이 아팠지만, 그의 형제자매를 돌보지 않을 수 없었다. 풀을 뽑다 보니 은행나무 밑에 묻어준 번개 생각이 나기도 한다. 1997년 1월 8일에 저 세상으로 간 번개는 우리와 14년을 함께 하였다. 스피츠를 키우다 1개월 된 진돗개 아가씨를 분양받는데 얼마나 빠르던지 입에서 '번개 같다'는 말이 나왔고 그대로 이름이 되었었다. 참 비호같이 빠르던 그 아이가 노환이 와서 대문간에 길게 누웠던 모습이 기억에 남아있다. 제일 좋아하는 우리 남편이 올 때나 무거운 몸을 일으키고, 내가 들어올 때면 "엄마 나 몸 무거운 것 알지? 나 못 일어나요. 몸이 예전 같지 않아요" 하듯이 그냥 꼬리만 조금 흔들었다. 1997년 1월 8일이던가 추운 겨울 아침, 학교에 간다고 나간 둘째가 금방 전화가 왔다. "엄마 놀라지마, 번개가 갔어요." 그 한마디에 나는 하루 종일 2층에서 한 발자국도 내려가지 못했다. 엄마의 마음이 상하고 놀랄 것을 염려하여 조용하고 친절하게 가르쳐 주는 둘째의 신사도가 늘 고맙고 감사하다. 그날 밤에 우리 집의 남자 셋이서 장례위원이 되어 앞마당의 은행나무 옆을 파고 번개를 묻었다. 그해 가을에 은행이 한 말 실하게 열려서 겨울 내내 밥에 은행을 두어 먹었다. 앞마당에서 번개 묘의 벌초를 끝내고 뒷마당으로 향한다.

뒷마당에서는 진세의 묘를 벌초한다. 올해 1월 진세가 17세의 삶을 마쳤을 때 이번에는 남편이 혼자서 장례위원이 되어 뒷마당 소나무 옆을 파고 거기에 묻어 주었다. 남편은 낮에 미리 땅을 파놓고 밤에 시신을 옮겨 놓고 나서 나를 불렀다. 그렇게 둘이서 함께 진세의 묘자리를 기억한다. 진세는 1997년 6월 20일 생으로 우리나라 유명한 국회의원(현 민주당 당대표)의 본가인 흑석동에서 태어났다. 부모가 각기 진돗개와 셰퍼드라고 해서 두 이름을 합성하여 '진세'가 되었고 우리는 남편의 성씨를 따서 '이진세'로 부르기도 하였다. 번개와 살면서는 그다지 가슴 아픈 일은 없었던 것 같다. 젊은 시절이었고 애들이 한참 자라던 시기였다. 나의 중년을 함께한 진세는 나의 우울과 나의 아픔을 위로해준 상담견이기도 하였다. 정말 마음이 쓰리고 아플 때 나는 진세에게 모든 것을 이야기하였다. 사람에게 차마 말하기 어려운 것들을 우리 진세에게 이야기하면 그 애는 눈을 껌뻑껌뻑하면서 알아들으려고 애쓰고 가만히 나를 바라다 봐 주었다. 그로써 나는 위로 받았고 그것이면 충분했다. 사랑하는 둘째가 끝내 가정을 해체하는 결정을 내릴 때, 그 후 몇 년 내 가슴에는 언제나 강물이 가득하였다. 당시 박사과정 중이라 컴퓨터 앞에서도 마음이 자주 무너져 내렸지만, 나는 1층 마당에 내려가 진세 앞에 쪼그리고 앉아서 나의 마음을 그에게 전달하였다. 동물매개치료법이 있듯이 말 없는 반려동물은 인간에게 인간 이상의 위로와 치료의 원천이다. 어찌 하다 보니 앞뜰에는 번개를, 뒷뜰에는 진세를 묻고 일 년 내내 벌초하고 성묘도 한다.

엊저녁에 벌초도 마치고 호박잎도 뜯고 하면서 이번 추석에는 아들 손주와 부모님 묘에 성묘 갈 생각과 함께 손주들과 앞뒷마당의 번개와 진세의 묘도 돌볼 계획을 세우게 되었다. 진세는 손자애들과도 정을 나누었다. 비록 아이들이 7년을 미국에 가 있었지만, 진세는 한눈에 가족으로 환영하고 반겼다. 사실 나는 큰애네가 미국에서 오기 전에 진세가 유명을 달리 할까봐 기도를 했었다. 그래도 고국과 본가에 왔을 때 진세가 살아 있으면 아들네 온 가족에게 작은 기쁨이 되리라고 생각해서 몇 년 전부터 무더운 여름을 버거워 하던 진세를 끝내 안락사도 거부하고 함께 동고동락하였던 것이다. 애들 할아버지는 백일도 안 된 어린 손자를 안고서는 진세에게 "진세야, 이놈, 야 진세야, 이놈" 고함을 질렀다. "아니 왜 그래요?" 이상해서 묻는 나에게 남편은 "애들 기 살려 주려고…" 할아버지의 깊은 생각이 이런 행동을 가져오나 보다. 할아버지 품에 안전하게 안겨서 저보다 너무나 크고 무서운 진세에게 할아버지를 따라서 "진째야, 이놈~~" 하고 고함을 치던 손주들의 모습을 역력히 기억한다. 이제 큰 손주가 12살 6학년이고 작은 손주가 9살 3학년이다. 오늘 생일을 맞는 큰 손주는 올 여름부터 사춘기 2차 성징이 나타나고 있다. 반기고 축하할 일이지만, 어린 티를 벗는 것이 아쉽기도 하다.

가을 풀과 반려견 생각에 조병화 시인의 '잊었던 사랑'을 다시 꺼내서 음미한다. 소 대신 개의 이야기가 가을 풀과 함께 나의 가을을 엮는다. 이번 가을 시심에 깊이 젖어 영혼의 메마름을 벗고 순간순간 날마다 숨 쉬는 순간마다 감동과 감사의 시를 노래하기를 기도한다. 시몬이 아니라도 낙엽 밟는 발자국 소리가 좋고, 낙엽 태우는 향에 취해볼 꿈을 꾸기도 한다. 가을을 만드신 하나님을 찬미한다. What a wonderful, designer you are!

잊었던 사랑

-소치는 여인에게. 밀레전에서-

조병화

가을 풀 밟으며
저녁놀 따수한 들녘
소치는 여인

순박한 가슴아
산다는 건 얼마나 숭고한 사랑이냐

사랑은 빈곤의 밀사
인생의 미학
저리게 저리게
가슴으로 스며드는
차가운 방
뜨거운 입김
하루의 노동이 감사로 잠든다

자연은 영혼의 숙소
대지는 사랑의 잠자리
치근할수록 가까와지는
너와 나의 거리
아낀다는 건 얼마나 숭고한 사랑이냐

가을 풀 밟으며
저녁놀 따수한 들녘
소치는 여인
순박한 가슴아

(2013. 9. 2.)

미주

----

1) 박순. 상담자의 자기분석(2009). pp. 167-171.

2) Murray Stein(1982) Jungian Analysis, Open Court La Salle & London. 현대의 융학파 정신분석의 및 학자들의 글을 수록한 이 책은 융학파의 이론적 입장과 임상 현장을 동시에 읽게 해준다. 내가 속한 5조는 융학파에서 말하는 전이/역전이(transference/gransference)에 대해서 발제를 하는데 프로이트와 융의 공통점과 차이점을 세밀하게 파헤치고 있었고, 융을 이해하기가 어찌나 어려웠던지 발제를 준비하면서 궁리 끝에 융으로 된 천을 사다가 발제에 사용해야겠다는 희한한 발상까지 떠올리고 있었는데, 같은 조에 속해 있던 오승민(이대 박사과정, 놀이치료사)이 같은 생각을 했다는 것을 발견하고 많이 반가웠다. 별 희한한 생각이 다 통했는데 바로 융이 말한 동시성의 원리로도 설명될 수 있지 않을까 한다. 융이라는 말을 입에 달고 다니다 보니까 융판까지 들고 가게 되었다.

3) 이부영 한국융연구원 원장님께서 번역하신 『기억, 꿈, 회상』이라는 융의 자서전은 융으로 들어가는 입문서이고 모든 융 연구가들이 바이블처럼 보고 또 보는 경전이기도 한다.

4) 이부영(2003)『분석심리학, C. G. Jung의 인간심성론』. 일조각.
이부영(2003)『그림자, 우리 마음속의 어두운 반려자』. 한길사.
이부영(2003)『아니마와 아니무스, 남성 속의 여성, 여성 속의 남성』. 한길사.
이부영(2003)『자기와 자기실현. 하나의 경지, 하나가 되는 길』. 한길사.

5) 이윤기가 옮긴 조셉 캠벨·빌 모이어스 대담, 이윤기『신화의 힘』은 신화적인 위력을 가진 저술이다.

6) 제주도의 관광명소 가운데 하나인 산굼부리는, 위키백과에 의하면 '제주시 조천읍에 있는 기생화산으로, 제주도 유일의 폭렬공 기생화산이다. 분화구의 깊이는 약 100m, 지름은 600m가 넘는다. 제주 산굼부리분화구는 대한민국의 천연기념물 263호로 지정되어 있다.' 필자는 1984년 여름에 처음 제주를 가족과 함께 찾았을 때 이 산굼부리에서 깊은 평안을 맛보았고 늘 다시 가보고 싶은 꿈을 갖게 되었다. 그해는 우리 부부의 결혼 10주년이었는데, 집에 가스보일러를 설치하기 위해서 동파이프 배관 작업을 하고 나서 시멘트 마르고 장판할 때까지 일주일 정도 기다려야 된다는 기사의 말에 우리 가족은 휴가를 제주도로 6박 7일간 다녀왔다. 함덕 해수욕장에서 모래바닥을 보며 헤엄치고, 아이들은 만나는 사람에게 "우리는 결혼 10주년이에요" 엄마와 아빠의 말을 그대로 따라 했고, 무엇보다도 6박 7일 동안 아침만 내가 스스로 준비했고 나머지 점심과 저녁은 모두 사먹어서 내가 제일 편하고 행복했다. 아이들 각기 4학년과 2학년 때여서 말이 웬만큼 통했고, 자기들 앞가림도 하고 "우리 엄마 아빠는 서른여섯, 서른일곱 살이에요"라고 자랑스레 대답을 하는 등 서로에 대한 이해와 공감, 연대감이 충만한 가족이 누릴 수 있는 것들을 만끽하였다. 아이들 성장하기까지 거의 매년 여름과 겨울에 꼭 휴가여행을 갔는데, 84년의 제주도여행을 최고로 꼽을 수 있

다. 돌아와서 정리한 사진첩의 두께가 그것을 말해준다. 무엇보다도 그 사진 속에서 우리 부부는 싱그러운 30대이다.

7) 이 책을 쓰면서 주석에 남기고자 찾으니 어딘가에 숨어서 나오지를 않는다. 마치 그리스와 로마의 어떤 신들처럼 장난기가 발동했는지도 모르겠다. 40년이 넘은 이 책은 만지면 바스라질 정도로 낡았지만, 아무것도 버리지 못하는 사람인 나는 분명 아직 소장하고 있다. 하나님이 쓰레기 같은 나를 버리지 않으시는데 어떻게 나의 가족이며 벗되었던 분들을 함부로 집 밖으로 내몰 수 있는가. 용산철거참사 사건을 보아도 겨울철에 마구 내보내면 불상사가 나기도 한다. 나는 그냥 함께 사는 정책을 고수하겠다. 지은 지 40년 다된 낡은 단독주택에 살고 있고, 지하실도 있어서 수납공간은 여기저기에 있다. 安東林 편저 『그리스 · 로마 神話』, (1968, 선찬도서출판사)를 찾았다.

8) 이윤기(2002) 그리스 로마 신화, 웅진닷컴. 소설가 · 번역가 · 신화학자로 소개되는 그의 통합적인 인문사회학자의 면모가 그의 번역서의 무게를 더해 준다. 앉아서 상상으로만 번역하지 않고 그는 봄베이를 비롯해서 수많은 신화의 현장들을 직접 카메라를 들고 다니면서 신화와 만났고 자신이 이해한 신화를 이야기해주었다. 아니 그가 만난 그리스 로마의 신들이 그를 그렇게 멋진 사람으로 만들었는지도 모를 일이다.

9) 연세대에서 상담학을 가르치시며 현재 신과대학 학장과 연합신학대학원 원장을 겸임하고 계시는 정석환 교수님의 학과 지도 철학에 의해서 많은 원서들을 직접 일일이 단어를 찾아가면서 공부하게 된 것을 진심으로 감사드린다. 물론 번역되지 않은 최신 출판 서적이기에 기댈 곳은 없다. 영문과 출신인 나도 입학 첫 학기에 기절할 뻔했다. 읽어도 읽어도 뜻이 들어오지 않는 영어문장들이 있었다. 이어령 교수가 말하는 '인간국보 양주동 선생'이 분명히 남아수독오거서(男兒須讀五車書)라고 책을 많이 읽으라고 하시면서 자신의 경험상 30독(讀)이면 뜻이 통하지 않는 글이 없다고 하셨는데, 돌아가신 분에게 항의를 할 수도 없고, 그래도 내가 명색이 영어교사 출신인데 뜻을 건질 수가 없는 글들이 많았다. 미국에 교환학생으로 다녀온 둘째가 영어를 곧잘 하는 것 같아서 불러서 시켰다. 시간을 줄 터이니 해석을 해오라고. 얼마 후에 그는 입을 다문 채로 그냥 도리질을 했다. 전혀 모르겠단다. 기왕에 말을 꺼냈으니 원서를 읽으면서 발전시킨 나의 미소를 이야기하려고 한다. "처음 나온 단어를 찾는다. 아 이런 뜻이군. 몇 페이지 지나서 그 단어를 다시 만난다. 아까 만난 구면이라서 반갑게 맞이한다. 우리가 서로 인사를 나눈 아는 사이다. 그렇다고 뜻이 생각난다는 것은 아니다. 같은 단어를 이렇게 '찾고 또 찾을' 때마다(결코 두 번이 아님) 나는 마음수련을 했다. 웃어야지, 웃어야지. 입 주위 근육을 억지로 가로로 벌리면서 두꺼운 사전에게 한 푼 적선해 달라고 구걸을 한다."

10) Anthony Stevens, Private Myths: Dreams and Dreams, Harvard Yniversity Press, 1995. Campbell은 꿈을 개인적인 신화, 신화는 공적인 꿈(Dream is the private myth, and the myth is the public dream)이

라는 명제로 명쾌하게 꿈과 신화의 관계를 정리하였고 Anthony Stevens는 꿈과 꿈꾸기를 개인적인 신화라는 타이틀 가운데 융학파 분석가로서의 이론과 임상 실제를 아우르는 본 저술을 내어 놓았다.

11) Feinstein, D. &, Krippner, S.,(1988) Personal Mythology: The Psychology of Your Evolving Self, Jeremy P. Tarcher/Perigee, p. 4.

12) Ibid., pp. 10-11.

13) Ibid, pp. 11-16. 개인 신화학 발굴을 위하여 이 책은 (1) 우리의 자각 밖에서 광범위하게 작동되어 온 오래되거나 비생산적인 개인 신화를 확인하고 (2) 그것들을 개정하며 (3) 당신의 삶이 이런 개정된 신화와 더 많이 조화를 이루는 방법을 실험하는 것이 가능함을 믿는다. 구체적으로 개인 의례(personal rituals), 개인 일지 사용하기(Using a personal journal), 상상 훈련 안내(Guided imagery instructions), 프로그램과 보조 맞추기(Pacing the Program), 저항에 대한 태도(An attitude toward resistance), 꿈과 함께 작업하기(Working with your dreams)의 여섯 가지 방법론을 제시하며 그 임상 사례를 축어록처럼 구체적으로 다 보여주고 있다.

14) 5방패는 낙원-실락원-비전-탐색-복락원을 말한다.

15) 내가 할 수 있는 모든 것에는 나의 자원의 활용이 포함되었는데 종교문화연구원(원장 : 최준식 교수)을 통해서 만난 단전호흡을 다시 시작하는 것이었다. 일과 공부로 만신창이가 된 나의 몸을 나 혼자 추스르기가 어려워서 나는 선경그룹의 안동환 선생님(현 SK 유비케어 상무이사)에게 도움을 청했고 그분은 김동찬 사범(수련원 부원장)을 집으로 파견해주었다. 대학로 한마음수련원에서 개인지도를 많이 해준 이우형 사범(현 SK 부장)도 성균관대학원 박사과정에 다니며 수련지도를 하고 있던 제갈문우 선생님을 집으로 보내주어 큰 도움을 받았다. 맺히고 막히고 뒤틀린 나의 몸과 마음을 활공으로 치료해준 선생님들 덕분으로 조금씩 편안해지기 시작하였고 몸의 기능의 회복을 도모할 수 있었다. 몸과 맘을 합해서 '맘'이라고 쓰는 최헌진 교수의 의도대로 몸과 맘은 하나이다. 소리글자인 우리 언어의 묘미가 '몸과 맘', '맛과 멋' 이런 말에서 멋이 넘친다.

16) 강근조, 민경배, 박대인, 이영헌 편저 울리스틴 워 저 〈세계기독교회사〉, 1991. 대학기독교서회, p.372.

17) 김소엽 교수가 고희를 맞아 준비하면서 부탁하여 쓴 글이 시인의 〈김소엽고희기념문집〉에 기록되어 있다.

수퍼바이저의
자기성찰 노트

수퍼바이저의 자기성찰

수퍼바이저의 자기성찰을 모아서 책으로 내는 것은 상당히 용감한 행위이다. 한 가지 목적을 가지고 집필한 자료가 아니고, 그때그때 마음을 들여다보며 기록하고 흐트러지는 생각을 모으려고 한 흔적들이다. 필자는 수퍼바이저로서 상담 '원자료'를 강조하는 편이다. 이 책의 기록도 그런 원자료에 속한다. 내 모습 그대로, 주관적으로 또한 현실적으로 헤치고 온 경험들이 이 글들에 녹아있다고 생각한다.

스스로 두렵고 떨린다. '너무나 이른 나이' 일흔이라고 하면서 자기암시를 하고 자기강화를 하지만, 아무도 알 수 없는 일이 사람의 일이기 때문이다. 2008년 환갑이 되던 해에 꿈꾸지 않았던 박사학위를 받고 10년 어간에 어떤 일을 하였는가 돌아다본다. 인도하심 받은 일, 무모하게 꿈꾸다가 접었던 일들, 생각지도 못한 새로운 일들이 나의 삶의 중심이 되고 있다. 그리고 지금 여기에서 〈수퍼바이저의 자기성찰〉을 본격적으로 마음과 말과 글로 하는 것은 지나온 10년 못지않게 기다려지는 70~80을 준비하려 함이다. 가보지 않은 그 길을 독자와 함께 걷는다. 봄 처녀가 새 풀 옷을 입고 오듯이, 늦은 밤과 새벽의 성찰 시간 속에서 새로운 탄생을 기원한다. 데미안의 알을 까고 나오는 이야기는 아직 진행 중이다.

수퍼바이지들의 피드백에 귀를 더 기울이는 수퍼바이저가 되고자 한다. 나를 수퍼바이저 되게 해준 귀한 분들의 삶의 이야기에는 무슨 보석 같은 이야기가 들어 있을까 궁금증을 갖고 시작한다.

살림살이라는 소중한 과업

연세대학교 상담코칭지원센터에서 집단수퍼비전 그룹을 지도하면서 학기 초에 한 학기의 스케줄을 함께 구성하고 살림꾼 한두 명을 뽑았다. 작게는 네다섯 명 많게는 열두서너 명의 비교적 소그룹이지만 작은 공동체이므로 어떤 규준이 필요하고 돌봄이 필요하기에 그렇게 하였다. 지금까지의 모든 살림꾼이 아주 훌륭했고, 남모르게 성장한 부분이 많다고 생각한다. 내가 '살림'이라는 단어를 새롭게 마주한 것은 어머니가 권해서 공부한 '하와에서 브리스길라까지'[1]라는 여성신학 연합회의 간행물에 의한 스스로의 깨달음에 있었다. 하와가 맡은 일이 살림이고, 그것은 사람을 살리는 소중한 일이기에, 여성이 주로 담당하는 살림살이는 정말 고귀한 소명이며 사역이라는 자각이었다. 집에서 살림을 산다는 것은 엄청나게 귀중한 소임을 하고 있다는 선언이다. 나는 지금도 강의실에서 학생들에게 이야기한다.

누가 돈을 1억을 벌어온다고 해서, 그것을 먹을 수는 없잖아요. 누군가가 그것으로 쌀을 사서 씻고, 밥을 짓고, 나물을 다듬어 무치고, 국을 끓이고, 식구가 정답게 둘러앉아 따숩게 먹을 수 있도록 살림을 해야 합니다. 이런 살림은 성스럽고 고귀한 것입니다.

이런 이야기를 많이 하다 보니 2004년에 연세대에 초빙교수로 오셔서 강의해 주셨던 Garrett 신학대학원 교수 Dr. James Poling에게 '살림'에 관해서 이야기할 기회가 있었나 보다. 몇 년 전 여름 그분은 자신의 신간을 소개하면서[2] 거기에 내가 소개한 살림의 의미를 집어넣었는데 그것이 나의 제안이었다고 공로를 치하하였다. 그분과의 만남도 나를 많이 성장시키고 있다. 초빙교수로 오셔서 가정폭력과 목회신학을 강의하셨는데, 폭력에 대해서, 특히 힘의 오남용에 대한 인식을 하도록 촉진하는 자극을 학문적으로 많이 주셨다. 언젠가 한번 그분의 책을 번역하고 싶다. 여기에 이렇게 기록하는 것은 기록하면 더 잘 이루어진다는 글쓰기상담의 강조자로서의 실천적인 행위이다. 묵은 이메일을 한번 검색해서 존경하는 그분의 글을 여기에 게재한다.

> **Soon** : I was reminded later today of something I want to tell you. I am writing a book called, 'Korean Contributions to Pastoral Theology' which will be out by Christmas from Wipf and Stock. I remember in 2008 it was your suggestion that I think about the Korean term salim. Since then your suggestion has been confirmed by many people, and it has found a prominent place in my new book. I want to thank you for encouraging me in this direction. You did a great service for me. Jim Poling (2011. 7. 20.)

> **박순 박사님** : 뒤늦게나마 오늘 박사님에게 할 말이 떠올랐습니다. '목회상담에 대한 한국의 공헌'이라는 책을 쓰고 있는데, 이번 크리스마스에 Wipf and Stock에서 출판할 예정입니다. 2008년에 한국말 '살림'을 생각해보도록 제안해주었던 것을 기억합니다. 그 이후로 여러 사람에 의해서 그 제안의 중요성이 확인되었고, 나의 새 책에서 아주 중요한 부분을 차지하고 있습니다. 이런 방향으로 사고하도록 격려하여 준 데 대해 감사를 드립니다. 나에게 커다란 일을 하셨습니다. 짐 폴링(2011. 7. 20.)

개인이나 가족에게는 물론이고 어느 조직이나 단체나 살림살이 하는 일꾼이 필요하다. 집단수퍼비전 그룹에도 살림꾼 두 명이, 마치 한 집안의 부부처럼, 서로 협력하면서 사례보고서를 늦게 올리는 분에게 한번 연락해주고, 부득이한 사정으로 결석한 사람에게 소식을 전해주는 일은 그룹 응집과 성장에 주요하다. 연세대학교 상담코칭지원센터에서 살림꾼으로 수고하고 성장한 분들의 노고를 기억하고 치하하는 마음이다.

새로운 정체성 : 교육분석 상담사

정확하게 2008년 7월 1일부터 연세대학교 상담코칭지원센터에서 교육분석을 하게 되었다.

그 시작은 이러하였다. 센터에 교육분석가로 활동하던 김혜신 선생님이 논문에 집중하기 위해서 공동방 사용을 제안하였고, 나는 기쁨과 감사로 수용하였고 권수영 소장님께서 허락해주셔서 교육분석가로서의 귀하고 복된 여정이 시작되었다. 모두 몇 명 하였는지 헤아려 보려고 하지 않는다. 그분들은 숫자가 아니고 모두가 독특한 개성이고 인격이기 때문이다. 지금도 가고 있는 길이고 이끄심이 있는 한 지속하는 하늘로부터 받은 고귀한 사명이다.

전문상담사가 되려는 첫발을 떼는 수련생에게 교육분석에 대한 오리엔테이션을 하면서 먼저 프로이트의 정신분석 이야기를 한다. 20세기 초에 비엔나와 볼링겐에서 시작된 하나의 작업은 지금 세계화되어 있다. 스스로 자신의 꿈을 들여다보고 자신의 감춰진 무의식을 찾아 심층 여행을 한 프로이트와 융의 후예로서 우리는 분석가의 길을 간다. 물론 정신분석가를 배출하는 더 뜨거운 용광로는 아닐지라도 자기분석의 틀을 배우고, 내담자가 되어보는 경험을 하고, 상담자 모델링을 하는 교육분석 과정은 수많은 내담자를 상담사의 자리에 앉도록 이끌었다. 기본으로 하는 20시간이 소중하지만, 조금 더 이어진 40시간 이상의 교육분석이 자신의 면모를 더 뚜렷하게 발견해내는 것을 경험하면서, 20시간이 때로는 수박 겉핥기였다는 느낌이 들 때도 있다. 70시간 정도 하면 깊은 아픔에서 일어나게 되고, 200시간 정도 하면 수렁 같은 아픔에서도 분연히 일어나 걸어가는 것을 여러 번 경험하였다. 지금도 더 받고 싶은 것이 교육분석이다. 시간과 비용 때문에, 사실은 욕심 때문에 버릴 것을 버리지 못해서, 자기분석의 시간을 더 못 내는 것은 나 자신에게는 어리석은 일이라는 생각이 든다. 나의 꿈을 분석해주신 융 분석가 심상영 목사님, 모래상자로 분석을 해주신 또 다른 융 분석가 장미경 교수님께 깊은 감사의 고개를 숙인다.

연세대학교상담코칭센터를 시작으로 고양상담코칭지원센터, 서울장신대 목회상담지원자들, 다움상담코칭센터까지 나의 상담사역의 못자리는 교육분석이다. 이 길에 동행하는 여러 도반들이 있다. 나를 연세대학교상담코칭센터로 이끈 김혜신 박사, 첫발을 뗄 때 도움말을 준 오세정 박사, 지금껏 옆방을 사용하는 이명진 박사, 분석심리학으로 학위논문을 쓴 이정수 박사, 최양숙 박사, 정정숙 원장, 지금은 조금 멀어져간 이정선 박사, 목회현장으로 이사 간 송기수 목사, 정찬인 박사 등이 연희동 2층에서 교육분석을 함께 시작한 동료이다.

교육분석가의 경험이 소중하고 귀한데 지금 돌아다보면 미숙했던 나를 발견하게 된다. '그렇게 하지 말 걸…' 하는 내담자가 둘 ─ L과 C가 떠오른다. 나의 미숙함으로 상처받았던 그들에게 미안하다. 나의 조급함으로 판단받은 그들에게 사과를 드린다.

꿈 이야기 교회

소중한 하나의 에피소드를 회상한다. 2008년 여름에 연세대학교상담코칭지원센터의 전신인 연세상담실에 전임상담사로 일하면서 귀한 분들을 만나게 되었다. 10년이 지난 지금 그 일은 하나님이 시작하신 특별한 만남임을 새삼 깨닫고 감사하게 된다. 나보다 먼저 전문상담사로 일하고 계시던 정정숙 선생님과 이정수 선생님은 현재 모두 다움상담코칭센터에서 함께 원장으로 일하고 있다.

그 여름날 우리는 이정수 선생님의 안내로 강남의 어떤 미술전시회에 함께 다녀오는 중이었다. 그날 본 바다와 파도 풍경, 하늘 이미지가 내 안에서 역동을 일으켰던 것일까? 거룩한 카이로스적 대화가 이루어진 위치는 정확하게 연희IC 아래 택시 안에서였다. 나는 나의 꿈 한 자락을 펼쳐 놓는다. "앞으로 집단상담과 같은 목회를 하고 싶어요. 혼자 설교하는 것이 아니라, 주일 오후 같은 시간에 자유롭게 모여서 다함께 참여하는 그런 예배를 생각하고 있습니다. 모두의 꿈이 자유롭게 이야기되는 그런 교회요." 말이 떨어지자 무섭게 "제가 그 교회의 신도가 되겠습니다." 정정숙 선생님이 한 발 빨랐던 것 같다. "저도요." 이정수 선생님이 화답하였다. 그렇게 신도 두 명이 확보되었다. 택시 안에서. 전격적으로.

기록에 의하면, 2008년 9월 29일에 첫 기도회를 나의 상담실에서 두 분의 신도와 함께 드렸다. 그날의 5분 설교 제목이 '하나님의 꿈 이야기'이다. 아래에 전문을 옮겨 본다.

5분 설교 하나님의 꿈 이야기

하나님이 가라사대 우리의 형상을 따라 우리의 모양대로 우리가 사람을 만들고 그로 바다의 고기와 공중의 새와 육축과 온 땅과 땅에 기는 모든 것을 다스리게 하자 하시고 하나님이 자기 형상 곧 하나님의 형상대로 사람을 창조하시되 남자와 여자를 창조하시고(창1 : 26-27)

꿈 이야기 교회를 창립하게 하심을 감사드립니다. 교회를 창립하는 것은 저의 꿈이었습니다. 목회자가 되고자 하는 작은 꿈을 주신 것은 2000년 정도에 서서울생명의전화에서 일할 때였습니다. 여성상담자가 사회적 역할을 감당할 때 목사직을 겸하면 업무에 도움이 될 수 있겠다는 생각에서 그러한 소원을 품기 시작하였습니다.

인도하심을 따라서 연세 상담학 박사과정에 들어왔을 때는 그 꿈이 조금 자라서 내가 교회를 설립한다면 '이야기 교회'를 창립하겠다는 말이 제 입술에 맺혔습니다. 저는 환상 속에서 언덕 위의 빌딩에 있는 교회에서 여성들이 그룹으로 앉아서 자유롭게 이야기하는 — 집단상담과 같은 모형을 그리고 있었습니다.

그리고 금년 7월에 저의 꿈과 소원이던 전문상담사의 직책을 허락하시고 상담실이라는 꿈의 공간이 허락되었을 때에 저는 정정숙 선생님과 이정수 선생님을 만나게 되었습니다. 우리는 삼성역에서 열리는 그림 전시회에 다녀오면서 자유롭게 여러 가지 이야기를 주고받았습니다. 제가 꿈 이야기 교회를 구상하고 있다고 말하였을 때에 두 분이 자신들이 그 교회에 신도가 되겠다고 하였습니다. 그 순간은 저의 또 다른 꿈이 형상화되는 거룩한 시간이었습니다.

오늘 본문에는 하나님의 꿈이 나옵니다. 당신의 형상을 따라 사람을 만드시는 것이 그분의 독특한 꿈이었습니다. 그리고 그 존재에게 모든 것을 다스리게 하자는 것이 꿈의 세부사항 중 한 가지입니다. 두 번째 세부사항은 그 존재를 여자와 남자로 만드시는 것이었습니다. 우리는 하나님의 꿈이 실현된 세상에서 살고 있습니다. 우리는 그분의 꿈으로 지음을 받았고, 삶을 누리며 여자로 살고 있습니다.

저는 최근에 하나님이 저에게 아들 둘을 주신 뜻을 새롭게 해석해보게 되었습니다. 저는 아버지와의 관계에 많은 아쉬움을 안고 성장한 사람입니다. 미워하기도 하였고, 싫어하기도 하였습니다. 아주 최근에 그분과의 화해작업이 이루어지고 있음을 보고 있습니다. 저는 남성과의 관계 형성에 어려움이 있는 저에게 두 아들을 주셔서 남자를 마음껏 사랑하고 양육하도록 하신 하나님의 섭리를 뒤늦게 깨닫고 감사드립니다.

우리 꿈 이야기 교회는 낮과 밤에 꾼 꿈을 나누고, 우리의 안팎에 있는 이야기를 서로 공유하면서 그 꿈과 이야기가 우리를 치유하고 성장시키며, 나아가서 우리가 만나는 사람들에게 꿈을 키워 나가고 자신의 이야기를 건강하게 말할 수 있도록 돕는 데에 그 존재의 소중한 의미를 발견할 수 있다고 생각합니다. 여러분의 꿈과 이야기가 그렇게 될 것임을 축하드립니다. 오늘 2008년 9월 29일은 하나님께서 우리를 위해서 구별하여 주신 거룩한 날입니다. 할렐루야! (2008. 9. 29.)

이야기-영성-행위치료의 출전식

2009년 겨울에 주말마다 참만남집단을 하는 구현 원장의 집단상담에 참여하였고 그때 남겨놓은 〈중마루집단을 다녀와서〉의 소감문을 옮겨와 본다. 이 집단은 이전 집단과 다르게 새로운 힘을 발휘하고 확인한 기회였다. 그 당시에 한국상담연구원 홈페이지에 게재한 그대로는 아래와 같다.

2009년 1월 17일 오후에 옥천 소정리 중마루 연수원을 찾아갔습니다. 구현 원장님과 구상 실장님, 몇 분의 견공들과 회원들이 반갑게 맞이하여 주었습니다. 겨울 4박 5일 집단의 셋째 날에 합류한 것이지요. 이번 집단은 중간에 옆구리로 들어갔다가 넷째 날에 다시 슬며시 나왔는데 그것이 독특한 경험이 되는 것 같습니다. 집단에 대한 커다란 목적이나 구체적인 목표 없이, 가비얍게…

• 구현 원장님에게 나의 박사학위 논문을 전달하고
• 로저스의 참만남집단의 소중함을 다시 공유하며

그냥 하룻밤 묵고 오는 것이었습니다. 모처럼의 기차여행도 좋았고 혼자서 찾아가는 길이어서 자유로웠고 옥천역에서 저녁 6시경에 택시 타면서 약간 두려웠던 경험도 나쁘지 않았고. 예상치 않고 갔는데 반가운 얼굴들을 많이 만났습니다. 연구원 가족인 김선희님, 이은우님, 송예희님 ─ 반가운 것 하늘이 알고 땅이 알고 수원 아주대 1급 그룹의 반장 영미님 ─ 만나자마자 이슬처럼 사라져 버려 아쉬움을 더하였고 개여울, 색년필, 여유, 한걸음 등등 열심히 수련하는 모습에 감동 먹었지요. 글구 처음 만난 분들도 모두 우리 한국사람이고, 연구원 가족이고, 수련하는 동지이며 한 마음으로 만나졌습니다.
떠나오기 전에 하지 못한 피드백을 적습니다. 집단이 직원, 1급, 2급, 집단 첫 참가자로 구성이 다양하여서 힘들어하는 분들이 있었는데,

• 여성이 초경하는 것처럼
• 두렵기도 하고 떨리기도 하며
• 그러나 그 방향으로 가지 않을 수 없기에
• 시작이 또한 기쁨이 되는 불안한 마음들이

그 마음들이 아주 예뻤습니다. 그렇게 첫 경험을 하는 것이지요. 초경을 부모나 친구가 미리 가르쳐 주어도, 아무리 잘 준비해도 사람마다 느낌이 다를 수 있고 막상 해보니 별 것 아닐 수도 있고 달마다 이 짓거리를 한다는 것이 기가 막힐 수도 있고 그때마다 심리의 변화를 체험하는 예민한 사람도 있고 뭐 그런 거예요. 그때 그때 달라요. 그리고 나의 이번 경험은 지붕 위의 비 듣는 소리가 영원하게 느껴졌던 것처럼 아주 오래 남아있을 것 같아요. 새로운 시작을 알리는 출전식 같은 것이었지요. 제가 누구냐구여? 나는 여전사 아테나입니다.

추신 : 내복 쎄라피를 해봄으로써 이야기-영성-행위 치료자로서 개인상담과 집단상담을 하고자 하는 나의 입장을 확고하게 하고 돌아왔습니다.

때로 오해가 아름다운 것인가 봅니다. 나는 '발광'님이 나에게 빌려줬던 아랫도리 내복을 나더러 '행복'님에게 가져다주라는 것으로 오해하고, 다시 말해서 바쁜 나더러 서울 신길동 사무실까지 가져다주라는 것으로 알고 '그렇게 반응했던 것입니다' 그냥 연수원에서 벗어서 행복님을 주라는 것인 줄 알았더라면… 아무 일도 일어나지 않았을 것입니다. 우리는 서로가 다 집단 중간에 서울로 돌아온다는 사실을 몰랐으니까요… 8년이나 된 낡은 내복까지라도 꼬옥 꼭 윗도리와 아랫도리 짝짓기를 해야 하는 어느 '미친 분'을 직면하게 되어서 기뻤습니다. 아 그분이 드디어 발광을 하더라구여… 그렇지요. 집단에 올 때 내복을 아랫도리만 가져왔다면 집에 가서는 다시 웃도리랑 한 짝, 한 벌, 한 쌍, 한 부부를 이루어야 한다고 굳게 믿고 사는 분의 '낡고도 낡은 고정관념'을 우리가 어떻게 말립니까? 그럴 생각 전혀 없어요. 암튼 붉은 내복 던져 본 소감 — 바로 그것입니다. 퍼포먼스가 개인의 변화를 촉진한다니까요. 하모요.

"내복 쎄라피를 해봄으로써 이야기-영성-행위 치료자로서 개인상담과 집단상담을 하고자 하는 나의 입장을 확고하게 하고 돌아왔습니다"라고 맺힌 글에서 보듯이 그동안, 약 30년의 상담자로서의 삶을 구체적으로 이야기-영성-행위치료라는 방법론을 통해서 펼칠 수 있겠다는 자신감을 손에 쥐는 소중한 경험이 일어났다. 연세대연합신학대학원 박사과정이 나의 페르소나였다면 사단법인한국상담원은 나의 쉐도우였다. 우연히도 두 곳에는 나보다 꼭 10년씩 덜 사신 '58년 개띠' 원장님이 계셨다. 연세대 연합신학대학원 정석환 원장님과 사단법인한국상담연구원의 구현 원장님은 박순이라는 상담사를 조련하는 탁월한 지도자였다. 대학원에서는 이론을 중심으로 하면서 임상적인 부분을 연마하였고, 연구원에서는 상담실장으로서의 연구원 행정, 상담, 강의, 더 나아가서는 법인의 사무국장으로서 교육청의 감사와 이사회 관리 등 상담실무적인 행정을 맡아 보았다. 두 날개, 투톱, 고된 새벽과 밤 사이에서 상담자 박순이 만들어지고 있었다. 한국상담연구원의 구현 원장님과의 만남으로 시작된 인연들의 의미를 짚어 보고, 그다음으로 연세대연합신학대학원 정석환 원장님을 위시한 유영권 교수님, 권수영 교수님, 그리고 선후배 학우와의 만남을 이야기하다보면, 나도 모르게 내담자들과의 소중한 만남이야기가 풀어질 듯도 하다.

한국상담연구원 집단상담 프로그램 체험수기

2009년 5월 9일(토)~10일(일)에 열린 구현 원장님이 촉진하는 참만남집단에 참가한 소감문을 적어내려 가는 마음이 기쁨으로 가득합니다. '참만남(엔카운터)'이라는 용어를 쓰는 것이 너무나 타당한 집단상담을 경험하였기 때문입니다. 감추어져 있던 나 자신의 일부분을 만났으며, 참가자들 거의 모두에게서 나타난 가족에 대한 역동, 특히 부모-자녀 관계에 대한 '사로잡힘'을 생생하게 목도하였습니다.

　융의 말처럼 '우리가 콤플렉스를 소유하는 것이 아니라 콤플렉스가 우리는 소유하는' 것을 손바닥을 들여다보듯 볼 수 있었습니다. 좀처럼 읽을 수 없었던 나의 무의식과 미해결 과제를 발견하였습니다. 비록 아름답지 않은 것이고 우스꽝스러운 것이라도 어떤 수십 년 해묵은 초기 감정의 실체를 확인하고 그것에 이름을 붙이는 것은 개인의 심층을 탐구하는 데 필수적인 과제이기도 합니다.

사실 같이 참가한 분들에게 미안할 정도로 개인적으로 아주 편안한 마음으로 참가하였습니다. 쉼을 찾아서 들어간 집단이었기에 자유롭게 누워 코를 골며 잠을 자기도 하고 너무나 이완된 나머지 가스배출로 다니엘을 바깥으로 내몰기도 하였습니다. 눈을 감고 이야기를 듣는 것은 저에게는 너무나 자연스러운 현상이었습니다. 지난 6개월 동안 특수임무를 수행하느라 자기 카메라의 셔터가 자동으로 닫혀버리곤 하였습니다. 실례하였습니다.

〈상담자의 자기분석〉 책을 쓴 후여서 그랬는지 좀처럼 드러내지 않았던 아버지에 대한 나의 비판적인 감정을 여과 없이 드러낼 수 있었습니다. 물론 홍신소님 이야기의 초점이 남편이 아니라 아버지에 대한 역동이라는 것이 밝혀진 이후에 급속도로 나의 아버지에 대한 역동이 올라오기 시작하였습니다. 지도자에게 일으키는 전이와 역전이의 관찰이 가능하였지요. 가족과 별거하고, 소재를 알 수 없었고 가족을 방기한 무책임한 부친에 대한 비판을 짧은 시간에 모두 내쏟을 수는 없었지만 우선 병뚜껑을 열기는 하였습니다.

대학교수라는 직업에 대한 나의 편견, 한걸음 더 나아가 여교수에 대한 나의 부정적인 평가의 근원을 알게 되었을 때에 나의 개인적인 삶의 여러 부분이 새롭게 이해되기 시작하였습니다. 스스로 되지 말 것의 일 번을 대학교수로 한 것은 의식적으로 이해하고 있었지만, 제의가 들어올 때조차도 이런저런 별로 타당하지 않은 이유로 대학강단에 가기를 거부한 과거의 나의 선택의 무의식적인 배경을 또렷이 만났습니다.

또한 대학 시절에 몇 안 되는 귀한 여교수님에 대해서 개인적인 친분이 있었음에도 불구하고, 대학교 여자교수(실례!)는 절대로 되지 않겠다고 결심하게 하였던 그 근원을 깨닫게 되었습니다. 미래를 위한 꿈과 비전이 아니라, 되지 않을 것부터 정한 나의 삶이 길고 구부러진 길(Long and winding road, Beatles)을 헤맬 수밖에 없었던 이유가 뚜렷이 자각되었습니다. 바로 이런 것이 개인무의식이며 콤플렉스의 힘이라는 것을 명백하게 만났습니다. 콤플렉스로 인한 과잉일반화 현상과 반동형성, 합리화 등등 나의 방어기제들을 볼 수 있었습니다.

작년까지도 강의하는 일과 상담하는 일 중에서 절대적으로 강의를 피하고 상담을 선호하였습니다. 틈새가 벌어진 부모님의 갈등을 뱃속부터 관찰하고 경청한 나에게 왜 내가 대학교수를 싫어하고 여교수가 되는 일을 멀리하였는지 그 이유를 명약관화하게 보았습니다. 집단에 참가한 모두가 부모-자녀 관계의 무한한 영향력을 마주하였고(Merl Jordn의 Taking On the Gods, 신들의 맞대결 참조)³⁾ 자신과 부모와의 관계를 검색하였지요. 알아차림만으로 모두 해결되는 것은 아니자만, 수십 년 내 안에 있었지만 바르게 만나지 못했던 미해결 과제와 개인적인 핵심감정을 만나는 경험은 축복이었습니다.

중마루, 다니엘, 칼라, 땅콩, 강물, 강남, 은호, 은희, 한결, 신비, 홍신소, 쉼표, kso, 해피베이비, 소리새 등등 함께한 17인을 오래도록 기억할 것입니다.

영성의 길

1. 나의 목마름은 무엇인가?

   그렇게 찬양하던 사람이 찬송소리가 잦아들었습니다. 나는 주님을 찬양하는 악기이고 싶습니다. 찬송가 1장부터 끝까지 부르고, 희로애락에 관계된 모든 찬양을 부르던 나를 주님 회복하여 주시옵소서. 내 입술에 찬양이 끊이지 않게 하소서.

2. 나의 상처는 무엇인가?

   주님, 여성으로서 사회생활하면서 부당하다고 느낄 때가 많았습니다. 그리고 내가 남보다 잘한다는 자기애적인 사고가 많았음을 고백합니다. 어려서부터 아버지로부터 사랑받지 못한 나의 아픔, 어머니와 아버지의 불화, 경제적인 곤란, 약한 체력 등등 힘든 것이 많았지요. 가난한 사람이 겪는 고통, 비판적인 정신, 조금 삐뚤어진 마음 등등…

3. 나의 황폐함은 무엇인가?

주님, 저의 심령이 메말라졌습니다. 지규정 목사님은 매일 아침 눈물로 한 시간씩 기도한다고 하였는데, 저는 기도 생활이 너무 안이합니다. 전처럼 새벽기도를 가는 것도 아니고, 꼭 일정한 시간을 지키는 것도 아닙니다. 주님, 저의 경건 생활을 새롭게 하소서. 산에 오르면서, 찬송으로 기도로 주님께 나아가게 하소서.

4. 나의 회개는 무엇인가?

물질에 대한 탐욕, 두려움, 하나님보다 인간적인 것을 더욱 신뢰, 기도시간의 부족, 교회 봉사의 부족, 사람에 대한 비판

5. 나의 감사는 무엇인가?

엄마, 어머니, 남편, 아들, 며느리, 손자, 학위, 직장, 집, 교회, 건강, 이웃사촌, 친구들

나는 신앙으로 굳게 무장하고, 나서지 않으면, 나락으로 떨어지는 기분을 감출 수가 없다. 주님, 저를 붙잡아 주세요. 저희 부부가 늙었습니다. 자꾸 쳐지려 합니다. 주님을 붙잡고 나아가려 합니다. 우리 자신에게 소망도 없고, 능력도 없고, 지혜도 없고, 아무것도 없습니다. 주님, 오직 당신을 의지하고 나아가려 합니다. 주님은 저의 이런 모습도, 저의 이런 울음도, 이런 슬픔도 모두 다 받아주시기에 얼마나 감사한지요.

내가 조금 더 신중하고, 주님만을 의지할 때에, 견딜 수 있고, 헤쳐 나아갈 수 있다고 생각합니다. 주님, 저를 붙잡아 주시옵소서. 욕심을 부리지 말고, 조금 여유롭게, 연세대학교 상담코칭지원센터 일에 빈 마음으로, 봉사하는 마음으로, 섬

기는 마음으로, 희생하는 마음으로, 돈을 생각하지 말고, 계산하지 말고, 주님의 딸로서, 이전의 순수한 마음을 회복하게 하여 주시기를 간구합니다. 저의 마음에 사랑이 고갈되었음을 고백합니다. 주님, 사랑을 부어주시옵소서. 넘치게 하여 주시옵소서. 오직 찬양으로 주께 나아가기를 소원합니다. 찬양이 나의 구원입니다. 주님, 찬미 받으소서. (2009. 10. 17.)

도봉노인종합복지관 집단상담

오늘 도봉노인종합복지관에서 집단상담 프로그램을 시작하였다. 모두 열세 분이 참석하였고, 반응이 긍정적이었고, 상담자인 나에게도 힘이 되고 의미가 있는 프로그램이다. 연세가 66세부터 78세까지인데, 한 분이 약간의 치매, 또 한 분이 우울 치료 중, 그리고 다른 분은 원기왕성하고 적극적이고 활발하였다. 우울증 예방과 대인관계 증진을 위한 프로그램을 진행하면서, 오신 한 분 한 분이 소중하고 귀하게 느껴진다. 그리고 오혜정 팀장과 최명선 상담사에게 이야기하였다. 우리가 저분들의 나이가 되었을 때에 복지관에 와서 이런 프로그램을 참가할 수 있을까? 건강과 외모, 친구관계를 잘 다스리고 있는 분들에게서 많은 배움을 가져야겠다. 치매 초기라고 당당하게 말하는 분, 깜빡깜빡 잊어버려서 복지관에 온다는 사실을 잊는다고… 중등도 동맥경화증 진단을 받고 좌뇌의 혈관이 우뇌에 비해서 심하게 부실하고 협착(stenosis)된 부분이 많다는 의사의 설명을 들은 나로서는, 뇌졸중과 혈관성 치매 등에 걸리지 않고, 그만한 건강과 외모를 가꾸신 분들이 귀하게 여겨지고 존경의 대상이 된다.

만리동집 물 새는 것 수리, 그리고 부천의 전세계약 건 등 생각할 일들이 많이 있지만, 마음이 그렇게 짜증나거나 무겁거나 힘들지는 않다. 둘째가 어미에게 신경을 기울이고 있는 것이 느껴진다. 감사하고 감사하다. 아들이 어미를 생각하는 것이 이렇게 고마울 데가. 오늘 부부상담을 받던 이○○씨의 연락, 그리고 감신의 박○○의 연락 등 소식을 듣고 기쁜 마음이 많이 일었다. (2010. 9. 7.)

행위와 의례

지난 주말 작은 언니 둘째 아들인 박정한 집사 둘째 딸 박서영의 돌잔치에 다녀오면서 얻은 발상이다. 나의 두 손주 준영과 시영은 양복에 넥타이까지 하고 멋을 내고 와서 아주 신이 나 있었다. 미국 생활 6년 동안 누리지 못했던 한국문화와 가족 모임이 11세, 8세 소년을 들뜨게 하고 있다.

그날은 참으로 복되게도 송민애 박사와 중요하게 논의할 동문상담센터에 관한 이야기로 사실 저녁 5시에 센터에서 만나기로 되어 있었다. 몇 주 동안 계속되는 기침감기로 저녁에 안산까지 돌잔치에 갈 자신이 없어서 고민하다가 드디어 포기한 때였다. 그러나 정한이가 누군가! 꼭 가주고 싶은 자리였다. 여기서 길게 이야기하지 않겠지만 정한이가 마주하고 바라본 삶은 특이한 상황이었다. 언젠가 그의 이야기를 듣고 싶다. 암튼 결혼해서 귀엽고 똑똑한 예영이와 이제 돌이 된 서영이로 인해서 행복남이 되어 있다. 고맙고 사랑스러운 김은아 집사가 아침 일찍 문자를 보내왔다. "권사님 돌잔치 가세요? 성산동까지 가서 모시고 가면 좋지만, 목동에서 4시 반 정도 떠나려고 하는데 어떠세요?" 뜻밖의 교통편으로 다시 고민한다. 이모할아버지 되시는 이길종 장로는 만리현감리교회 100년사 편찬과 발송으로 입술이 부르터 있다. 당신은 포기하겠고, 나더러 다녀오라신다.

그리하여 센터에서 만나기로 한 송 박사를 미리 오라고 하고서 함께 안산으로 달린다. 목동에 김은아 집 근처에서 있었던 퍼포먼스는 영원히 비밀에 부치려고 한다. 김 집사님 차의 뒷좌석에 앉아 우리는 퍽이나 진취적이고, 창의적이고, 생산적인 이야기를 하고 있었다. 그러다 생각난 홀트 딸―안산에 사는 문자가 생각난다. 문자로 안산행을 알리고 만남을 약속한다. 오늘 가려고 하는 곳이 바로 문자의 둘째 아들 인상이가 돌잔치를 한 곳이기도 하였다.

이제부터 본론이다. 화려한 무대장식과 주인공들의 의상으로 흥분하던 소년들은 더욱 들뜨게 된다. 돌잡이 시간이 되자 어미에게 묻는다. 나는 무엇을 잡았느냐고? 앗뿔사! 첫손주 준영이와 시영이 모두 돌잔치를 조촐하게 하였지만, 둘째는 아프고 잠이 들어 있어서 돌잡이를 하지 못했다. 제 어미의 대답이 궁색하다. 하지 못했다는 말이 한 소년을 얼마나 섭섭하게 하겠는가? 할머니가 상담사로서 중재에 나서지 않을 수 없다. 이런 고민을 갖고 있던 중, 2011년 11월 27일 대강절 첫 주일 오후예배 시간에 성령이 임하신다. 예수님의 생일날, 우리 모두 한 번 다시 돌잡이를 하면 어떨까? 12월이 생일인 내가 돌잔치에서 무엇을 잡았는지 모르고 60여 년을 살아왔고, 나의 배우자도 마찬가지이고, 그러니 예수님의 생일을 빌려서, 아니면 나의 생일날에 우리 모두가 한번 다시 돌잽이를 해보고자 하는 귀여운 발상을 성령께서 주신다. 예배시간에 나는 주섬주섬 주보에 메모를 한다. 쇼팽이나 슈우만이, 그리고 이중섭이 부실한 종이에 작곡을 하고 그림을 그린 것은 떠올려진 영감을 버리지 않고 얼른 기록하기 위함이었듯이. 나도 서두르지 않으면 이런 생각이 다시 지나가 버렸다가 몇 년 후에 나타날 수 있기 때문에 나름 서두른다.

때늦은 돌잔치(2011. 12. 24.)

참석예정자 : 남편, 나, 큰아들/큰며느리, 작은아들, 큰손자/작은손자

〈돌잡이 품목〉

1. 실 — 장수
2. 음식과 과일, 케익 — 건강
3. 카메라 — 문화와 기록
4. 성경책 — 신앙
5. Head Phone — 방송

6. Money — 재물

7. 약 — 의학

8. 자 — 법학

9. 책 — 학문

10. 그릇 — 요리와 살림

11. 연장 — 기술

12. 포옹의 장면 — 사랑

13. 십자가 — 희생

참석자들의 연령이 다소 높으므로 가치관 덕목을 더 세분화하였고, 사전에 설명하고 오직 한 가지를 짚되, 차선의 2번과 3번도 말하게 하려고 한다. 그리고 기념촬영을 멋들어지게 해서 증명사진으로 남기려고 한다. 무엇보다도 사랑하는 두 손자에게 꿈을 심어주고 즐거움을 함께 나누고 싶은 것이다.

전라열 전도부인 이야기 : 믿음이 뿌리 내리는 이야기

생전에 어머니 고 김효원 전도사님께서 정말 침이 마르게 칭찬하시고 존경하던 나의 외조모 전라열 전도부인 이야기를 기록하는 것이 오랫동안의 숙원이었다. 사실 별책을 편찬하여 일가친척에게 나누고자 하여 외조모를 중심인물(IP)로 한 가계도를 그리기도 하였다. 이기풍 목사의 따님인 이사례가 지은 〈이기풍 목사의 삶과 신앙〉[4]에서 아이디어를 얻었다.

2009년에 지금은 고인이 되신 사촌오빠 김혁중 권사님에게 전해들은 이야기로는 외조모 전라열 전도부인은 충서지방의 초대 개척전도사였다고 한다. 아마도 시작은 초촌면 산직리 교회에서 순회전도사로 시작하신 것 같다. 공주 탄천면 소라실에 소라실교회를 개척하였고 또 부여에 쌍북리교회, 부여의 규암리교회, 합덕면의 운산리 교회, 서산군 안면도의 승언리 감리교회, 보령군 대천에 대천감리교회, 당진군 면천에 면천감리교회, 외성에 연산교회, 공주에 공주감리교회, 논산 감리교회, 분동에 외잣교회, 면천의 성상리 교회, 계룡면의 황산감리교회 등이 모두 외할머니의 눈물의 기도와 전도의 발길이 다았던 곳이라고 한다. 어머니의 말씀에 의하면 20여 개 기도처의 순회전도부인이었다고 한다. 지역적으로 면천, 합덕, 운산, 신령을 순회하였고 은퇴는 청양감리교회에서 하셨다고 한다.

또한 지금은 고인이 되신 불광감리교회의 고 김숙중 권사님은 필자의 외사촌 언니이시다. 많은 외사촌 중에서 가장 먼저 서울로 올라와서 자리를 잡았고 필자가 만리동 소재 만리현감리교회에 다닐 때, 언니가 인근의 공덕동에 사서서 함께하는 기회가 많았고, 일생 같은 감리교인으로서의 교유와 여성으로서의 인간적인 고락을 함께 공유하였던 귀한 분이시다. 2009년에 언니와 통화로 들은 전라열 전도부인 이야기는 내가 알지 못하던 면모를 알게 해주었다. 전라열 전도부인은 지역에서 모르는 사람이 없는 인물이셨는데 노인이 되셔서 똑똑하고, 괄괄하고 성격이 남자 같았다고 한다. 음식 솜씨는 잘 몰라도 바느질 솜씨는 대단하셨다고 한다. 할머니와 함께 교회를 다녀오게 되면 그때는 이미 은퇴하신 후라 지팡이를 짚고 다니셨는데 할머니랑 다니면 힘이 나고 기분이 좋았다고 한다. 할머니가 정년퇴직하고 오셔서 그 이후에 할머니를 뵙게(구경하게) 되었는데 산직리에 초가집을 사서, 벽을 세우고 방학 때 교회로 만들어서 예배를 드린 기억이 난다고 하였다. 나중에 교회 자리를 옮겨서 가보았고, 1945년 해방되던 해에 산직리에서 돌아가시는 걸 가족들이 임종하였다고 한다. 어머니도 늘상 외할머니께서 밤에 오셔서 주무시고 새벽에 보니 돌아가셔서 주무시는 듯이 돌아가셨다고 한다. 향년 77세이셨다고 한다.

또한 사촌 조카 되는 김선이 권사의 증언에 의하면 자기 아버지께서 할아버지 안 계실 때 할머니에게 몰래 가을에 베 한 가마를 주어서 교회에 바치도록 하였다고 한다. 할아버지가 "지지배들 다 어디 갔냐?" 그러시면 "어디 갔나 몰라유" 하면서 몰래 교회에 가라고 하였다고 한다. 그런데 밤에 할머니랑 교회 가면 할머니가 너무 울어서 우는 모습이 보기 싫어 죽을 뻔 했다고 한다. 기도하면서 언제나 대성통곡을 하셨다고 한다. 그러다가 할아버지 돌아가시고 3년상 나면 교회에 다닌다고 하였는데, 배사랑 권사들이 집에 와서 할아버지 혼백을 모신 신주단지를 장독대에 가서 태워서 집에서 난리가 나고 자기 아버지가 눈이 뒤집어져서 그 여자들 죽인다고 난리가 났었다고 한다. 그래서 사단이 나서 집을 분가해서 나왔다고 하였다. 김선이 권사는 자신에게 할머니 믿음이 내려왔다고 믿고 있다.

그리고 사촌오빠 김혁중 권사님 말에 의하면 외할머니 전라열 전도부인은 외조부의 네 번째 부인이라고 한다. 14살에 시집갔는데 인물과 바느질 솜씨가 할아버지 마음에 꼭 들어서 사랑을 많이 받았지만 예수를 믿어서 문제가 되었다고 한다. 외조부의 첫 부인은 사망했고, 둘째, 셋째 부인은 헌각시였는데 이혼하셨다고 한다. 외할머니가 어머니 없이 크다가 12살에 시집갔다가 남편이 병사해서 친정으로 도로 갔다가 중매로 14살에 할아버지에게 오셨는데, 인물이 좋으셔서 사랑을 받았다고 한다. 할머니가 곁에 계시지만 외할아버지께서 다시 다섯 번째 장가를 가실 때, 외할머니께서 밤새도록 내일 장가가는 남편의 두루마기와 바지 저고리를 손수 다 지어드렸다고 한다. 그 당시에는 제사 얻어 먹기 위해서 그렇게 계속 장가를 갔다고 한다. 그렇게 자손을 두셔서 그쪽에서 제사를 받아 먹었다고 한다.

외할머니는 친정에서 조실부모해서 12살에 시집을 갔지만 신랑이 첫날밤부터 환자 같더니 몇 달 후에 사망했다고 한다. 할머니께서는 중매로 다시 시집을 오셨는데 초촌면 산직리에 시골집을 사서 방을 터 예배를 드렸고 자녀들 집에 오셨다가도 토요일에는 교회 때문에 언제나 집으로 가셨다고 한다. 즐겨 부르시던 찬송에 '멀리 멀리 갔더니'가 있다고 한다. 이 찬송은 위에서 말한 신주단지 태운 사건으로 아들들이 어머니를 집에서 나가시라고 해서 집을 떠나 길 가시다가 주저앉아서 울고 계실 때도 불렀고, 성경책을 머리에 이고 시골 냇가를 건널 때도 부르시던 찬송이라고 한다. 길에서 울고 계실 때 어떤 목사님께서 지나가시다가 "집으로 가라" 하여 집으로 다시 들어가셨다고 한다. 혼백사건으로 아들 집에서 쫓겨나셔서 전도를 더욱 열심히 하셨다고 한다. 찬송가 가사대로 정처 없이 다니셨다고 한다.

충청남도 논산군 가야곡면 조정리 왕성골 밖에 사셨는데 짚신을 곱게 신으셨었고, 여자들 것을 잘 사다주셨다고 한다. 짚신이 쉬 떨어지므로 그것을 감춰가지고 다니시고, 맨발로 많이 걸으셨다고 한다. 외할머니는 인물도 좋고, 키도 크시고 며느리들이 어려워했다고 한다. 충남 공주 선교사 사애리시(Mrs. Alice Sharp) 교회에서 성경공부를 마치고 대전과 조치원 등지로 개인 전도인으로 다니시면서 한 달 혹은 두 달 만에 집에 오셨다고 한다. 어머니 기억에 의하면 엄마 젖을 만지면 쉬었다고 대답하셨다고 한다. 올케 언니들이 암죽을 끓여 먹여 키우셨다고도 한다. 주일날 막내딸을 업고 안천 말 냇물을 건너갔는데, 모든 교인이 놀라면서 장수도 떠내려 갔는데 어떻게 왔느냐, 하나님이 함께 하셨구려 하고 얼싸안았다고 한다. 밤 늦게까지 성경공부를 하고 오셨고 어머니는 정말 어머니의 무릎에서 신앙이 싹이 텄다고 기록하고 계시다. 어머니께서 친히 기록하신 자서전의 일부를 게재한다.

<핍박 속에서>

아버지 생전에 핍박 속에서 몰래 교회를 나가시었지만 충남(忠南) 공주(公州) 선교사 사(史) 애리시(여)계신 교회에 가시어 성경공부를 마치시고는 대전(大田), 조치원(鳥致院) 등지로 개인 전도인으로 전도하시느라 한 달 혹은 두 달 만에 집에 오시어 나는 엄마 보고 싶을 때는 기도했느냐고 물으면 눈을 꼭 감고 응 하고 대답을 했다고 한다. 엄마 젖을 만지면 젖이 쉬었다고 하시던 어머니의 말씀을 지금도 기억한다.

<나의 어린 시절(時節)>

어린 내가 보아도 집은 항상 가난했고 내가 다섯 살쯤의 어느 주일 엄마는 나를 업고 안천 말 냇물을 건넜다. 그 냇물은 폭이 넓고 물은 항상 흘러 미끄럽기도 해서 교회에 가면 교우들은 깜짝 놀라면서 형님! 이른 아침에 소금장수가 떠내려갔다고 반기면서 형님은 참으로 하나님이 함께 하셨구려 하고 얼싸안던 그때의 모습은 60년이 지난 오늘에도 눈에 선하다. 엄마가 나를 등에 업고 그 거센 흙탕물을 한 걸음 한 걸음 건너시면서 마음속 깊이 얼마나 간절하게 기도하셨을까 하고 생각해본다. 그리고 밤늦게까지 예배드릴 때에 내가 졸면 엄마 무릎에 재워주시던 추억은 지금도 생생하다. 내 생각에 그럴 때마다 피부로 신앙을 느꼈으리라고 생각하며 그때 신앙의 싹이 움트기 시작했으리라 생각하며 감사하지요. 그뿐 아니라 엄마는 새벽에 눈만 뜨시면 불도 켜지 않고 앉으셔서 지난 밤 하나님께서 보호해주셔서 단잠을 자게 하심을 감사드리고 '내 평생소원 이것뿐', '만(萬) 입이 내게 있으면' 등 찬송을 부르시고 기도하시던 그 음성은 지금도 나의 귓가에 쟁쟁합니다.

\<나의 아동기(兒童期)\>

내가 7~8세쯤 되었을 때 어머니는 충남(忠南) 공주군(公州郡) 탄천면(炭川面-소라실)에 개척 교회와 고향 산직리(山直里) 교회를 위해 일하시면서 순회하고 오실 때에는 목화, 모시, 명주, 삼베 등 무엇이든지 이불 채 같이 이고 오시면 두 오라버님 댁 두 언니(용희容熙-건조 엄마, 용순容順-효숙 엄마), 나, 모두 째고 삼으면(이으는 것) 큰 오라버님 댁은 왕겻 불을 피워놓고 마당에서 풀을 발러 매지요. 큰 오라버님 댁이 벼 틀을 차려놓고 짜면 슈내라나 100척(尺)이면 꼭 절반 나누어서 물주(物主)에게 50척(尺)을 주고 나머지 50척(尺)은 장에 나가 팔어서 길쌈 재료를 사다가 베를 짜 가지고 팔고 하였습니다. 그때의 광경은 지금도 눈에 선하게 떠오릅니다.

\<눈물의 추억[무지(無知)와 무식(無識)이 빚은 비극]\>

충남(忠南) 연산(連山) 분동 작은오빠(용헌容憲) 사는 곳 산직리(山直里) 큰오빠 댁서 약 40리 떨어진 외잣 교회에서 두 부인이 산직리(山直里)로 전도 온 셈이지요. 큰오라버님 댁이 착해서 그 어려운 살림에서 종자 벼를 찧어서 칙사(勅使)대접을 하였

(계속)

더니 무지(無知)와 무식(無識)이 빚은 비극이랄지 우리 식구 몰래 우리 아버님 상청(喪廳)에 혼백(魂魄) 모신 상자를 갖다가 불살라 버렸으니 날벼락이 났지요. 용희(容熙) 언니가 보니까 귓 뿌리에 사마귀 달린 부인이 성냥을 달래서 주었더니 어두울 때에 장독 뒤로 가기에 본즉 그때에 혼백을 살라 버린 듯하다고 했다. 아침에 조찬 상식(上食)을 올리려고 본즉 상청(喪廳)에 아버님 혼백상자가 없어졌으니 난리가 날 수밖에 없었지요. 큰오빠 용주(容柱) 작은오빠 용헌(容憲)께서 대성통곡 하면서 범인은 나오라고 불벼락이 떨어 질 수밖에요. 어머니, 언니들은 어리둥절(그 여자 둘을 피신시켰겠지요) 하고 두 오라버님들은 펄펄 뛰면서 두 여인은 나오라고 호령하는 그때의 광경은 지금도 눈에 생생합니다. 어머님은 내가 했다고 거짓말을 했으나 오빠들은 여전히 야단이고 어머님도 울면서 전도 나가시던 그때의 뒷모습은 잊히지 않습니다. 3년상만 나면 예수 믿겠다고 했는데 그 무식한 두 여자의 소치(所致)가 집안에 불을 지른 셈이 되었고 우리 어머님 가슴에 큰 쇠못을 땅땅 박아준 셈이 되었고 용헌(容憲) 오빠는 한문학자여서 공주 영명(永明-南) 학교에서 선생으로 초빙되었으나 기독교 학교라고 안 갔으며 우리 어머니의 가슴에 기둥만한 쇠못을 박아 드렸고 내가 본 것만도 어머니 기도하면서 흘린 뜨거운 눈물만도 수백(數百) 동이가 되리라 생각한다.

업어 드리고 싶은 우리 정석환 학장님

오늘 새벽 학장님의 생태저널을 조용히 다시 읽었다. 아니, 슬프디 슬픈 연가를 듣듯 함께 울고 있다. 아리고, 에리고, 못내 글 한 줄 쓸 마음이 일었다. 모은 학장님의 엘레지는 사람의 마음을 여는 하늘의 소리이기도 하다. 박사과정에 들어와 강의 시간 틈틈이 나의 가슴과 눈가를 촉촉이 적시었고, 수많은 동학들과 후학들의 가슴들을 함께 쓸고 내려가는 정화의 큰 물줄기이다.

학장님께서 홀로 또는 누군가와 더불어 우이령고개와 남산, 심학산과 감악산 길 위에 마음의 조각들을 부려 놓으실 때 어떤 분이 유심히 내려다 보시는가 보다. 천당 가시는 준비로 분당 중앙공원을 거니실 때도 누군가 3마일의 속도로 일정하게 동행하시는 분이 계시는가 보다.

은총의 길을 염원하는 학장님의 노래가 나에게는 그냥 은총의 숲이 되고 만다. 연세 숲에서 태어난 나에게 연세는 나의 숙명이고 운명이다. 어려서부터 한 번도 연세대학 외에 다른 대학을 생각해본 적이 없고, 중앙여고에서 오직 혼자 연대 입시를 준비하면서도 외롭지 않았다. 그냥 당연하고 자연스런 선택이었다. 첫해 낙방의 고배를 마시고 태양이 다시 뜨지 않을 것 같은 절망의 심연에 내려갔어도, 그다음 해 다시 연세로 향하는 마음을 돌릴 길이 없었다.

나의 입시에 조그마한 비하인드 에피소드가 하나 있다. 첫해 수석인가 차석인가 하며 기다리고 있던 나에게 낙방의 벽력이 울리더니, 곧바로 소식 하나가 따라왔다. 2지망의 신학과에서 받으려 하니 빨리 세례증명서를 제출하라는 것이었다. 소위 말하는 모태신앙이었지만 내가 태어나면서 불기 시작한 부모님 사이의 싸늘한 바람과 동족상잔의 전투 속에서 나는 유아세례를 받지 않고 고3을 맞이하고 있었다. 그리고 보니 내가 태어난 세상은 온통 크고 작은 싸움과 갈등의 소용돌이었다. 당시 내가 다니던 만리현교회는 화재로 전소되어 환일고등학교 교실을 빌려서 예배드리고 있던 실정이었다. 담임목사님이셨던 정등운 감독님은 12월 어느 날 설교 후에 "이 학생이 대학을 가는데 세례증명서가 필요하다고 해서 오늘 세례를 줍니다"라고 하시었다. 그렇게 나는 갑작스럽고 이상하게 혼자 세례를 받았다. 1966년의 추운 겨울 균명학교 교실에서 말이다. 그러나 목사님의 특별 배려에도 불구하고 무심하게 나의 2지망 신학과는 받아들여지지 않았다.

몇 년 전인가 버스를 타고 창덕궁 앞으로 지나 오는데 순간 눈가가 젖어들었다. 웬일인가 싶은데 나는 영문과 은사님 오화섭 교수님을 생각하고 있었다. 교수님께서 돌아가신 지 벌써 수십 년이고, 특별히 나만을 사랑하신 것도 아닌데 왜 이렇듯 가슴이 젖어지는가 의아했다. 내가 나이가 들면서 지나치게 감상적이 되는가? 남모르는 슬픔이 있는가? 영문을 알지 못하고 그렇게 몇몇 해가 흘렀다. 며칠 전 어떤 분을 상담하던 중, 갑자기 마음속에 하나의 통찰이 일어났다. 그날의 눈물에 이름표를 붙일 수 있었다. '자신의 깊은 속마음을 헤아림' 받은 것을 뒤늦게 깨달았을 때에 그런 일이 일어난다는 것을 알게 되었다. 그 당시에 나는 입시 원서에 2지망을 기록하는 난이 있어서 신학과를 쓴 것이지 신학과에 진학할 의사는 전혀 없었다. 종합대학인 연세의 수많은 학과 중에서 왜 하필 신학과였을까? 나의 원망과 증오의 대상이던 아버지가 봉직하셨던 신과대학을 선택하는 심사는 무엇이었을까? 떨치지 못하는 아버지에 대한 생각이 나를 오래오래 사로잡고 있었던 것이다. 세례증명서를 제출하고 "그냥 신학과에 가게 되나 보다" 하고 어리벙벙하던 나에게 들려온 이야기는 아주 이상한 것이었다. 당시 입학사정 규정상 2지망에서 받으려면 1지망 선택학과에서 동의를 해야 하는데 학과장이던 오화섭 교수님께서 "동의할 수 없습니다. 나는 이 학생은 신학과를 가려는 생각이 없다고 생각합니다"라고 하셔서 그만 영문과에 떨어진 내가 신학과에도 낙방하는 '값진 경험'을 하게 된 것이었다. 그 당시에는 속상하다거나 슬프다기보다는 그냥 그런가보다 하고 지냈고, 일 년 열심히 재수학원을 다녀서 다음 해에 영문과에 입학하였다.

수십 년 전, 45년 전에 그냥 흘렸던 이야기가 어느 날 상담시간에 정리가 되었다. 창덕궁 돌담길을 돌면서 흘린 몇 순간의 눈물은 '누군가가 나의 깊은 속마음을 헤아려 준' 일에 대한 깊은 고마움 속에서 나도 모르게 흘린 '값진 눈물'이고 그것은 보석과도 같은 체험임을 알게 되었다. 만나보지도 않은 어린 여학생의 마음을 오화섭 교수님은 어떻게 아실 수 있었을까? 수업 50분 중 45분 동안 어제 본 연극에 대한 평이나 음악회 평론을 하시고 "그래도 한 5분 책을 읽어야겠지요?" 하시면서 세익스피어를 낭독하시던 그분은 인문학의 대가셨다.

우리 인간이 이렇듯 인정과 수용에 목말라하고 몸둘 바를 모르는 존재라는 것을 다시금 깨닫게 되었다. 스물 되기 전에 헤아릴 수 없었던 나의 속마음을 매카담스가 말한 중년이 되어 마음이 아주 조금 익어가기 시작하면서 느끼게 되는 것이다.

학장님께 받은 은혜는 이다음 언젠가 또 45년이 흘러서 하늘에서라도 제대로 감사의 눈물을 흘리게 될런지. 사람의 앞날이라는 것이 정말 미리 헤아리기 어려운 것이지만 슬며시 짐작해본다. 내가 그때에 신학과로 갔으면 나의 삶이 어떠했을까 하는 시나리오는 아직 쓰고 있지 않다.

학장님을 업어 드리고 싶다는 말을 해도 그리 흉하지 않은 삶의 자리에 와 있다고 안도하고 있다. 출애굽의 40년이 짧게만 느껴지는 것은 나의 신과대학 입성이 35년 걸렸기 때문이다. 지금 본관으로 사용되는 연세대학교 문과대학 건물에서 신과대학까지 걸어서 몇 걸음이라고 긴긴 세월이 소요되었을까? 물론 1979년에 연합신학대학원에 들어왔지만 그 당시에는 신과대학에 왔다는 자각이 없었다. 그래도 대학원 진학을 위해서 연세대와 이화여대와 서강대를 저울질하던 나는 다시 운명처럼 연세를 지원하였다. 연세 숲에서 태어난 나에게 연세 숲을 마음 푸근하게 거닐 수 있음은 축복 중의 축복이다. 마음속 깊은 소원이 다 이루어진 것이다. 연세대학교 상담코칭지원센터는 나의 일터라기보다는 나의 집이다. 마음의 깊은 고향에 귀소한 본능의 충족이다. 이 모든 축복의 한가운데에 계시는 정석환 학장님께 감사를 드린다. '말로만?'이라는 학장님의 말씀이 웃음소리와 함께 들린다. 그렇다. 말로만이다. 어떻게 이 큰 은혜를 다른 무엇으로 나타낼 길이 있겠는가? 무릎이 아프기 시작한 내가 업어 드리고 싶은 마음이 흔들리지 않고 있다. 체중감량 안 하셔도 됩니다. 학장님, 그냥 사랑합니다. (2011. 7. 20. 수요일 새벽에)

출생순위가 성격 형성에 미치는 영향

아침에 일어나 좋은 글을 만나 퍼나르려다가, 그만 나의 워드작업이 순식간에 사라진다. 얼른 다시 문서를 검색해도 엊저녁, 그러니까 12월 1일 밤에 공들여 쓴 나의 분석 부분이 눈앞에서 사라져 버렸다. 나에게 매우 중요한 이야기이고 〈출생순위에 따르는 성격 특성〉이라는 소제목까지 붙였었는데, 아쉽기가 말로는 다 못한다. 그걸 다시 쓴다는 게, 그게 참 그렇지만 어찌하랴, 누가 나의 이야기를 쓸수 있단 말인가!

인연이 되어서 유수한 출판사로부터 〈출생순위와 자녀양육〉에 대한 저술을 의뢰받은 적이 있다. 끝내 쓰지는 못했지만 출생순위에 대한 생각은 중요하게 지니고 있다. 우선 책을 쓰지 못하게 된 사연은 간단하다. 앞으로의 부모들에게 출생순위에 따른 양육지침이 필요하게 될까가 매우 의구스러웠기 때문이다. 결혼율, 출산율이 극단적으로 감소하고 있고 두 자녀 이상을 낳는 부모가 매우 적기에 과거의 현상 중심으로 한 글을 기록하기가 주저스러웠다. 우리나라의 다자녀는 3자녀 이상에서 2자녀 이상으로 변경되었다. 그리고 2자녀 이상 가정에 제공되는 다양한 혜택이 있다.

심리학자 중에서 출생순위에 관한 깊은 관심과 연구를 한 학자 중에는 보웬과 아들러를 들 수 있다. 토만의 영향을 받아 보웬은 자녀의 출생순위가 가족역할에 미치는 영향에 대하여 정리하였다. 토만은 생물학적 출생순위만을 염두에 두었으나 보웬은 기능적인 출생순위까지 확대하였다. 즉 특정 자녀가 어떻게 투사과정의 대상으로 선택되느냐를 이해하는 데 새로운 견해를 제공하였고, 더불어 개인이 결혼생활에 어떻게 적응할 것인가를 예측 가능하게 하였다. 상담을 시작하면서 자연스럽게 내담자의 가계도를 그리게 된다. 보웬의 3대 가계도를 통상적으로 사용하고 있다. 어떤 개인의 이야기에도 가족의 이야기가 있으며 내담자의 부모와의 관계, 형제자매와의 관계, 자녀와의 관계의 특성에 대한 파악은 매우 중요한 핵심 사항이다. 어릴 적 몸에 밴 습관, 초기 기억, 들은 말 등은 가족관계에서 먼저 형성된다. 집집마다 자녀를 대하는 방식이 다르다. 통념적으로 장남, 둘째, 막내에 대한 대우가 비슷한 부분이 있지만, 실제 상담에서 듣게 되는 사연은 일률적이지 않다. 왜 그러할까? 바로 부모가 경험한 양육이 다세대적으로 전수되는 과정에서 가족투사 과정이 일어나기 때문이다.

개인심리학자 아들러는 오스트리아에서 8남매 중 둘째로 태어났는데, 출생순위에 수반되는 상황에 대한 지각이 중요하다고 강조하였다. 출생순위에 따른 성격 특성을 맏이, 중간 아이, 막내로 구별해볼 수 있다. 장남이나 장녀가 '어른스럽다, 결단력 있다. 책임감이 있다'는 평가와 함께 이기적이다, 군림한다, 명령하는 것에 익숙하다, 대접받기 좋아한다, 자기가 옳다고 생각한다'는 대조되는 특성이 나열된다. 둘째, 셋째, 넷째 등의 중간이 끼인 자녀의 특성으로는 '피해의식이 있다, 어딘가 어두운 데가 있다, 내성적이다, 마이웨이 스타일, 간섭하거나 간섭받기 싫어한다'로 조금 한쪽으로 치우친 평가가 있는데 다르게 표현한다면 '말 없고, 자기주장하지 않고, 잘 참는다' 등이 될 수 있다. 막내에 대한 인식은 양쪽으로 나뉜다. '눈치가 빠르다, 응석 부린다, 장난을 좋아한다, 엉뚱하다, 끈기가 없다, 리더십이 없다, 명령을 못 한다, 무시하는 말을 싫어한다, 지기 싫어한다, 기분파다, 우유부단하다, 애교가 많다' 등이다.

모든 부모나 자식이 전혀 독특한 위치에 있는 것이지 같은 부모도 없고 같은 자식도 없다. 가족의 변화 상황을 갖고 그림을 그리면 이해가 확장된다. 첫째는 태어나면서 아직 자녀양육에 미숙한 부모의 사랑과 관심을 독차지하는 경우가 많다. '군림하는 지배자'로 안정, 성취, 용기, 기쁨 등으로 사회화되며, 부모 대신에 동생들을 돌보기도 하며 이 과정에서 명령도 내리게 된다. 그리고 둘째아이가 태어나면서 그 지위를 상실하여 '폐위된 왕'으로 비유되기도 한다. 안정된 지위에서 내몰리는 경험 때문에 화를 잘 내게 되고, 애정이나 인정을 얻고자 하는 욕구에 초연해 홀로 남겨 생존하려는 전략을 습득해 간다. 좋은 인간관계를 맺으며 사회적 책임을 잘 감당하는 특징을 보인다. 둘째아이는 부모에게 첫째아이만큼 새롭지 않을 수도 있다. 이미 경험을 하였기 때문이다. 세상에 태어나 보니 나보다 엄청 큰 3인이 서로 상호작용을 하는데 아무리 해도 언니나 오빠나 누나를 능가하기가 어렵다. 부지런히 따라가도 벌써 저 멀리 가 있기 때문이다. 그리하여 자신이 손위형제보다 낫다는 사실을 입증하기 위해 경쟁적으로 노력한다. 둘째는 첫째만큼 창의적이거나 규칙에 잘 영향을 받지 않는 편이다. 막내, 막둥이는 어려서부터 다른 형제들로부터 관심과 사랑을 한몸에 받을 뿐 아니라 지위 상실의 경험이 없어서 매력적인 귀염둥이로 살아갈 수도 있다. 손위형제들에 대한 모델링을 통해 큰 성취를 이루기도 하나 가족 내에서 가장 어린 자 혹은 가장 약한 자로서의 열등감이 성격에 자리잡거나 버릇없고 의존적인 귀염둥이의 역할을 벗어나는 데 어려움을 느낄 수 있다. 경쟁할 상대가 없으므로 의존심과 자기중심성이 현저하게 나타나는 응석받이가 되기 쉽다. 남과의 협동심이 부족한 반면 어른 다루는 법은 능숙하다. 혼자 지내는 시간이 많아 풍부한 상상력을 발달시킬 수 있으나 응석받이로 자라거나 이기적인 성향이 나타날 수 있으며, 사회화가 잘 이루어지지 않기도 하다. 손위형제가 떠난 후 혼자 부모를 책임지는 경우도 있다.

첫째가 책임감이 강하면서 동시에 이기적일 수 있고, 둘째가 협력적인 반면에 반항기질이 발달할 수 있으며, 막내가 철없기도 하고 지혜가 풍성할 수도 있다. 흔히 첫째는 psychotic하고 둘째는 anti 성향이 강하며 셋째는 neurotic하다고 이야기하기도 한다. (2011. 12. 2. 금요일)

이윤휘 총무교감님

일전의 방문에 따뜻하게 맞이하여 주시고 유태오 소장님과의 접견을 이루어주심을 진심으로 감사드립니다. 이○○ 군을 사건으로 만난 뒤 알 수 없는 섭리에 의해서 그와 동행하는 지난 17년에 늘 귀한 도우심과 인도하심이 있었습니다.

본인의 끊임없는 노력에 의해서 점자 교정반에서 훈련받을 수 있게 되었고, 이제 일생 힘을 다해 하고 싶은 일을 만났다고 하니, 부족하지만 소장님과 총무교감님께 다시 한 번 간곡한 소청을 드립니다. 집중 4 근로장 선발기준에 '무기수는 제외된다'는 실무교육자 선생님의 말씀을 듣고 많은 고민 끝에 소장님과 저에게 편지를 보내온 듯합니다. 그 친구는 그동안 결정적인 일 외에 저에게 무리한 부탁을 한 적은 한 번도 없었습니다. 어떻게 결정되든지 하나님이 하시는 일로 알고 기쁨과 감사로 수용할 것입니다.

그리고 다움상담코칭센터는 매월 첫 금요일 12시에 월례예배를 드립니다. 이어서 2시부터 월례특강을 진행합니다. 이윤휘 총무교감님을 월례특강에 강사로 초대합니다. 연세대에서 학위도 하셨고 교정상담에 헌신하고 계시니, 2017년 3월 3일이나 4월 7일 오후 2시에 〈교정상담의 실제〉로 특강을 해주시면 상담사와 코치에게 실질적인 도움이 될 것입니다. 교도소에서 외출이 허용되는 시간에 하실 수 있도록 조정도 할 수 있습니다.

저의 학위논문과 출간 서적을 함께 송부합니다. 사모님도 총신대에서 공부하고 계시다니 부부가 함께 공부하고 일하면서 하나님께 크신 영광 돌리시기를 축원합니다. 감사합니다. (2016. 10. 31.)

돕는 자에서 리더십 강화로

막내로 태어난 나는 언니와 오빠들의 동생에서 참모와 아이디어 뱅크로 성장하였고, 다시 이글 시스터즈의 창설자로 진화하였다. 그럼에도 불구하고 힘의 균형을 위해서 오남용하지 않으려고 뒤에 있는 스타일, 포스트모던적 지도자가 되기를 바랐는데, 2012년 목사가 되고 나서 생각이 달라지고 있다. 2013년 2월 예배의 설교자로 자처하고 나섰다. 현재 산마루교회에서 노숙인을 대상으로 해맞이 힐링 클래스 집단상담을 하고 있는데, 가치관 명료화, 인생곡선, 장례식 의식, 나의 인생설계 10년 등등의 프로그램을 진행하면서 나 자신을 생각하게 된다. 그러면서 자서전 쓰기의 변형기법인 〈영화이야기〉를 활용해서 나 자신의 이야기를 저작해 본다.

❓ 당신의 일생이 가족과 친지에 의해서 영화로 제작되었습니다. 이제 제작된 영화를 배포하기 위해서 제목을 붙여서 광고를 하려고 합니다. 네다섯

단어로 제목을 붙여 보세요.

❗ 귀여운 사람, 천진난만, 순진무구, 만년 소녀, 언제 사람이 되나? 상담사의 길, long and winding roads

❓ 영화가 흥행에 성공하였습니다. 제작사에게 속편을 만들어 달라고 합니다. 이제부터 죽을 때까지의 이야기를 소재로 해서 당신이 대본도 쓰고 주연으로서 연기도 하고 감독도 하게 됩니다. 그리고 영화를 다 만들었다고 합시다. 이 영화에는 어떤 제목을 지으시겠습니까?

❗ 하나님의 사람, 감사하는 할머니, 아직도 가야 할 온유와 겸손의 길, 산책과 찬양, 울다가 웃다가, 티본스테이크에서 다시 깨소금으로

참 좋은 질문입니다. 예전에 이런 질문을 받아보지 못했는데 귀한 질문을 주신 상담자 선생님 감사드립니다. 저를 주인공으로 하는 영화의 마지막 장면은 이렇게 전개됩니다. 배경음악으로 클래식 음악이 먼저 흐릅니다. 모차르트, 베토벤, 브람스, 로시니 등등… 그리고 나중에는 성가곡으로 점차 변환되고 저의 장례식 예배에는 제가 다니던 감리교여선교회 전국연합합창단의 테이프 1집이 조용히 틀어져 있게 됩니다.

이런 일은 저의 큰아들 이○○ 교수가 꼼꼼하게 엄마의 마음을 헤아려 진행하게 될 것입니다. 네, 큰애가 지금은 S종합기술연구원에 다니고 있지요. 참 감사하게 2012년에 취업이 되었습니다. 그리고 그 아이는 자신의 적성에 따라서 몇 년후에는 대학으로, 자신의 모교인 S대학의 교수로 임용되게 됩니다. 이런 귀한 일은 만세전에 하나님이 예정해 놓으신 일로서, 그 아이를 학부 때부터 지도해 주신박○○ 교수님과의 깊은 인연에서 비롯되었습니다. 인품이 있으시고 제자들의 가정환경까지도 세밀하게 살피시고 배려하시는 박 교수님이 정년퇴임하시면서 그자리에 우리 아들 이○○ 박사가 채용되게 되었습니다. 물론 퇴임하시는 박교수

님의 추천이 큰 효력을 발휘하기도 했지요. 무엇보다도 이런 일은 하나님의 은혜 안에서 이루어진 기적입니다. S대 교수가 하늘의 별따기라고 하는데, 그래도 수천 명의 교수요원이 있지 않습니까? 바로 자기 자리 한 자리에 가서 앉는 일이기에 이는 준비된 사람에게는 가능한 일입니다. 지금의 이 기도문이 바로 그러한 일을 위한 준비작업이 되리라고 확신합니다. 그리고 모든 영광을 하나님께 돌리기를 희망합니다.

이보다 더 기쁜 일은 둘째 이○○ 박사의 성장과 발전입니다. 학문적 연구를 지속하기를 권하는 저에게, "엄마, 내 옆에 돕는 아내가 있을 때 그때 하겠습니다." 몇 년 전에 이렇게 대답하였습니다. 그리고 마침내 제가 느슨했던 기도줄을 다시 잡기 시작하자 하나님께서 이 아들을 위해서 어떻게 기도할 바를 알려주셨습니다. 예술과 학업에서 서로 격려하고 도울 수 있는 배필을 위해서 기도하라. 그리고 서로의 건강을 위해서, 그리고 신앙을 위해서 협력할 수 있는 믿음의 배필을 위해서 기도하라. 이 아들의 마음의 상처가 회복되었다. 할렐루야. 새롭게 돕는 배필을 허락할 것이다. 저의 마음에 확신을 주셨습니다. 감사할 뿐입니다. 제 마음에 확신과 감사가 넘치자 하나님께서 길을 인도하여 주셨습니다. 마치 그애가 고등학교 1학년 말에 음악을 시작할 때, 박동욱 교수님을 만나서 길 인도하심을 받았던 것처럼 말입니다. 그때 천금 같은 상담을 해주었던 정어진 원장님, 최경미 언니, 이기춘 목사님. 저는 일생에 천금 같은 상담을 세 번 받았는데, 저에게 또다시 그러한 일들이 일어났습니다. 바로 둘째의 손녀가 벌써 어느새 커서 피아노를 치고, 예쁜 드레스를 입고 할머니 가는 길에 정성으로 작별하는군요. 집안에 딸이 귀해서, 그리고 워낙 아이가 상황 판단이 정확하고 빠르고 모든 사람들과 소통을 잘하는지라 사촌오빠인 준영, 시영의 아이돌이 되어 있지요. 이는 모두 둘째 며느리가 기도하는 사람이고, 자녀 교육의 은사를 받은 사람이기 때문이지요. 하나님의 은혜에 감사드립니다. 먼저 된 자가 나중 되고, 나중 된 자가 먼저 되는 일을 수도 없이 목격하고 증언하게 됩니다.

제 남편이 먼저 하늘나라에 가서 내가 정말 홀로 지내기가 힘들었는데, 마침내 하나님께서 데려가시겠다고 말씀해서 준비하고 있었습니다. 부족하지만, 제자들 중에서 조말희 선생님, 이영식 선생님, 조옥환 선생님, 이순용 선생님, 문효정 선생님, 박해숙 선생님, 이경선 선생님, 이헌주 선생님, 김정수 선생님. 이 분들과 함께 성장가면서 상담자로서의 노년기를 보낼 수 있었던 것이 저의 삶의 보람 중에 보람입니다. 2013년에 한국상담심리학회와 한국상담학회의 자격증 과정을 시작할 때는 마음이 심란하기도 하였습니다. 처음으로 "이 나이에…"라는 타령을 하기도 하였는데, 권수영 소장님, 이정선 선생님, 김동주 권사님, 김형숙 박사님, 전혜리 박사님, 이런 분들의 "하세요, 선생님"이라는 말을 하나님의 음성으로 듣고 시작하였는데, 4년 안에 양학회의 자격증을 취득하게 된 것은 일찍이 꿈을 꾸지 못했던 새로운 꿈의 결실이었지요. 제가 스스로를 잠재력진로개발전문가라고 지칭하는데, 저에게 그런 잠재력이 있는 줄을 이 자격증 과정을 진행하면서 더욱 발견하게 되었고, 증대시키게 되었습니다. 제가 한국나이로 66세에 시작하여서 70세에 자격증을 취득하여 오늘날까지 사용하였으니 이게 벌써 몇 년입니까?

그리고 자격증 과정을 어떻게 할까 고민하던 2013년 2월 10일 저녁에 제가 양유성 박사님의 〈이야기치료〉 책을 참고하고 있었는데, 얼핏 그분도 자격증 과정을 하셨다는 말씀을 듣고 저도 용기를 내게 되었지요. 하나님의 계시로 받아들인 것입니다. 별 것을 다 계시로 받아들인다고요? 그렇습니다. 특수계시는 물론이고 일반계시 아닌 것이 없다고 믿고 고백하며 사는 것이 저의 삶의 일관된 주제입니다.

또한 2013년 1월부터 산마루교회 출석하시는 노숙인을 위한 집단상담 경험은 제 삶의 새로운 차원이 되었습니다. 전에 사귀어보지 못한 형제자매님들을 만나면서 하나님의 또 다른 섭리를 배울 수 있었고, 제 목회에 새로운 길이 열렸습니다. 바로 주일 새벽 7시 30분에 드리는 노숙인의 예배에 정규설교자로 세움을 받은 것입니다. 부족한 저에게는 강단을 허락하시는 주님의 은혜를 감사하고, 그다음 일은 정말로 마음의 소원을 아시는 주님께서 하신 일이고 여러분이 다 아는 일이므로 제 입으로는 말하지 않겠습니다. 주님의 계획이 있으셨던 것이지요. 사람은 자기의 앞길을 모르고 계획하지만, 하나님은 준비된 자를 쓰신다는 것이 저의 경험입니다. ECF에서 만난 프랭크 진 목사님의 가르침이 저의 일생에 예언이 되었습니다. "Please be prepared, then God will use you. Don't ask to the people. Only to God."

매향여중고, 신광여고, 홀트아동복지회, 서서울생명의 전화, 한국상담연구원, 연세대학교상담코칭지원센터, 그리고 산마루교회 이 모든 곳에 청함을 받았습니다. 스스로 이력서를 내었던 곳에서 부르심을 받은 적은 없습니다. 긴 기다림과 기도의 시간이 있은 후에 주께서 직접 주님의 사람을 통해서 불러주셨고 사용하였습니다.

저의 삶에 있어서 개인적으로 가장 보람된 일은 이길종 장로를 만나서 결혼하여 두 아들 이○○과 이○○을 세상에 데려온 일입니다. 그리고 저의 무의식 깊은 곳의 소원인 '상담사'의 길을 결혼 초기에 발견하여 이를 결국 이루어내었다는 것입니다. 누구라도 주안에서 자신의 마음의 소원을 이룰 수 있다는 것이 저의 메시지입니다. 누구는 조기에 자신의 길과 소임을 발견하고, 더러는 아주 뒤늦게 발견하고 결국 이루기도 한다는 것이 제 삶의 경험이고 간증입니다. 하나님의 은혜가 너무나 감사하고, 풍성하고 놀라워서 말로다 할 수 없습니다. 일생 찬양하게 하신 주님을 찬미합니다.

❓ 몇 년 뒤에 당신이 나에게 편지를 보냈는데, 그 편지 속에는 당신의 삶에 관한 기쁜 소식들이 가득 들어 있다고 한다면, 과연 그 편지에는 뭐라고 쓰여 있을까요?

❗ 한국상담심리학회 1급, 한국상담학회 1급, 만리현감리교회 협동목사 (후기, 2019년 1월 4일, 이 모든 일이 이루어졌음을 간증합니다. 감사드립니다.)

❓ 만일 제가 신문에서 내년에 당신에게 일어난 어떤 훌륭한 일에 관한 기사를 읽게 된다면, 과연 그 일이 무엇일까요?

❗ '노숙인 집단상담의 효과에 대한 고찰', "이런 일도 있습니다."

❓ 기적에 대한 상상

❗ 당신의 삶이 어떻게 달라질까요? ⇨ 단순화됨, 배드민턴과 기도, 묵상, 설교준비, 상담,

당신은 어디에서 살게 될까요? ⇨ 연희동 1층

당신은 무엇을 하게 될까요? ⇨ 상담과 코칭과 설교

무슨 일이 필요할까요? ⇨ 성경연구, 상담실 꾸미기

❓ 박순의 삶의 주제

❗ 회복을 위한 도전에서(−, +) 창조적인 미지의 세계로 (+, +)

❓ 자신에게 가장 많은 영향을 주는 사람의 다른 부분을 골라서 거기에 맞는 은유를 찾아보라.

❗ 상담 : 축복의 통로, 의사소통, 선풍기, 히터, 에어콘

부모 : 무한책임

자녀 : 자녀는 부모의 맞춤선생

손자녀 : 손자녀는 조부모의 석좌교수

남편 : 영원한 동반자, 빛과 그리고 그림자

❓ 새롭고 힘을 북돋아 주는 은유를 만들도록 한다.

❗ 집 : 영혼의 숙소

나무 : 매일 새 옷 입는 내 친구들

바위 : 네가 있어 든든해

눈 : 너를 밟는 나를 용서하렴

이야기치료 Self Class

인간은 이야기를 제대로 쓰지 못할 때 불쾌감과 침체감을 경험하기 쉽다. 상담사의 주요과제는 내담자의 이야기를 촉진하고, 이야기의 의미를 끌어내고, 이야기의 패턴을 찾는 일이다. 누구의 이야기라도 거기에는 항상 이야기되지 않은 보다 많은 사건과 경험이 있다. 접혀 있는 이야기를 모두 펼치면 지구가 아니라 우주를 몇 바퀴 돌 정도로 이야기실이 나올 것이다. 아직 노정되지 않은 새로운 이야기를 찾거나, 이미 이야기된 경험으로부터 새로운 의미를 찾아보므로 새로운 이야기를 쓸 수 있다. 이야기치료는 이야기를 다시 쓰는 것이고, 새로운 이야기 속에서 살아가는 것이다. 사람들이 상담이나 심리치료에서 새로운 이야기를 하게 될 때, 그들은 이미 새로운 이야기 속에서 살아가고 있는 자신의 모습을 발견하게 된다. 이야기를 말로 하고, 반드시 경험되어야 하고, 상담실 밖에서의 삶에서 나타나야 한다. 이런 과정을 통해서 내담자는 창조적인 행동을 선택하고 가능성을 실현시키고 미래에 대한 희망적인 태도를 취하기 시작한다.

❓ 새로운 이름 짓기, 새로운 이미지 만들기, 새로운 정체성의 구축, 오늘 〈우울증과 이야기 심리치료〉에 오신 분들이 재미있게 해보면 좋은 과제가 바로 새 이름, 새 별칭, 새로운 정체성의 구축입니다. 그리고 말로 하고, 글로 쓰고, 그룹과 나누고, 가족과 친지에게 전달하면서 그렇게 만들어 나아가는 실험을 함께 해보기를 제의합니다.

❗ 박순 : 베스트 드라이버, 샘솟는 기쁨, 이야기치료전문가

부모님께 받은 교훈

열렬히 연애한 사람도 결혼생활에서 불화할 수 있다. 신앙이 좋은 사람들도 불화할 수 있다. 이성교제, 배우자 선택에 매우 신중해야 한다. 실질적인 지침은 없이 부정적인 인식('남자는 다 늑대')으로 조심하고 위축되게 하였다. 남성에 대한 깊은 신뢰를 갖지 못하였다. 하나님이 두 아들을 주신 이유를 확실하게 알겠다.

관계에서 성취도 함께

인생 중반기가 관계 회복을 위한 도전이었다면 후반기에는 성취를 위한 네트워킹이 주요한 화두이다. 나의 삶을 힘과 사랑의 주제로 분석해볼 때 힘에 대해서 부정적인 입장을 갖고 사랑에 목매어 온 불균형적인 삶이라고 할 수 있다. 인생 후반기에는 이 양자의 통합과 균형을 위해서 지혜를 구하는 삶. 과거에는 겁 없이 강단을 내려오는 힘에 대한 경시가 있었다면, 이제는 아주 작은 자리라도 소중하게 여기는 마음이 생겼고, 이를 위해서 현재의 관계 — 현실적인 대인관계를 새롭게 성찰하는 변화가 생겼다. 이전에는 부당한 것, 차별적인 것에 대해서 강한 목소리로 항변할 수 있는 내면의 목소리가 있었다면, 이제는 좀 현실을 고려하는 조화로움을 구한다.

앞에서도 기록하였지만 대학을 졸업할 때까지 전혀 꿈과 비전이 없었다. 오직되지 않아야 할 목표 — 대학교수, 특히 여자교수 안 되기가 정해져 있을 뿐이었다. 그러기에 성취곡선이 도대체 상승을 못하고 구부러진 길을 이리저리 헤매기를 반복하였다. 박사학위를 받고, 내면에 힘이 조금 생기면서 '상담을 잘하고 싶고 강의는 하고 싶지 않다'는 입술의 기도가 조금 달라지기 시작했다. 점차로 강의에 대한 부담감, 즉 아버지에 대한 강한 부정적 전이가 조금씩 옅어지기 시작하였다. 그러면서 강의를 반겨하게 되고, 준비가 잘되기 시작하고, 성취에 대한 욕구가 드러나기 시작하였다. 혹자는 나를 야망이 매우 높은 사람으로 생각할 수 있겠지만 정말 예순이 될 때까지 되고 싶은 것이 없던 사람이었다. 상담사에 대한 막연한 동경을 가지고 먼먼 길을 돌아서 오고 또 오는 삶이 있을 뿐이었다. 박사과정 코스웍과 논문작성 과정을 통해서 내면 들여다보기가 진전되었고, 그리고 융학파 분석가 심상영 목사님과 국제임상모래놀이치료학회의 장미경 교수님의 모래 분석으로 이전보다 훨씬 자유롭고 편안해지기 시작하였다. 성취하는 일을 부정적으로 생각하지 않았기에 상담사 자격 과정에 도전할 수 있었던 것이다.

상담사 자격수련 과정

나의 상담사 자격수련 과정을 모두 회고하여 보는 것은 지금 한참 수련을 하고 있는 수련생들에게 어떤 의미가 있을 것인지 짚어 보게 된다. 확실하지 않은 그 길을 가는 훈련, 가보지 않은 길을 가는 시간, 덜 가본 길을 힘들게 한 걸음 한 걸음 옮기는 일이 상담사에게 실질적으로 어떤 수련이 되는지를 확실하게 이야기하고자 한다. 자격수련 과정이 참수련 과정이었다고.

어찌 하다 보니 큰아들 말대로 골든 슬램[5]이 되었다. 일단 내가 소지하고 있는 모든 자격증을 열거해보고자 한다. 첫째로 생명의 전화 상담봉사원. 학회는 아니지만 제일 먼저 취득한 귀중한 자격이 생명의 전화의 상담봉사원 자격이다. 상담학 대학원 나온 사람이 자원봉사자 자격증 취득에 기뻐한다면 많이 모자란 사람으로 치부될 수도 있겠지만, 나에게는 매우 귀중한 첫 출발이었고, '무한 임상'을 실습하게 하는 어마어마한 자격증이었기 때문이다. 석사를 81년에 마치고 2003년에 박사과정에 입학해서 힘들지만 적응하고 해낼 수 있었던 저력은 상당 부분 생명의 전화 상담사례, 즉 자유롭고 다양했던 임상경험 덕분이었다. 전화 상담에서 내담자의 익명성과 함께 강조되는 부분이 상담자의 익명성이다. 상담사도 자유롭고 솔직할 수 있는 영역이 면접상담보다 더 크다고 할 수 있다. 80년대 초에 많았던 부부상담 사례, 아기를 두고 가출한 아내 때문에 미칠 지경이 되어가는 일요일 밤의 젊은 남편들의 절박한 호소와, 사춘기 청소년들의 성상담이 주종을 이루었다면, 때때로 종교적 압박에 대한 호소, 유명인사가 자신을 드러내지 않고 자유롭게 걸어오던 전화, 근친상간 사례, 강간 및 수간 사례까지 그리고 나중에는 외도를 위한 전략코칭까지 요구하는 내담자들과 함께 하면서 나는 젊은 새댁에서 시어머니 자리로 위치 이동을 하였었다.

둘째로 나에게 전문가 자격과 기독상담사 임상감독의 자격을 허락해준 한국목회상담협회. 지금도 목회상담협회 수련을 하는 분들의 교육분석과 수퍼비전을 하면서, 목회상담협회의 수준 높은 월례 임상사례모임에 대해서 이야기하곤 한다. 발표자와 지도감독자 외에 협회장님 외에 수많은 운영위원들이 함께 하시는 수준 높은 임상사례모임이라고 자부한다.

셋째로 한국가족문화상담협회에서 가족상담사 수련감독 자격과 EAP 전문가 과정의 수련감독 자격 취득이다. 지도교수님이신 정석환 교수님과 권수영 교수님이 회장과 부회장으로 계시고, 구미례 이사장님이 심혈을 기울여서 사단법인의 모든 자격과정과 홍보, 국가공인을 위해서 기도하면서 노력하는 학회에 전문이사로 여러 해 합류하고 있다. 향후 가족상담과 eap의 중요성을 예리하게 간파하신 지도교수님들의 이끄심이 있기에 함께 가는 협회이다. 2018년 여름에 있었던 eap 수련감독 취득과정은 그 자격요건에 있어서 최고로 높았고 면접시험 또한 최고의 면접관이 최고도 수준의 질문을 갖고 기다리고 계셨다.

넷째로 친정처럼 느끼는 한국기독교상담심리학회이다. 학회를 친정이라고 하는 데는 여러 이유가 있다. 지도교수님이신 정석환, 유영권, 권수영 교수님이 깊이 있게 관여하시는 학회이기도 하지만, 사실 2013년에 한국상담학회와 한국상담심리학회의 자격수련을 시작하면서, '내 집의 자격을 더욱 귀하게 알고 먼저 취득해야 하겠다'라는 자각이 들어서, 그동안 미루고 있었고 사실 아무 관심도 없었던 임상감독 자격 취득을 위해서 손발을 걷어붙이던 일이 있었기 때문이다. 학술대회에서 논문 발표를 위해서 대구 계명대학까지 내려갔고, 또 감독에 필요한 논문을 위해서 '수정 후 게재'를 받아가면서 논문을 고치고 또 고쳤던 긴긴밤이 있었기 때문이다. 학술발표 1회 이상, 논문 한편 이상을 각각 실행하느라고 많은 밤을 지새웠다. 그리고 이제는 자격규정이 완화되었지만, 우리는 supervision of supervision도 50시간 이상 철저하게 모두 수련을 받았기 때문이다. 먼저 지도해주신 교수님들에게 감사하지만, 정말 나를 비롯한 연세대학교상담코칭지원센터 소속 전임상담사들은 순수하고 철저하게 수련을 받고 또 받았다. 그리고 그 수련과정이 가져다준 역량 덕분에 지금 다움상담코칭센터에서 supervision of supervision 과정을 매월 2, 4주 금요일 오후에 지속하고 있다고 생각한다.

다섯째로 한국상담학회 수련 과정이다. 배경 설명이 조금 필요하다. 2012년 12월 28일로 기억하고 있다. 연세대학교상담코칭지원센터 권수영 소장님은 전문가 수퍼비전 시간에 당신께서 어렵게 한국상담학회 수련감독 자격을 취득하였으며, 전문상담사 선생님들도 자격취득을 하시라고 말씀하셨다. 그리고 그 다음 순간이 문제였다. 바로 오른쪽에 앉아 있던 나를 보시고 "박순 박사님도 자격증을 취득하세요"라고 하셨다. 물론 권수영 교수님이 특별한 의미를 내게 두고서 말씀하신 것이 아니라는 것을 잘 알고 있다. 그럼에도 불구하고 나는 그 말씀을 갖고 고민하기 시작하였다. "권수영 교수님은 센터의 소장님이시고 나는 소속 전임상담사이다. 전임상담사는 소속센터장의 정책을 수용하고 따라가는 것이 바람직하다"라는 단순하고도 명쾌한 논리를 갖고 나는 2013년 1월 4일에 한국상담학회와 한국상담심리학회에 가입하고 수련을 시작하게 되었다. 심리적 저항이 만만치 않아서 이와 관련해서 꿈을 다섯 가지나 꾸었고, 한국기독교상담심리학회 감독자격을 먼저 취득하였지만, 나는 교수님의 그 말씀을 '개인화'[6]해서 2013년과 2014년에 8개의 축어록을 풀어가면서 공개사례 발표회 준비를 하였고, 2014년 12월에 1차로 한국상담학회 수련감독 자격을 취득하였다. 그 험난하였던 과정을 어떻게 필설로 다 옮길 수 있겠는가! 한마디로 예수님이 당하셨던 멸시와 천대, 조롱과 침

뱉음을 처음으로 조금 더 구체적으로 이해할 수 있게 되었다고 하면 간접설명이될 수 있겠다고 생각한다. 만으로 예순 다섯이 되던 해에 시작해서 땡볕 내리쬐는토요일 정오에 숙명여대의 기다란 줄에 서서 기다리기를 몇 번 하였던가. 이리 밀리고 저리 밀리고. 더군다나 "여기는 어떻게 오셨어요?" 간간히 마주치는 제자들의 의아스런 눈빛과 이어지는 물음들?

여섯째가 2017년 9월 1일에 휠체어에 앉아서 합격통보를 받은 한국상담심리학회 1급 상담심리사 자격이다. 2015년부터 2017년까지 본격적으로 수련에 전념하였다. 문자 그대로 전념하였다. 수퍼비전 해주실 교수님을 주수퍼바이저이신 유영권 교수님의 지도를 따라서 세움의 김명순 교수님, 한국현실역동학회의 장성숙 교수님, 백석대의 한재희 교수님, 아가페의 김용태 교수님, 서울사이버대의 김요완 교수님, 루터대의 김옥진 교수님, 다리꿈발달교육상담센터의 김형숙 교수님등 여러분들에게 요청하면서 수련을 쌓아 나아갔다. 지금 돌아보니 하늘의 특별하신 은혜로 한국상담학계의 거목들에게 귀한 영향을 받을 수 있는 축복의 시간이었다. 시험이 얼마나 어려웠는지 이야기하기 전에 오랜만에 학원 과외 하듯이열린아카데미에 가서 금요일 저녁마다 시험과목 대비 공부를 하였고, 성태제 교수의 통계학은 세 번 이상 죽을 힘을 다해서 읽고 또 읽으면서 바위에 구멍을 뚫었다. 시험 보던 날에 있었던 웃지 못할 에피소드를 밝힐 용기가 이제는 있다.

잠실고등학교에서 시험 보는데, 남편도 나처럼 떨리는지, 자기가 운전을 못하니, 택시 타고 가라고 격려금을 주었다. 일찌감치 가서 수험생 명단에서 나의 이름을 찾는데 아무리 보아도 나의 이름 두 글자가 없다. 나는 가만히 서서 생각하였다 ─ "내가 너무나 정신이 없어서 필기시험 비용 20만 원을 송금한 줄 알고서실제로는 안했구나." 정말 맥이 풀리는 순간이었다. 기가 막혔다. 어처구니가 없었다. 그래도 어쩔 수가 없다. 학회의 생리를 아는 나로서는 쉽게 체념이 되었다.도착하는 택시들이 많을 때 얼른 집으로 돌아가자라고 결정하였다. 그리고 오른쪽으로 돌아 서는데 저쪽 문에서 명단을 확인하는 한 무리의 사람들이 눈에 들어

왔다. 저긴 뭐지? 긴 얼굴로 조심스럽게 가보니, 방금 전 내가 본 명단은 2급 상담심리사 시험응시자 명단이고, 이곳이 1급 상담심리사 응시자 명단이었다. 만일 고개를 오른쪽으로 돌리지 않고, 그때의 기분대로 그대로 왼쪽 방향의 정문을 향해 나가서 얼른 택시에 몸을 실었다면…

얼이 빠지고, 헛것이 보이고, 버스를 잘못 타기를 여러 번 하면서 천신만고 끝에 한국상담심리학회 1급 상담심리사 자격을 취득해서 다움상담코칭센터에서 부수퍼바이저로서 공개사례 발표회를 매월 넷째 화요일에 진행하고, 하나님께 영광을 돌리고 있다. "하나님 이게 뭡니까? 제 나이가 몇인 줄 아시지요?" 나는 김동길 교수님을 흉내 내어 본다. "이게 말이 됩니까?"

여기에 생략하였지만 사단법인한국상담연구원의 상담심리전문가 자격도 취득하였다. 2005년 구현 원장님의 구체적인 피드백 기록이 남아있어서 옮겨본다. 1) 훌륭하다. 2) 지적인 언어가 많다. 미사려구도 많다. 3) 분리해서 감성적인 언어로 하면 더 좋겠다. 4) 비난, 잔돌, 공격이 중간에 들어 있다. cynical language. 5) 과장이 심하다.

상담으로 돈 안 벌어도 된다?

무슨 이야기인가 할 터인데, 이 주제는 상담사에게 매우 현실적이고 중요한 주제임에 틀림이 없다. 1979년에 상담학에 입문하여 '젖과 꿀이 흐르는 연신원'의 대학원 시절을 경험하고 나서 바로 입술에 맺힌 이야기가 바로 '상담으로 돈 안 벌어도 된다'였다. 상담학이라는 인간학에 대한 만족도가 그만큼 컸고, 다른 한편으로는 현실인식이 부족하기도 하였다.

나를 화들짝 놀라게 한 사건이 있었으니 바로 연세대학교에서 상담코칭학 석사를 마친 김희신 선생님이 너무나 만족한 얼굴로 '상담학이 너무나 좋아서 돈 안 벌어도 돼요'라고 하였을 때였다. 앗뿔사, '나만이 아니라 너무나 많은 상담사가 대대로 이렇게 현실감각이 없으니 이를 어떻게 하면 좋은가?' 하는 구체적인 물음이 시작되었다. 상담학이 어떤 학문이길래 30년 전의 나나, 새천년에 사는 후학들이나 똑같이 '돈 안 벌어도 돼요' 타령을 하는가? 2008년 이후의 일이니, 30년 동안 변하지 않는 진실이 바로 상담사의 비현실적인 현실인식임을 확실하게 자각하게 되었다. 도대체 상담학이 어떤 학문이고 어떤 정체성을 가진 분들이 이 영역에 헌신을 하길래 '돈 안 벌어도 너무나 좋다'는 안이한 인식으로 일관하는가?

  권석만 교수의 〈현대심리치료의 이론과 실제〉에 나와 있듯이[7] 상담학의 문을 두드리는 사람들의 70%가 자기문제 해결을 위한 동기에서 시작한다. 필자가 상담학을 시작하던 1970년대의 미국 상담학 저널에 의하면 약 15%의 사람이 자기동기에서 출발한다고 되었던 기록과 비교한다면, 보다 더 많은 헌신자들이 자기의 우울과 불안, 불확실성에서, 다시 말해서 도움을 받고자 하는 동기에서 상담분야에 뛰어 들게 된다. 더 정확히 말하면, 어려움이 있어서 상담을 받다가, 상담분야에 매력을 느끼고 내담자에서 상담자로 옷을 갈아입은 분들이 우리나라에 셀수 없을 정도로 많다. 나 개인도 굳이 내담자로 시작하지는 않았지만, 내면에 또아리를 틀고 있던 미해결 과제가 주인을 상담트랙으로 이끌고 갔다고 말할 수 있다. 굳이 국가의 영어과 1급 정교사자격증을 모두 버리고 돈도 못 벌고 국가공인도 안 된 상담사가 되기 위해 40년간 헤매인 그 동기를 분석하면, 나의 문제 해결이 정답으로 도출된다. 그러면서 성서 속의 출애굽 40년이 최단시간의 역사였음을 깨닫게 된다. 자신의 문제해결이 우선인 상담지원자는 문제해결이 이루어지는 과정 자체에 만족도가 높아지고, 현실적으로 전문직종의 유자격자로서의 정체성확립은 뒷전이 되고 만다. 오직 '남을 잘 돕는 사람이 되고 싶다'는 순수하기 짝이 없는 어린아이 같은 마음으로 상담 영역에 헌신하면서, 남을 돕기는커녕, 나의 문제, 대학원 감당하는 경제문제, 그 위에 자격수련의 밑도 끝도 없는 수련비용 발생에 심리적으로 압도되고 경제적으로 고갈되는 현상이 일어난다. 아직 벌지도 못하는데 수백만 원 아니 수천만 원의 수련비용을 어떻게 무엇을 믿고, 무엇을 기대하면서 마련할 수 있는지가 가장 현실적인 주제이다.

혹 건너뛰어서 다른 전공에 있던 분이 상담을 받고 삶의 변화를 체험하고 자신의 직장을 유지하면서 야간에 상담학 석사과정을 우수하게 마치고 나서 한 이야기로 가본다. "선생님, 무슨 전공이 이래요? 석사를 하고 자원봉사 자리도 얻기가 힘이 들어요. 인턴 등록을 해야만 사례를 준대요…" 자신은 전문대를 졸업하고서 수천만 원의 연봉을 받고 있는데, 상담학 석사 졸업생들은 학위 후에 제대로 된 학회의 자격증 소지자가 아니면 자원봉사자리도 얻기 힘든 현실을 도저히 이해할 수 없다고 토로하였다. 이 주제에 대해서는 '상담사의 국가공인 과제'라는 소제목으로 다른 장에서 깊이 다루기로 하고 사례 중심으로 이야기를 이어가 보고자 한다.

개인사이지만 1981년에 석사를 졸업하고서 시작한 첫 임상현장이 바로 자원봉사자리였다. 우리나라 전화상담의 효시인 서울생명의 전화에서 봄학기와 가을학기에 이론과 실습을 각각 배우고 나서, 그 다음 해에 '상담봉사원'의 자격을 취득하고 2002년 박사학위 입학이 확정된 후 20년 장기봉사상을 받고, 상담봉사원의 소임을 마감하였다. 다시 말해서, 상담석사로서 자원봉사를 20년간 한 것이다. 지금 생각하면 우스운 일일지 모르지만 그 당시에는 상담 임상현장이 없었고, 나에게는 다른 더 좋은 선택이 없었다. 지금 생각해도 이것도 신께서 인도해주신 한 수였다. (2018. 5. 2.)

상담사 국가공인 과제

1979년부터 2018년까지 40년 임상현장의 자리에 상담사의 정체성을 갖고 살아온 나는 무슨 이야기를 할 수 있겠는가? 대한민국에서 상담사라는 직종과 직업이 NCS에 편입되는 일이 아주 최근에 겨우, 그것도 포괄적인 '상담사'라는 직업군으로서가 아니라 '가족상담'이라는 제한된 영역의 이름을 갖고 겨우겨우, 그것도 몇몇 학자들의 피나는 헌신에 의해서 이루어졌다. 지면을 빌어서 연세대학교 권수영 교수님과 함께 노력하신 귀하신 분들의 노고를 치하 드린다. 주말을 반납하고 회의를 하고 또 연구를 하면서 만들어낸 귀한 결과물이다.

그래서 상담학이라는 학문이 지니는 독특한 정체성과 이 직군에 마음을 두고 오는 상담사들의 특수한 마음자리를 연결하여 보면서 이야기를 풀어간다. 독립된 학문으로서의 상담학의 역사는 이제 겨우 100년이다. 1900년 프로이트의 〈꿈의 해석〉으로 출발된 유럽의 심리학이 미국으로 건너와서 실용주의 철학과 결합하여 맺은 상담학이라는 학문의 시발점은 안톤 보이젠의 목획상담적 접근이라고 할 수 있다.

우리나라의 상담학 역사는 1945년 군정시절 미군에 의해서 도입된 후 50년이 지난 1995년 이후 꽃이 피기 시작하였다고 하면 지나치게 개인적인 관찰과 견해일까? 석사를 1981년에 마치고 22년의 강을 건너 2003년에 박사학위의 문을 두드린 나의 경험을 보더라도, 새천년이 오기 전까지는 상담학 분야는 독립된 목소리를 우리나라 사회에 내지 못하는 '특수한 영역'이었다고 생각한다. 상담의 본분이 '모든 사람이 각자 자기의 목소리를 내면서 당당하게 사는 것을 조력하는 일'이라고 간략하게 정의할 때, 그 상담을 수행하는 사람들의 집합체인 상담학회는 나라에서 자기의 목소리를 내지 못하는 입지에 있었다는 것이 너무나 아이러니하지 않은가! '중이 제 머리 못 깎는다'가 이처럼 들어맞을 수 있는가? 지금도 한국의 상담학계는 상담사의 국가공인을 위하여서 사단법인상담진흥연구원을 2016년에 설립하여 머리를 맞대고 고심하고 있다. 대한민국 상담사의 한 사람으로서 상담사의 국가공인을 위해 진심으로 기원하고 지원한다. 이 사안에 눈을 뜬 것은 2000년도 사단법인한국상담연구원에서 상담실장으로 일하기 시작하면서부터이다. 상담사가 민간자격 기본법에 의해서 자격을 취득하고 상담을 수행하고 있는데, 국민의 마음을 읽어내고 치유하는 귀한 일에 국가적으로 검증된 자격증의 시스템이 아직도 없다는 것은 수치스럽고 무책임한 현상이라고 개탄하지 않을 수 없다. 민간자격을 갖고 수행하지만, 국민의 행복을 위해서 존재하는 국가는 이 문제에 대해서 뒷짐을 지고 있다고 말하지 않을 수 없다.

인생의 셋째 마당

전문코치를 위한 자기분석 코칭 프로그램을 개발할 때 인생을 세 마당으로 나누었다. 인생 1막은 '자녀로 시작한 첫째 마당', 인생 2막은 부부 혹은 창조적 독신의 둘째 마당, 그리고 인생 3막은 '함께 또 따로 하는' 셋째 마당으로 구별하였다. 〈상담자의 자기분석〉은 첫째 마당과 둘째 마당에서 헤매기도 하고 놀기도 하면서 진행한 '잠재력 진로개발 이야기'이었다. 인생 1막인 자녀로 시작한 첫째 마당을 지나서, 인생 2막에 부부가 되어 두 아들 낳아서 키운 둘째 마당도 거쳐서, 이제 인생 3막에 이르러 감사하게도 아직까지는 배우자와 함께 하면서 나의 마당을 쓸고 있다.

셋째 마당에서도 여전히 나의 잠재력을 개발하기 위해서 분투하고 있고, 진로 개척을 위해서 기도한다. 3막에 새롭게 등장한 것이 현재까지 세 가지이다. 하나가 목사 안수이고, 둘째가 현재 소속하고 있는 '다움상담코칭센터' 설립과 운영이고 셋째가 내 인생에 팝업창으로 전격 등장한 '코칭'이다. 갈 길 몰라 헤매던 시간에 인도하신 보이지 않는 숨결에 감사하면서 인생 3막의 이야기를 시작한다.

60-70 이야기

환갑에 뜻밖의 박사학위를 받고 어안이 벙벙할 때, 제일 먼저 하게 된 일은 무엇이었나? 바로 남편의 허리 디스크 발병으로 극진히 병간호하는 '전문적'인 일이 내 앞에서 기다리고 있었다. 그때 고맙고 감사하게도 후배 최정헌 실장이 연세대학교상담코칭지원센터가 주관하는 부부상담 워크숍의 강사로 초청하여 주었지만, 5년 동안 자기공부만 한 사람으로서 가족을 나 몰라라 할 수가 없었다. 이렇게 쓰고 보니, 학위를 받고나서 '나가 떨어지는' 경험이 반복되었음을 알게 된다.

1981년에 석사를 마치고 나서는 6개월 동안 상담분야 전문서적을 다시 볼 마음이 눈곱만치도 없게 되었다. 알량한 논문을 쓰고 나서 그로키 상태가 된 것이다. 신광여고 영어교사직을 가볍게 사임하고 뛰어든 석사과정은 박정희정권의 마지막을 그 배경으로 한다. 공부는 너무나 재미있어 '젖과 꿀이 흐르는 연신원'이라는 메타포가 입술에서 터져 나왔지만 국가와 사회의 상황이 안정되지 않으니 개인도 그만큼 취약하였던 것 같다. 그때 거의 6개월을 몸져 방에 누워 있다가 라디오 방송에서 박준서 교수님의 '로고쎄라피' 강의를 듣고 벌떡 일어난 일이 있었다. 석사 마치고 누워 있었던 일을 지금 성찰하여 보니, 꿈을 펼칠 수 없는 좌절감이 아예 나를 누워 있는 사람으로 이끌었음을 확인하게 된다. 석사를 마치면서 당연히 계속 공부(Furthur Study)의 갈망이 있었다. 그 당시 논문지도 교수님이셨던 연세대 심치선 교수님께 상담을 드렸다. "남편과 학력이 너무 차이 나는 것은 좋지 않다." 그 말씀 한마디에 나의 꿈은 추락하였다. 나중에 2003년에 박사과정에 들어왔을 때 이기춘 목사님께서 하신 말씀이 나의 가슴을 치게 만들었다. "그때 석사 마칠 때 온 가족을 데리고 미국에 유학을 했더라면 참 좋았을 터인데요." 후후. 이것은 내가 생각하지도 못했던 한 수다. 나는 아이들 두고 혼자서는 갈 수 없다고 생각하였는데 온 가족이 함께 가는 방법을 생각하지 못했음을 뒤늦게 깨닫는다. 정석환 교수님은 55세의 할머니를 연합신학대학원 박사과정에 받아주시고서, "10년만 일찍 오시지 그랬어요?"라고 아쉬움을 표현해주셨다. 1981년부터 나는 혼자 갈 수는 없으므로 남편이 해외근무를 하게 되기만을 학수고대하였는데 그런 일이 일어나지 않았기에 꼼짝 못하고 자리에 누어버렸던 것이다. 박사학위를 마치고 나서는 자신이 아니라 배우자의 허리가 내려앉는 대참사가 일어나서 동분서주 병원에서 병원으로 헤매었다. 하필 남편이 임플란트 시술 중에 이런 일이 발생해서, 하루는 치과와 한의원과 정형외과 세 곳을 섭렵하기도 하였다. 다시 말해 노부부의 약해진 몸이 말을 계속 걸어오기 시작하였다.

이렇게 시작한 60대 이야기를 해마다 이름을 붙여보는 장난이 이어졌다. 영문과 출신답게, 언어의 유희(pun)가 시작되었다. 해마다 본격적으로 나이를 새롭게 의식하면서 어떤 의미를 붙여보려는 노력을 하였다. 예순부터 예순 하나, 예순 둘까지는 후기 성인기 전환기로 변환하는 소용돌이 속에서 정신없이 보냈다. 물론 나도 이즈음에 동맥경화증 환자 진단을 공식으로 받고 고지혈증 약을 복용하기 시작하였다. 위장에서 용종을 떼어내고 대장에서 용종을 여럿 떼어냈다는 이야기까지 숨김없이 다 하련다. 그리고 63세부터 그 나이에 맞는 대상을 짓궂게 찾아다녔다. '63빌딩에 서서'부터 고이 되짚어보는 고희(71)까지의 대본이 다음과 같다.

63 빌딩에 서서	'기도 손' 높은 빌딩 위에 서서
	한강 너머 북한산을 바라봄
64 육사 생도가 되어	드디어 사관생도가 되다
65 You Go의 명령을 듣고	목사안수를 받다
666의 공포를 느끼며	노숙인과의 만남-가족해체 경험에 대한 이야기
6×7=40이다	연신원 합창단 단장이 되고
	한기상 감독이 되다
	잃어버림과 덧입음에 대하여
	한국상담학회 부부가족 1급 전문상담사
68은 이팔청춘인가	다움상담코칭센터 창립
69=54	숭실사이버대학교 특임교수가 되어서
	한상심 면접에 떨어지다
70 '일흔'이라는 너무 이른 나이	드디어 북한의 원산이 가슴 한복판에 놓이다
	탈북자 공부하기
	큰 손자가 고등학생

(계속)

63빌딩에 서서

예순 세 살이었을 때 63빌딩이 새롭게 다가왔다. 여의도 63빌딩이 '기도하는 손'을 모형으로 건축되었다는 것은 김중기 목사님이 하시는 새사람선교회에 다닐 때 들어서 알고 있었다. 연희동 집 뒷산에 올라가서 멀리 여의도의 63빌딩을 바라보기도 하고, 그 즈음에 63빌딩에 가는 일이 있어 꼭대기층에 올라간 적이 있다. 바닥의 자동차들이 성냥갑처럼 보이고, 한강 너머 멀리 건너다 보이던 북한산은 서울의 멋이 한눈에 집약된 명경이다. 정도전의 말을 듣고 한양에 도읍을 정한 태조 이성계가 지었을 미소가 내 입술에도 번져났다. 역시 높이 올라가면 멀리 보인다. 63빌딩에 서서 기도 손 높이 들기 시작하면서 목사안수의 길이 조금씩 열린 것 같다. 학위를 위한 주경야독의 고단함에서 풀려난 나는 '소원 성취한 사람'으로서의 여유를 갖고 새로운 목표를 바라보게 되었다.

육사(64) 생도가 되어

64세가 되고 나니 무엇으로 이름을 붙일지 난감하였다. '육사육사' 발음하여 보다가 '드디어 사관생도가 되다'라는 기발한 발상이 떠올랐다. 현실적으로 불가능하였던 육군사관생도가 마음으로 되기 시작하였다. 태능 육사는 내가 들어가 보지 못한 영역이다. 여성이기도 하지만, 나의 여타 조건이 육사에 지원할 수 없는 것은 자명하다. 그러나 나는 스스로 육군사관생도의 마음을 지니기 시작하였다. 새로운 각오가 섰다. 알고 보니 예수의 사관생도가 되기로 결단되었고, 그 이듬해에 또 하나의 오랜 꿈이 이루어진다. 앞에서 기술한 대로[8] 2011년에 한 일들이 다양하다. 2011년 연말에 확고한 결단에 섰으니 바로 죽을 때까지 '분석심리학'을 공부하고 싶다는 마음과 부족하지만 '목사 안수'를 준비하겠다는 그 마음이었다.

분석심리학은 박사과정 중에 정석환 교수님의 〈융 심리학과 상담〉과 〈꿈, 신화, 환상〉을 배우면서 깊은 매력을 느꼈고, 여기에 인도하심이 더하여서 융학파 분석가이신 심상영 목사님을 만나서 2004년부터 분석을 받기 시작하면서 내 안에 감추어진 보화들을 캐내는 작업이 본격화 되었기에 언제나 사모하는 그 마음이다. 그리고 이 결단은 2012년과 2013년에 차례로 현실화된다. 마음을 세운다는 것이 얼마나 중요한지 다시 체험하고 있었다. 특별히 심상영 분석가를 만나게 된 것은 정말 우연 같은 귀한 인연이기에, 심층심리학파에서 말하는 '우연이 하나도 없다'는 데 대해서 다시 한 번 절감하게 되었다. 심상영 분석가께서 25년에 걸쳐서 분석받고 수련하신 그 결정체인 디플로마 한 장을 돌돌 말아 가져오셨던 그 장면이 늘 마음에 담겨 있다. 대한민국의 가난한 전도사가 25년이라는 기나긴 세월 동안 한국과 미국, 스위스에서 기회가 닿는 대로 마음드려 공부해서 드디어 한 장 달랑 디플로마를 가져오신 그 귀한 여정이 아주 조금이지만 헤아려지고 머리를 숙이게 된다.

분석심리학에서 발달한 〈모래놀이치료〉를 2013년에 만나게 된 것은 상담사로서의 나의 여정에 특별한 축복이었다. 1958년도부터 출석하는 교회에 귀한 상담사가 한 분 있는데 바로 방배동 〈생각과 마음〉의 김동주 소장이다. 그 센터에서 개설한 모래놀이치료 강의에 참가하게 된 것이다. 친구 따라 강남 간다는 말 그대로 지금 다움상담코칭센터에 함께 하는 놀이치료 전문가인 전혜리 박사가 강남으로 모래놀이치료를 배우러 간다고 같이 가자고 해서 마지못해 따라간 것이 나의 치료의 폭을 넓히고, 분석심리학에 대한 목마름 채우는 기회가 되었다.

You Go(65)의 명령을 듣고 목사 안수를 받다

65세가 되니 또 무엇으로 새로운 의미를 찾을까 고심하고 고민하였다. 그러면서 전년도에 결심한 목사안수 준비를 위해서 머리에 흰 띠를 두르는 심정으로 12과목 시험 준비에 돌입하였다. 두어 달 동안 상담과 강의도 내려놓고 오직 목사고시 공부에 전념하였다. 배우면 배울수록 배울 것이 더 많아지는 진리를 우리는 알고 있지 않은가! 과목마다 요약정리하고 압축하면서 외우려고 하는데, 정말 암기하는 데 한계가 있어서 난감 또 난감. 이 과정에 상담학과 선배이신 이호선 교수님의 부군 되시는 김학철 교수님에게 자문도 구하고, 정성을 불태우는 시간들이 있었다. 2012년 드디어 한국독립교단에서 목사안수를 받았다. 65는 바로 You Go '너는 가라'는 주님의 음성으로 들려왔다.

666의 공포를 느끼며

66세 되었을 때 머리가 점점 굳어지는지 연상되는 단어가 하나도 없었다. 청킹(chunking)을 하고 또 해도 답답한 심정이 어느 날, 666의 공포로 다가왔다. 그때 교육분석 대상자 중에 666이라는 숫자 및 여러 가지 악마의 징조에 대해서 대단한 공포심과 경계를 표하는 분이 계셔서, 666이라는 숫자가 실제로 사람들에게 악영향을 미치는 것을 볼 수 있었다.

66세에 새롭게 시작한 일이 있으니 바로 노숙인을 위한 집단상담이었다. 2012년 연말 12월 13일에 목회상담협회에서 이메일이 왔다. 협회에서 사회봉사 차원의 사업을 하는데 '노숙인 집단상담 리더 선발'이라는 제목의 이메일이 도착하였다. 그 전문을 실어보면 아래와 같다.

안녕하세요.

추운 날씨입니다. 모두 건강하시길 바랍니다.
다름이 아니라 협회 사회봉사위원회 차원에서 상담 소외 계층을 위한 봉사 프로그램을 진행하고 있는데 현재 진행되고 있는 구치소 상담에 더해서 노숙인들을 위한 집단상담을 진행하려고 합니다.
능력과 관심 있는 회원들의 신청을 기다리고 있습니다.
답메일로 집단 상담과 관련된 경력사항을 간단히 정리하셔서 신청해주시면 선발해서 프로그램에 참여할 수 있도록 하겠습니다.

-- 아 래 --

1. 일시 : 1월초부터 매주 토요일 저녁 6~8시 7주간
2. 장소 : 산마루교회(마포구 신공덕동 위치, www.sanmaroo.org)
3. 참여자 : 노숙인 10여 명
4. 신청대상 : 상담전문가들 중 남자 선생님 지원해주시기 바랍니다.
5. 상담료 : 소정의 상담료를 드립니다. 금액은 논의 중입니다.

사무총장 ○○○ 드림

나의 관심을 촉구한 구절은 '남자 선생님 지원해주시기 바랍니다'에 있었다. 노숙인에 대한 특별한 관심이 있었던 것이 아니었고, 나의 일도 벅차지만, '남자선생님 지원하기 바랍니다'라는 성차별적 문구에 마음이 정지되었다. 그렇다면… 지원해볼 수밖에 없지 않은가? 물론 산마루교회 이주연 목사님과의 오래 교분과 존경심이 관심을 촉구한 부분이 적지 않기도 하였다. 꼭 되기를 바라는 마음은 없었는데, 암튼 합격하였다는 통보가 와서 그 후로 3년 반 매주 토요일 노숙인과 호흡을 함께 하는 축복을 누릴 수 있었다. 이때의 경험은 〈가족해체 경험에 대한 이야기치료적 집단상담〉이라는 책으로 묶여져 나오기도 하였다.[9]

이 이야기에는 묶은 짝이 있으니 바로 1979년에 석사 입학할 때의 이야기다. 그 당시 연세대학교 연합신학대학원에 입학하려면 영어는 물론이고 제2 외국어를 독어나 불어 중에 선택하여 시험을 치르게 되어 있었다. 하나님의 음성을 듣고 대학원 진학을 진행하기는 하였지만 그 당시 나는 연년생 3살, 4살 아들을 가진 고등학교 영어교사였다. 독어는 고등학교 때 3년 한 것이 다이다. 독일어 선생님으로는 남자분과 여자분이 계셨는데, 결정적으로 여자 선생님은 좋아했지만, 남자 선생님에 대해서는 마음이 편치 않는 구석이 많이 있었다. 당연히 기초를 배울 때 동기유발이 되지 않았었다. 그리고 불어는 대학 때 부전공으로 이정 교수님에게 배워서 불어 소설을 조금 읽기는 하였지만, 모두 다 손 놓은 지 오래기는 마찬가지였다. "무엇을 덜 잊어버렸을까?" 머리를 기울여 보지만 입시원서를 낼 때까지 정하지 못한 상태였다. 연년생 키우면서 외국어 공부라는 것은 애초에 불가능한 일이었다. 연신원 직원이 입시서류를 접수하면서 묻는다. "무슨 과목을 택하시겠어요?" 나는 머뭇거리고 대답을 하지 못한다. 직원이 웃으면서 재빨리 명령한다. "그럼 독일어 하세요." 무슨 뜻이냐고 물으니 아직 아무도 불어를 신청하지 않았으니 출제를 하지 않도록 독어를 신청하는 말이라고 하였다. 그렇다면 "불어를 신청하겠습니다." 나의 선택이 타인에 의해서 제한받는 것에 내가 민감한 모양이다. "불어 시험 통과 못하면 알리앙스 다니면서 성적 받아서 제출해야지"라는 속셈도 있었다. 누군가 나의 선택 영역을 침범할 때 나의 목소리를 내 본 귀한 경험을 여기에 두 가지나 기록하고 나니 마음이 뿌듯하다.

6×7=40이다

67세가 되던 새해 벽두에 머리를 이리 굴리고 저릴 굴려도 67에 대한 좋은 연상이 떠오르지 않는다. 나는 이제 고집스런 노인으로 변신하기 시작한다. 그렇다 '6×7은 40이다'라고 써 놓으니 조금 재미가 있는 듯하다. 이렇게 고집부리겠다는 의도도 있고, 정말 이렇게 되지 않을까 약간의 두려움도 함께 갖게 되었다. 이렇게 나의 한계를 인정하고 선언하고 나니 뜻밖의 좋은 일이 생겼다. 처음에는 그것이 좋은 일인 줄도 몰랐다. 그중에 하나가 바로 연세대학교 연합신학대학원 합창단을 설립하고 단장이 된 일이다.

연신원 합창단 단장이 되고

얼떨결에 맡은 일 중 하나가 바로 연세대학교 연합신학대학원합창단의 단장이 된 일이다. 여러 해 동고동락하는 이명진 박사가 연신원합창단을 만들자며 단장을 맡으라고 한다. 합창단을 두 가지씩이나 해서 아직도 옷장 가득하게 연주복이 주인을 기다리고 있고, 온 세계를 누빈 경험이 있는 나로서는 '나 정도의' 사람이 단장을 맡는 합창단에 사실 뜻이 없었다. 미국 카네기홀과 호주, 뉴질랜드, 모스크바와 레닌그라드, 핀란드와 노르웨이, 덴마크와 네델란드, 영국 등을 여행하며 연주를 했다면 더 바랄 것이 없는 것이다. 국내의 거의 모든 교도소와 소년원, 수많은 군부대 위문 공연에 얽힌 에피소드만 모아도 수필집 몇 권은 금방 넘을 정도이다.

　암튼 좋은 지휘자가 있다는 것이다. 바로 이명훈 교수였다. 그래서 우리는 매달 한 번씩 연세대학교 신과대학 2층 강당에 모여서 노래를 연습하고 연주 준비를 하였다. 제일 많이 선 무대는 바로 연신원 개강예배이다. 학기 초인 2월 말과 8월 말에 드리는 개강예배 찬양은 뜻깊은 감동을 계속 이어주고 있다. 학장님과 교수님, 직원들과 함께 그 예배를 준비하는 우리는 개강예배 날 가장 먼저 강당에 도착하는 사람들이다. 합창단을 해보신 분들이 모두 경험하듯이 합창은 혼자 하는 것이 아니고 단원이 모여야 연습을 하기에 준비 시간이 많이 든다. 이 준비가 은혜가 되고 감사가 되는 것을 동참한 모든 분들이 함께 느끼고 있다.

  연신원 합창단을 위해서 신과대학의 정현주 과장이 정성스럽게 매번 합창단 식권을 챙겨주고 있다. 그리고 합창단 내부 살림을 여러 임원과 단원들이 협력하는데 그중에 뛰어난 섬김을 여기에 기억하고자 한다. 이명진 다움상담코칭센터 대표원장은 정말 바쁘고 바쁜 가운데서도 합창단 회계를 맡아서 정확한 수지보고를 해주고 있다. 그리고 임미경 단원은 자진해서 악보 복사와 관리를 위해서 여러 해 많은 시간을 보이지 않는 곳에서 헌신하고 있다. 어떻게 된 일인지 합창단에 임씨 자매들이 많고 이들의 협력이 절대적이다. 알토의 임성민 선생님, 놀이치료사 임정란 박사, 앞에 말한 임미경 선생님, 그리고 2018년 가을에 합류한 임정민 선생님까지, 임 씨 자매들의 헌신이 돋보이고 있다. 그리고 그때마다 말없이 협력하는 일꾼들을 단장은 다 몰라도 하나님은 모두 알고 계실 것이다.

  이 지면에서 크게 감사드리고 싶은 분은 바로 지휘자 이명훈 교수님이다. 연대 외부에 계시면서 연대행사를 위해서 매번 반주자를 대동하고, 솔리스트들을 섭외하여서 합창단을 돋보이게 해주는 헌신에 머리를 숙인다. 우리가 제일 많이 부른 곳이 '하나님의 은혜'인데, 정말 하나님의 은혜 그 자체이다.

한기상 감독이 되다

앞에서 '친정'이라고 칭한 한국기독교상담심리학회는 가장 애착을 갖는 학회이다. 친정이라는 말이 암시하듯이 시집을 가서 다른 집도 알게 되었지만 친정만큼 좋은 곳이 세상에 없는 줄을 결혼한 여성들은 알게 마련이다. 2012년 말 권수영 연세대학교상담코칭지원센터 소장님의 권면을 출발점으로 다른 학회의 자격수련을 시작하면서, 한기상 감독을 취득해야겠다는 의지가 굳어졌다. 한기상 감독이 되는 과정에서 가장 어려운 것이 셋 있는데, Supervision of Supervision 50시간 이상, 학술대회에서 논문 발표 1회 이상, 그리고 학술지에 논문 게재이다.

수퍼비전을 하고 다시 그 수퍼비전에 대한 수퍼비전을 받는 일은 연세대학교상담코칭지원센터 소속 전임상담사들에게는 선택이 없는 필수과정과 같은 것이었다. 그리하여서 이미 50시간이 가득 차 있었다. 학술대회에서의 논문 발표와 논문 게재는 아카데믹한 전문성이 입증되어야 하는 어려운 통과의례이기도 하다. 함께 갈 수 있는 과정이 아니고 홀로 논문을 두 편 제출하는 일이다. 그 과정에 동행하여 주신 하나님께 진심으로 감사드린다. 논문을 제출해야 한다는 절대적 명제 앞에서 고민하면서 주제를 선택한 것이 바로 외경 수산나의 성폭력 사건에 대한 고찰이었다. 오래전부터 성서 속의 성폭력에 대해서 숙고하고 있었고, 한 사람의 여성신학자로서 남성노인들의 성폭력 사건을 구조적으로 분석하고 싶다는 방향으로 마음이 모아졌다. 알다시피 논문을 제출하면, '게재, 수정 후 게재, 수정 후 재심, 게재 불가' 중 한 가지 판정이 주어진다. 수련감독 갈 때에도 논문 통과를 위해서 씨름을 한 경력이 있었다. 이번에는 수정 후 게재로 비교적 쉽게 관문을 통과하였다. 학회의 규정 때문에 '성서 속의 성폭력 내러티브에 나타난 힘의 오남용에 대한 구조적 분석: 외경 다니엘서의 수산나 사례를 중심으로'라는 소논문을 남긴 것이 67살 때의 귀하고도 귀한 열매이다.

논문 제출로 모든 것이 가름되는 줄 알았더니, 학술대회에서 논문 1편 발표가 필수라고 한다. 발표와 논문게재를 한 번에 하는 재주꾼들도 많던데 어찌되었는지 나는 이 일을 별도로 하게 되었다. 마침 학회에서 상실과 애도에 관한 주제로 학술대회를 하는데 '노화와 상실'에 대해서 논문을 발표할 수 있는가 접촉이 있었다. 무조건 '예스'를 하고 그때부터 얼마나 궁구하였던가! 노화를 상실로만 자리매김시키고 싶지 않아서 만들어낸 논문 제목이 바로 2014년 대구 계명대에서 열

린 학술대회에서 발표한 '문학으로 만나는 노화의 두 얼굴: 잃어버림과 덧입음'
이다. 논문에서 밝힌 대로 노화는 상실만이 아니라 새로운 획득, 즉 성숙과 원숙
함이 발달되는 시기임을 문학작품을 통해서 함께 만나보았던 기회였다. 그러니까
2014년에 논문을 2편이나 생산한 것이다. 온갖 수련을 하면서 그 틈새에서 피어
난 귀한 난 같은 논문들이다. 적어도 나에게는.

한국상담학회 부부가족 1급 전문상담사

2013년에 8개의 축어록을 풀고 공개사례 발표회를 하면서 수련에 총력을 기울이
기 시작하였다. 2014년이 되니 한국상담학회와 한국상담심리학회 두 학회의 수
련요건을 모두 갖추기에는 너무나 벅차다는 느낌이 차올랐다. 그래서 수련요건을
우선 한국상담학회 중심으로 채워나가기 시작하였다. 이 과정에서 권수영 교수님
께서 바쁘신 가운데 내담자 경험부터 수퍼비전까지 많은 지도를 해주셨다. 그리
고 한국상담학회 부부가족학회에서 권수영 교수님이 활약을 하고 계셔서 이런 부
분이 또한 수련생에게 직간접으로 힘이 되고 도움이 되기도 하였다. 부부가족학
회에 필요한 모든 요건을 채워나가는 중에 암초에 부딪혔다.

　모두 아는 대로 수련과정에 필기시험이 있는데, 응시자격이 꽤 까다로운 편이
다. 학사, 석사, 박사 과정의 모든 성적을 제출하면서 요건을 맞추어 제출하였는
데, '응시불가'라는 판정이 나왔다. 기가 막혔다. 가족치료와 임상진단 과목이 인
정을 받지 못해서 응시불가 판정을 받았다. 그런데 그 와중에 이글스 모임이 있
었다.[10] 강남에 살던 김춘일 선생님 집이었는데, 마침 김형숙 박사도 오고, 이정
선 박사도 참석하였다. 내가 시험응시 자격에서 낙방을 하였다니, 이정선 박사가
자신과 김혜신 박사는 시험응시 자격에 합격했다는 것이다. 그날이 응시관련해서
이의 신청을 할 수 있는 마지막 날이었다. 이럴 수가 있는가? 같은 대학원에서 같
은 교수님의 과목을 수강하였는데, 이정선과 김혜신은 통과되고 나는 낙방이라니
… 강남에서 연희동 집으로 돌아오니 자정이 넘은 시간이었다. 가족치료와 임상

진단 실라버스를 찾아서 스캔하고 학회 홈페이지에 응시불가에 대한 이의 신청을 하였다. 이미 시한이 밤 12시가 넘었지만 내가 할 수 있는 것을 모두 하고 잠이 들었다. 지금 이렇게 회고할 수 있는 것은 그다음에 '응시 가능'이라는 판정을 홈피에서 읽었기 때문이다. 이렇게 고비고비를 넘어서 시험도 보고 수련수첩도 제출하였다. 수련수첩 작성은 며늘애도 도와주기도 하였고, 남편은 수련수첩 제출을 위해서 당시 부부가족학회회장이시던 최규련 교수님이 계시는 수원대학에 두 번이나 다녀오는 수고를 하였다. 정성이 없이 어찌 무엇이 이루어지겠는가. 젊지 않은 나에게는 시험응시를 위한 응시비를 납부하는 일까지도 모두 벅찬 수련이었다.

합격자 연수와 면접은 대전의 한남대학교에서 진행되었다. 우리나라를 밝혀준 선교사들이 1956년에 세운 전통과 역사가 묻어 있는 캠퍼스에서 연수와 면접을 받았다. 같이 수련하면서 서로 지지하며 도움이 되었던 동지들의 얼굴이 떠오른다. 특별히 서울사이버대의 김요완 교수님과 서로 정보를 교류하기도 하고 걱정도 함께 하고 합격의 기쁨도 함께 하였다.

68은 이팔청춘인가

2015년 새해가 밝았고 6×8을 갖고 놀기 시작하였다. 정신분석에서는 시각적인 것도 중요하지만 청각적인 유사성, 즉 발음의 유사성이 연상작용에 매우 중요하다. 특히 꿈 해석작업에서 이런 사례를 배우기도 하고 경험하기도 하였다. 6×8을 또 무엇이라고 우길 수 있는 것도 아니어서 고심하던 차에 갑자기 이팔청춘이 떠올랐다. 2×8 청춘은 16세를 말하고 6×8은 나이가 한참 많지만 8자가 주는 팔팔함이 공통분모이기도 하다.

정말 이름을 잘 지으면 좋은 일이 생긴다고 68은 이팔청춘이라고 선포하니 그런 일이 발생하게 되었다. 바로 뒤에 이야기하고자 하는 다움상담코칭센터 설립이 그해 여름에 이루어졌다.

다움상담코칭센터 창립, 2015

다움상담코칭지원센터의 설립을 자세히 기록하는 것은 상당한 의미가 있을 것으로 사료된다. 아무도 꿈꾸지 못했던 일을 하나님이 인도하셨기 때문이다. 그 당시에는 다 몰랐는데, 올해 창립 3주년 감사예배를 드리고 나니 인도하심이 더욱 또렷하게 보인다.

다움상담코칭지원센터의 설립을 이야기하자면 당연하게 연세대학교 상담코칭지원센터의 이야기가 선행되어야 한다. 연세대학교상담코칭지원센터는 지금부터 20년 전인 1998년에 처음 연세목회상담연구원으로 발족되었다. 그 후 한국기독상담심리치료연구원 - 연세기독상담실 - 연세상담실 - 연세기독상담센터 - 상담코칭지원센터 - 상담코칭지원센터로 명칭에서 점을 빼기까지 6차의 개명이 있었고, 2015년 7월에 교내 교외센터 통합운영을 단행하였다. 1999년에 연희동에 연세기독상담실을 열었고, 2010년에 마포구 성산동으로 교외센터를 확장 이전하였다가 2015년 6월 말에 성산동의 교외센터의 운영을 중단하였다.

정성을 들여 마련하였던 성산동의 교외센터를 어떻게 할 것인가보다 더 먼저 결정된 것은 여러 해 센터에서 일하던 전임상담사들을 어떻게 할 것인가에 관한 것이었다. 2014년 여름에 이미 교내센터에서의 일들은 정리가 된 전임상담사들이 있었다. 전임상담사들의 직책은 상담코칭지원센터에서 부여한 것이고, 연세대학교 당국에서 공식으로 부여된 지위는 아니었다. 연세대학교 대학원 박사과정이나 연합신학대학원이나 박사과정에서 목회상담학 박사학위를 하고 연세대학교상담코칭지원센터로 일하던 전임상담사가 여러 명 있었다. 2014년 8월부터 교외센터 운영중단이 결정된 이후로 자유롭게 선택이 이루어지고 있었다.

그 가운데 한 무리가 있었는데 바로 자체적으로 연세대학교상담코칭지원센터 건립추진위원회를 만들어서 활동하던 이명진, 박순, 이정수, 정정숙, 전혜리, 장석연 등이었다. 어떻게 하다가 보니 2008년 11월부터 매월 월례예배를 드리던 예배 동지들만이 같은 장소에서 새로운 센터 설립에 의견이 모아졌고, 여러 가지 안을 거쳐서 최종적으로 '주식회사 다움상담코칭센터'라는 설립등기를 2015년 6월에 마치고 7월 1일에 소속상담사 및 코치에 대한 OT를 진행하였다. 다움이라는 이름은 최양숙 박사가 '나 다움, 너 다움, 우리 다움'이라는 뜻으로 제안하여 채택되었다.

이렇게 설립된 다움상담코칭센터는 이명진 원장을 대표로 박순, 이정수, 정정숙, 전혜리 5인의 원장체제를 2018년 상반기까지 유지하였고, 2018년 여름에 장석연 부원장을 원장으로 영입하였다. 돌이켜보며 감사하는 것은 다움상담코칭센터가 예배공동체라는 점이다. 연세대학교상담코칭지원센터 건립추진위원회를 시작하던 2008년 11월부터 매월 자체적으로 월례기도회로 모였다. 그 힘과 행진이 이어져서 다움상담코칭센터가 세워진 것이다. 월례기도회를 할 때 오직 연세대학교 상담코칭지원센터를 위해서 기도했지 다른 계획은 전혀 없었다. 그러나 우리의 기도를 들으신 하나님께서 그 행진에서 일으켜 세우셔서 다움상담코칭센터를 함께 설립하게 인도하신 것이다. 다움상담코칭센터는 설립부터 매월 첫 금요일 12시를 월례예배로 정하였고, 모든 소속 원장과 직원, 상담사와 코치의 핵심역량 강화 프로그램을 예배라고 천명하고 나아가고 있다. 올해로 만 10년 이어진 우리의 예배를 하나님이 받으시고 축복하시는 그 섭리를 체험하는 그 기쁨과 감격을 말로 다 할 수가 없다.

69는 54

일흔 코앞에서 쉰네 살 같은 젊음을 누리게 된 데에는 하나님의 은혜와 배드민턴이라는 운동 덕이라고 생각한다. 새벽마다 뒷산을 에둘러 체육관으로 향하는 발걸음은 경쾌하고도 신이 난다. 사시사철 나날이 달라지는 자연을 관찰하며 흙을 밟는 기분은 매일 산삼을 먹는 맛이라고나 할까! 눈 덮인 겨울 얼음이 얼면 아이젠을 끼고 올라가기 벌써 10년이 넘었다. 뒷산 매일 오르기를 재개한 것이 2007

년 6월 25일이니 그렇지 아니한가! 집 뒷산이 바로 그 유명한 연희104고지 궁둥산이다. 해발 104m의 얕은 산으로서 한 바퀴 도는 데 전에는 12~13분 걸려 5바퀴 도는 데 한 시간이면 충분하였다.

일단 시멘트 길을 지나 흙길로 접어 들면 향이 다르고 발 아래 감촉이 다르다. 사시사철 새들의 노래를 듣는데 최근 어느 날 아침에는 아기 까마귀들의 발성연습 소리를 들었다. 어미새처럼 까악하는 시끄러운 기운은 하나도 없이 가악가악 이어지는 두세 마리의 발성연습은 귀에 간지럽게 들어 왔다. 봄철에 시시각각 열리는 새순을 보며 감탄하고 여름엔 매미 합창 소리에 취하고 가을단풍에 마음이 떨린다. 노래 가사처럼 '조그만 산 길에 흰 눈이 곱게 쌓이면 내 작은 발자욱을 영원히 남기고 싶소'라고 읊조리게 된다. 산은 정말 위대하고 매일 다르면서 일관성이 있고, 오고 가는 사람을 그대로 맞이하고 품는다.

4차 산업혁명 시대를 살아가기

2016년에 새로운 경험이 추가되었으니 바로 사이버대학 강의였다. 이호선 교수는 박사과정 입학 후 유영권 교수님의 〈한국적 목회상담 세미나〉 한 학기를 같이 참여한 것뿐인데, 내 삶에 멘토이기도 하고 문자 그대로 '축복의 통로'이다. 이제 무얼 숨기랴! 멘토라고 말하는 데는 그만한 교류가 있기 때문이다.

제일 먼저 이 교수가 나의 마음에 아로새겨진 것은 그녀의 아이디에서 왔다. sein(자인, 실존)을 중요시하여서 아이디로 쓸 뿐 아니라 귀한 자녀에게 이름으로 선물한 창의성과 대담성에 놀라서였다. 둘째로 이호선 교수의 전문성과 초인적인 삶의 태도 때문이다. 한국목회상담협회에서는 박사학위 취득자의 경험담을 들려주는 시간을 마련하였었다. 이호선 교수가 와서 자신의 진솔한 경험담을 나눌 때 모두를 놀라게 하는 내용이 있었다. 그 하나는 시간강사를 하는데 한 학기에 최고 13과목까지 하였다는 믿지 못할 이야기였고 또 하나는 박사논문을 위해서 저널을 1,500편 이상 검토하며 읽었다는 더 믿기 어려운 이야기였다. 과목 하나 강의계획서 준비하고 강의안 마련하고, 실제 강의하러 동서남북으로 돌아다니는데, 한 학기에 13과목이라는 것은 시간강사 이야기 중에서 단연 독보적인 기록이라고 생각한다. 그보다는 나의 마음을 더욱 '쿵'하게 한 것은 1,500편의 영문저널이라는 괴물 같은 기록이었다. 논문작성을 준비하고 있던 내게는 정말 청천벽력 같은 소리였다. 이호선 교수의 그러한 태도를 본받아서 나의 박사학위 논문 참고문헌 목록도 길어진 것이다. 시간을 내어 찾아보니 국내문헌 102편, 번역서적 41편, 국외문헌 244편, 참고사이트 10편, 하여 총 397편이다. 참고문헌의 차이가 바로 저술한 전문서적 숫자의 차이에 비례적으로 나타난다고 말할 수 있겠다. 이호선 교수가 잠 안 자고 집필한 전문서적이 수십 권에 달한다. 노인상담 분야의 전문가로서의 전문서적과 역할극, 자기계발 등등. 이제 전문서적 6권째를 두드리고 있는 나로서는 올려다보는 커다란 나무 같은 선배이다.

셋째로 그리고 개인적으로 멘토라고 말할 수 있는 확고한 경험은 바로 어느 날 밤의 야간 전화상담의 위력 때문이다. 2008년에 정석환 교수님께서 새내기 박사인 나에게 연세대학교 연합신학대학원 부설 상담전문과정에서 〈심리전기와 상담〉 강의를 하라고 급하게 전화를 주셨을 때의 일이다. 심리전기로 박사학위를 받은 나에게 은사님께서 정말 천금 같은 기회를 허락하셨는데, 강의교재가 없는 현실이었다. 심리전기적 상담연구방법론으로 한국 최초로 박사학위 논문을 받았거니와 심리전기적 상담방법론에 대한 전문서적이 전혀 없었다. 외국에도 그리 많지 않지만, 매우 귀한 작품 같은 서적들이 있는데 교재로 사용하기에는 너무 수준이 높았다. 고민을 갖고 전화를 건 내게, 이호선 교수와 부군 김학철 교수가 함께 해 준 전화상담은 나에게는 하늘이 내려준 선물 같았다. 두 분이 함께 하는 출판사가 있었지만, 이번 학기에는 그냥 제본해서 쓰시고, 다음에 학지사나 시그마프레스 같은 좋은 출판사에서 출간하도록 조언을 주었다. 사심 없는 진솔한 조언에 귀를 기울인 나는 제본보다는 좋은 출판사라는 말에 방점을 찍었다. 급히 서둘러 출판원고를 편집하여 학지사와 시그마프레스에 그 밤에 보내었고, 결과는 시그마프레스와의 계약으로 이어졌다. 학지사는 원고검토 후에 다음 학기에 출판하자는 의견을 주었고, 시그마프레스는 이번 학기 중간고사 이전까지 출판하자는 제안이었다. 수업교재 출판의 생리를 모르던 나로서는 우선 다가오는 큰고기를 덥석 물었고 아직까지 물고 있다.

이호선 교수를 축복의 통로라고 말하는 데는 어떤 증거가 있는가? 지금 상담심리치료 이론은 증거기반을 중요시하는 추세로 전환하고 있다. 받은 증거가 많아도 너무나 많다. 너무 많아서 몇 가지 빠뜨릴까 염려가 된다. 부족한 나에게 이호선 교수가 강의 의뢰를 많이 하였고, 그 경험이 내가 오늘까지 강의하고 일할 수 있는 성장의 원동력이기도 하다. 아마도 제일 먼저 금융노년전문가 과정(RFG)에서 노인의 심리와 성격에 관한 강의를 하도록 추천하여 주었다. 그리고 배움사이버평생교육원 튜터로 소개하여 현재에 이르고 있다. 상담의 이론과 실제, 부부상담, 결혼과 가족, 상담면접의 기초 과목에 대한 튜터링을 하면서 온라인상에서 수강생들과 교류하는 일이 나에게 일어나고 있는 4차 산업혁명의 실제이기도 하다. 전주대학교 상담심리학과 대학원 강의를 '사근염'이 왔다면서 부탁해서 새벽부터 밤까지 전주를 다니기도 하였다. 이 인연은 신명숙 주임교수님에 의해서 더욱 이어지려 하였는데 다움상담코칭센터 설립으로 그 뜻을 다 수용하지 못한 아쉬움과 미안함이 있다. 2016년에 제일 큰 일이 벌어졌으니 바로 숭실사이버대학교 기독교상담복지학과에서 〈고통과 애도상담〉이라는 사이버강의 의뢰였다.

숭실사이버대학교 특임교수가 되어서

예순아홉 살에 쾌거가 또 있었다면 바로 숭실사이버대학교 특임교수가 된 것이다. 숭실사이버대학교 기독교상담학과 과장이신 이호선 교수님은 따로 소개가 필요 없는 공인이다. 2003년 박사과정에 들어가서부터 이어지는 귀한 인연이 2016년 연초에 사이버대 〈고통과 애도 상담〉 강의 요청으로 이어졌다. 얼떨결에 한다고 해 놓고는 동영상 강의 촬영이 매우 부담스럽게 다가왔다. 얼떨결에 응락을 한 것은 그동안 나에게 베풀어준 은공이 많고도 많기 때문이다. 어리지도 젊지도 않은 나에게 수많은 강의를 의뢰하였다. RFG의 금융노년전문가 과정에서 노인성격과 심리를 강의하도록 안내한 것이 시초였던가? 배움사이버평생교육원 튜터링 소개가 먼저였던가? 그리고 전주대선교신학대학원 강의도 요청해서 멀리 전주를 한 학기 다녀오기도 하였다. 그리고 숭실사이버대학 강의를 요청하니 거절하기보다는 무조건 응하는 마음이 앞섰다.

정말 이럴 줄 알았으면 10년 전에 동영상 강의 요청할 때 할 것을. 차의과학대학교 대학원에서도 가족치료 동영상 강의를 해달라고 하였지만 단칼에 거절하였다. 이는 2003년 한국상담연구원에서 동영상 강의 60학점을 촬영하도록 기획하고 실행하면서 겪은 고초 때문이었다. 철썩 같이 약속한 강사가 노쇼를 발생시킨다. 스튜디오에서는 난리가 나고 연락이 온다. 강의를 기획하라고 요청한 원장님도 자신은 그만 찍겠으니 실장님이 다 찍으라고 해서 내가 5과목인가 촬영하였다. 그때의 고통이 기억나서 동영상 강의 요청이 오면 두말 않고 거절하기 예사였다. 그런데 막상 원고를 작성하여 보내고 훈련된 시스템에 들어가서 촬영을 해보니, 그렇게 죽어도 못할 일이 아니었다. 14강을 하루에 2강좌 내지 3강좌를 촬영하여서 학기 중간에 미리 끝내는 나를 보고는 연세대학교 박철형 실장님이 "힘드시지 않느냐?" 묻기도 하였다. 물론 퀴즈 내고, 시험지 입력하고 채점하는 과정이 쉽지는 않지만, 동영상 촬영자체가 그렇게 죽어도 못할 일은 아니었다. 그리고 숭실사이버대 강의를 하면서 귀한 제자들을 만나서 그들이 숭실상담복지지원센터를 설립하는 데 구체적으로 자문을 제공하여 보람이 되었다. 이럴 줄 알았으면 2000년대 초반부터 동영상 강의 촬영에 응했을 터인데 하는 아쉬움이 진하다. 언제나 하나님이 코앞에 축복을 주셔도 도리도리 하면서 털어내고, 먼 데 있는 다른 것 달라고 조르는 내 모습이 이 일에서도 다시 보였다.

한상심 면접에 떨어지다

한상심 수련과정이 힘들었던 것은 말로 할 수 없을 정도이다. 2013년 시작했다가 2015년부터 2016년에 집중적으로 개인 수퍼비전을 받았다. 지금 다시 수련수첩을 열어보니 60회의 개인 수퍼비전과 7회의 공개사례발표 기록이 나온다. 심리검사 실시가 113, 해석기록이 80, 수퍼비전 받은 기록이 24회가 들어 있다. 집단상담 참가기록이 3회, 실시기록이 12회, 집단상담 수퍼비전 받은 기록이 5회이다. 개인 수퍼비전 기록만 89회, 공개사례발표가 7회. 수련을 하는 수련생들이 이것이 무엇을 의미하는지 잘 안다. 실제의 상담과 심리검사, 집단상담이 기록된 내용보다 훨씬 많았지만 일부만 기록하였다. 그래도 수첩에는 덧붙인 종이들이 많이 붙어 있다.

그 시간과 그 노력. 잠을 잘 수 없었던 시간, 긴장했던 시간들이다. 상담을 행하는 것과 별도로 상담문서작업을 하고 사례보고서를 작성하여 제출하고 수퍼바이저의 지도감독을 받는 수행을 한상심 수련만을 위해서 100회 가까이 받았다. 수첩의 뒤쪽으로 가니 학회, 분회, 상담사례 토의모임 참가기록이 나오는데 63회를 기록하고 있다. 수련회 참가가 4회이다. 한상심 수련을 위해서 받은 수퍼비전을 중심으로 한 기록이고, 실제로 수퍼비전을 지도한 횟수가 훨씬 많을 것이다. 다시 말해서, 수퍼비전을 하면서 또한 동시에 수퍼비전을 받는 삶이 5년 동안 치열하게 계속되었다.

면접에서 떨어진 이야기를 기록하려니 앞에 수련설명을 장황하게 하게 된다. 사람이 누구나 실패경험을 반추하는 것이 이후에 도움이 된다는 것을 알면서도 조금 주저하게 되는 바가 없지 않다. 그 아픔과 수치를 다시 들여다보는 일이 어찌 발걸음이 빠를 수 있겠는가! 예순아홉의 나는 용감하게 수련을 완수하고, 응시과정을 거쳐 면접을 보게 되었다. 지금도 이화여대 대기실의 추웠던 냉방이 몸기억으로 남아있다. 진행 분위기가 경직되었다고 나는 느끼고 있었다. 면접관은 세분이었고, 물론 나보다 모두 젊은 학자들이었다. 사례에 관한 질문과 최근에 받은 수퍼비전 내용에 대한 것 등을 물었는데, 나의 기억 위에 튀어 오른 사건은 해리성정체감 장애 사례였다. 중3 여학생이 네 가지의 정체성을 동시에 나타내는 사례였고, 어머니의 밀착적인 협력으로 상당히 완화되어 학교에 복귀한 성공사례였다. 물론 과정에서 주수퍼바이저인 유영권 교수님께 수퍼비전을 받았다. 어머니의 협력으로 4살 아기, 16살 타인, 20살 언니의 목소리가 그대로 녹음되어 상담실에서 재생되었고, 내담자 자신으로 통합하려는 시도가 지속적으로 이루어지고 증상이 완화되었던 사례를 설명하였다. 면접관들의 표정이 묘해서 잘 받아들여졌는지가 미지수였다.

2016년 어느 날 오후 5시 학회 홈피에서 '불합격' 세 글자를 확인하고서는 정말 어이가 없었다. 앞에서도 밝혔지만 학회 수련을 위해서 수퍼비전을 받기 전부터 이미 한기상의 수련감독 및 감독으로서 많은 수퍼비전을 시행하고 있는 수퍼바이저로서 나의 면접이 낙방이라는 사실을 받아들이기 어려웠다. 1년 후에 안 사실이지만 홈피 '불합격' 세 글자 밑에 사유가 기록되어 있다는데, 나는 그런 것을 볼 줄도 모르고 있었다. 면접에서 떨어졌다는 현실은 나를 정지지켰다. 인터뷰 질문에 답을 잘 못한 것일까? 그분들이 해리성정체감 장애 사례를 실제 사례로 인정하지 못했을까? 더 단순한 사례를 이야기할 것을 너무 전문적인 사례를 솔직하게 이야기한 것일까? 이 충격에 대한 미스테리는 2017년 면접에서 밝혀졌다.

'일흔'이라는 너무 이른 나이, 2017

일흔에 도달하여 보니 지나간 세월이 일순간처럼 느껴지고 세월에 대한 감각이 달라짐을 느꼈다. 큰 공을 세운 것은 없지만 큰 손자가 고등학생이 되고 작은 손자가 중학생이 되니 말로 다 할 수 없이 기쁘고 감사하다. 제 부모들은 애들 진로와 공부에 고심이 많아 보이는데, 그건 할머니의 일이 아니다. 그건 부모 몫이고 나는 그저 자라나는 손주들이 대견하고 신통하고 귀하기만 하다. 인생이 꼭 성적

순도 아니고 좋아하는 것 찾아서 하고 살면 그만이지, 점수에 연연할 필요가 있겠는가!

　겨울방학에 큰 경험을 하였다. 인천 송도 연세대학교 근처에 사는 큰 손주가 겨울방학에 신촌에 있는 메가스터디 전일반 수업을 위해서 한 달간 할머니집에 와 있겠다는 것이다. 그것도 친구와 함께. 매일 아침 밥을 먹여 보내는 일, 저녁에 올 때 잘 맞이해서 단잠자게 하는 새로운 과업이 주어졌다. 제일 먼저 신경 쓰이는 부분이 우리 집이 단독주택이라는 점이다. 애들은 아파트에서 편하게 반팔 입고 겨울을 보내는데, 우리 1층은 더구나 겨울철에 잘 사용하지 않아서 어떨지 알 수가 없는 노릇이었다. 1층 안방을 두 청소년이 지내기 알맞게 간단한 책상을 2개 들여놓았다. 침대가 둘이 자기에는 크지 않아서 한 명이 침대, 한 명이 바닥으로 정하는데, 손자가 자기가 바닥에서 자겠다고 선택한다. 매일 아침 1층에 내려가서 "준영아 잘 잤냐?" 하면 대체로 몇 초 안에 벌떡 일어난다. 한 명은 1층에서 한 명은 2층에서 아침 세수를 끝내고 차려 놓은 아침 식탁 앞에 앉는다. 엄마 밥보다 할머니 밥이 어려운지 대체로 거의 다 공기를 비운다. 과일 한 가지, 보조 음료 한 가지 얼른 먹고 양치하고서 컴컴한 새벽에 무거운 배낭을 메고 두 아이가 떠난다. 대학이 무엇인지, 한 달 내내 그렇게 보냈다. 지 어미들이 반찬을 정성스럽게 많이 해다 주어서 덕분에 우리도 잘 먹었다. 메추리알 넣은 장조림, 멸치볶음, 지금 다 생각이 나지 않지만, 풍성한 식단이었던 듯하다. 이 글을 쓰는 2018년 가을, 나는 다시 겨울방학 준비를 한다. 왜냐구요? 얼마 전 추석에 손자가 "할머니, 이번 방학에도 또 올 생각입니다." "물론이지, 대환영이다."

드디어 북한의 원산이 가슴 한복판에 놓이다

앞서 기술한 대로 원산에 대한 마음은 감리교 여선교회 선교활동에 활발하게 몸을 담갔을 때 맺어졌다. 이북에 여러 도시가 있지만 나의 마음이 원산으로 쏠렸다. 그리고 벌써 20년 가까이 경과하였다. 대한민국은 최근에 새로운 역사를 쓰고 있다. 2018년 9월 19일 문재인 대통령께서 평양을 방문하여 소위 말하는 평양 선언을 내어 놓으셨다. 백두산 천지에서 남북의 두 정상이 함께 사진을 찍은 것이 합성사진이 아니고 실제이다. 우리는 새로운 역사를 날마다 쓰고 있다. 개인이 쓰는 일상사가 세계사를 만든다는 것을 알고 있기에 지금 나는 기록한다. 10년 혹은 15년 후에 나는 무엇을 바라고 있는가? 두렵고 떨리지만 기록한다. '원산다움 상담코칭센터'의 설립과 운영을 위한 꿈을 발화하기 시작한 것이 1년 반이 넘었다.

2017년 1월 다움상담코칭센터에서는 NLP 코칭 워크숍이 한창이었다. NLP국제공인프랙티셔너인 서우경 박사가 와서 직접 워크숍을 이끌었다. Timeline(시간선) 작업을 할 때 나의 몸과 마음이 원산을 향하는 것을 발견할 수 있었다. 원산에서 상담과 코칭과 설교의 장을 마련하고자 하는 나의 꿈을 만났다. 원산에 대한 꿈을 꾸기 시작한 것은 감리교회여선교회전국연합회에서 선교활동을 활발하게 하던 어느 날 화살처럼 다가와 가슴에 원산이 새겨졌다. 이북에서 300만 명의 아사자가 발생하였으며 고난의 행군이 소식이 들려왔고 우리 선교회원들은 10만 원짜리 서바이벌 키트를 후원하였다. 임신한 여성들이 나무에서 뛰어내린다는 이야기를 전해 들었다. 원산은 평양 다음으로 부흥운동이 활발하였던 이북의 기독교 성지, 그리고 존경하고 존경하는 김옥라 회장님이 학교를 다니셨던 지역이다. 감리교회는 이북을 지역으로 나누어서 협력하도록 제도화되어 있는데, 나는 마음으로 원산을 받아들였다. 사람들은 묻는다. 왜 평양이 아니냐고? 나는 대답한다. '평양이 아니어서'라고. 여기에는 나의 또다른 역동이 숨어 있다. 그건 원산에 다녀오고 나서 말할 수 있으면 좋겠다.

작은 아들의 스튜디오

두 아들은 전혀 다른 일을 하고 있다. 큰아들은 대기업의 종합기술연구원에서 연구작업을 하고 있다. 최근에 Nannophotonics 연구하던 일이 잘 풀려서 좋다고 하길래 도대체 그게 무엇이냐 물으니 한마디로 '광학'이라고 한다. 다음에 설명해 드리겠다고 하고선 추석에 와서 빛 속에 신비한 것이 들어 있다고만 말한다. 무슨 선문답인가? 그도 그럴 것이 과학전문 분야를 부모에게 적절하게 설명하기가 얼마나 어렵겠는가? 어떤 자연현상에 대해서 열심히 연구하여 무엇인가 새롭게 학습하고 발견해서 기쁘다는 이야기이니, 나는 아들이 기쁘다는 그 자체로 만족한다. 세부사항이야 어떻게 다 알겠는가?

자세한 세부사항을 모르긴 마찬가지이지만 둘째가 음악을 하는 전문인이기에 부모로서 누리는 기쁨이 있다. 때로 고급스런 음악회에 초대 받아서 연주하는 아들을 보는 그 맛과 멋을 누린다. 꼭 보여드리고 싶은 연주를 선별하여 초대하니 갈 때마다 최고급 음악의 향연이다. 이 아들이 2017년에 스튜디오를 선배와 함께 마련하여 오픈행사를 하였다. 가서 보고 놀란 것은 타악기 종류가 그렇게 많으며, 그리고 상당히 많은 악기를 컬렉션하여서 연주도 하고 수업도 하고 대여도 하는 실상을 보면서 감탄해 마지 않았다. 악기를 보기만 해도 흐뭇해지는 마음을 지녔기에 그 악기 자체가 주는 영향력을 마음껏 느낀다. 울리기 전에 울림을 듣는 묘미. 팀파니가 15대 정도라니, 아마 대한민국 최고의 개인 컬렉션이 아닌가 싶다. 그중 5대는 바로크 시대의 악기이다. 돈 벌어서 모두 악기 구입하는 데 바치는 그 마음이 이해가 된다. 연주와 렛슨, 악기 제작과 수리 및 대여가 이루어지는 복합적 기능을 가진 공간 그 자체에 우리는 모두 매료되었다. 온 가족이 타악기를 들고 즉석 타악합주를 하는 재미를 손자들과 함께 흠뻑 누렸다.

2017 복숭아뼈 골절과 한상심 수련수첩 이야기

예순아홉 살이 너무 어렸는지 하나님은 나에게 칠순이 되어서 다시 한상심 면접의 기회를 허락하셨다. 지금 회고해도 웃음이 나는 것은 함께 하는 도반도 없이 한국상담심리학회 1급 상담심리사 수련과정을 끝까지 뚜벅뚜벅 미련스럽게 갔다는 것이다. 함께 시작하였던 동료들은 이런 저런 사정으로 전부 내려 놓아버렸다.

외롭게 혼자 그 길을 갔다. 힘들고 어리석게, 다시 말해서 정보 없이 혼자 완주하였다.

앞에서 말했듯이 필기시험에 합격한 내가 작년에 면접시험에서 떨어졌고, 그 사유도 모르고 있었다. 1년 전에 한국상담심리학회에 보냈던 수첩과 연구자료 및 저서가 박스채로 돌아와 있었고, 나는 다시 수련수첩에 수퍼비전과 기타 수련을 추가하였다. 임상경력증명서 작성에는 모든 수련의 통계가 정확하게 기록되어야 하는데, 1년간 시행한 상담기록과 수퍼비전 내역을 추가하고 주 수퍼바이저이신 유영권 교수님이 몇 번의 추가 수퍼비전과 추천서도 써주시기를 요청드려 놓았다. 당시에 학장님이셔서 얼마나 바쁘시고 회의가 많으신지 매우 어렵게 2017년 7월 초에 뵙기로 하였다. 수련수첩기록에는 김요완 교수님께서 많은 도움을 실질적으로 주셨는데, 수련자로서 마지막까지 손 볼 일이 끊임이 없었다.

7월 2일 주일 아침에는 비가 내렸다. 그날도 이른 새벽에 배드민턴 체육관에 가서 운동을 하고 교회에 가기 위해서 부지런히 집으로 오던 중 그만 사고가 났다. 도로에서 산으로 진입하는 지점에서 순간 미끄러졌다. 다리 각도가 이상하게 넘어졌다. 조심스럽게 일어나니 일어설 수는 있는데 움직일 수는 없었다. 마침 바로 옆에 바위가 있어서 억지로 걸터 앉고 생각을 한다. 이를 어쩌나! 핸드폰을 가지고 나오지 않았는데 어떻게 알리나 고심하고 있는데 마침 남자 중학생이 지나간다. 핸드폰을 빌려 전화를 거는 사람은 당연히 남편이다. "여보 빨리 와! 나 넘어졌어." 기다리는 시간은 매우 길게 느껴진다. 마침 경찰 순찰차가 지나간다. 친절하게 경찰관이 와서 어떻게 된 일인가 물어본다. 넘어졌는데 아파서 혼자 산 길을 갈 수 없어 집에 연락했다고 하니, 자신들이 가족이 올 때까지 함께 기다려주겠다고 한다. 참 고마운 경찰들이다. 그리고서 내게 묻는다. 남편이 어떤 차를 가지고 오느냐고? 나는 순간 생각한다. 우리 집 차이름이 뭐더라? 원래 자동차에 대한 관심이 없어서 차이름을 잘 모르는데 최근에 아들이 바꿔준 차 이름이 이런 새벽에 사건이 난 정황에서 생각이 날 리가 없다. "이전 차는 쏘렌토였는데 이번 차는 이름이 넉자였는데… 뭐더라? 아 쏘-나-티-네예요." 즉석에서 작명한 차의 이름이 참 아름답다. 그리고 음악을 좋아하는 나답게 이름을 지었다. 자동차 회사에서 이렇게 아름다운 이름을 신차에 사용하지 않는 이유가 뭘까?

남편이 도착하였지만 그분도 떨리기에 결국 경찰관 차에 타고 동신병원에 갔다. 엑스레이나 찍어보고 집에 가려고 하였다. 응급실 담당 닥터가 친절하고 침착하게 촬영을 하더니 복숭아뼈가 달캉 두 동강이 났다고 사진을 보여준다. 그리고 입원해서 수술을 받으라고 하면서 응급처치를 해주며 목발을 두 개 준다. 앗뿔사! 나는 의사에게 오늘은 임시처치를 하고 내일 아침에 들어오겠다고 했다. 집에 가서 꼭 할 일을 하고 와야 했다. 다리의 부기나 통증이 문제가 아니다. 일 년이 걸린 일이 내 앞에 있다. 그렇게 우선 집으로 돌아왔다. 수련수첩 정리가 아직 미진해서 내 손이 아니면 마칠 수가 없는 상황이었다. 급하면 단순해질 수 있나 보다. 망설임 없이 최단시간에 수련수첩을 정리하고 임상경력증명서와 응시관련 제반 서류를 모두 챙겼다.

이런 사고 와중에 한기상에서도 중요한 문자가 와 있었다. 나는 평소 하던 업무의 반을 하겠다고 회신을 보내놓은 상태였다. 논문심사를 두 편에서 한 편을 하겠다고 약속하고 집에 와서 열심히 논문을 읽고 바로 심사평을 완성해서 보냈다. 논문 읽는 데 두세 시간이 족히 걸리고 심사평 작성하는 데도 한두 시간이 소요된다. 평소에는 이런 작업을 여러 날 두고두고 하지만 지금은 앉은 자리에서 마치지 않으면 안 되는 상황이었다.

이렇듯 상황이 매우 어려움에도 불구하고, 한국상담심리학회 자격취득을 포기할 마음이 전혀 없었다. 오히려 올해 안 되면 내년에 다시 도전한다는 각오가 세워졌다. 7월 10일 오전에 있었던 긴박한 순간을 기록으로 남기지 않을 수 없다. 오전 10시 30분에 유영원 학장님을 뵙기로 되어서 조금 일찍 연신원 앞에 도착 중인데 누군가가 급하게 내려오는 모습이 보인다. 나는 급히 창문을 열고 소리친다. "학장님!" 학장님은 놀라서 바라보신다. 총장님 회의가 있어서 급히 본관에 가시는 중이라고 하신다. 나는 차 밖으로 수련수첩을 내민다. "학장님 여기에 사인 해주세요." 내 수련수첩에 학장님 사인이 옆으로 비뚤게 되어 있다. 길에서 긴급하게 사인을 해주셨기 때문이다. 정말 그 순간 거기에서 학장님을 마주치지 못하고, 총장님 주재 회의실로 가셨더라면… 학장님의 사인을 그렇게 받고 연세대학교상담코칭지원센터에 들어가서 수련수첩에 상담기관 직인을 요청하였다. 어떤 이유인지 2시간 정도 기다린 것 같다. 남편이 나중에 물었다. 무엇을 하길래 그렇게 오래 걸리느냐고? 정확하게 검토하느라 그런 것이지 무슨 다른 이유가 있겠는가? 휠체어에 앉으니 오히려 마음이 여유로와지고 차분해졌다. 그렇게 모든 사인을 받아서 한상심에 서류를 우편으로 접수하도록 하고 다시 병원으로 들어갔다.

지금 돌이켜보니 휠체어를 타고 한상심 면접장인 한양대학교에 가서 면접을 한 경험은 아련한 추억이 되었다. 그날은 큰아들이 함께 해주어 모든 과정을 잘 마칠 수 있었다. 남편이 갔더라면 한양대학교 높은 언덕까지 휠체어를 제대로 밀 수 없었을 것 같다. 협력하여 선을 이루는 경험을 가족과 함께 하였다. 그 여름 40일간 병원에 입원하면서 홍제천 사랑에 빠졌다. 평소 이웃에 있어도 바라볼 수 없었던 아름다운 홍제천을 병원에 입원해서 매일같이 바라보고 물속의 오리와 잉어와 백로에게 말을 걸게 되었다.

주 수퍼바이저 유영권 학장님 감사합니다

2017년 면접 이전의 내 삶의 컨텍스트에 대해서 한 번 밝히는 것은 앞으로 많은 장애물을 경험할 수련생을 격려하기 위함도 있다. 매년 그렇듯이 수련을 6월 말 정도까지 완수하고 7월 초에 면접을 위한 서류를 접수한다. 물론 2016년도에 면접 불합격자들은 수첩과 연구실적물을 도로 배송받는다. 나는 수련수첩을 꺼내어서 수련을 다시 이어갔다. 상담 및 심리치료 수퍼비전 3회와 심리검사 수퍼비전 5회를 추가하였다.

작년도 필기시험 합격자가 할 일은 두 가지 과정이다. 면접 응시원서를 작성해서 홈페이지에 입력하는 일과 수련수첩 작성을 완성하여 연구물과 함께 발송하는 작업이다.

수첩 쓰기는 7월 첫 주에 할 일로 구분해 놓고 있었다. 하지만 앞에서도 이야기했듯이 7월 2일 주일에 배드민턴 운동가던 중 넘어져 복숭아뼈를 다친 일로 수술까지 하게 되니, 부랴부랴 수술 전에 면접 응시에 필요한 서류를 힘겹게 모두 작성하여 보냈다. 그리고 다음 날 입원하여 7월 4일 화요일에 수술을 받았다. 하반신 마취하고 오전 10시에 수술을 하였다. 의사선생님에 대한 신뢰로 마음 편히 나의 왼쪽 다리를 맡겼다.

마음 편히 맡기기는 하였지만 어찌된 일인지 침대 시트에는 머리카락이 쑤세미만들 정도로 듬뿍 빠져 있었다. 심리검사 수퍼비전을 받고 사인을 받지 못한 사례가 있어서 실례를 무릅쓰고 손영철 소장님께 병원에 오셔서 사인을 해주십사 부탁을 드리기도 하였다. 가장 중요한 마지막 과정이 상담경력확인서를 새로 작성하여 주 수퍼바이저의 사인을 받고 또한 상담심리사 1급 추천서에 주 수퍼바이저의 사인을 직접 받아 제출하는 것이다. 대체로 7월 첫 주에 이 일이 완성되어야 한다. 나는 병원에 누워서 마지막 할 일을 점검하였다. 원래는 주 수퍼바이저이신 유영권 교수님께 7월 초에 수퍼비전을 더 받기 위해서 도박중독 상담 3사례의 수퍼비전을 준비해 놓은 상태였다. 이제는 그럴 시간이 없다. 수술을 한 상태에서 유영권 학장님께서는 월요일 7월 10일 오전 10시 30분까지 오라고 하셨지만, 나는 미리 10시 정도에 연신원 앞에 도착하였다. 다리에는 깁스를 한 상태이고, 어떻게 할까 주변을 살피는데 유영권 학장님이 바쁜 걸음으로 내려오신다. 본관에서 하는 총장님 주재 학장회의에 참석하기 위해서 서두르시는 발걸음이다. 나는 크게 소리를 질렀다. "학장님~!" 차 안에서 수첩을 차창 밖으로 내밀었다. 당황하신 학장님이 나의 이름 '박순, 2017년 7월 10일 No. 121, 유영권'의 열서너 자를 쓰시고 사인을 해주셨다. 30초가 아니라 3초만 늦었어도 학장님은 이미 본관 회의에 들어가셨을 것이고, 나는 아마 기다릴 수가 없었을 것이다. 총장님 주관하시는 회의에 들어가신 학장님이 언제 나오실 줄 알고 기다리겠는가? 7월 10일 월요일 아침 11시에 의사선생님의 진료가 예정되어 있는데 말이다. 수술환자가 잠시 외출하였는데 진료시간까지 들어오지 못한다면 그건 도리가 아니지 않겠는가. 온갖 장애물을 넘고 넘어 상담올림픽 5관왕의 마지막 코스를 완주하였다.

다움공개사례 발표회

휠체어 신세를 진 채 면접을 보고 그해 2017년 9월 1일에 한국상담심리학회 1급 상담심리사 자격이 주어졌다. 제일 먼저 시작한 일이 바로 다움상담코칭센터 주관 공개사례 발표회의 주최였다. 그 당시에 연세대에서 수련을 받던 이경선 선생님과 이헌주 선생님이 1회 사례발표생으로 지원하였고 2회에 임성민 선생님과 김정수 선생님이 사례를 발표하였다. 3회에 조말희 선생님과 임정민 선생님이 사례 발표자로 참가하엿다. 다움센터 공개사례 발표회 초기에 동참해준 수련생들에게 지면을 빌어서 감사의 인사를 드린다. 지금 모두 일취월장해서 상담사 역의 큰 몫을 담당하고 있다.

이렇게 시작한 다움공개사례 발표회를 꾸준히 이어올 수 있었는데 지면에서는 말하기 어려운 일들도 있었지만 모두 성장과 발달의 과제로 이해한다. 수고하는 직원들과 함께 매달 만드는 공개사례회는 보람과 의미가 매우 크다. 지금은 다움을 떠난 김재영 실잘과 이선경 과장이 정말 한마음이 되어 협력하였고 김하형 간사가 그 뒤를 이어 받았고, 지금은 장진영 실장과 임선미 간사와 서정희 목사가 매월 시행되는 공개사례 발표회를 위한 행정적인 지원과 실무를 맡아주고 있다. 감사하고 감사할 따름이다.

이 글을 쓰는 오늘 2020년 2월 25일 저녁에도 공개사례 발표회가 있다. 나중에는 좋은 추억거리가 되겠지만, 코로나19 사태로 인해서 오늘은 모두 마스크를 쓰고 공개사례 발표회를 하기로 하였다. 수퍼바이저로 초빙되어 오시는 서울사이버대학교 김요완 교수님의 협력에 깊이깊이 감사드리고 그분의 지혜에 늘 머리가 숙여진다.

고이 되짚어보는 고희, 2018

공자(551~479. B C)는 15세부터 70세 까지의 삶에 대한 간략한 자서전을 남겼는데, 70에 대하여 종심소욕불유구(從心所慾 不踰矩)라고 하였다. 공자는 70세 이후 마음 내키는 대로 행동을 해도 규범에 어긋나는 일이 없었다 하였다. 그리고 나의 70 소회는 공자의 그것에 사뭇 못 미친다. 60세 이순이 되는가 싶었으나 변하지 않는 성정이 있음을 부인할 길이 없다. 과거에는 70세까지 사는 사람이 정말로 귀해서 古稀(고희)라고 붙였으나, 21세기 한국은 100세 인생설계 준비도 충분하지는 않은 실정이다. 그러므로 대체로 귀하게 여기지도 않은 뿐더러 특별하게 기념하거나 축하하는 일이 점점 사라져가고 있다.

성서 말씀에도 우리의 연수는 70이요 강건하면 80(시편 90 : 10)이라고 하였으나 지금 70은 노년기 진입기로밖에 치부되지 않는다. 고희가 되면서 기뻤던 일 중 한 가지는 바로 KC교육대학원 외래교수가 된 일이었다. 최정헌 교수님의 배려로 교육대학원에서 3학기 강의를 하였다. 이상심리와 집단상담을 강의하였는데, 배우는 분들의 수준도 높고 열의도 대단해서 교수로서 배우는 바가 더 많았다. 어떤 분들의 발제와 과제의 수준은 최고 수준에 달해 있었다. 주간에 일하고 야간에 와서 수업하면서, 수준 높은 보고서를 준비한 분들에게 머리가 숙여졌다. 일일이 이름을 거명하고 싶은 마음을 억지로 누른다.

시집 '시간의 흐름'과 '무대뽀 감사'

2018년에도 특별하게 귀한 만남이 이어졌다. 시인이면서 상담학을 공부하고 있는 김현진 선생님은 나의 속에 감춰져 있는 시심을 조금 흔들어 주었다. 그리고 출판의 경험이 많은 이오복 선생님은 시집출판을 격려해주었다. 두 분의 격려에 힘 입어 그동안 간간이 기록한 시들을 모두 정리하는 기회를 가졌다. 처음에는 연대기순으로 편집하여 '시간의 흐름'이라는 제목을 붙여 보았고, 그다음에는 컨텐츠에 따라 구분하면서 '무대뽀 감사'라는 제목을 붙여 보았다. 그러면서 용기를 내어 우리나라의 높으신 여류시인 김소엽 선생님에게도 한 번 살펴 주십사 청을 넣었다. 미국에 있는 딸과 손녀에게 가 계시는 동안에 이메일로 보냈고, 시력에 어려움이 있으신 김소엽 선생님께서 골라서 보낸 시들을 보시고 '수필시'를 쓰고 있다는 피드백을 주셨다. 제본을 해보면서 즐거운 시간을 가졌고 가족과 아주 가까운 벗 몇 사람과만 나누었다. 굳이 출판을 할 수준도 아니지만 딱딱한 책표지 속에 가두고 싶지 않은 마음이 컸다. 그러면서 이어서 2008년 9월부터 시작한 꿈 이야기 교회 설교문도 한번 모두 정리해보았다. 일흔이 넘으니 마음대로 행동을 해도 규범에 어긋나지 않는 경지에는 가지 못했지만, 그래도 나의 삶이 더 소중하게 다가왔고 작은 흔적들을 모아보는 노력을 하게 되었다. 시집은 출판하지 않기로 하였고 〈상담자의 자기분석〉의 후속편을 기록하고자 하는 마음으로 대체되었다.

수퍼바이저의 자기성찰 출간

마음으로 생각하고 입으로 시인하는 것이 실현가능성이 상당히 높다는 것을 경험적으로 알고 있다. 그러기에 아직 출간하지 않은 책을 이미 출간한 것으로 간주하고 기록하고 있다. 2018년 추석 연휴는 이 책의 준비에 매우 소중하다. 3일 동안 온전히 운동하고 밥 먹고, 잠자고, 나머지는 온전히 집필에 몰두하였다. 집필의 독을 씻어 내고 새로운 에너지를 얻기 위해서 좋은 음악과 영화를 간간히 즐겼다.

이제 첫 손자 준영이가 고2로서 대학진학에 대한 생각을 많이 하고 있다. 둘째 시영이는 중2로서 물리학자가 되기 위한 자신만의 꿈을 키워가고 있다. 하나님이 손주를 더 주시려는지 여쭤보고 있는 중이다. 그때에 미리 한 줄 적어 놓은 대로 지금 나는 나의 시와 노래를 짓고 있다.

박순의 새 신화를 위한 의례

2018년 9월 27일에 특별한 의례에 초대되었다. 바로 '김옥라, 하나님께 이끌리어, 한 세기, 감사 축하예배'이다. 어머니는 너무 무거운 기도로 나를 무겁게 하셨다. 막내딸이 김활란 박사, 이태영 박사, 김옥라 회장님과 같은 '한국의 여성 지도자'가 되기를 바라셨다. 지금 보니 당신이 못 이루신 꿈을 딸에게 투영한 전형적인 가족투사 과정이었다. 막내딸이셨던 어머니가 자신의 막내딸에게 투사하신 꿈은 그 막내딸의 입을 막았다. 너무 기가 막히고 가당치가 않아서 화를 낼 수도 없었다. 김활란 박사님과 이태영 박사님은 가까이 대할 기회가 없었고, 김옥라 회장님은 1991년도부터 지금까지 종종 대할 기회를 얻고 있다. 2017년 12월 20일에는 특별 인터뷰의 기회를 허락받고 녹음도 하면서 크신 어른의 이야기를 채취하였다. 나의 30년 앞길을 가시는 회장님을 'The Highest Ultra-Super Shaman'으로 생각하며 마음에 모신다. 이번 잔치는 어떤 새로운 면모로 참석자를 감동시킬지 자못 기대가 된다. 나는 지금 여기에 나의 새로운 신화를 위한 의례를 만든다. 2005년 박사과정 논문자격시험을 준비하면서 새 신화를 위한 의례를 시행하였고, 다시 그때의 작업을 새롭게 시작한다. 〈개인의 신화〉를 기록한[11] Feinstein과 Klippner의 책에 나온 것을 차용하여 사용한다.

새 신화를 마음에 가져와라. 너의 새 신화를 써라. 당신의 삶에서 새 신화가 했던 역할을 이해하고 논의하라. 하나님과 함께 그 신화를 지지하는 몇 개의 문장을 정해라. 네 기억에 그것들을 담거나 네가 너의 저널에 그것들을 레코드할 수 있도록 자신을 부드럽게 격려하라. 너의 새 신화에 영향을 줄 수 있는 3~4개의 자기진술의 리스트를 써라. (쉼) 네가 이것을 다 끝냈을 때 하나님과의 대화를 끝내고 너는 부드럽게 너의 깨어 있는 의식으로 돌아와라.

2018년 9월 24일

자신에게 : 당신은 당신의 새로운 신화를 창조하는 주인공입니다. 그리고 지금 집

필 중인 〈수퍼바이저의 자기성찰〉은 신화개정 내용을 충분히 담지할 것입니다. Follow your bliss. "relax and enjoy the ride", "Praise the Lord", "The Lord is with me."

남편에게 : 당신과 함께 해온 45년보다 더 질 높은 동행을 앞길에 희망합니다. 지난 15년간 나를 지지해준 것을 진심으로 감사드립니다.

큰아들에게 : 당신은 지난 43년간 훌륭하게 살아왔습니다. 그리고 자신이 추구하는 가치를 더 확실하게 인지하고 선포할 때, 그 비전은 아름답게 성취될 것입니다.

큰며느리에게 : 하나님이 특별한 재능을 장착해 놓았으니, 그때가 오면 과감하게 자신이 하고 싶은 일을 하면서 더 행복한 삶을 영위하기를 축복합니다.

작은아들에게 : "다시 태어나도 지금 하는 일을 해요." 그 말이 힘이 됩니다. 최선을 다해서 한국의 타악장인의 이름을 높이소서.

둘째 며느리에게 : 온 세계를 다니면서 체험한 모든 것이 새로 이룬 가정 안에서 아름답게 꽃피우고, 아직 내가 알지 못하는 본인의 마음의 소원으로 모두 열매 맺기를 기도합니다.

다움상담코칭센터 원장님들에게 : 2008년부터 함께 해온 여정에 감사드립니다. 2015년 다움상담코칭센터를 함께 설립하면서 우리는 새로운 신화의 주역이 되었습니다. 신화의 플롯처럼 우리는 고난에 봉착하기도 하였습니다. 그리고 우리는 모든 난관을 극복하고 신화의 주인공들처럼, 영웅적인 이야기를 함께 완성할 것입니다.

힘의 남용

2018년은 후대에 어떻게 기억될까? 1월에 서지현 검사의 폭로로 촉발된 #ME TOO 운동이 10월인 지금까지 어떻게 발전되었는지에 대한 평가는 용이하지 않다. "나는 더 이상 침묵하지 않기로 했다(Be Fierce)"의 저자 그레첸 칼슨(Grechen Carlson)은 자신이 직장 상관에게 겪은 성폭력을 털어 놓으며, 성(性)만이 아닌 권력의 남용이라는 사실을 주장하였다.

지금까지 살아오면서 한 여성으로서 경험한 힘의 남용은 말할 수 없이 많다. 특히 집에서 막내로 태어나서 출생순위에서 벌써 밀려나 있었다. 아직까지도 내가 더 단단해져야 하는 부분이 있다면 낡은 유교적 장유유서의 서열의식을 버리는 일이다. 대접받으려는 의식도 무시하려는 의식도 없이 보다 더 평등한 자리로 나아가는 과제가 앞에 있다. 나만이 아니라 개인들이 겪는 차별에는 무엇이 있을까 함께 생각해본다. 첫째가 출생순위에 의한 서열과 우열에 의한 차별이라고 하고 둘째가 성차별, 셋째가 바로 외모, 넷째가 가난함, 다섯째가 성적 등 능력, 여섯째가 개인 대 기관, 일곱째가 인종 차별이라고 할 수 있다. 여기에 연령차별을 추가해볼 수도 있다.

　　이삼 년 전에 출판사 뜨인돌로부터 〈출생순위에 따른 양육태도〉라는 책을 집필할 수 있겠는지에 대한 접촉이 있었다. 아들러의 출생순위에 의한 심리를 깊이 생각하면서 가계도를 그리고 상담하는 사람으로서 일단 '예스'로 수용하였지만, 금방 벽에 부딪치고 책을 쓰지 못하였다. 핑계 아닌 핑계가 바로 요즈음 우리나라 출산 현실이 '출생순위 운운' 할 상황이 못 된다는 자각에서 비롯되었다. 현재의 기성세대에 대한 이해로는 매우 유용하지만, 요즈음 자녀를 양육하는 부모를 위한 서적으로는 구매자가 많지 않을 수 있다는 우려가 있었다. 아들러는 맏이, 두 형제 중 둘째, 중간, 막내, 독자라는 다섯 가지 심리적인 위치를 정했고, 단순한 출생 순위보다는 가족 내의 위치에 대한 개인의 해석이 더 중요하다는 입장을 강조하였다. 아들러가 말한 첫째의 특징은 많은 관심과 사랑의 독점으로 의젓하고 열심인데 동생이 태어나면 사랑을 빼앗기는 경험을 하게 된다. 둘째는 태어나면서부터 사랑을 나누어 받으므로 경쟁적이되고 압박을 받게 되며 첫째와는 다르거나 반대적인 영역을 발달시킴으로써 인정받으려고 한다. 중간 자녀는 삶을 불공평하다고 확신하고 '불쌍한 나'라는 태도를 가질 수 있다. 막내는 많은 관심을 받기도 하고 다른 사람이 자기의 생활을 만들어주기 바라는 경향이 있다. 외동은 맏이의 특징을 가진다. 나누어 가지거나 협동하는 것을 배우지 못하나 어른을 다루는 방법에서 능숙하다. 어머니에게 의존적일 수 있고 항상 중심에 있기를 원하며, 위치가 도전받을 때 불공평하다고 느낀다. 더 이상 관심의 중심이 아닐 때 많은 어려움을 가지는 경향이 있다.[12]

성차별에 대해서는 대한민국이 공자가 태어나신 중국을 넘어서 남녀유별, 부부유별, 남녀차별, 남존여비의 세계적인 수준에 도달했었다고 생각한다. 가벼운 사례 하나를 가져와본다. 연세대학교 학생상담센터에서 시간제 카운셀러로 학생들을 만날 때이니 1981년 무렵이다. 연세대 다니는 여학생이 힘없이 와서 이야기한다. 엄마가 자신을 남동생과 차별하는 것이 견딜 수 없는 고통이라고 호소한다. 구체적으로 어떻게 차별하시는가 질문하니, 달걀프라이를 하다가 노른자가 깨지면 자신에게 던져 주고 써니사이드 업이 잘된 프라이는 꼭 동생에게 먼저 준다는 것이다. 남녀 성차별의 극이 성폭력과 강간에 대한 태도일 수 있다. 오랫동안 '강간은 없다, 화간일 수밖에 없다'라는 말도 안 되는 논리로 강간당한 여성들의 몸과 마음을 또 한 번 짓밟아 버리곤 하였다. 성차별의 극한인 성폭력에 대해서는 임상가로서 사례가 너무나 많아서 가슴이 아프고 화가 난다. 첫 상담에서 안전감을 느낀 내담자들의 입술에서 자신도 모르게 흘러나오는 성추행, 성폭력 이야기는 상담사의 현실인식을 높여 주었다. 이렇게 많은 분들이, 이다지도 오랫동안 말하지 못하고 몸과 마음속에 묶어 두었던 사연들이 많았다는 것을 여실하게 알게 되었다. 그 이야기를 하러 온 내담자들이 아닌데 자신도 모르게 그 이야기들이 흘러 나왔다. 어떤 내담자는 억지로 참으면서 다음에 오면 그 이야기를 하게 될 것이라고 예고하고 돌아가기도 하였다. 오후만 되면 나도 모르게 서성거리게 만드는 무의식에 묻어 놓은 몸경험들… 밀폐된 공간에 들어가면 숨이 막히는 알 수 없는 이유들… 누군가가 괜히 싫고 무서워지는 사연, 반대로 누군가에게 과잉 친절하게 만드는 알 수 없는 속내…

외모에 의한 차별은 일반인이 하기 전에 부모와 교사가 매우 심각하게 하고 있다고 생각한다. 잘 생긴 자녀, 외모가 출중한 학생에게 눈길이 더 가는 것을 부모나 교사가 어떻게 다르게 대처할 수 있을까? 부모교육 서적으로 〈자신감 있는 자녀로 키우자, The New Hide or Seek Building Confidence in Your child〉에 이러한 부분에 대해서 비교적 소상하게 강조하고 있다. Focus on the Family의 창시자인 James Dobson의 대표작이기도 하다. 미모와 지능이 인간의 가치를 측정하는 기준이 되는 불합리한 현실에 대한 저자의 주장이 예문과 함께 자세히 나와 있다. 미모의 여부가 아기 때부터 아동기와 청소년기, 성인기와 노년기에 어떠한 영향을 미치는지 그 불합리한 현실을 잘 고발하고 있다. 외모가 법원의 판정에까지 어떤 영향을 미치는지 미국의 사례를 통해서 제시한다. 미국에서 미를 추구하는 사회적 압력이 얼마나 강력한지 나타내주고 있다. 평범한 아기가 태어나기를 기도하던 부모들이 '평범한' 자녀에 만족하지 못하고 영리한 아이, 다시 말해서 머리 좋은 똑똑한 자녀를 갈망하게 된다. 미모와 함께 지능이 개인의 자아정체성과 자존감에 미치는 영향력은 지대하다. 달리 말해서 열등감을 갖게 하는 커다란 요소가 된다. Dobson은 학교가 자아가 연약하고 깨지기 쉬운 아이들에게 매우 위험한 곳이라고 기록한다. 교과과정은 지능이 낮은 아이의 자존감을 서서히 허물어뜨리도록 구성되어 있다고 지적한다. 학습 속도가 느린 아이, 반문맹 아이, 능력보다 성적이 낮은 아이, 문화적 혜택을 받지 못한 아이, 늦게 깨우치는 아이, 부모로부터 덜 사랑받는 아이, 질병이 있는 아이, 과잉보호된 아이, 형제로부터 눌리는 아이 등이 자존감에 엄청난 손실을 입으며 자존감의 회복은 매우 느리고 어려운 과정임을 이야기하고 있다.[13] 외모와 지능은 개인이 스스로 만들 수 있는 부분에 한계가 분명하다는 것을 모르는 성인은 없을 것이다. 유전에 의한 것이 기본이고 이후에 변형하고 발전시킬 수 있는 부분은 매우 제한적이다. 외모와 지능으로 차별하는 것은 미성숙한 일 중에 가장 으뜸이라고 할 수 있다.

　그다음으로 가난함으로 인한 차별은 온 세상에 만연되어 있다. 특히 부모의 상황에 절대적으로 의존되는 청소년기까지의 자녀는 인생의 출발점에서부터 부당한 차별에 무방비적으로 노출되어 자존감에 심각한 손상을 입는다. 그런 의미에서 예수님의 산상수훈은 구원의 메시지이다. '마음이 가난한 자는 복이 있나니 천국이 저희 것임이요(마태복음 5장 3절)'에 대해 어떤 목사님은 마음을 지워버리고 가난한 자는 복이 있다고 해석하시기도 한다. 경전은 여러 곳에서 재물의 위험성에 대해서 경고하고 있다. 돈을 좇는 것이 결코 행복을 보장하지 않는다고 성서는 도처에서 이야기한다. 고아와 과부와 나그네를 돌보라는 신구약을 관통하는 박애정신에는 가난한 자, 힘이 없는 사람을 귀히 여기시는 창조자의 긍휼한 사랑이 배어 있다. 국가의 사회복지 정책은 취약한 고아와 과부와 나그네를 돕는 특수 복지에 우선적으로 집중되어야 하고 그 후에 보편적인 복지가 추구되어야 한다.

개인과 기관과의 관계에서 생기는 차별 혹은 힘의 남용에 대해서는 아껴둔 사례가 있어 여기에서 펼친다. 바위로 계란을 깨면 무슨 재미가 있겠는가? 힘만 들 뿐이다. 그러나 계란으로 바위를 쳐서 깨뜨린 이야기에는 힘이 있고 그 힘을 다른 사람에게도 불러일으킨다. 세계사에는 수많은 사례가 있다. 그럼에도 여전히 개인이 기관의 부당한 처사에 대해서 문제를 제기하고 싸워 이기는 사례는 매우 희박하다. 우리나라 현실에서 개별 환자가 병원을 상대로 부당한 진료행위에 대해 문제를 제기하고 싸워서 이긴 사례는 실제 사례에 비해서 비교할 수 없을 정도로 적다. 필자가 다니는 염색방의 원장은 허리가 아파서 병원에 다녔는데 잘못된 부위에 주사를 놓아서 허리가 더 아프고 일을 할 수 없게 되었을 때 이전에 다니던 다른 병원에 가서 주사를 잘못 놓은 부작용이라는 설명을 들었다고 한다. 염색방 손님 중에 더러 병원을 상대로 싸우라고 이야기하지만, 당사자는 완강하게 부인한다. 일을 해야 하는 사람으로서 그럴 시간도 없고, 해당 병원이 그런 사례에 대해서 바르게 처신할 것이라는 믿음을 갖고 있지 않았다. (2018. 10. 7. 주일)

힘의 남용 사례

연구자가 아껴둔 힘의 남용 사례는 바로 출판사와의 일이다. 지금부터 꼭 10년 전인 2008년에 있었던 일이다. 박사학위 논문에 모든 열정을 쏟아부었고, 무엇보다도 연구참여자가 이의를 제기하지 않아서 마음을 놓을 수 있었다. 연구참여 동의서 작성 시에는 학위 논문만 동의하고 절대로 출판하지 않겠다고 했었다. 그런데 지도교수님이신 권수영 교수님께서 논문을 지도해주실 때마다 책으로 출판하라고 권해주셨고, 나는 그때마다 책을 내지 않기로 약속했다고 대답을 드렸다. 학위 논문의 내용이 '학대받은 존속살해 무기수의 이야기심리학적 심리전기'이다 보니 책 출판은 생각도 하지 않았었다. 논문을 다 쓰고 나니 여유가 생겨서 정말 "물어나 보자" 그런 마음으로 편지를 보내니 너무나 쉽게 동의가 왔다. 본심 심사본을 따로 제본해서 교도소에 보냈었고, 논문 출판 후에도 표지를 아무 것도 쓰지 않은 상태로 별도 제본을 해서 교도소로 보냈었다.

그리하여 한국학술정보(주)에 출판의사가 있는지 타진하였고 편집국에서 긍정적인 반응이 왔고 계약을 체결하였다. 보관하고 있는 출판계약서를 보니 2008년 3월 10일이다. 출판사의 의견을 물을 때 논문 일부를 발췌해서 출판할 전문을 보냈었다. 검토 후에 출판 계약을 체결하였는데, 그 후에 출판할 수 없다는 의견이 담당자로부터 전화로 왔다. 편집국회의에서 글의 내용에 '칼' 등 매우 공격적인 내용이 들어가 있다는 것이 철회 이유였다. 전문을 다 보냈었는데, 이렇게 나오니, 심히 불쾌하고 당황하였다. 그 순간 힘의 남용이라는 말이 마음에 맺혔다. 이것을 꼭 기억하리라. 그리고 지금 여기에 기록한다. 출판 계약 후에 일방적인 계약 파기야 말로 힘의 남용이고 기관이 개인을 우롱하는 처사임을 생생히 경험하였다. 그 후에 전화위복이 된 것은 별도의 사연이다. 시그마프레스에서 출판하게 되었으니 얼마나 감사한 일인가! 아무의 추천도 도움도 없이 학위원고 발췌물을 학지사와 시그마프레스 편집국에 보냈었고, 두 출판사 모두 출판의사를 보내왔다. 학지사는 다음 학기에 내자고 하고, 시그마프레스의 이상덕 차장님은 그 당시에 강의하던 제목인 〈심리전기와 상담: 학대받은 존속살해 무기수의 이야기심리학적 심리전기〉를 중간고사 전에 출판하자고 서둘러 주었다. 그리고 덤으로 〈상담자의 자기분석〉 출판 계약까지 같은 날에 체결하였다. 이상덕 차장님과 연세대에서 계약을 하기로 약속하고 가면서, 나는 그때에 기록하고 있던 〈상담자의 자기분석〉 목차를 대동하였다. 학위 논문을 작성한 이후에 자신의 잠재력과 진로개발 이야기를 기록하는 것은 정말 식은 죽 먹기였다. 참고문헌이 따로 없고 모두 머리 속에 저장된 기억을 재생하는 일이기에 타이핑이 날아가듯 하였다. 논문 계약을 마치고 요즈음 쓰고 있는 이야기가 있다고 목차를 보여주니, 이것도 계약을 하자고 한다. 이미 출판사로부터 계약 철회의 경험이 있는 나는 사장님의 결제를 받아 오라고 하였다. 차장님의 힘 있는 대답은 "제가 결정하면 사장님이 허락하십니다."

60년 변하지 않는 현실

초등학교 3학년 때 생생하게 경험한 교사의 학생 차별을 기억하고 있다. 그리고 최근의 학교 상황도 크게 다르지 않다는 것을 이런저런 경로로 알고 있다.

　나의 렌즈에 각인된 그 사건으로 가본다. 초등학교 담임선생님은 비교적 예쁜 미혼의 여자 선생님이셨다. 성함을 기억하지만 입에 올릴 생각은 없다. 어느 날 종례 시간에 선생님께서 많은 아이들의 이름을 부르셨다. 오늘은 너희들이 남아서 청소를 하라고 하셨다. 그때 선생님의 입가에 미소가 번졌던 것 같다. 평소의 규칙이나 질서와 다른 일이고 그 아이들이 같은 분단이나 번호로 구별되는 아이들이 아니어서 무슨 일인지 이해할 수 없었다. 1957년도에 어린 학생이 선생님에게 이런 것을 질문할 수는 없는 일이었다. 그날은 영문을 모르고 집으로 돌아왔다. 물론 나는 그 명단에 끼이지 못했다. 며칠 후 자연스럽게 알게 된 일인데, 그 아이들은 선생님이 과외공부를 가르치기 희망하는 학생들의 명단이었다. 달리 말해서, 부모가 별도의 월사금을 낼 수 있는 능력이 있는 집의 아이들이었다. 이름 불린 아이들이 당당했던 것은 선생님의 은근스런 인정이 이미 전달되었기 때문이었던 것 같다. 부모가 경제적으로 가난해서, 그런 명단에 들어갈 수 없었던 나와 다른 학생들은 경제적인 원인으로 인한 차별에 대해서 학습하고 적응하고 순응하는 그런 사회화를 겪었던 것 같다. 대학교수의 딸로 태어났으나 어머니가 같은 초등학교에서 벽돌(보로꾸) 찍는 막일을 하는 엄청난 추락을 겪은 나로서는 말없는 아이로 변해가기 좋은 환경이었다. 양옥집에 살다가 멀리 이사 와서 판잣집에 살고, 초등학교 1학년 때 두 번씩이나 전학하면서 접한 현실은 하늘에서 땅으로 떨어지는 충격 그 자체였다.

이와 유사한 일들이 대학이나 대학원에서도 이루어지고 있다면 어떻게 이해해야 하나? 균등한 경쟁이나 평가가 아니고 여성이 아니고 남성이라서, 가난하지 않고 부유해서 일방적으로 좋은 우대를 받을 수 있는 경우가 있다. 우리나라에서 1948년에 최초로 남녀공학을 실시하였다는 연세대학교에서도 아직도 등록금 액수만 남녀평등인 사례가 발견되기도 한다. 남녀차별을 하려면 차라리 등록금 액수부터 변별하였으면 덜 억울할 것이 아닌가!

조말희 선생님

어제부터 내린 비가 대지를 충분히 적시어 산에 생기가 도는 아침입니다. 오늘 3월 1일은 우리나라 독립을 위해 싸우신 독립투사의 뜻을 기리는 거룩한 날이며 올해가 99주년이고 내년에는 삼일운동 100년을 맞이하게 됩니다. 조상들에 비하면 우리가 얼마나 편안하게 거저 잘 살고 있는지 부끄럽고 또한 감사할 뿐이지요.

성모 마리아는 아기를 잉태한 것을 알았을 때 얼마나 당황스러웠을까요? 그분이 나이도 어렸고 심리상담을 배운 것도 아니고 마음 다스리기가 참 힘이 들었을 것이라고 짐작됩니다. 조말희 선생님이 금간 5, 6, 12번 척추뼈에서 나오는 소리를 들으며 자기성찰을 하는 문자를 읽으며 나도 여러 마음이 듭니다. 누가 하늘이 내리는 소리와 자신의 몸과 마음에서 나는 소리를 제대로 경청하면서 살고 있을까요? 네 이웃을 네 몸같이 사랑하라는 예수님의 대계명은 하나님을 사랑하라는 계명에 바짝 붙어 있는 거대한 명령문이지요.

2월 17일에 만나서 이야기하면서도 조말희 선생님의 속 깊은 고민을 다 헤아리지 못하고, 우선 봉합하는 선에서 이야기한 부분이 마음이 아픕니다. 또 감기 걸렸구나 직감은 했지만 살의를 느낄 정도의 분노를 읽지는 못했네요. 두 번의 커다란 자동차 사고에서도 금만 가게 하고 골절을 막아주신 하나님의 속셈은 무엇일까요? 작년에 한상 시험준비를 할 수 없게 가로막았던 어머니 노환과 입퇴원… 올해는 스스로 누워서 생각하도록 도우시는 하나님의 세미한 음성을 함께 듣도록 하지요.

작은 시

하나님 아파요
몸과 마음이 함께 아파요
누워 있어요
누워서만 보이고 들리는 그것을
보고 듣게 해주세요
걷고 달리면서 보지 못하고 듣지 못했던
주님의 손길과 음성
풍성히 함께하시는 주님의 사랑
작은 가슴 눈물 속에 비춰주세요

센터 원장회의에서는 일단 몸이 회복될 때까지 부담스런 방사용료를 유예하는 것으로 결정하였습니다. 이후에 꼭 전임으로 있어야 하는 것도 아니고, 그 무슨 결정도 조말희 선생님이 자유롭게 그 때 상황에서 자신에게 바람직한 방향으로 결정하면 됩니다.

누가 병실을 지키고 있는지요? 빨리 달려가지 못하고, 오늘에사 장로님과 함께 가기 전에 마음을 가다듬고 있습니다. 조말희 선생님 사랑합니다. 힘이 되기를 원합니다. (2018. 3. 1.)

1월 1일의 기쁨

매년 1월 1일에 누리는 기쁨이 있다. 바로 그해 당선된 신춘문예 작품을 만나는 기쁨이다. 작가마다 토해내는 당선소감을 읽는 맛도 쏠쏠하고, 심사평의 전문적인 안목은 언제나 고개를 숙이게 한다. 2019년 시 당선작 최인호의 '캉캉'이 하이힐 삽화와 함께 눈길을 끌었다.

캉캉

최인호

발목이 세상을 바꿀 것이다.

불란서 댄서들은 하이힐에 올라야 비로소
태어나지
발끝을 모으지
분란은 구두 속에도 있고
탁아소에도 있고 어쩌면
내리는 눈의 결정 속에서도 자라고

오후 세시에는 캉캉이 없다

모르는 사람이랑 대화하려면 쓸데없는 말들이 필요해요

식탁 아래서 발을 흔들고

유쾌해졌지 아무것도 흔들리지 않는 것 같아서

몰래 휘파람 부는 것 같아서

뉴스를 튼다

신은 인간을 만들었고

인간은 가십을 만들죠

상반신만 보이는 아나운서의 팔을 믿으며

캉캉은 감춰지는 중

양말 속에 주머니 속에

불란서 댄서들의 스포티한

팬티 속에

빨간 주름치마가 되어

덤블링이 되어

지구가 돌아간다

구세군 냄비에 눈이 쌓이고 내년에는

내년의 근심이 기다리겠지 고향이 어디입니까 묻는다면

제왕절개 했습니다 답하겠지 아무 것도 흔들리지 않는 것 같아서

마음은 캉캉.

발끝을 들어올릴 때마다

불거지는 중

  시, 단편소설, 중편소설, 시조, 영화평론, 희곡, 시나리오, 문학평론, 동화. 분야는 다르지만 당선소감에 반복되는 키워드가 발견된다. '죽을 만큼 힘들었다. 울고 또 울었다. 걷고 또 걷는다. 감사하다. 끝까지 밀고 나가겠다.' 사유하고 기록하고 울고 또 우는 분들이 켜는 등불이 밝다. 세상을 비친다. 글을 쓰는 일을 업

으로 삼는 분들에게 고개를 숙인다.

1월 1일의 또 다른 기쁨이 있다면 바로 신춘문예 작품을 침대 위에서 딩굴며 읽는 호사로움에 있다. 오랫동안 잠들기 전에 무엇인가 읽다가 잠드는 습관이 있었고, 결혼하고서 이 습관이 암초에 부딪혔다. 그래도 혼자 여유로운 어떤 날 침대에 누어서 신문을 읽고 게으름을 부리는 일은 행복을 더해준다. 행복감을 듬뿍 안겨 준다. 2019년 1월 1일에 행복감을 만끽하고 나온 나에게 남편이 간곡하게 부탁한다. '침대에서 신문을 읽으면 안 돼, 신문지에 세세한 먼지가 많기 때문에 모두 이불 위에 떨어진다니까…' (2019. 1. 1.)

마당을 쓸었습니다
나태주

마당을 쓸었습니다
지구 한 모퉁이가 깨끗해졌습니다

꽃 한송이가 피었습니다
지구 한 모퉁이가
아름다워졌습니다

마음속에 시 하나 싹텄습니다
지구 한 모퉁이가 밝아졌습니다

나는 지금
그대를 사랑합니다

지구 한 모퉁이가 더욱

깨끗해지고 아름다워졌습니다.

바로 이런 마음으로 작은 책 하나를 만들고 있습니다. (2019. 1. 6. 주일 아침)

하늘은 스스로 돕는 자를 돕는다

상담자의 자기분석은 끝이 없다. 그래서 자기천착(Self-Scrutiny)이란 표현이 더 어울리기도 한다. 최근에 새로운 자기분석이 한 가지 추가되었다. 나를 보여주는 거울이 도처에 있는데, 이번에는 아주 특별한 거울들이다. 나의 혈연은 아니지만 마음으로 딸과 아들로 생각하는 두 분이 있다. 첫째는 1980년대에 홀트에서 인연 맺은 안산에 사는 손문자 선생님이다. 입지전적 인물이고 지금까지의 성장보다 앞으로의 성숙이 더 기대되는 인물이다. 둘째는 2000년도부터 현재까지 소통하고 있는 바오로이다. 바오로와는 '그냥' 만났다가 지금까지 오고 있다. 그의 삶을 심리전기라는 방법론을 통해서 박사학위 논문으로 엮는 특별한 일이 2008년에 매듭지어졌다. 그리고 지금 2020년까지 20년의 교류가 있고, 원컨대 이 교류가 지속되기를 기도하고 있다. 최근에 두 사람에 대해서 묵상하면서 새로운 발견이 되었다. 두 사람은 전혀 서로 모르고 내 안에 항상 있는 사람들인데 우리 셋이 닮은 부분이 있다. 성격적 유형으로 말하면 '힘쓰고 애써서 성취하는(striving & achieving)' 유형이다.

손문자 선생님 이야기를 먼저 하면 칠보공예전문가로 어려운 일을 지속하면서 가계에 실질적인 보탬을 가져오고 있다. 그것도 감격스러운데 새롭게 시작한 수영에서 이룬 성취는 가히 놀라울 만하다. 수영선수-인명구조원-인명구조원 강사. 그리고 지난번 만남에서 초등학교 교육공무원으로 학생들에게 수영강습을 하는 일을 이야기하였다.

바오로는 2000년부터 만났지만, 그 이전에 이미 영화평론가를 꿈으로 하면서 영화공부에 상당한 진전을 이룬 상태로 알고 있다. 그 이후에 자유로운 학습이 제한된 영역에서 20년을 지냈지만, 그의 꿈이 없어졌다고는 생각하지 않는다. 또한 헤파이스토스의 원형을 가진 그는 손대는 건 무엇이든지 못하는 것이 없는 장인이다. 컴퓨터도 높은 수준에 있는 것으로 확신한다. 영어 토익 만점, 방통대 인문학부 수석졸업, 중국어 자격증, 점자교정 전문가 등, 내가 알고 있는 내용은 일부분이라 생각한다.

나 스스로도 '하늘은 스스로 돕는 자를 돕는다'는 좌우명을 1979년에 만난 이래, 박순을 돕기 위해 열심이다. 대학 졸업하여 영어교사로 있다가 7년 후의 대학원 석사과정 입학, 다시 22년 있다가 56세에 박사과정 입학은 평범과는 거리가 있다. 한마디로 노력하고 두드리는 삶이다. 2008년에 박사학위를 받고 이어지는 도전은 매우 실질적이다. 제일 먼저 2009년에 한국목회상담협회 감독을 취득하였다. 2013년에 한국코치협회 인증코치 KAC 취득하였고 한국가족문화상담협회에서 수련감독 가족상담전문가 자격을 취득하였다. 2014년에 한국코치협회 전문코치 KPC를 획득하였다. 또한 2014년에 한국기독교상담심리학회 감독과 한국상담학회 부부가족상담학회 1급 상담사가 되었다. 2017년에 한국상담학회 부부가족학회 일반영역 수련감독자와 한국상담심리학회 1급 상담심리사, 2018년에 한국가족문화상담협회 EAP전문가 수련감독이 되었고 2019년에 한국상담학회 전문영역 수련감독자를 취득하였다. 지금 마음으로 만지작 거리고 있는 자격이 있다면 한국코치협회 수퍼바이저코치 KSC와 국제임상모래놀이치료학회의 모래놀이치료사 1급 자격증이다. 오직 인도하심을 따를 것이다.

나와 손문자 선생님과 바오로는 끊임없이 노력하는 부분이 닮아있다. 이것이 혈연을 넘어서 인연이 이어지는 요인임을 발견하고 마음이 밝아온다. 공통점은 굉장한 마력을 발휘한다. 그리고 최근에 새로운 교육분석 대상 중에서 유사한 유형의 성격과 가치관 및 생활방식을 지닌 인물들을 만나고 있다. 분석과정이 기대된다.

가지 않은 길

로버트 프로스트

단풍 든 숲 속에 길이 두 갈래로 났었습니다.
나는 두 길을 다 가지 못하는 것을 안타깝게 생각하면서
오랫동안 서서 잣나무 숲 속으로 접어든 한쪽 길을
바라볼 수 있는 데까지 멀리 바라보았습니다.

그러다가 똑같이 아름다운 다른 길을 택했습니다.
그 길에는 풀이 더 있고 사람이 걸은 자취가 적어
아마 더 걸어야 될 길이라고 생각했던 것이지요.
그 길을 걸으므로, 그 길도 같아질 것이지만.

서리 내린 낙엽 위에는 아무 발자국도 없고
두 길은 그날 아침 똑같이 놓여 있었습니다.
아, 먼저 길은 다른 날 걸어보리라 생각했지요
다시 보기 어려우리라 여기면서도.

오랜 세월이 흐른 다음
나는 한숨지으며 이야기 하겠지요
숲 속에 두 갈래 길이 있었다고,
나는 사람이 적게 간 길을 택하였다고,
그리고 그것 때문에 모든 것이 달라졌다고.

(2020. 2. 19.)

생애발달 9단계, 상담코칭 9단을 향하여!

집에서 센터로 걸어가는 거리는 20분 정도, 한 가지 주제로 사색하기에 매우 좋다. 새벽에 접한 에릭 에릭슨과 아내 조앤 에릭슨이 추가하였다는 생애발달의 9단계에 대해 사색하며 길을 걷는다. 마침 봄비가 내린다. 글의 제목을 〈인생 9단계, 상담코칭 9단!〉 하면 당장 뚜드려 맞기 좋다. 그러나 '향하여'를 붙이면 사뭇 달라진다. 에릭슨 부부는 함께 작업한 자아발달 8단계가 부족하다는 비판을 수용하여 자신들이 80~90대에 이르면서 9단계를 추가하였다. 그러니까 65세 이후 80세 까지가 8단계라면 그 이후가 9단계가 된다.

재미있는 일치는 세계적인 상담심리학자들이 당대의 평균수명과 다르게 장수하였고, 대체로 9단계를 살며 자신들의 업적의 완성도를 높였다. 프로이트(1856~1939), 융(1875~1961), 로저스(1902~1987), 펄스(1893~1970), 스키너(1904~1990), 왓슨(1878~1958), 에릭슨(1902~1994), 엘리스(1913~2007), 아론 벡(1921~) 등. 그리고 제럴드 코리와 윌리엄 글라세도 장수할 것 같은 예감이 든다. 필자는 이분들의 장수비결을 인간에 대한 깊은 이해와 통찰에 그 공통점이 있다고 가정한다. 모르는 답답함보다는 끊임없는 연구와 성찰이 이분들의 심리적인 활력과 육체적인 생명을 연장하였으리라. 사실 이분들은 돌아가신 것이 아니다. 지구상에서 프로이트가 말해지지 않는 날은 하루도 없다. 융에 대한 깊은 사모함은 융기안들의 종교와 같다. 로저스의 무조건적인 긍정적 존중과 정확한 공감적 이해는 감히 모든 상담사의 가슴판에 새겨 있다고 이야기할 수 있다. 에릭슨의 자아발달 8단계는 인간이해의 나침반이 되어 상담사의 심리적인 닻이 되고 있다. 그리고 에릭슨은 오래 살면서 이미 경험하는 자아발달 9단계를 자신들의 저술에 추가하였다. 스키너의 행동주의 이론은 모든 학습원리 이해의 근간이다. 엘리스의 인지정서 치료는 결국 아론 벡의 우울증의 인지치료라는 꽃을 낳았다. 프로이트의 무의식부터 아론 벡의 자동적 사고까지 인간의 일상생활에서의 실제적인 메커니즘을 알기 위해 궁구하면서 파고든 고귀한 결과물이다.

로저스도 그의 저술 〈사람중심 상담: A Way of Being〉에서 '나이 듦에 대하여'를 기술하였다. 에릭슨도 그의 9단계에서 '나이 듦에 대하여'를 별도의 챕터로 기술하였다. 그리고 이글을 쓰는 필자는 8단계의 한가운데 있으면서 9단계를 바라보고 있다. 그러면서 2020년에 창립 5주년을 맞이하는 연세다움상담코칭센터의 원장들이 창립기념행사로 패션쇼를 하면 어떨까 하는 엉뚱한 발상이 떠오른다. 여섯 분의 원장 모두 일생 옷을 입었고, 나름대로의 개성이 있는데, 이를 자유롭고 즐겁게 펼쳐 보이면서 향후 10년의 계획을 할 수 있지 않을까? 그리고 옷 나눔, 소품 나눔 행사도 함께 하면 어떨까? 왜냐하면 9단계가 추가된 것은 다음 세대를 위한 나눔과 전수에 있다고 보기 때문이다. 개인적인 가족과 직장을 넘어서, 이제는 피붙이 살붙이가 아닌 더 너른 가족에게 작은 것이라도 나누는 삶을 꾸릴 수 있는 것이 9단계의 강점이다. 겉사람은 날로 후패하여도 속사람은 날마다 더 새로워질 수 있다. (2020. 3. 10.)

Zeep 차를 몰고 싶은

아침 운동을 마치고 돌아오는데 눈 앞에서 'ZEEP'이라고 크게 쓴 차가 시동을 건다. 지프차를 보면 금방 타고 싶은 마음이 든다. 검은색으로 힘이 있고 크기도 상당하다. 나는 지프차를 타는 환상을 갖고 있다. 갤로퍼, 무스탕, 차에 대해서 전혀 문외한이며 차치인 내가 지프차에 대해서는 로망과 환상을 갖고 있다.

다음 순간 스치는 환상! 아버지가 지프차를 타고 다니시던 1955년으로 회귀한다. 그렇구나! 내가 지프차를 타고 싶은 건 그런 연유가 있었구나. 웬 뜬금없이 지프차를 몰고 싶은 가당찮은 꿈을 꾸게 되었나 하니, 어릴 적 잃어버린 환상을 좇아가는 아주 작은 소녀가 내 안에 있다.

어머니가 들려주시던 일화가 있다. 이승만 대통령이 귀국하시는 환영행사에 아버지가 제일 앞에서 선도차를 타고 일행을 이끌었다는 전설 같은 이야기다. 그리고 정일형 박사, 장면 박사, 백낙준 박사 등등. 우리 집 일상에 오르내리시는 분들은 모두 국보급, 거물급 유명인사였다. 그리고 다른 어린아이들이 그렇듯이 나는 온 세상의 집에서 그러는 줄 알면서 자랐다. 그리고 어린이가 자기 집의 환경을 무의식화하고 절대화한다는 것을 뒤늦게 상담을 배우면서 알게 되었다. 콤플렉스를 갖게 하는 어릴 적 경험에 대해서 그 메커니즘을 배우게 된 것이다. 기왕 아버지 이야기가 나왔으니, 믿거나 말거나, 나는 대학교수를 절대로 안 될 직업 1위에 놓고 있었다.

정말 지프차를 몰아보고 싶다. 어릴 적 연세대학교 교수사택에 살 때 아버지가 지프차를 집에 몰고 오신 적이 있었다. 그 장면이 또렷하다. 군용 지프차인데 검은색이었다. 그때 큰언니와 쌍둥이 언니·오빠는 아버지 차를 타본 것 같다. 아마도 어린 나만 …

절대로 원하지 않았던 교수직이지만 2008년 박사학위 취득 후 지금껏 겸임교수와 외래교수로 강의하고 있다. 대학강의나 기타 강의에 대한 거부감은 사라진 지 오래이다. 그렇다면 이제 지프차 운전에 도전해볼까?

못하란 법도 없지 않은가! 우리차도 SUV인데. (2020. 3. 24.)

셔틀콕은 바람에 흩날리고

배드민턴과 함께 한 지 어언 13년째, 삶의 일부이고 하루의 출발점이다. 처음에 산에서 치기 시작하면서 사시사철 비를 피하고 바람을 타면서 배드민턴을 배웠다. 2012년에 궁동산배드민턴 체육관이 개관하면서부터 본격적으로 실내에서 운동을 해왔는데, 코로나로 체육관이 휴관하면서 나를 비롯한 회원들은 아침마다 좀이 쑤시기 시작했다. 우리는 2020년 2월 마지막 주부터 다시 야외 코트에서 만나기 시작하였다. 제법 추웠고 코트가 얼어 있었지만, 하나 둘 모이면서 아침마다 야외 코트에서 셔틀콕 치는 재미가 말로 다 할 수 없을 지경이다.

실내와 야외의 차이점은 바람과 햇빛이다. 바람이 어느 방향으로 부느냐에 따라서 오던 콕이 뚝 떨어져 버리거나, 셔틀콕이 이리저리 바람에 흩날리면서 진기한 장면들이 자동 연출된다. '오렌지 향기는 바람에 흩날리고'를 노래한 성악가가 있거니와, 야외코트에서는 셔틀콕이 바람에 흩날린다. 대체로 어느 방향으로 부는구나 하면서 서브를 넣거나 스매싱을 해도 공이 전혀 다른 방향으로 선회할 때 우리는 한바탕 웃게 된다. 누구도 어쩔 수 없는 바람. 어디로 불지 가늠할 수 없는 바람. 바람은 자유로 분다. 그 바람에 따라서 우리는 웃고 또 웃는다. 헛방을 칠 때 웃음이 터지고, 코트장은 웃음밭이 된다. 나도 헛방을 치고 너도 헛방을 친다. 그럴 때 묘한 자세가 많이 연출된다. 기획된 연출이 아니라 자동연출이다. 자연스럽기에 폭소가 터져나오고, 실력이 좋은 사람이나 나처럼 낮은 사람도 함께 어우러져 게임을 하게 된다.

바람도 바람이지만 해가 떠오르면 아무것도 보이지 않는 지점이 있다. 선글라스가 아니면 셔틀의 오고감이 보이지 않는다. 그래서 2인 복식일 때는 13점에, 3인 복식일 때는 16점에 코트를 체인지한다. 공평하게 하기 위해서다. 바람 부는 방향에 따라서 콕이 너무 멀리 날아가버리기도 하고, 콕이 나가지 않고 뚝 떨어져 버리기도 한다. 이럴 때 날리는 셔틀콕을 기다리는 자세가 필요하다. 여러 날 야외에서 치다보면 자연스럽게 요령이 조금 생긴다. 서두르기보다는 셔틀콕 나는 방향을 보면서 기다렸다 치는 것도 한 방법이다. (2020. 4. 2.)

Early Bird!

얼리 버드. 디스카운트 이야기가 아니다. 아침 산을 오르다 보면 새소리 샤워를 받는다. 새들은 아침에 노래한다. 떼를 지어서 노래 부르기도 하고, 더러는 혼자서 울기도 한다. 일찍 일어나는 새가 모이를 먼저 발견하게 되는 것은 당연지사이다. 새들의 밥상을 따로 차려주는 주방이 있지는 않다. 기어다니는 벌레, 날아가는 날짐승, 강물의 고기. 자신의 보호를 위에서 높이 있다가 목표물을 향해서 돌진하는데, 여기에 경쟁이 없을 수가 없다. 일찍 일어나는 새가 맛있고 귀한 먹이를 먼저 차지하게 된다.

며칠 전 배드민턴 운동장에서 커다란 사건이 일어났다. 까치가 떼로 몰려와서 급하고 큰 소리로 깍깍, 깍깍, 깍깍, 정말 난리가 났다. 여느 날과 다른 대소동이어서 주변을 살펴보니, 화단에 어린 까치 한 마리가 떨어져 있었다. 벌써 이생의 새가 아니었다. 계속해서 까치들이 와서 큰 소리로 이 불상사에 대해서 커다란 모임, 마치 총회를 하듯이 야단법석이었다. 땅을 파고 묻어줄까 하다가, 아쉬운 대로 봉분을 만들었다. 산에 고양이가 많은 고로 시체를 물어갈까 봐 주변의 크고 작은 돌을 모아서 제법 든든한 까치묘를 만들었다. 나무 말뚝으로 그 생명을 기리고 기억하는 의례를 하였다. 아직 어린, 그리고 털빛이 곱고 윤기나는 어린 까치였다.

봄산에는 까치와 까마귀와 꿩이 서로 공존한다. 까치는 조금 빠르게 알레그로로 '깍깍 깍깍 깍깍' 한다. 까마귀는 모데라토 안정된 속도로 '까아악 까아악 까아악 까아악 까아악' 대체로 다섯 번 정도 연속으로 발성을 한다. 꿩은 어떤가? '꿔-엉' 모데라토보다 조금 느리게 투박한 소리로 단발마 발성을 할 뿐이다. 그리고 어인 일인가? 이분들은 모두 'ㄲ'으로 시작하는 이름을 공유한다 ─ 까치, 까마귀, 꿩. 모두 의성어이다. 새들의 소리에서 따온 이름이다.

알파벳을 달리해서 딱따구리도 그야말로 소리에서 따온 이름이다. 봄이 되면 딱따꾸리가 새롭게 나무를 주둥이로 조을 때는 '탁탁탁탁' 이런 소리가 난다. 나무 재질과 구멍의 크기에 따라서 '딱따구르르르르르' 소리가 크기도 하고 높기도 하고 뒷산 나무마다 음색이 다르다. 피치와 톤과 볼륨이 모두 다르다. 모두 자기 소리, 제 목소리를 낸다.

저녁 새는 어떠한가? 저녁이나 밤에 산 근처에 가면 조용하다. 밤새는 일찍 주

무시는 듯하다. 일찍 자고 일찍 일어나는 모범생들이다. 해시계에 근거해서 바이오리듬이 조율된 듯하다. 아침 햇살을 반기며 노래하는 새들에게 햇님은 환한 미소로 사랑의 인사를 한다.

곧 뻐꾸기가 '뻐꾹 뻐꾹 뻐꾹' 노래할 계절이 다가오고 있다. (2020. 4. 10. 부활절 새벽)

낡은 단독주택

50년 넘은 낡은 단독주택에 살고 있다. 내 몸은 더 낡은 단독가옥이다. 이 두 개체가 곰삭아 익으며 함께 호흡을 한다. 집에 사람의 온기가 필요하듯이 내 몸에 어떤 분의 훈기가 필요하다. 오이쿠메네, oikos, house! 집은 가족이 사는 공간이다. 사람의 몸은 혼이 거하는 영역이다. 집도 오래 되면 낡는다. 여기저기 고장도 나고 유행에 뒤진다. 수리와 리모델링이 필요하다. 2009년에 한바탕의 집수리를 했다. 내 얼굴도 수리를 한다. 우리집이 페인트 도색이 필요한 기간이 한참 지났는데 엄두를 내지 못한다. 그리고 나는 달마다 머리를 염색한다. 마모되고 노화되고 낡아지는 데는 당할 재간이 없다. 2층 화장실 문턱도 낡았고 내 발톱도 변형이 되고 있다.

그래도 저녁마다 이 집에 찾아들기 어언 43년째! 머리를 향하고 돌아오는 발걸음이 편안하다. 내 몸이 나와 더불어 산 지 어언 73년! 낡았어도 내 몸이고 늙었어도 내 몸이다. 익숙함이 정겨움을 낳고 그 정겨움 속에서 도란도란 살아간다. 낡은 주택은 언젠가 리모델링의 꿈과 비전을 가질 수 있다. 나는 이 몸을 벗어날 거대한 꿈을 꾸고 있다. (2020. 4. 17.)

배를 선물하고 싶은

귀한 분을 생각한다. 분석을 해주신 분이다. 상담사에게 교육분석을 해주신 분은 상담의 어머니이다. 어머니 복을 많이 받았지만, 상담에서도 정말 모든 면에서 수련을 장기간 하신 분석가를 만나는 복을 받았다. 그때는 몰랐지만, 2005년 1월 나의 꿈 분석가 심상영 목사님이 들고 온 디플로머의 무게감이 갈수록 올라간다. 25년간 분석심리학을 공부하며 분석받고 수퍼비전 받은 결실로 받은 달랑 한 장의 종이. 그것도 대한민국, 미국, 스위스 등 여러 나라와 도시에서의 분석작업과 연구작업이 이루어진 점을 생각하면, 한 분의 분석가의 존재감이 체감된다.

귀하신 분을 뵈러 가고 싶다. 그분의 책 〈삶의 의미와 테메노스〉를 읽으면서 앞으로 나의 공부방향이 보인다. 바로 성경을 분석심리학적 시각으로 다시 읽기이다. 성서 속의 상징을 해석하려면 깊은 공부가 필요하다. 마음으로 벌써 그런 성경공부를 꿈꾸게 된다. 그전에 먼저 분석가 선생님을 뵈러 가는 상상을 한다. 그러면서 여러 해 전 설 명절에 배를 들고 갔던 기억이 떠올랐다. 연세대에서 배를 사서 서대문의 연구소까지 들고 갔다. 예외적인 일이다. 물론 배가 한 켜만 있는 상자였지만 그때도 예외적인 결정이었다. 그런 무거운 선물을 대중교통을 타고 직접 들고 가는 선택은 예외 중의 예외이다. 사전에 계획된 일이 아니고 연세대학교 학생회관 생협이 과일선물 세트를 진열해 놓은 것을 보고 즉석에서 결정하고 가져갔다.

그리고 이번에도 배를 들고 가고 싶은 마음이 든다. 그러면서 나는 왜 또 배를 생각할까 궁금해진다. 이번에도 무거울 텐데… 그러면서 더 옛일이 떠오른다. 30년 전 여선교회전국연합합창단에서 합창공부를 시작하고서의 일이다. 민영희 지휘자 선생님의 가르침에 매료되어서 연하의 연세대 후배지만 존경하고 섬기는 마음이 저절로 우러나왔다. 그때도 나는 남편 모르게 배 한 상자를 별도로 주문해서 베란다에 감춰 놓고 연습 때마다 배를 두 개씩 싸가지고 갔다. 하나는 소프라

노 파트원들이랑 나눠 먹고, 하나는 선생님에게 드리기 위함이었다. 그때 커다란 배를 두 개씩 가방에 넣으면서 참 기뻤다. 귀한 선생님에게 배를 매주 드릴 수 있어서 행복했다.

그러면 왜 나는 귀한 분에게 무슨 선물을 생각할 때 배를 선택할까 궁금해진다. 그러면서 순간 옛날 밥상이 오버랩 된다. 밥상 위에 있는 굴무침 속의 채친 배가 떠오른다. 그리고 식후에 먹던 배도 생각이 난다. 1950년대와 1960년대에 먹을 것이 얼마나 귀했던가. 더구나 가난해졌던 우리 집에서 배는 항상 먹을 수 있는 과일이 아니었다. 그것은 특별한 날, 아버지가 집에 오신 날의 최상급 메뉴였다. 어머니는 아버지와의 삶에서 애환이 깊었지만 아버지에 대한 예우를 음식으로 하셨음을 깨닫게 된다. 아버지가 좋아하시는 굴무침, 아버지가 좋아하시는 배를 어려운 살림에도 불구하고 대접하셨다. 그리고 너희 아버지가 배를 좋아하신다는 말을 여러 번 들려주셨다.

이러면서 연결이 닿는다. 마음속 깊은 곳에서 퍼즐이 완성된다. 왜 귀한 분에게 배를 직접 들고 가는지, 이런 것도 세대 간 전수인가? 나는 귀한 분에게 배를 대접하고 싶은 사람이다. 나의 어머니는 자신의 귀한 분에게 배를 대접하셨다. 대를 이어 나도 나의 귀한 분에게 배를 대접하는 일을 이어가고 있다. 그러면서 아버지에 대한 생각이 달라진다. 아버지가 조금씩 더 귀해진다. 그리고 나도 2020년 봄에 배를 아주 맛있게 먹고 있다. 배드민턴 클럽 회원이 배농장을 하시면서 회원들에게 맛있는 배를 저렴하게 배달해주어서 사과 반 배 반 날마다 과일잔치다. 매일 배를 먹는 나도 귀한 사람인가 보다. (2020. 5. 14.)

전이의 위력(The Power of Transference)

〈수퍼바이저의 자기성찰〉 교정원고를 두 번 살펴보았다. 출판사에 보내기 전에 꼭 할 일이 아직 남아있는 듯하다. '전이'에 대하여 이전에 써놓은 글이 있는가 집

컴퓨터를 뒤져도 보았다. 머릿속으로 생각한 기억이 있고, 분명 글로 남긴 것 같은데 아직까지 찾지 못하고 있다. 마치 일본 동지사대학 신학부의 하라 마코토 학장님께서 2012년 11월에 친히 가져다주신 아버지의 동지사대학 신학부의 졸업논문 원고를 찾지 못하는 현상과 모두 같은 뿌리를 공유하는 듯하다. 전이의 위력에 대해서 글로 남기지 않을 수 없다.

아버지께서 동지사대학에 유학하셨고, 아버지에 대한 화해 작업의 일환으로 서울에서 열리는 동지사대학 동문회 모임에도 몇 번 참석하였다. 마침 연세대 조재국 목사님께서 동문회 회장을 맡으시면서 동문과 동문 가족을 포함하는 운영을 하셔서 동참할 명분도 마련되었다. 무엇보다도 존경하고 존경하는 나의 멘토, 김옥라 회장님께서 동지사여대 동문으로 이 모임에 오시기에 더욱 함께할 마음이 부풀어 올랐었다. 그리하여 드디어 부산의 최의식 동문으로부터 동지사대학 하라 마코토 학장님을 소개받았고, 그분에게 이메일을 보냈다. 시공을 넘어서서 하라 학장님께서는 1940년대에 재학한 한국의 유학생 박상래 졸업생의 졸업 논문의 사본을 친히 가져다주셨다. 이를 위해서 이메일이 많이 오갔고 2012년 11월 서대문의 감리교신학대학교를 방문하시던 날 감신에서 직접 원고를 받았다.

어찌하여 나는 아버지의 귀중한 논문을 가져다주시는 하라 마코토 학장님께 아무런 선물도 준비하지 못했을까? 정말 알 수 없는 노릇이었다. 살면서 주고받은 선물이 얼마였던가? 마음의 선물을 주고받는 일이 내게는 어려운 일이 아니다. 외국인과의 교류는 대학생부터 이어졌고 홀트에서 절정을 이루었으며, 아주 오래된 인연, 고마운 인연에는 마음이 동하면 고액의 선물이나 현금 드리기에 주저함이 없었다. 오죽하면 신혼 때부터 남편이 나를 '돈 잘 쓰는 귀신'이라고 했겠는가! 그런데 도대체 영문을 알 수가 없었다. 하라 학장님이 서울에 오시고 감신대 박종천 총장님실에서 뵙기로 약속이 되었는데, 도대체 선물준비가 이루어지지 않고 있었다. 액면의 고하를 막론하고, 선물의 귀천을 떠나서 도대체 한 발자국도 일이 진척되지 않았다. 정말 손과 발이 땅에 딱 달라붙은 듯이, 생각이 증발한 듯하였다. 결국 나는 빈손으로 하라 학장님을 뵙고 논문만 받아왔다.

　이야기는 다시 강변심리상담연구소(현, 서울상담연구소)의 김옥진 교수님과 집단상담하던 2013년 여름으로 거슬러 올라간다. 2박 3일 집단인데, 대체로 집으로 다니러 갔고, 나는 연구소에서 밤과 새벽을 혼자 지내었다. 새벽에 비가 억수같이 쏟아지는데 혼자 아파트 내의 공원을 산책하면서 상념에 젖어든다. 집단상담으로 나의 심리내적 역동이 활발하게 작용한 것인가? 나는 어찌하여서 하라 학장님을 만나는데 선물을 준비하지 못할 수 있었을까? 적절한 선물을 준비하는 일이 아무 것도 준비하지 못하는 것보다 훨씬 보편적이고 쉬운 일인데 어떻게 해서 이런 일이 나에게 발생하였을까? 후안무치의 극치를 이루었을까? 억수로 내리는 소낙비를 피하려 들어가 정자에 앉아 상념에 잠겼는데 옆으로 쏟아져 들어오는 비가 한 소식을 전한다. 그렇다. 그렇구나. 그거였구나. 바로 그것이었구나.

　프로이트가 말한 전이, 즉 성장과정에서의 중요한 인물에게 가졌던 감정을 성인이 되어서 다른 인물에게 투사하는 것, 바로 전이현상이었음을 깨닫는다. 무섭다. 비합리의 극치이다. 하라 학장님은 나의 아버지가 아니다. 생전 처음 뵙는 외국 대학의 학장님이시다. 그런데 나는 아버지에 대한 감정을 이 분에게 투사하였음을 학장님 뵙고 8개월 후인 2013년 7월에 깨닫게 되었다고 나의 수련수첩 기록은 말해주고 있다. 무의식의 의식화가 얼마나 어려운 작업인지 실감한다. 무의식적으로 이루어졌기에 도대체 이유를 알 수 없었다. 너무나 불합리하고 이해가 안 되는 현상 속에 무의식의 투사현상이 도사리고 있었던 사례이다. 그냥 예의가 없다거나 돈을 아꼈다는 말로는 설명이 되지 않는 사건이었다. 나의 무의식이, 아버지에 대한 부정적 전이가 예절보다 강력했고 돈 한 푼을 쓰지 못하게 주인의 손발을 묶었다. 필자의 이 전이현상은 계속해서 살펴봐야 한다. 왜냐하면 하라 학장님이 가져다주신 그 귀중한 원고를 지금 찾지 못하고 있기 때문이다. 기억으로는 책장의 가장 오른쪽에 누런 대학봉투 속에 잘 두었다. 이 논문을 일본어에서 한국어로 번역할 계획을 품고서 번역자도 대체로 생각해 놓았고, 그런 후에 원고를 찾는데 이를 찾지 못하고 있다. 아무것도 안 버리는 내가 이런 귀중한 원고를 버렸을 리는 만무하다. 어느 날, 그날, 준비된 그날, 이 원고를 찾아서 아버지의 논문을 한글로 번역해서 읽을 꿈을 갖고 있다. 화해작업이 더디고 시간이 걸리는 일임을 나 자신의 사례를 통해서 절감한다.

결혼할 때 남편에게 신신당부 주의사항을 준 적이 있다. 나 모르게 장인에게 용돈 드리지 말라고. 나 모르게보다는 장인에게 용돈을 드리지 말라는 부분에 액센트가 실려 있었다. 이런 이야기는 나의 의식에서 나왔기에, 아버지에 대한 아쉬움과 원망이 가득한 내가 할 수 있는 수동공격이었다. 큰언니와 형부는 아버지에게 내가 이해할 수 없는 일을 번번이 하였다. 예를 들면 어려운 어머니에게 80만 원을 드린다면, 아버지에게는 홍콩에서 서울 올 때마다 좋은 식사대접은 물론 500만 원이라는 거금을 드리는 것을 여러 번 들었기 때문이다. 왜 아버지한데 쓸데없이 거금의 돈을 드리는지 이해할 수도 없었고, 매우 안타까웠다. 1970년대 이야기니, 금액이 크긴 컸다. 그러니 결혼하는 신랑에게 당부할 수밖에 없었다. 다행히 나의 신랑은 나의 말을 충실하게 들어줬고, 사실 그렇게 할 위험성이 있는 사람도 아니었다.

같은 아버지인데 큰딸은 남편이 아버지에게 효도하는 일에 반감이 없었다. 그렇게 악하기만 한 막내딸은 아닌데, 필자는 아버지에게 몹시 야박하게 대하였다. 어머니의 한 말씀—너 가지면서 아버지와 사이가 벌어졌다—으로서 나의 아버지는 사랑하는 어머니를 슬프게 하는 나쁜 대상이었다. 큰언니는 어머니 말에 의하면 첫 딸로 아버지 사랑을 많이 받아서, 자다가 깨면 베개를 들고 '아비지…' 하고 울면서 아버지의 서재로 향하였다고 한다. 나로서는 상상도 할 수 없는 일이다. 내게 아버지는 외간 남자처럼 거리감을 두게 하는 남성이었다. 교회의 남자 집사님이 암투병을 하던 말기에 거리낌 없이 아픈 다리는 주물러 드릴 수 있었지만, 80 고령의 아버지가 3년간 누워계실 동안 손끝도 그 몸에 댈 수가 없었다. 아버지는 내게 외간 남성같이 낯설고 불편한 대상이었다. 외간 남성에게 내외하는 전이가 하라 학장님에게 투사되었음을 깨닫는다. 전이의 위력이 너무나 막강하다. (2020. 5. 24.)

미주

1) 한국여신학자협의회, 새롭게 읽는 성서의 여성들: 하와에서 브리스길라 까지, 한국여신학자협의회, 1990.

2) James, Poling. & HeeSun Kim. Korean Resources for Pastoral Theology: Dance of Han, Jeong, and Salim. 2012. Pickwick.

3) Merl Jordn, Taking On the Gods, 신들과 씨름하다. 권수영 역, 학지사, 2011.

4) 이사례, 이기풍 목사의 삶과 신앙: 한국기독교인물탐구 6. 기독교문사, 2001.

5) 골프나 테니스에서 메이저 4개 대회 우승과 올림픽 금메달을 합해서 골든슬램이라 한다고 한다.

6) 상담용어에서 '개인화(personalization)'라고 하면 이상심리나 로샤 같은 투사검사에서는 병리적인 것, 미숙한 것으로 설명한다.

7) 권석만, 현대심리치료의 이론과 실제. p.30. 2012. 학지사.

8) 2011년에 쓴 글의 하이라이트 소개하기

9) 박순 편. 〈가족해체에 대한 이야기치료적 집단상담〉, 산마루 글방. 2014.

10) 이글스 모임은 필자가 박사학위 논문자격시험을 준비하던 어려운 시기에 송민애 박사와 함께 만든 자발적인 자조그룹이다. 연세대학의 상징인 독수리를 따서 yonsei eagle sisters라고 하였고 줄여서 yes로 하고 이글스로 하기도 하였다. 서로 논문자격시험과 논문작성을 도와주는 기능을 충실히 하였다. 회원은 박순, 송민애, 계정숙, 안명숙, 김춘일, 장성금, 김형숙, 이명진, 전혜리, 이정선 10명이다. 그래서 독수리가 십자매가 되었다는 유모어가 만들어졌다.

11) Feinstein & Klippner, Personal Mythology: The Psychology of Your Evolving Self, Jeremy P. Tarcher/Perigee, 1988.

12) Gerald Corey. 〈심리상담과 치료의 이론과 실제〉 조현춘/조현재 공역. 1998. 시그마프레스. pp. 197-198

13) James Dobson. 〈자신감 있는 자녀로 키우자, The New Hide or Seek Building Confidence in Your child〉. 정동섭/안효선 옮김. 에스라서원. 2004. pp .41-91.

나만의 상담방법론 :
이야기 – 영성 – 행위 치료

나만의 상담방법론

한국기독교상담심리학회는 2009부터 2010년에 걸쳐서 월례임상모임을 상담학 전공교수들의 〈나만의 상담방법론〉 시리즈로 엮어갔다. 한국의 상담대학원과 실제 상담분야에서 확고한 자리를 구축하신 상담사들이 자신만의 상담방법론의 정수를 공개하는 매우 임상적이고 인간적인 월례모임이었다. 전문상담사를 꿈꾸는 수많은 후학과 회원들이 열성으로 매월 진행되는 각 교수님들의 자기공개에 귀를 기울였다. 나도 이 분야에 깊이 몸을 담고 있고, 아직 이것이 나만의 상담방법론이라고 결정(結晶)된 것이 확고하지 않아서, 〈나만의 상담방법론〉을 구축해야겠다는 확고한 의지를 다지게 되었다. 이러한 가운데 한국상담연구원의 겨울 4박 5일 집단상담을 다녀오게 되면서 회원 S의 내복에 얽힌 이야기로 아무것도 버리지 못하는 그녀의 일면을 내복을 던지면서 퍼포먼스를 하게 되었고, 행위의 힘을 명쾌하게 체험하게 되었다.

"오늘 성령이 나에게 강하게 어필하시는 날이다. 아침부터, 아니 새벽부터 순간순간 만날 사람을 붙여주시고, 생각할 바를 떠오르게 하신다. 이야기–영성–행위 치료(Narrative-Spirituality-Performance)가 〈나만의 상담방법론〉이라고 알려주신

이야기 - 영성 - 행위 치료
Nattative - Spirituality - Performanec Therapy(NSP)

나만의 상담방법론

다.” 3년 전 학위논문을 마치고 겨울에 집단상담에 참가하였을 때 하나님께서 내 입술에 주신 응답이다. 사람들의 이야기와 사람들의 영과 사람들의 행위를 통전적으로 보고 듣고 살피는 치료가 이 '이영행'의 핵심이다. 오늘 진일보한 깨달음이 있다면, 사람에게 빈부가 있고, 귀천이 엄연히 있고, 호오가 있고, 행과 불행이 있지만, 모두에게 이야기가 있고, 모든 인간에게 하나님의 영성이 어리어 있고, 살아있는 모든 사람이 어떤 행위를 한다는 점에서, 모든 인간에게 평등하게 존재하는 것을 관심으로 한다는 점에서 마음이 뿌듯해진다. 평등이 담보되는 자유로움, 인간존엄이다.

누구에게나 이야기가 있다. 이야기의 모양새와 길이와 형체, 건강성, 개방성, 융통성, 통전성 등에 차이가 있지만 누구에게나 이야기가 있다. 이야기되지 못한, 발성되지 못한 부분이 있더라도 모든 사람에게는 이야기가 있다. 성공뿐 아니라 실패에는 이야기가 더 많이 붙어 있을 수도 있다. 성찰할 부분이 더 많을 수도 있으므로 그러하다. 오늘 오전에 연세대 최재건 교수님과 이야기를 나눈 대로, 성공하고 출세한 사람들의 이야기를 더 들을 필요가 있는가? 무슨 흥미가 더 있는가?

만일 반 고흐가 노년까지 행복하게 살았더라면? 이상이 요절하지 않았다면? 나혜석이 행복한 결혼생활을 이어갔다면? 이렇게 질문을 구성하다보면 금방 식상해진다. 그러한 고흐나 이상은 더 이상 그들이 아니다. 그들의 요절, 불행, 슬픔, 모순, 퇴폐까지도 그 모습 그대로 그들을 구성한다. (2011. 11. 21.)

개인적 상담이론의 효과적인 개발 방법

상담이론을 공부하고 실제 임상을 하면서 받게 되는 도전이 바로 당신이 주로 사용하는 이론과 기법이 무엇인가 하는 질문이다. 여기에는 여러 이론들의 견해를 절충해 자신의 이론적 틀을 정립하는 방법과 기존의 여러 이론 가운데 자신의 성격과 시대적 배경에 비추어 가장 적절하다고 여겨지는 한 가지를 선택한 후에 이를 토대로 자신의 이론을 개발하는 방법이 있다. 그리고 실제 상담능력 배양을 통한 완성화 과정을 거쳐야 한다.

상담은 이론과 기법 양자를 모두 필요로 하는 전문직이다. 때문에 이론에 정통하다고 하여 실제 상담을 효과적으로 할 수 있다는 보장은 없다. 상담사의 전문적 자질은 실제로 상담 장면에서 자신감을 가지고 능률적으로 내담자를 도울 수 있을 때 인정된다. 상담사의 실질적인 자격증은 내담자가 원하는 목표달성으로 만족하고 행복해할 때 달성된다. 세계의 유수한 상담이론을 철저히 배우며, 임상현장에서는 모든 것을 잊고 HERE & NOW에 몰입한다. 상담 후 다시 이론과 실제를 성찰하며, 수퍼비전을 통한 피드백으로 꾸준히 정진하는 일생 지속되는 자기천착(Self Scrutiny)의 과정이 바로 상담사의 삶이다.

이론개발을 위해서는 다음 사항에 관한 자신의 관점 확립이 요청된다. 자기만의 상담이론 개발을 위한 컨텐츠를 살펴보면 아래와 같다.

첫째, 인간의 본성과 그 속에 내재된 여러 가지 경향성, 즉 인간이해이다.

둘째, 성격 구조와 발달 또는 바람직한 행동과 바람직하지 못한 행동, 발달과정에 대한 이해이다. 발달심리와 성격심리와 이상심리에 대한 이해와 지식이 필요하다.

셋째, 상담의 궁극적 목적과 이에 따른 여러 가지 구체적 상담목표를 설정하기이다.

넷째, 상담의 진행과정에 필요한 효과적인 여러 전략 및 기술의 습득과 구사이다.

다섯째, 상담자가 상담 중에 감당해야 할 바람직한 역할, 즉 지금-여기에서 어떻게 하는가의 시연이 내담자에게 훈습이 되고 삶의 대처방식 학습의 기회가 된다.

여섯째, 상담자의 세계관, 상담자의 상담철학, 부모-자녀관계론의 확립이 요청된다.

자기만의 상담이론을 구축하기 위해서 다음과 같은 구조물을 설정을 할 수 있다. 일반상담과 기독상담을 병행하고자 한다면 상담이론과 조직신학을 병치시켜서 생각할 수 있다.

자기만의 상담이론 개발을 위한 컨텐츠	상담이론	조직신학
① 인간의 본성과 그 속에 내재된 여러 가지 경향성, 피투성	인간관	인간론
② 성격 구조와 발달 또는 바람직한 행동과 바람직하지 못한 행동 · 발달 과정	발달심리 성격이론 이삼심리	죄론
③ 상담의 궁극적 목적과 이에 따른 여러 가지 구체적 목표	상담목표	구원론
④ 상담의 진행과정과 효과적인 여러 전략 및 기술	경청과 공감	기독론
⑤ 상담자가 상담 중에 감당해야 할 바람직한 역할	Here & Now	종말론
⑥ 세계관	부모-자녀 관계론	창조론, 신론

이제부터 그동안에 연구자가 배우면서 마음에 담아두어 결정화된 상담이론을

기술하면 다음과 같다.

통합적 접근의 상담방법론

상담사가 개인적으로 상담이론을 섭렵하고 임상을 쌓아가면서 자신만의 상담방법론을 만들어 가도록 전문적으로 조력하고 제시해주는 동시대의 상담가가 있으니 바로 Gerald Corey이다. 세계적인 상담대가인 Gerald Corey는 그의 저술에서 통합적 적용을 강조한다. 〈심리상담과 치료의 이론과 실제〉[1], 〈집단상담의 이론과 실제〉[2] 두 권에서 공히 발견되는 그의 특징이다. 그리고 Corey의 〈심리상담과 치료의 이론과 실제〉 제10판에는 시대의 흐름이 반영된 새로운 상담이론과 기법이 추가되어 있다. 정신분석치료, 아들러 치료, 실존치료, 인간중심치료, 행동치료, 게슈탈트치료, 행동치료, 인지행동치료, 선택이론과 현실치료, 여성주의 치료, 포스트모던 접근, 가족체계 치료의 11가지의 세계적인 상담이론이 채택되어 있었다. 제4판으로 공부한 내게는 새로운 발견이었다. 여성주의 치료, 포스트모던 접근, 가족체계 치료의 세 관점이 추가되었고, 예전과 마찬가지로 통합적 관점이 Part 3로 제시되어 있다. 여성주의와 포스트모던 접근, 그리고 가족체계 치료가 추가되었다는 점이 매우 흥미롭다. 가족체계 치료를 상담이론의 한 분야로 자리매김하였다.

필자가 현재 가장 많이 사용하고 있는 상담방법론이 있다면 정신역동, 가족치료, 이야기치료이다. 상담사 훈련과정으로 요청되는 교육분석을 할 때 활용하는 개인적인 접근은 뒤에 구체적으로 서술할 계획이다. 우선은 필자가 가지고 있는 인간이해부터 세계관까지 다시 생각해보고자 한다.

인간 이해와 기본 가정

급속하게 진화하는 생명체[3]

인류의 기원은 무엇이며 인간은 어떻게 진화하였는가? 약 700만~500만 년 전에 아프리카에서 인류가 시작된 것으로 추측되고 있다. 인간의 특징으로는 직립 보행이 가능하고 척추가 S자 형으로 구부러져 있고 골반이 짧고 넓다. 엄지손가락이 길고 관절이 발달되어 있으며 뇌의 용량이 1,400~1,500ml이다. 특별히 뇌의 용량이 현재의 1/4에서 지속적으로 커진 것으로 화석인류는 증언하고 있다.

인간은 직립 보행으로 시야와 사고의 영역이 확장되었고, 뇌의 발달로 인지적인 발달이 획기적으로 일어나고 있다. 세계적인 지휘자 카라얀은 "나는 매일 산책한다, 산책은 나에게 빵과 같다"고 인터뷰에서 말하였다. 상담사와 코치는 어떠한 전문인인가? 고객의 인지적인 사고를 촉진해서 의식을 확장하고 정서적으로

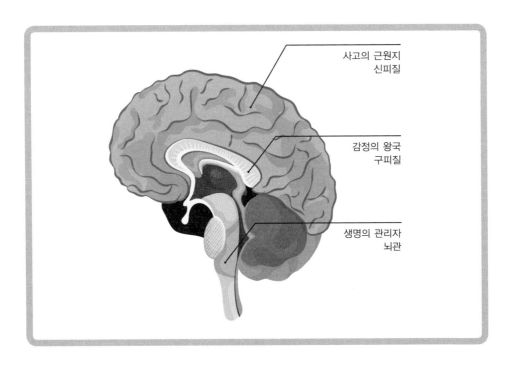

안정되게 하면서 원하는 목표를 향해서 실천적인 행동을 구상하고 실행하도록 조력하는 전문가이다. 현생인류를 '호모 사피엔스 사피엔스'라고 한다면 인간은 이성적인 사고 능력을 지닌 존재이다. 인간의 본질을 인지능력으로 보는 것이다. 뇌의 구조에 대한 설명에서도 인간의 뇌가 3층 구조로 되어 있으며, 생명 뇌, 감정 뇌, 생각 뇌로 구분한다. 뇌간이 자율신경계를 관장하고, 구피질의 대뇌변연계가 감정을 유발하는 호르몬과 신경전달물질의 작용을 주관한다고 한다. 신피질의 대뇌피질은 인간에게 유독 많이 발달하였는데, 기억을 장기간 저장하는 창고로서 지식, 지혜, 이성, 추리, 논리, 계산, 생각과 같은 고등 정신 작용에 주요한 역할을 하는 것이라고 한다. 인간의 경우 탄생 직후에도 끊임없이 신피질은 발달을 하게 된다.

구피질 내 해마가 기억을 임시적으로 보관하는 장소라면, 신피질은 기억들을 오랫동안 저장하고 관리할 수 있는 장소인 셈이다. 모든 분별, 판단, 의심, 걱정 등은 신피질에서 일차적으로 일어나는 반응들이다. 그렇기 때문에, 우리가 어떤 일을 하려고 할 때, 생각과 의심, 합리화 등이 따라오는 것은 지극히 당연한 뇌의 생리 기능이다. 새로운 것에 대한 거부감, 안정하고자하는 욕구와 인정받고자하는 욕구, 그리고 누군가를 지배하고자 하는 욕구까지 구피질 및 뇌간과 교류함으로써 생존에 아주 중요한 판단과 사고작용을 하게 된다. 그러나 신피질의 작용에 의해 만들어진 일명 '에고(또는 이고; Ego)'는 본질적인 것임과 동시에 때때로 많은 한계를 만들어낸다. 앞서 언급된 욕구들에 빠져버리면, 인간관계의 문제나 직장 문제 등을 쉽게 겪게 되며, 에고가 만들어내는 수많은 한계들은 실은 그렇지 않음에도 인간으로 하여금 위축되게 만들어 버린다. 더 많은 잠재력과 재능을 가지고 있음에도 그것이 에고의 틀에 갇혀 펼치는 것조차 어렵게 되기 때문이다. 최근 심리학과 뇌과학 분야에서 종종 언급되는 메타인지(상위인지; Metacognition) 기능이 바로 이 신피질의 영역에서 일어나는 고등 인지 작용이다. 일명 Thinking about thinking으로, 학업능력이 뛰어난 대부분의 사람들은 이 기능의 활성이 매우 높은 것으로 알려져 있다. 이 기능은 '왓칭(Watching)능력'으로도 불린다.[4] 이렇듯 사고 기능이 발달한 존재로서의 인간에 대한 최대한의 이해는 무엇일까? 안톤 보이젠은 '살아 있는 인간문서'라고 선언하였다. 한 권의 책이라고 하기에는 무리가 있다. 사람에게는 억겁의 이야기가 장착되어 있다.

피해자라고 착각하는 '가해자'

어떠한 희생과 대가를 치르더라도 인간의 본성만은 알아야겠다고 절규하는 젊은 이가 있었다. 바로 일생을 교도소에서 보내도록 무기수형을 받은 존속살해자였다. 그의 이야기가 나의 가슴에 전해졌고 화두가 되어 마음을 떠나지 않았다. 인간은 과연 어떠한 존재인가?

착하다는 사람을 끊임없이 만나봤고, 억울하다는 사람의 하소연에 귀를 기울이면서, 도대체 그럼 누가 악하고 누가 모든 악을 행하는가 생각하지 않을 수 없었다. 내 앞에 가해자라고 나타난 사람은 거의 없었다. 속마음을 6년간 주고받다가 박사학위논문 연구참여자가 된 그의 편지에서 헤집어본 바에 의하면 그가 바로 착하고 억울한 사람이었다. 온 세상이 패륜을 언급하게 하는 바로 그 대상이 가해자가 아니라 피해자라면 도대체 누가 가해자인가?

돌아다보고 둘러보니 바로 내가 착함 콤플렉스에 사로잡힌 가해자였다. 나를 착한 사람으로 규정하는 그 행위가 동시에 나 아닌 타인을 나보다 착하지 않은 사람, 더 나아가서 가해자로 자리매김시킨다. 상담센터에 오는 수많은 사람들, 아니 오지 않는 사람들 모두가, 나보다 착하지 않은, 다시 말해서 나의 입장을 나처럼 이해해주지 않는 사람들에게 의해서 억울함의 커다란 자루와 분노의 용광로를 가득가득 채운다.

선을 행한다고 착각하는 '위선자'

성서 말씀에 예수는 "율법학자들과 바리새파 사람들아, 위선자들아, 너희에게 화가 있다! 너희가 회칠한 무덤과 같기 때문이다. 그것은 겉으로는 아름답게 보이지만, 그 안에는 죽은 사람의 뼈와 온갖 더러운 것이 가득하다. 이와 같이 너희도 겉으로는 사람에게 의롭게 보이지만, 속에는 위선과 불법이 가득하다(마태 23 : 23-28)"라고 강도 높게 비판하셨다.

기독교의 이해 가운데 모든 인간이 죄인이라는 대명제가 나온다. 필자는 어려서 '나같이 착하고 엄마 말 잘 듣고, 순종하는 사람이 죄인'이라는 것을 이해할 수 없었다. 흔히 교회에서 말하듯이 주일날 놀러 다니고 술담배를 하는 사람이라면 몰라도 늘 교회 안에 사는 모태신앙의 사람들이 죄인이라는 것을 수용하기 어려웠다. 대학교 3학년 겨울방학에 거듭나는 체험을 한 것은 바로 이것을 놓아버리는(surrender) 사건이었다. 교회와 세상을 이분법적으로 구별하고 세상을 죄악시하는 환경에 20대 초반까지 놓인 필자는 정말 어렵사리 죄인임을 수용하고 온 우주 만물의 주인되시는 분을 만났다.

잘생긴 사람, 잘난 사람

아직까지 살면서 못생긴 사람이나 못난 사람을 한 사람도 본 적이 없다는 궤변을 늘어놓고자 한다. 언어의 유희라고도 할 수 있겠다. 어찌해서 그러냐 하면 어미 태에 잘 생겨나지 않은 사람, 다시 말해서 수정이 되지 않는 사람을 내가 어떻게 만날 수 있겠는가? 그러기에 오직 잘생긴 사람만 만날 수 있었다고 말하지 않을 수 없다.

또 어떤가? 잘나지 않은 사람을 볼 수 없는 것은 어미 자궁에서 잘 나오지 않은 사람을 내가 어떻게 볼 수 있겠는가? 자연분만이건 인공분만이건 어쨌든 어미 배에서 잘 나온 사람을 만날 수밖에 없었다. 그리하여서 지금까지 잘생긴 사람과 잘난 사람만 매일매일 만나면서 행복하게 살고 있다. 나 자신이 잘생기고 잘난 것은 더 말할 것도 없다. 아니면, 어떻게 이 글을 쓰겠는가?

덧붙이자면, 잘나고 잘생긴 정도가 아니라 머리가 너무 좋기도 하다. 무슨 말이냐고 반문한다면, 진화학을 힘입어 답하고자 한다. 인간의 뇌는 인류 진화 700만 년 역사의 최첨단 결과물이다. 컴퓨터 사양이 높아지듯 인간의 뇌는 계속 진화하였다고 학자들이 말한다. 세상에 머리가 나쁜 사람은 한 사람도 없다고 생각한다. 그 근거로는 인간이 지구상에서 이룬 결과물을 들 수 있다. 호랑이가 재빠르고 사납지만 인간이 그들을 부리고 있고, 코끼리가 덩치가 크고 힘이 세지만 인간이 그들의 서커스를 즐기고 있다. 오직 인간의 뇌, 즉 좋은 머리 덕분이다. 코끼리가 아파트 지은 것을 보았는가? 호랑이가 컴퓨터 만들었다는 이야기가 있는가? 인간이란 존재는 본능은 동물과 같고, 이상은 신에게까지 이르는 광폭 존재인 것이다. 이를 나열하면 인간이란 존재는 다음과 같이 배열해 볼 수 있다.

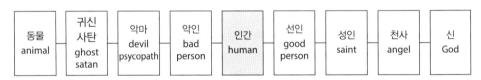

조주빈을 생각해 본다. — 선인과 악인을 오가는, 이런 유형의 인간이 많아지는 지금 세상!!

자유의지

인간의 딜레마의 출발은 부여받은 자유의지를 마음껏 발휘하여 발달하는 것은 좋은데 마치 그리스 로마의 신화에 나오는 소년 이카루스가 아버지의 말을 무시하고 태양에 너무 가까이 갔다가 초로 만들어진 날개가 녹아 버려 바다에 추락하여 사망한 것처럼, 날개를 달고 끝없이 날아갈 수 있다는 환상이 지나쳐서 망상의 차원으로 변질될 때 발생한다고 볼 수 있다. 하나님께서 인간에게 자유의지를 부여했는데(선한 의지가 아님), 거기에 금기조항이 붙어 있다는 것을 다시 또다시 망각하는 불행이 인간의 실존적인 모습이다. 자유의지조차도 인간 스스로 창조하거나 상상한 것이 아닌 부여받은 코드며 기능이기에 단서 조항을 무시할 때 계약이 파기된다.

단서조항(금기)

> 여호와 하나님이 그 사람에게 명하여 가라사대
> 동산 각종 나무의 실과는 네가 임의로 먹되
> 선악을 알게 하는 나무의 실과는 먹지 말라
> 네가 먹는 날에는 정녕 죽으리라 하시니라(창 2 : 17 : 18)

하나님이 스스로 창조하신 아담과 하와에게 먹을 것을 아낌없이 주는 모습이 기록되어 있다. '각종 나무의 실과'로 표현된 이 말씀은 에덴동산에 있는 모든 것을 마음대로 향유하는 축복의 선언이다. 단지 선악을 알게 하는 나무의 실과 곧 선악과만은 먹지 말라는 단서조항을 추가하셨다. 오늘날에는 계약서에 약자에게 불리하거나 불평등한 조항들이 깨알 같은 글씨로 첨부되어 있어서 자칫 주의를 기울이지 않으면 손해와 불이익을 꼼짝없이 당하고 마는데,[5] 하나님과 인간의 관계는 이와는 판이하게 다르다. '임으로 먹되~ 한 가지만 먹지 말라.' 자칫 지키지 못하게 오늘 날의 계약서처럼 불리한 것을 잘 발견할 수 없도록 어려운 평상시에 사용하지 않는 특수한 전문용어로 또한 깨알 같은 작은 글씨로 써넣어서 배움이 부족하거나, 성격이 신중하지 못하거나, 시간에 쫓기거나, 기관이나 권력은 항상 옳을 것이라는 환상을 가진 사람이거나, 개인이 기관에게 물어봐야 계란으로 바위치기인데 시간 낭비할 필요 없다거나 등등으로 얼른 사인하도록 하지 않으셨다. 그것을 실제로 다 읽고 분석하고 불합리한 부분에 대해서 이의를 제기하고, 불평등한 부분에 대한 시정을 요구하면서 계약을 체결하는 사람은 거의 없거나 아주 극소수이며, 우리가 그런 사람을 위대하게 우러르기도 하고, 정말 이상하고 무서운 사람이라고 은근히 비난하기도 한다(사실 그런 사람들의 무모해 보이는 투쟁을 통해서 보통 사람의 권리가 신장되었는데).

하나님이 스스로 창조하신 피조물인 인간에게 불평등하고 불합리한 조항을 작은 글씨로 속이듯이 넣으시는 분이라면 누가 하나님으로 믿고 예배할 수 있겠는가? 하나님은 너무나 선하시고 분명하시다. 풍성하고 배불리 먹을 것을 마련해 주셨다.

선악을 분별하는 지혜가 없는

창세기에 따르면 하나님은 최초의 인간인 아담과 하와에게 에덴동산의 모든 것을 자유롭게 향유하되 오직 동산 중앙에 있는 선악과(善惡果)만은 따먹지 말라는 한 가지 금기를 부여받는다. 이것이 하나님의 인간창조의 구상이고 그분의 전적인 주권인데 인간은 이에 대해서 시초부터 지금까지 중단 없는 도전을 보이고 있다. 인간이 선과 악을 구분하고 판단할 수 있다는 착각과 오만이 인간 비극의 원인이고, 이것을 자각할 때 인간은 자신의 피조성과 한계성을 자각하고 그 지점에서 다시 출발할 수 있다. 인간이 과연 선과 악을 객관적으로, 다시 말해서 자기중심성을 초월하여 적대적이거나 이해관계가 있는 당사자에게도 수용되는 보편적인 선을 제시할 수 있다면 인간은 이미 신의 경지에 도달하게 된다. 영문도 모른 채 이 세상에 던져진 존재로서의(피투성, 避投性) 인간은 토기장이가 아니라 토기장이가 만든 그릇이다. 그릇이 어찌 선과 악을 분별하는 지혜를 온전히 발달시킬 수 있겠는가? 그럴 필요가 있는가? 우리에게 필요하지도 않고 능력도 미치지 못하기에 선하신 하나님께서 인간이 자의적으로 선악을 구별하려는 불가능한 욕망은 삼가라고 하신 것은 아닐까? 어떤 여성이 여러 가지 요리를 하여서 그릇에 담아내려고 할 때에 만들어진 요리가 스스로 그릇을 선택하여 그 그릇의 좋고 나쁨, 적절과 부적절, 옳고 그름을 분별할 수 없는 이치와 같다. 기독교 윤리에서 말하는 선과 악, 적절성, 시시비비가 자기중심성(ego-centrism)을 초월하지 못한다는 것을 역사와 주변의 현실이 더불어 입증하고 있다. 더구나 한국은 학연과 지연이 혈연 못지않게 위력을 발휘하는 강력한 집단주의 문화이며, 집단이기심의 지역감정이 미해결과제로 남아있는 상태이다.

경험이 폭넓지 않지만 지금까지 살아오면서 깨닫게 되는 바는 바로 인간은 선악을 말할 수 없는 한계를 갖고 있다는 것이다. 절대선과 절대악은 결단코 인간이 제시할 수 없고 상대적인 선과 상대적인 악도 너무나 주관성이 커서 보편성을 갖지 못한다고 생각한다. 상담사는 쉬운 예로 시어머니가 와서 며느리와의 관계에서의 어려움을 호소하면 경청하고 공감하고, 바로 그 시어머니의 며느리가 와서 시어머니와의 어려움을 호소하면 똑같이 경청하고 공감한다. 이런 일이 어찌 가능한가? 바로 판단 중지, 가치 중립, 즉 선악 구별을 하지 않는다는 상담의 대전제로 인해서 가능하다. 지구의 인구를 대폭 감소시켰던 1, 2차 세계대전을 갖고 논해보자. 누가 선인가? 그리고 어느 편이 악인가? 독일군인의 아내에게는 그녀의 남편이 선이고, 연합군의 아내에게는 또 그녀의 남편이 선일 수밖에 없다. 인간의 선악 구별은 자기중심성을 벗어날 수 없다. 바로 이러한 견지에서 '선악과를 먹지 말라'를 이해하면서 많은 의문들이 같이 풀렸다. 자신이 인간임을 잊지 말고 절대적인 판단과 단정을 삼갈 필요가 명확해진다. 인간들이여, 선악과를 따먹지 말지어다.

그릇일 뿐

인간이 사용하는 도구들이 저마다 스스로 선과 악을 주장한다면 인류의 삶은 커다란 혼란의 소용돌이로 빠져들 것이다. 공장의 모든 제품들이 스스로 자기 가치를 주장하고 다른 사물에 대해서 가치평가를 내리기 시작한다면 인간이 설 자리가 없어지는 것과 마찬가지로 인간의 '신의 자리 끊임없이 엿보기'는 인간 불행의 근원이다. 인간관계가 사랑만으로 이해되지 못하고 정의의 맥락에서 이해되어야 하는 이유, 인간이 스스로 선악을 구별하고 판단하고 악과 싸우는 과정에서의 필연적인 자기중심성을 어떤 개인, 가족, 사회, 민족, 국가도 뛰어넘을 수 없는 것을 미국의 신학자 라인홀드 니버는 일찍이 분석하였다.

인류의 타락

창세기는 성서적 세계관, 인생관, 구원관 등을 그 시대를 살았던 인물들의 구체적인 사건을 가지고 실감나게 묘사해 놓은 책이다. 우리가 다 아는 대로 창세기 1장이 하나님이 친히 천지를 창조하셨다는 이야기로 시작된다. 창조신앙의 근거가 여기에 있다. 앞에서 살핀 대로 창세기 1장 후반부와 2장은 인간창조가 서술되어 있다. '하나님의 형상을 따라' 지음받았다는 인간 존재에 대한 최상의 표현과 '흙으로 사람을 지으시고 생기를 그 코에 불어넣으시니 사람이 생령'이 되었다고 기록되어 있다. '하나님의 형상을 따라'에 대한 신학적인 재해석은 인간이 가지는 하나님 표상에 대한 연구와 함께 신학의 가장 중요한 출발점이다. 그리고 '흙으로 사람을 지으시고 생기를 그 코에 불어넣으시니 사람이 생령'이 되었다는 말씀은 인간이 육과 혼과 영을 가진 존재임을 시사해주는 가장 근원적인 메타포이다. 인간창조의 이야기에서 인류타락까지는 그리 시간이 많이 경과한 것 같지 않다. 창세기 3장이 곧바로 인류의 타락을 매우 세밀하게 묘사하고 있다. 하나님과 인간의 친밀한 관계 사이에 뱀이 등장하여 이 관계를 흔들어 놓는다. 배경은 에덴동산, 기획, 제작, 직접 출연에 하나님, 아담과 하와가 주연, 뱀이 조연이다. 아담과 하와가 뱀의 역할과 비교할 때 주연이지만, 극 전체의 기획, 제작, 출연에 하나님이 거의 모든 부분을 장악학고 계시다는 것을 망각하고 주연 배우가 마치 자신이 모든 연극을 만드는 사람인 것처럼 착각하는 비극이 인간 타락과 불행의 씨앗이다. 요즈음 배우들은 기획사나 감독이 얼마나 힘을 가진 존재인지 잘 인식하고 있어서 이런 일이 덜 발생하는 데 아주 가끔 배우가 자신이 영화나 연극의 모든 것인냥 행동할 때 현대인들은 용납하지 않는 듯하다. 하나님은 무대장치도 직접 하셨고 소품도 다 만드신 총괄감독이시다.

명령 불복종과 자유의지의 사잇길

하나님이 선악과를 따로 떼어서 말씀하시지 않았더라도 아담과 하와가 선악과에 주목했을까를 생각해본다. 금기로 단서조항이 붙었기에 오히려 눈길이 그곳으로 쏠린 것은 아닐까? 빅톨 프랑클의 의미요법에는 역설적인 기법이 있어서 인간의 반항 심리를 이용하는 치료법으로 널리 쓰이고 있다. 제임스 딘의 '이유 없는 반항(Rebel Without Cause)'이 미국 영화의 전설이 되었는데, 어느 가족, 어느 기관, 어느 공동체이건 불만을 찾을 수 없는 곳은 없다. 어떤 제도와 규정도 관계되는 모든 사람의 공동의 이익과 권리를 담아낼 수 없거니와 가치와 상황은 한순간도 머물지 않고 변화하는 것이 사실이다. 명령과 지시를 받으면 저항하고 거부하고 싶은 본능이 우리 인간에게 내재되어 있다. 로고쎄라피의 역설적 기법에서는 강박적으로 손을 씻는 환자에게 '한순간도 쉬지 말고 손을 씻으라'는 명령으로 증상을 없애는 사례들을 보고한다. 자의적으로 씻던 손이 지시를 받으니까 씻기 싫어지는 심리를 역설적으로 이용한 것이다. 고3 학생이 공부를 하려고 생각을 가다듬고 있는데, 그때 엄마가 나타나서 "공부 좀 하렴" 말을 거니 "내가 방금 공부할 생각이었는데, 엄마의 그 말 때문에 공부할 마음이 사라졌다"고 하면서 책을 덮는 경우를 본 적이 있다. 또 소변가리기를 하지 못하는 손자에게 할머니가 "화장실에 가지 말고 꼬옥, 기저귀에다 오줌을 누어라"라고 주문을 하자 평상시와 너무나 다른 이야기에 당황하여 빤히 쳐다보던 손자가 얼마 있다가 스스로 화장실에 가서 소변을 보기 시작하여 그 길로 소변을 가렸다는 이야기도 있다. 그러므로 인간의 본성에 지시에 대한 거부와 저항이 삽입되어 있다고 가정할 수 있다.

발달 및 이상심리와 성격이론

인생의 첫 단추[6]

인간은 누구나 다 누군가의 자녀로 그 삶을 출발한다. 그리고 이 세상의 누구도 자기 삶에 그토록 중요한 대상인 부모를 선택하지 못한다. 그 역도 마찬가지이다. 부모들은 자녀가 내 뱃속에 있었다고 하고 내 배 아파서 낳았다고 한다. 맞는 말이다. 그러나 부모가 자녀를 만든 것은 아니다. 부모의 몸을 통해서 오는 것은 정한 이치이지만 부모가 자녀를 디자인할 수 없기 때문이다. 태어남 자체도 개인의 의사나 선택과는 무관하다. 오로지 보냄을 받는다. 던져짐을 당한다. 귀하게 태어나든 어려운 환경에 태어나든 태어남 자체에 자신의 의도는 개입되지 않았다. 그래서 '영문도 모르고 태어난 삶'이라는 이야기가 성립된다. 조금 더 이야기하자면 영문도 모르고 국문도 모르면서 우리는 태어났다. 독자들이여, 그렇지 아니한가!

　자녀의 입장에서 보면 세상에 태어나 보니 커다란 두 물체가 자기 앞에 왔다 갔다 한다. 우선 이 두 물체를 '대상(object)'이라고 이름 짓고 넘어가자. 자녀의 입장에서는 아직 물아의 구분이 없다. 자타가 아직 하나인 상태이다. 여기에서 대상관계 이론의 거울이론(mirroring)이 구성되었다. 어머니와 아직 미분화 상태인 신생아는 자기를 유심히 바라보는 대상을 자기 자신으로 인식한다. 그래서 거울대상의 역할은 아기의 자아성장에 결정적으로 중요하다. 이런 내용을 중요한 타자(significant others)라 이름 붙였다. 미분화 상태에서 점차 자기 자신을 알아가는 과정이 초기 신생아부터 대략 3년간이다. 이러한 3년여간의 지속적인 발달을 대상관계이론에서 가장 중요하게 생각한다. 세부적으로 이야기하기에 앞서서 우리나라 조상들의 선견지명을 예찬하고 넘어가고자 한다. '세 살 버릇 여든 간다'라는 우리나라의 속담을 구미대륙의 대상관계이론 학자들이 몰래 도용한 것인가? 우리나라 어르신들의 축적된 지혜를 서양학자들의 이론으로 배우고 가르치게 되면서 묘한 미소가 입가에 맺히게 된다. 자부심과 안타까움, 그리고 새로운 가능성의 발견 같은 복합적인 감정들이다.

　그리하여 부모라는 거울이 투영하는 모든 내용이 아기의 자아 컨텐츠로 차곡차곡 정립된다. 유아의 자아정체성, 즉 아무개라는 이름과 함께 '나'라는 자아가 만들어지는 시기를 대체로 24개월로 본다. 직립해서 보행하고 누워 있던 돐 전의 삶과 획기적으로 다른 세상을 1년여간 산 뒤에, 아빠의 등에서 두루 세상을 바라본 뒤에 자아가 만들어진다. 초기 신생아 시기의 따뜻하고 포근한 엄마 품과 마찬가지로 든든한 아빠의 어깨는 아기를 보다 너른 세상으로 인도하는 기둥의 역할을 한다. 우리나라 말의 집사람과 바깥사람의 역할처럼 명료하게 아내와 남편의 사회적 역할을 구분지은 말이 세상에 또 있을까 싶다.

스스로 유복자로서 자아정체성 확립에 애로가 많았던 에릭슨은 인간의 자아발달을 8단계의 계단이론으로 설명하였다. 그중에서도 청소년기까지 이르는 4단계의 발달과제는 부모가 꼭 자각하고 자녀양육의 확고한 목표로 할 필요가 있다. 인생의 첫 단추인 신뢰감 형성, 자유롭게 세상을 탐색하는 자율성의 확립, 신뢰감과 자율성을 갖고 펼치는 주도성이 몸에 배일 때, 근면성과 정체성 확립이 뒤따르게 된다. 근면성과 정체성의 확립이 이루어질 때 다시 말해서 내가 누구인지가 확고해지면서 친밀감의 과제가 이루어진다. 와이셔츠의 첫 단추가 제대로 끼워지지 않으면 셔츠를 제대로 입을 수 없듯이 부모자녀 간에 돈독한 신뢰가 형성되지 않고서 인생의 여정을 자신 있게 출발할 수 있는 자녀는 드물다.

상담이란 무엇인가? 이러저러한 사정으로 신뢰감보다는 불신이 가슴에 가득 든 자녀들, 자율성을 맘껏 펼치기보다는 부모나 교사의 불합리한 지시와 통제로 가슴에 멍이 든 아이들, 그리고 청소년기에 도달해서 자기 목소리를 마음껏 내야할 때에 아직 주도성이 몸에 배지 않아서 당황하는 수많은 대상들에게 '충분히 좋은 엄마(good enough mother)', 믿을 수 있는 아빠, 즉 안전한 부모역할을 하는 대리자이다. 대체가족으로서의 상담사의 역할은 다양한 사연으로 그럴 수밖에 없었던 발달결핍, 양육결손을 메워주는 귀하고 귀한 헌신이다. 부모역할을 반응성의 원리와 한계 설정의 원리로 설명할 수 있다. 다시 말해서 자녀의 모든 욕구와 필요를 민감하게 관찰하고 공급하면서 또한 동시에 적절한 한계를 설정함으로써 욕구조절과 욕구지연을 학습하게 함으로써 부모자녀 간에 지치지 않게 하는 안전판을 세우는 일이다. 우리나라의 〈청소년 상담원〉(1996)에서도 부모의 양육태도를 자애로움과 엄격함이라는 두 가지 차원에 의해 분류하였다. 자애로움은 자녀를 신뢰하고, 따뜻하고 관대하게 대하는 것을 말하며, 엄격함은 확고한 원칙을 가지고

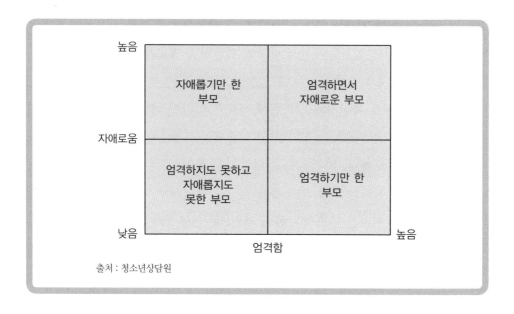

출처 : 청소년상담원

정해진 바를 일관성 있게 밀고 나가는 것을 말한다. 초기 유아기에는 부모가 전적으로 돌봄을 베푼다. 점차 성장하면서는 상호작용을 통해 자녀의 뜻을 읽으면서도 확고한 원칙을 갖고 제한을 두는 것이 자녀의 인성과 건강한 생활습관 형성에 더 바람직하다. 자애로우면서도 엄격함(firm)이 있는 부모의 태도에서 자녀는 인생을 사는 원칙과 지혜를 더 잘 학습하게 된다.

절대적 의존과 상대적 의존

1차 양육자와의 애착관계 형성을 첫 단추라고 말하면 무리가 될까? 서른이 넘고 마흔을 지나, 쉰을 또 지나고 예순을 넘어도, 아니 죽는 그날까지, 부모란 개인에게 특수한 대상 중에 가장 특수한 대상으로 존재한다. 그분들의 생존 여부와 관계없이 그들은 자녀의 마음에 영원히 거한다. 자신이 부모의 영향을 그렇게 많이 받고 있는 줄도 모른 채, 자녀들은 대인관계 패턴, 의사결정 구조, 배우자 선택, 감정의 기복 등등 삶의 중요한 영역에서 부모라는 신이 내린 신탁으로 벗어나지 못한다는 것이 〈신들의 맞대결(Taking On The Gods)〉을 쓴 Merl Jordan의 예리한 통찰이고 이는 목회상담적 가족치료에 지대한 통찰을 주었다. 개인의 성격형성이 5~6세 이전에 이루어진다고 강조함으로써 초기의 양육의 중요성을 강조한 프로이트는 자녀양육에 필수불가결의 지혜를 선물한 것이다. 20~30년 전만 해도 개신교의 강단에서 심리학에 대한 비판과 폄하, 그리고 특별히 프로이트 심리학에 대해서 심취하지 말 것을 경고하는 메시지는 종종 선포되었다. 그런데도 여전히 프로이트의 서적을 목회자들이 읽는 것을 보면 도저히 무시할 수 없는 중대한 지식을 가르쳐 주기 때문이 아닐까? 프로이트의 뒤를 이으면서 발달하고 있는 대상관계이론에 의하면 3세 이전의 절대적 의존기에 1차 양육자와의 좋은 대상관계가 일생에 반복되는 도식(스키마)이 되므로 양육자가 좋은 대상으로 자리매김되도록 돕는 지식과 양육법을 강조하고 있다. 어린 아기가 무엇을 모른다고 생각하고 이 다음에 커서 잘해주면 되겠지 생각한다면, 절대 그렇게 쉽게 고칠 수 없다는 것이 대상관계이론이 주는 경고 사인이다. 물론 기독신앙은 성부, 성자, 성령 삼위일체 하나님에 대한 올바른 신앙은 불가능을 가능하게도 하고 못 고칠 질병이 없다는 가르침을 주고 있다. 능력의 주님은 못 고칠 질병이 없으신데, 우리가 그러한 큰 믿음을 갖는 일이 결코 쉽지 않으므로, 할 수 있거든 자녀가 어렸을 때부터 인격적으로 동등한 존중을 이루는 관계를 형성해야 할 것이다. 부모로서 할 수 있는 것을 다 한다고 해도, 막을 수 없는 질병과 불행한 사건들이 있을 때에 하나님의 특수한 치유의 은총을 구하는 것은 매우 바람직하다. 우선 진인사대천명(盡人事待天命)이라고 사람이 할 수 있는 도리를 다하고 나서 하늘의 명령을 기다리는 것인 바른 인간됨이다.

절대적 의존성과 독점욕구

인간이 출생 이전부터 부모와의 관계를 체득하면서 세상에 온다면 부모-자녀관계의 특성 속에서 인간의 성격이 형성되는 것은 자명한 이치이다. 인간이라는 종의 특성이 매우 미숙한 상태로 출생하므로 절대적 의존으로 생존을 시작하며 상대적 의존을 거쳐서 독립을 추구한다는 것이 대상관계이론을 구축한 위니컷의 임상적인 연구결과이다. 위에서 애착과 분리개별화에 대한 이론을 일부 설명하였거니와 인간의 특질이 절대적으로 의존하지 않고는 생을 영위할 수 없는 종의 특성으로 인해서 의존적인 성격을 다른 종에 비해서 많이 발달시키게 되는 특성을 가진다. 강하게 밀착되면 거기에 밀어내는 속성이 발휘하는 것인지, 인간은 에덴 동산에서 절대자에 대한 타락을 보이는 데 시간을 많이 필요로 하지 않았다. 절대적인 의존을 학습한 이후에 다시 이 의존과 애착을 독립과 분리로 탈바꿈시켜야 하는 난제를 인간이 붙들고 씨름하고 있다.

애착의 형성

남성과 여성이 부모와 분리개별화를 이루는 과정에는 공통점과 함께 상이점이 있다. 바람직하기는 대상관계이론을 발전시킨 위니컷이 말하는 대로 절대적 의존의 상태의 매우 미숙한 상태로 출생하는 아기에게(high maintenance animal) 적당하게 좋은 양육자(good enough mother or father)가 최적의 좌절감(optimal frustration)과 함께 생존을 위한 기본적인 욕구(산소, 체온유지, 음식, 안전한 환경)뿐만 아니라 미성숙하지만 아기와의 상호교감에 의한 적절한 양육을 제공하는 좋은 대상으로 인지된다면 일단 아기는 대상영속성의 획득은 물론 1차 양육자에게 애착을 발달시킨다. 애착이 형성되는 것은 일단 인생의 기본적인 대인관계를 위한 기본 프레임을 가지게 됨을 의미한다. 주요한 타인(대체로 부모)과의 긍정적인 대인관계 형성에서 축적된 노하우를 여타의 대인관계에서 조금씩 변형시키면서 사용하는 것이 대인관계 기술의 핵심이다. 이 첫 단추를 제대로 끼는 것은 매우 중요해서 거의 모든 단추를 끼었을 때에라도 첫 단추가 잘못된 것을 보면 사람들은 다시 다 끌러내고 처음부터 다시 첫 단추를 제대로 끼우려고 노력한다. 왜 이러한 노력을 하는 걸까? 스스로 모르면 모르거니와 아직까지 단추가 삐뚤게 끼어졌는데, 괜찮다고 그냥 입고 다니는 사람을 별로 보지 못했거니와, 대부분의 의

상은 그 재질과 디자인, 색상과 바느질 상태, 가격과 전체적인 이미지에도 불구하고 단추가 있는 옷인 경우에 단추가 잘못 끼워져 있으면 앞에 열거한 거의 모든 것이 수포로 돌아가는 것을 목도하게 된다. 그러므로 사람들은 단추가 잘못 끼워진 것을 알면 아무리 시간이 없고, 그것을 다시 풀기가 힘이 들어도 다 다시 빼고 처음부터 다시 끼우는 것을 보게 된다.

분리개별화의 어려움

여러 가지 유형이 형성된 이후의 부모와 자녀의 과제는 공히 분리개별화를 잘 이루도록 자율성과 주도권을 자녀에게 점차적으로 이양하고 시행착오를 거듭하면서 자신만의 삶의 노우하우를 습득하도록 돕는 것이 부모에게 요청된다. 자녀들은 대체로 자유의지를 보이면서 생후 초기 직후부터 자신들이 부모의 뜻대로 움직이는 로버트가 아님을 온몸으로 보여주지만 부모들에게 이것이 쉽지 않다. 내 몸으로 낳았고, 내가 처음부터 입히고 먹이는데, 잠을 못 자고 고생을 해서 키우는데, 내 마음대로 해서는 안 된다는 것은 너무나 불공평하다고, 아닌 이런 의식도 없이 내려온 관습에 의해서 부모들이 신의 자리에서 내려올 줄을 모른다. 그리고 인간의 본성에 의하면 한 번 획득한 힘을 나보다 약한, 작은, 내가 부양하는, 미성숙한. 미성년의 자녀에게 내어 놓는 것이 결코 쉽지 않다. 아니 부모의 의무와 권리를 포기하는 것이라고도 생각한다. 어떤 가출 소녀의 아버지는 상담 상황에서 "어떻게 딸이 잘못을 하는데 때리지 않을 수 있습니까? 부모의 허락 없이 집을 나갔으니, 돌아오면 손바닥만이라도 때리지 않을 수 없는 것이 부모의 도리"라고 상담자에서 자신의 믿음을 전파하기도 한다. "더 이상 맞고는 집에서 살 수 없습니다. 때리지 않는다고 선언해야 집에 들어가겠습니다." 부모-자녀 간의 힘의 역동에 있어서 절대적 의존기의 자녀, 곧 부모가 절대적인 힘을 사용하면서 부모-자녀 관계가 성립되므로 점차적으로 상대적인 의존기에 발맞추어 부모의 권리를 양도하고 자녀의 자율권과 주도성이 신장하도록 하는 것이 바람직하다고 에릭슨은 그의 심리사회학적 8단계 발달이론에서 강조한다.

남녀의 생물학적 차이

신체의 생식기와 기타 신체적인 특징 이외에 사회문화적인 차이가 중대하게 작용하는 것이 프로이트가 말하는 남근기부터 발생하게 된다. 아기가 자라서 자기 몸의 여러 부분을 그 특성을 인지하고 그 기능과 이름을 다 인지하는 시기가 바로 이 시기이다. 우리가 어렸을 적에 머리가 땅에 닿도록 숙여 다리 사이로 하늘 보기를 하는 시기가 있었는데, 신체의 여러 부분 가운데서 잘 보이지 않는 생식기, 특히 여성생식기를 정확하게 관찰할 수 있는 자세를 취한다는 점에서 남근기 이후에 얼마 동안 반복학습 차원에서 되어지는 것이 아닌가 생각한다. 물론 속옷을 입고 그러한 자세를 취했던 기억이 남아있는데, 속옷을 입지 않으면 정확하게 관찰할 수 없는 생식기의 형태를 인지하는 과학적인 포즈이다. 남근기라는 용어가 20세기가 되기 전인 19세기에 태어난 프로이트(1839~1931)에 의해서 주장되었다는 점을 감안하면 용납할 수 있거니와 이 용어와 그 철학과 사상에 대해서는 20세기 후반에 폭발한 여성주의자들에게 자기정체성을 찾게 하는 원동력이 되기도 하였다.

남근선망[7]

이 글을 쓰는 저자도 여자인데 내가 남근기를 거쳤다고 어떻게 긍정할 수 있겠는가? 한걸음 더 나아가서 남근선망을 인정하라고 하면 그것은 정말 곤란하다. 아직까지 한 번도 그런 마음이 일어난 적이 없는데 어떻게 내가 태어나기도 전부터 프로이트는 나의 심리를 한계 지어서 남성을 부러워할 것이라고 단정하는지 비판하지 않을 수 없다. 조금 실망스러운 점은 21세기 초까지도 이러한 경향이 그대로 이어 내려져서 내가 인정하는 학자 중 한 사람인 전인권마저[8] 자기의 책에 남근선망의 그림을 삽입하는 만행(?)을 보이고 있다. 그렇다면 남성들에게 묻는다. 여성이 오빠나 남동생의 남근을 부러워하는 마음으로 바라본다고 생각한다면, 여자아이들의 치마를 짓궂게 들추는 소위 '아이스케키'는 자신들이 잘 알 수 없는 자기와는 다른 여성의 모습에 대한 탐구학습이 아닌지, 모르는 것을, 자신과 다른 점에 대한 그 차이를 바로 인식하고자 관찰학습을 하는 것은 당연하고 건강한 것이 아닌지 묻는다.

생식기 구조의 다름

여성 생식기의 구조는 여성에게 알맞게 디자인되어서 여성은 앉은 형태로 소변과 대변을 보는 것이고, 남성 생식기는 구조상 서서 소변을 볼 수 있게 되어 있고, 대변은 여성과 같은 자세로 앉아야 가능하다. 여성이 남성을 부러워하여 서서 소변을 본다면 옷을 적시게 되지만(옷을 입은 경우에), 남성이 앉아서 소변을 보아도 아무 해가 없고, 오늘날 점점 더 많은 남성들이 앉아서 소변을 보기 시작했다는 현상이 보고되고 있거니와 이 현상의 개인적·사회문화적 차원의 분석이 필요하다. 여성이 앉아서 소변 보는 자세는 임신과 출산의 거룩한 그릇으로 선택받은 성이라는 점을 감안하면 하나님의 섭리가 신묘불측하다. 과거에 산파나 산부인과 의사가 귀하던 시기에 어떤 여성들은 스스로 앉아서 자신의 출산을 주도했다는 이야기가 있다. 평소에 차분하게 앉아서 소변과 대변을 보던 그 용의주도함이 몸에 배어서 태아가 때가 되어 나오려고 할 때에 평소에 소변과 대변을 모두 함께 배설하던 그 자세대로 아기의 출산을 돕고 자신의 태를 직접 가르는 침착함을 보이기도 하였다. 개인적으로 저자의 시어머님은(4남 3녀 출산의 경력) 방에 앉아서 아기를 낳고 스스로 태를 자르셨다고 말씀해주셨기에 이런 이해를 시도해본다. 하나님이 디자인하실 때 기능 및 용도에 부합하게 하셨음을 이해해야지, 남성들이 소변을 보기가 더 수월하다고, 다시 말해서 평소의 자세에서 별 변형 없이 일을 볼 수 있다고 해서 그것이 더 우월하다거나 여성이 그것을 부러워한다고 해석한다면 무지와 자신들의 심층심리를 동시에 투사하는 것은 아닌지 연구해볼 일이다. 남근을 선망하는 사람이 전혀 없다고 부정하지는 않는다. 여성이 되기를 원하는, 자신이 여성으로 지음을 받았다고 생각하고 성전환을 위해서 자신의 모든 것을 바치는 호적남들이 많이 있기 때문이다. 그 반대의 경우도 마찬가지다.

출산이라는 행위예술 : 인간의 몸 경험

기왕 출산에 관해 이야기를 시작하였으니, 남성들이 몸으로 경험할 수 없는 출산이라는 거룩한 행위예술에 대해서 나의 경험에 의해서, 비록 아쉽따나[9] 겨우 두 번에서 그치는 커다란 실수를 범했지만, 살짝 귀띔을 하고 넘어가려 한다. 남성들이 죽었다 깨어나도 할 수 없는 몸 경험이기에 여성으로서의 개인적인 경험에 의해서 설명을 도모한다면, 출산의 메커니즘을 대변을 보는 행위에서 유추해서 이해할 수 있다는 힌트를 주면 민감성이 개발된 사람은 알아차림이 벌써 일어났을 것이다. 신성한 아기를 더러운 배설물에 비유한다고 대경실색할 분들이 있겠지만, 물리적인 연동의 메커니즘을 보라는 것이지 아기를 배설물로 보라는 것이 결코 아니다. 장을 모두 통과한 배설물이 때가 되면 신호를 보내고 화장실에게 가서 앉으라고 알려주듯이, 태아도 이제 내가 나갈 때가 되었음을 '내려앉음'으로 어미에게 알려준다. 아기는 친절하다. 태어나기 전부터 어미를 도와준다. 어미와 아기의 합동예술이 출산이다. 아기는 나오려는 의지를 확고하게 몸으로 예고하고 줄기차게 나오는 방향으로 머리를 돌린다. 대변의 머리가 다른 부분보다 또아리이듯이 처음 문을 여는 부분이 뇌라는 둥그런 구형의 비교적 단단한 부분이기에 문을 제대로 열 수 있지, 아기의 팔로 어미의 문을 열거나 발로 차서 열고자 한다면 이건 좀 곤란해진다. 손발로 열 수 없는 것이 어미의 문이다. 이쯤하면 출산과 대변배설의 유사성과 상이점이 전달되었으리라고 생각하고 마감한다. 출산하는 여성은 모두 행위예술가이다. 그리고 자신의 몸을 어미의 몸과 분리시키는 행위예술을 하는 태아는 나기 전부터 행위예술을 한다. 초산인 경우에 짧아도 하루나 이틀, 길면 사나흘도 걸리는데 매우 길고 숭고한 예술행위를 하면서 인간이 태어난다. 모든 인간은 예술가이다. 어미나 자식이나.

상호존중

이러한 비교적 하기 어려운 이야기를 여기에 하게 된 것은 전적으로 남녀공학에서 솔직하고 용감한 동기생을 만난 결과이다.[10] 여성과 남성이 서로의 다름을 존중하며 상호협력적인 태도를 발전시켜 나가는 것이 인류발전에 도움이 될 것인데, 여전히 우열논쟁과 심리가 도처에 드러나고 있다. 상담자의 인간이해, 성에 대한 민감성(gender-sensitivity), 성차별(sexism)에 대한 확고한 입장의 정립은 상담에 지대한 영향을 미친다.

동기간 갈등

독점욕구와 배타성이 가장 먼저 시연되는 곳이 가정이고 부모의 사랑을 나누는 동기간 사이에 발생한다. 부모와의 관계가 의존과 독립이라는 이율배반적인 두 가지 과제를 수행해야 한다면 동기간에는 어떤 과제가 주어지는가? 동질성과 나눔이라고 우선 전제하고 이야기를 전개하고자 한다. 같은 부모에게서 태어나는 자녀의 입장에 대해서 그 동질성과 유사성보다는 입장의 차이, 경쟁관계에 착안한 것이 바로 아들러의 출생순위에 따른 성격 형성의 특성이다. 동기간 갈등이라는 주제는 부부의 평등과 부모-자녀관계의 동등한 존중, 그리고 동기간의 동등성이 과연 가능한가라는 물음으로 이어진다. 부모들이 자녀를 똑같이 사랑하는 일이 가능한가라는 주제는 심층적으로 다루어질 필요가 있다. 부모-자녀 관계는 곧 동기간 관계에 영향을 미치고 이는 개인의 대인관계 패턴으로 일생을 따라다닐 수 있으므로 심층적으로 분석하고 이해할 필요가 있다. 창세기 4장에 나오는 카인과 아벨의 이야기를 극단적인 이야기라고 치부한다면 인간의 참 심성을 간과할 수가 있다.

불순종 심리와 투사와 합리화 메커니즘

성서에 보면 아담은 하나님에게 아주 바른말을 해댄다. "하나님이 주셔서 나와 함께 하신 여자 그가 그 나무 실과를 내게 주므로 내가 먹었나이다."(창 3 : 12) 이어서 하와도 같은 논지로 대답을 한다. "뱀이 나를 꾀므로 내가 먹었나이다." 존재의 근원(The Ground of Being)에게 당신이 존재하게 한 여자와 뱀 때문에 내가 먹었다고 대답한다. 아담을 인간의 원조로 본다면 인간은 원조부터 자기 방어에 매우 능했다. 하나님께 "선악을 알게 하는 나무의 실과는 먹지 말라. 네가 먹는 날에는 정녕 죽으리라"고 하셨는데 "제가 먹었습니다. 맛있게 보여서 먹었습니다. 뱀이 이야기할 때, 아내가 이야기할 때 솔깃해서 제가 먹었습니다. 잘못하였습니다." 이렇게 성서는 기록하고 있지 않다.

태초부터 인간이 불순종하고 이에 더하여 자신의 행위에 대한 합리화에 능했다는 것이 성서기록이다. 지금도 우리는 똑같은 일을 반복하고 있다. 창조자의 뜻을 헤아리지만 수없이 불순종하고 우리 자신의 행위에 대해서 온갖 합리화의 옷을 덧입힌다.

호모지니어스(유사성)와 헤테로지니어스(상이점)

호모지니어스(homogeneous)는 동질의, 등[균]질의, 균등질(均等質)의 의미를, 헤테로지니어스(heteregeneous)는 그와 반대의 이질적이라는 뜻을 갖는다. 우리나라는 단일민족 국가(homogeneous nation)의 정체성을 장구한 역사로 가지고 오다가 최근에 이질적인(heteregeneous) 문화와 융합하는 다문화사회(multi-cultural society)로 이행하고 있다. 인류는 동족에게 더 끌리고 결속하면서 이민족을 차별하거나 적대하는 역사를 대부분의 국가와 민족에서 나타내었다. 몇몇 예외가 있기는 하지만 통합과 융합의 정책이 성공적이지 못한 경우도 많았다. 이스라엘 민족은 동질성과 배타성에서 지구상에서 단연 독특한 민족의 역사를 이어 내려가고 있다. 우리 대한민국도 단일배달민족을 강조하는 사관을 견지해 오다가 최근에 와서야 그것만을 강조하는 것이 그리 건강하지 못한 점이 될 수도 있다는 시각을 열어가고 있다. 인간은 언제나 나와 보다 유사한 동질그룹과 그보다는 다름이 더 두드러지는 이질그룹과의 만남을 반복하고 있기에 유사성과 상이점에 대한 분명한 이해는 매우 중대하다.[11]

1차 양육자와 절대적인 의존관계를 위해서는 타인들에 대해 배타적인 관계를 수립해야 한다. 자녀를 공동으로 양육하는 일부의 원숭이들에게서는 볼 수 없는 배타성이 인간에게 습득된다. 조금 확대해도 우리 부모, 우리 가문, 우리 동네, 우리 씨족, 부족, 민족, 국가에 대한 '우리'의 인식이 우리를 우리에 갇히게 하는 것을 경험하고 있다. 우리나라같이 산이 높고 골짜기가 많은 나라의 사람은 평지 사람보다 고개를 넘나들기가 어렵기 때문에 고개 하나를 넘어가면 말이 달라지고 풍습이 달라지며 이질감을 충분히 피부로 느끼게 된다. 최근에 강원도 원주 출신과 무슨 이야기를 나누다가 원주와 강릉이 전혀 다른 성격과 말씨를 나타낸다고 해서 놀란 일이 있다. 원주 사람에게 있어서 강릉은 강원도가 아니라 '강원동도'라고 불리기도 한다고 했다. 서로 다른 의식구조와 삶의 경험을 가지고 있다는 체험적인 분석 앞에 이의를 달 수 없었다. 어디 원주와 강원도뿐이겠는가? 호남과 영남의 지역감정이 민족성이 미숙해서만이 아니라, 서로 교류가 적다 보니 상호이해와 수요의 폭이 넓어질 기회가 적었다는 것으로 이해할 수도 있다. 나와 다른 대상을 만나면 신기하지만, 같이 밥을 먹고 잠을 자기에는 불편한 대상이 된다. 이질적인 대상과 강의를 듣고 워크숍과 세미나를 할 때에, 잠은 좀 아는 사람들과 자면 편한 연유가 바로 상호이해의 폭이 넓으면 공감대 형성이 쉽기 때문이다.[12]

배타적 2자 관계

2인 간의 깊은 유대관계는 제3자와의 거리를 필연적으로 요청한다. 여기에서 타인에 대한 배타성이 자연발생적으로 학습된다. 영아가 6~7개월 지나서 양육자의 낯을 익히고 나서는 친근하지 않은 인물에 대해서 고개를 돌리기 시작한다. 2자간에 친밀한 친구관계가 성립하려면 다른 대상에 대한 배타성이 전제되어야 한다. "그 누구보다도 너를 가까운 친구로 인정한다"는 선언은 2인 사이에 상호적이어야 하며 그 2인을 제외한 타인들에 대한 배타적인 선언이다. 인간이 건강하게 가족과의 친밀감, 이웃과의 우호적 관계형성, 사회공동체 내부의 협력적인 연대감을 형성한다는 것은 덜 유사한 대상과의 거리감과 배타성, 경쟁관계를 필연적으로 유발시킨다. 그리고 이것은 선의의 경쟁관계에서 보듯이 인간의 발전을 촉진하는 기능을 나타내며, 결코 병폐적인 요소가 아니다.[13]

공격성

'하나님이 주셔서 나와 함께 하게 하신 여자'라는 아담의 말은 하나님에 대한 공격성을 잘 표출한다. 사태의 원인이 자기에게 있지 않고 지금 자기의 잘못을 보고 계시는 하나님이 원인제공자라는 그의 논리는 합리화를 넘어선 공격성의 표현이다. 자기정당성을 확보하는 차원에서의 대상공격이다. 인간의 공격성을 연구하자면 인류의 초기 경험부터 추적하면서 우리 인간이라는 종의 경험에서 이야기를 풀어야 할 것이다. 융은 자신과 인류의 경험에 대한 깊은 천착으로 경험의 심리학인 분석심리학을 만들어내었는데, 우리가 아는 대로 인간의 의식과 무의식을 제시한 프로이트를 한 단계 더 발전시켜서 개인무의식의 차원을 넘는 집단무의식의 (collective consciousness) 개념으로 인간에 대한 이해를 확장시켰다. 넓은 의미에서의 집단무의식은 인류가 지난 700만 년 동안 경험한 모든 것의 침전물을 의미한다. 개인무의식에서 추적할 근거가 없는 그 어떤 꿈들, 환상들은 인류의 총체적 경험에서 이해할 수 있다. 환자의 증상, 신화와 민담에서도 소중한 인류 경험의 침전물을 만나는데, 특히 수렵시대를 지낸 인류의 공격성의 잔재가 현대인들에게서 반복되는 것을 볼 수 있다. 어린 아기가 어미의 젖을 깨물어 뜯는 행동에서부터, 이를 가는 행동, 눈을 치뜨고 무서운 표정을 짓는 동물을 흉내 내는 듯한 행동들, 날아다니는 꿈을 꾸는 것 등등 현대인이 밤과 낮에 자연스럽게 표출하는 행동가운데서도 원시공격성의 표현이 포착될 때도 있다.

자신의 생명을 보존하고 종족이 살아남기 위해서 전투는 필연적이었고, 오늘날 남아있는 아프리카나 남미 등지의 원시족은 부족의 보호를 위한 전투문화와 전투문명을 그대로 보여주고 있다. 모든 무기의 발달은 인류 진화의 가장 대표적인 바로미터이기도 하다. 신체적인 공격성까지 남아있는 우리가 닭싸움에서부터 씨름, 격투기, 레슬링, 권투, 유도, 태권도 등 몸으로 하는 운동으로 이러한 공격성을 간접적으로 표출하고 있고 승화시키고 있다. 신체적인 공격성이 감소하는 대부분의 현대인은 심리적인 공격성과 간접적인 공격성의 발달을 보여주고 있고, 말과 글로, 또는 표정으로 하는 공격성이 매우 다양하게 분화하였고 점점 더 발달하고 있다. 우리나라에서도 필자가 어릴 적에는 일반인이 돌이나 각목으로 패싸움을 하는 경우를 볼 수 있었는데, 오늘날에는 특수한 집단만 이러한 형태를 보이고 있다. 유명한 순교자인 이기풍목사(1865~1942)의 딸인 이사례가 저술한 〈이기풍의 삶과 신앙〉을 보면 지금부터 약 120~130년 전의 우리나라의 풍속이 전해져 온다.[14] 또한 이 책에는 김구 선생님의 면모도 기록되어 있는데 이기풍 목사님이 목격한 전언에 의하면 일인 '미우라 중장으로 오인한 쓰지다 교오스께 대위를 만난 김 선생은 농군으로 변장을 하고 텁텁한 막걸리를 들이켜는 체하다가 갑자기 쓰지다 대위의 멱살을 덥석 잡아끌고 나와 치고받고 하다가 인적이 없는 큰 둑 밑에서 칼로 그놈의 목을 찔러 죽인 후 그 막걸리를 들이마시고 선생의 온 얼굴에 피를 바른 후 태연하게 주막집으로 돌아와서 막걸리를 마셨다'고 기록되어 있다. 같은 교리를 가진 기독신앙인으로서 정의감에 불타오른 두 분 김구 선생님과 이기풍 목사님의 적힌 그대로를 행적을 읽으면서 여러분은 어떠한 느낌을 받습니까?

경찰과 군대는 이러한 공격과 방어의 기술이 가장 잘 연구되고 표현되는 기관이다. 국민의 생명과 재산권의 안녕과 복지라는 보다 큰 목적을 위해서 공격술과 방어기술을 전문적으로 강도 높게 연마하며 그 소임을 수행하는 기관이다.[15]

2009년 1월 20일에 발생한 경찰 1인과 용산철거민 5명의 참사는 공격과 방어에 대한 실질적인 사례를 제공한다. 강호순 연쇄살인 사건과[16] 연계하는 언론보도 지침논란도 일고 있어 두 사건에 내재하는 공격과 방어 심리의 역동성을 함께 연구해볼 가치가 있다.

투사적 성격

앞에서 아담과 하와 부부의 역동을 보았거니와 그들은 하나님이 맺어주셨지만 아담에게 사랑의 감정이 불 일듯 일어났으며 하와의 감정에는 언급이 없다. 둘이 한 몸과 마음을 이루었다고 기록되어 있는 것으로 미루어볼 때, 여성의 수동성 및 여성이 수동적이고 순종적이기를 바라는 남성의 심리가 투사되어 있다고 볼 수 있다. 창세기를 기록할 당시의 남성들의 여성관이 나타난 것으로 볼 수도 있고, 유사 이래의 동일한 현상으로 해석할 수도 있다. 자신의 심리를 하나님에게까지 투사하는 인간의 모습이 예나 지금이나 변함이 없다.

상담목표 설정

상담목표 설정

여러 해 전에 여러 해 동안 상담하던 내담자의 이야기가 늘 마음에 남아있다. 그의 솔직한 표현이 그를 이해하는 방편이 되었는데, 하루는 자신을 이렇게 표현하였다. "나는 버스 정거장에서 버스를 기다리다가 목적지와 상관없이 그냥 먼저 오는 버스를 탑니다." 이보다 더 실감나게 자신의 심리와 행동을 표현할 수 있겠는가? 충동적이고 즉흥적이며, 대인관계에 대한 끝없는 불편함이 정신과 방문 10년의 기록을 이어가고 있었다. 도저히 사회생활을 할 자신이 없다던 그는 승진도 하였고, 집도 샀고, 지금도 아마 직장생활을 유능하게 잘하고 있을 것이다.

내담자의 아무 버스나 먼저 타기 이야기는 우리에게 목표 설정의 중요성을 말해준다. 대부분의 사람들은 시내버스가 먼저 온다고 그냥 타지는 않는다. 상담에서는 주요호소를 가지고 상담사와 내담자가 함께 도달하고자 하는 상담목표를 설정한다. '목적에 따른 목표를 정하기'가 상담의 핵심이다.

2인 3각 – 상담사와 내담자

상담과 코칭을 '대본 없는 2인극'이라고 하거니와, 또 다른 표현으로 하자면 2인 3각이다. 함께 목적지를 향해 나아가는 두 사람인데 합의가 필요하다. 실제 2인 3각을 하다 보면 다리가 묶여 있는 것에 답답함을 느낀다. 그리고 서로 길이가 다르고 속도가 달라서 협의와 조절이 필요하다. 더 유능한 사람이 리드를 하되, 더 약하거나 느린 사람의 속도와 호흡을 배려하지 않으면 중도에 합의가 터지게 마련이다. 너무 앞으로 나아가려고 하면 늦는 사람이 불안하고 힘이 들고, 결국에 가서는 포기도 하게 된다. 그래서 속도 조절, 완급 조절 등이 요청된다. 상담에서는 어떠한가? 보통 2인 3각 경주에서는 목표물이 있고 빨리 들어오는 팀이 이기게 마련이다. 그러나 상담에서는 목표물에 합의하여 진행을 하되, 다른 사람의 속도와 비교하거나 경쟁할 필요는 없다. 상담학이 이래서 참 인간적인 인간학이다. 너 자신이 되고 나 자신이 되는 것 자체가 참 목표인 경주를 하는 것이니, 이렇게 귀한 결합이 어디에 또 있겠는가? 상담에서는 내담자가 가져오는 주호소를 뒤집으면 대체로 목표설정이 시작한다. 예를 들어 "너무나 우울해서 살고 싶지 않아요"라는 호소를 들고 왔다면, '생에 대한 긍정적 시각 만들기'가 하나의 목표로 설정될 수 있다. 그리고 이것은 너무나 폭이 넓다. 결과적으로 생애 대한 긍정적 시각이 생기면 어떻게 지금과 달라지겠는지를, 다시 말해서 미래완료형에 대한 예기(anticipation)를 탐색하여 그림처럼 그려서 그것을 행동언어로 한다. 혹은 과거에 지금처럼 우울하지 않을 때는 삶이 어떻게 달랐었는지를 탐색하면 과거완료의 경험을 선명하게 발견할 수 있게 된다. "그때는 친구도 만나고, 영어 공부도 하곤 했지요." 그 외에 또 다른 일들이 실제로 수행되었는가를 질문하면 "그래도 얼굴에 화장을 열심히 하고, 다이어트도 했지요"라는 실제적인 대답이 따라올 수 있다. 이러한 내담자의 진술을 기반으로 '생에 대한 긍정적 시각을 만들기'가 자기 관리를 더 하기(외모 등), 적어도 한 달에 한 번 친구 만나기, 영어 공부 다시 시작하기 등의 구체적인 세부목표를 만들 수 있다. 또한 이에 대한 실행계획도 줄줄이 함께 만들어 갈 수 있다.

상담은 2인 3각이다. 협의하고 또 조율하면서 함께 가는 특별한 만남이요 행위이다.

사례개념화

상담에 오는 내담자는 자기 삶의 실제적이고 구체적인 상황 이야기를 가져온다. 상담사는 내담자의 이야기를 다음과 같이 개념화해볼 수 있다. 육하원칙에 의해서 5W1H로 구성하면서 사례를 개념화한다. 이 내용을 who, why, what, how, where, when의 여섯 가지 내용으로 압축해볼 수 있다. 특히 필자가 수퍼비전 시간에 활용하는 틀이기도 하다.

1. 내담자 특성(who) : 상담사는 내담자의 성장과 발달과정을 이해하고 가장 중요한 특성을 압축해서 제시한다.
2. 주요호소(why) : 내담자의 이야기 속에서 가장 핵심적인 키워드와 감정을 알아차리고 주요호소를 촉발한 요인과 문제 상황을 유지하는 요인을 탐색한다.
3. 상담목표(what) : 내담자가 바라는 바, 목표를 그려보도록 하여서 이를 행동언어나 그림언어로 구체화한다.
4. 전략과 기법(how) : 상담사가 수련과정 중에 익힌 다양한 이론과 임상기법 중 현 내담자에게 적절한 이론과 기법을 선별해서 활용하고 변화를 촉진한다.
5. 현재 진행상황(where) : 상담의 진행이 현재 어디까지 와 있는지 확인한다. 진행 중, 중단, 종결 등으로 구별하며, 회기 진행 상황에 따라서 수퍼비전의 내용과 접근이 달라진다.

6. 언제까지(when) : 내담자와 합의한 구조화가 어디까지 되어 있는지 점검한다. 구체적인 회기 구조화와 합의가 상담에서 매우 중요한 기술이다.

당신의 에베레스트는 무엇입니까?

언제부터인가 상담과 코칭에서 목표설정에 대하여 강의하거나 설명할 때 '에베레스트'라는 말을 사용하고 있다. 도달하기 어려운 최종 목표를 상징할 때 쓰는 말이다. 과정 목표나 중간목표가 아닌 자기 인생의 총체적이고 상징적인 목적을 질문하는 말이다. 박사과정 논문자격시험을 위해서 준비하던 나에게 논문자격시험은 에베레스트처럼 높고 험하게 다가왔다. 그리고 나는 독수리가 되어 높고 험준한 에베레스트를 가볍게 넘어가는 환상을 만들어 에베레스트를 넘었다. 그 이후로 상담목표를 질문할 때나 코칭 시작과정에서 목표(goal)를 질문할 때 이 메타포를 사용하곤 한다.

이 글을 읽는 독자에게 진지하게 질문을 드린다. 당신의 에베레스트는 무엇입니까? 그리고 수많은 고객들이 도달하고 싶어하는 에베레스트는 어떤 지점이나 공간이나 위치가 아니라, 상태에 대한 답일 때가 많다. Doing의 상태에 대한 과정을 넘어서 존재로서 참 Being에 달하고자 하는 희망을 마주 앉아 이야기할 때가 많다.

이 글을 쓰는 과정 중인 2018년 10월 17일 현재 우리는 히말라야 신루트 등산에서 산이 되어 버린 고 김창호 대장과 임일진 영화감독 등 5인의 합동분향소에 분향하는 뉴스를 접하고 있다. 그분들의 숭고한 산행은 "뭐하러 위험한 산에 오르느냐? 가족은 생각 안 하느냐?"에 만족스런 대답을 다 하지는 못하지만, '산이 거기 있기에 간다'는 1924년 히말라야 등반 중 실종된 영국의 조지 말로니의 대답을 다시 음미하게 한다.

왜 산에 오르나 보다 더 근원적인 질문이 있으니 왜 사는가이다. 우리나라 시인 김상용은 〈남으로 창을 내겠소〉라는 시의 한 구절 '왜 사냐건 웃지요'라는 명귀를 남겼다. 인간이 존재하는 현실에서 사는 이유를 묻는 것은 근본적이면서도 인간을 막다른 골목으로 몰아간다. 인간이란 영문도 모르고 국문도 모르고 이 세상에 던져진 피조물이기 때문이다. 굳이 왜 사냐고 묻는다면 '태어났기에 산다'가 가장 진술하고 정확한 대답이라고 할 수 있다. 그 과정에서 인생을 궁구하고 목표를 설정하고 과정을 설계하고 나아가는 그 자체가 바로 생명(生命)의 한자풀이 대로 '살라는 명령'을 감당하는 것이다.

삶의 단계에서 내담자들은 때로 불안하고 우울하고 혼란스럽다. 또한 무섭기도 하고 화가 나고 미칠 것 같은 심정이 되어서 상담사 앞에 앉는다. 상담사는 내담자와 2인 3각이 되어서 내담자의 목표를 찾고 함께 과정적인 목표를 설정하고 함께 변화를 창출하면서 작은 언덕에 오르기도 하고 다시 쉬기도 한다.

"1인분만 하세요"

내담자들이 호소하는 감정 중에 흔히 억울함이 쏟아져 나온다. "내가 이렇게 열심히 했는데, 내가 이렇게 희생했는데, 내가 이렇게 참았는데, 내가 이렇게 많이 했는데" 고마워하기는커녕 비난을 받고 곤란한 지경에 처하게 되었다고 호소한다. 이럴 때 쓰는 나의 표현이 바로 "1인분만 하세요"이다. 그러면 억울함이 당연히 감소될 것이기 때문이다. 그러면서 나는 예문을 제시한다. 중국집에 가서 자장면 몇 인분을 드십니까? 대체로 1인분이다. 더러는 곱빼기를 들지만. 자기의 일을, 자기의 일만, 우선 자기를 평화롭게 할 수 있다면, 자기의 행복을 구축할 수 있다면, 75억 인류가 각자 자신의 일과 행복을 최우선시한다면, 75억이 평화롭고 행복해질 수 있다. 나 자신의 행복이 인류 행복의 출발이다.

'착한 사람 콤플렉스'는 상담의 주요 치유대상 중 하나이다. 자신이 착한 사람이 되는 순간 바로 타인을 착하지 않은 사람으로 규정하게 된다. 교회 안을 착한 사람의 집합으로 착각하는 경우에 곧바로 세상을 악한 사람들의 공동체로 매도하게 된다. 조심스럽게 상담에서 말하는 '판단 중지(Epoche)와 가치 중립(Value

Free)'에 대해서 나의 논지를 꺼내본다.

구약성서 맨 앞 창세기에 선악과 이야기가 나온다. 너무나 유명하여 비기독교 인도 모르는 이가 없을 정도이다. 나는 어느 날 의문에 휩싸였다. 성서 창세기 2장 17절 말씀 — 선악을 알게 하는 나무의 실과는 먹지 말라 네가 먹는 날에는 정녕 죽으리라. 선악과를 따먹지 말라는 계율의 심층적 의미는 무엇일까? 먹지도 말고 만지지도 말라. 너희가 죽을까 하노라는 말씀은 무슨 뜻일까? 여자가 본즉 그 나무는 먹음직도 보암직도 하고 지혜롭게 할 만큼 탐스럽기도 하였다고 한다. 뱀이 말한 대로 먹는 날에 눈이 밝아 하나님같이 되어 선악을 알게 된다는 말이 무슨 뜻일까? 만약에 선악을 알게 하는 나무라면 하루에 세끼 아니 다섯끼라도 먹으면서 선악 구별을 위해 노력해야 하는 것이 아닐까? 어찌하여 하나님은 선악을 알게 하는 나무의 실과는 먹지 말라고 하셨을까?

경험이 폭넓지 않지만 지금까지 살아오면서 깨닫게 되는 바는 바로 인간은 선악을 말할 수 없는 한계를 갖고 있다는 것이다. 절대선과 절대악은 결단코 인간이 제시할 수 없고 상대적인 선과 상대적인 악도 너무나 주관성이 커서 보편성을 갖지 못한다고 생각한다. 상담사는 쉬운 예로 시어머니가 와서 며느리와의 관계에서의 어려움을 호소하면 경청하고 공감하고, 바로 그 시어머니의 며느리가 와서 시어머니와의 어려움을 호소하면 똑같이 경청하고 공감한다. 이런 일이 어찌 가능한가? 바로 선악 구별, 판단 중지, 가치 중립을 하지 않는다는 상담의 대전제로 인해서 가능하다. 지구의 인구를 대폭 감소시켰던 1, 2차 세계대전을 갖고 논해보자. 누가 선인가? 그리고 어느 편이 악인가? 독일군인의 아내에게는 그녀의 남편이 선이고, 연합군의 아내에게는 또 그녀의 남편이 선일 수밖에 없다. 인간의 선악 구별은 자기중심성을 벗어날 수 없다. 바로 이러한 견지에서 '선악과를 먹지 말라'를 이해하면서 많은 의문들이 같이 풀려졌다. 자신이 인간임을 잊지 말고 절대적인 판단과 단정을 삼갈 필요가 명확해진다. 인간들이여, 선악과를 따먹지 말지어다.

상담의 진행과정과 효과적인 여러 전략 및 기술(공감/기독론)

눈여겨 보고 귀담아 듣고 : 내담자의 상태 관찰

상담에서 가장 강조하는 한 방법론이 있다면 바로 경청이다. 경청(傾聽, 敬聽)의 한자어 뜻은 '귀를 기울여 듣는다'는 뜻과 '공경하는 마음으로 듣는다'는 두 가지가 있다. 들을 청(聽)에는 왕의 귀(耳와 王)와 열 개의 눈(十와 目)과 하나의 마음(一과 心)이 들어 있다. 즉 왕의 귀로 듣듯이 열 개의 눈, 즉 온 마음을 다해 집중하여 듣는 태도가 경청이다. 나의 최근 변화는 더욱 더 공경하는 마음으로 듣고 싶다는 것이다. 과거에 그리하지 못했기에. 귀를 기울이려고 애썼을 뿐이지 공경하는 마음이 부족했다는 것을 인정한다.

경청을 훈련하고 가르치다 보니 경청 이전에 더 필요한 방법론이 있다면 바로 관찰이다. 눈여겨 보아야 귀에 더 잘 들린다는 것을 상담사들은 경험으로 알고 있다. 위에서 한자의 청(聽)의 풀이에 나와 있듯이 10개의 눈으로 관찰해야 한다. 마치 관세음보살이 천 개의 손과 천 개의 눈, 즉 천수천안(千手千眼)으로 중생을 보살피듯이 말이다. 내담자의 머리부터 발끝까지 정보가 아닌 것은 없다. 그래서 첫 회기에 내담자 상대관찰을 자세히 하는 것은 내담자 이해를 위한 실질적인 정보가 된다. 매 회기 상담할 때마다, 그리고 매 순간마다 변하는 내담자의 표정과 자세는 내담자가 말하는 내용에 대한 정서측면을 드러내 주는 스크린이다. 상담과 코칭 수련의 출발은 바로 '눈 여겨 보고 귀 담아 듣는' 데서 비롯된다.

감정이입의 경험

공감을 위해서는 먼저 대상에게 감정을 이입하는 훈련이 요청된다. 필자는 40세 경에 특별한 경험을 하게 되었다. 시아버님께서 40세에 아내와 여섯 자녀를 놓고 세상을 떠나시게 되는 심정을 눈을 감고 반가부좌를 틀고 묵상하였다. 상당히 긴 시간이었던 것 같다. 사실은 무시간적으로 몰입하였다. 다시 눈을 뜨는데 전혀 생각지도 못했고 감각적으로도 못 느꼈던 뜨거운 눈물이 눈에 가득 고여 있다가 흘러내렸다. 1992년도 정도였는데 처음 해보는 특별한 감정이입이 뜨거운 눈물을 가져온 것을 체험했다.

　그 후 한 20년이 지나고 2012년 12월 31일에 능곡을 가는 길에, 전에 큰오빠 무덤이 있었던 행주산성 바라보며 문득 오빠가 물에 빠져 입에 물이 들어오는 순간에 대한 감정이입을 하였다. 큰오빠의 말할 수 없는 놀라움과 슬픔이 밀려왔다. 오빠 가실 때가 필자 초등학교 1학년이었고, 그 후에 종종 나의 사라져버린 큰 바위 얼굴이신 큰오빠에 대한 생각도 자주 하는 편이었으나 이런 절대적인 순간에 대한 대상이입은 하지 못했었다. 이날의 감정이입 몇 년 후 다시 능곡을 지나면서 〈오빠 생각〉이 더 짙어졌다.

오빠 생각

행주산성
큰오빠 묻혔던 곳
칠흙 같은 밤
백사장에서 끌어 올려다 묻었다는
어머니 말씀 귀에 여전하다

능곡 지나 행주산성 지나려면
가슴께가 어떠부리 해진다
동기간의 살이 녹아진 곳
뼈가 누웠던 자리
공기도 다르고 하늘도 남다르다

멀리서 행주산성 둥그신 몸 보이면
거기 언제나 변함없이 계신 큰오빠
내 마음속 큰 바위 얼굴
오빠 살아계셨더라면
우리 삶이 온통 달랐을 터인데

열다섯 살 소년
어떻게 눈을 감았을까요
우리 생각했겠지요
막내 동생 순이와
사랑으로 기르던 토끼들…

눈감는 그 순간 함께 하지 못해
미안해요 미안해요 미안해요

2015년 3월 6일 저녁에
고양지원 다녀오면서

위의 시에 있듯이 어머니는 큰아들을 잃었다는 것을 알게 되셨을 때, 현관방에서 아랫도리 배고쟁이만 입으시고 뒹구시는 모습을 보이셨다. 평소 단정하시던 어머니의 모습과 너무나 다른 모습에 놀라 그 장면이 또렷이 각인이 되어 있다. 큰아들 잃은 엄마가 얼마나 마음에 천불이 나고 기가 막히고 무너져내렸을지 이 부분에 대한 감정이입은 아직도 멀었다. 더러 어떤 교인이 소리친다. "그 교회에 돈 1,000원도 내기 싫다. 생각만 해도 울화통이 터진다." 이럴 때 우리가 온전히 비판단적인 자세로 얼마나 실망하고 분통이 터지면 저런 말이 나올까를 제대로 거울반영 할 수 있어야 하는데…

녹음의 4단계

상담학의 가장 주요하고도 고유한 방법론이 있다면 바로 상담을 녹음하여 다시 듣고 분석하는 일이라고 할 수 있을 것이다. 법원의 증거자료처럼 내용을 증빙하기 위하여 제출하는 자료가 아니다. 오히려 외부에 드러내지 않기 위해서 녹음한다. 무슨 역설인가? 내담자와 상담자의 구체적인 대화를 그대로 녹음하여 상담사가 밀실에서 혼자 듣고 삭제한다.

초보상담사의 입문과정의 첫 통과의례가 바로 내담자에게 녹음 동의를 받는 일이다. 전문상담센터에서는 접수면접과 상담동의서 작성 과정에서 이 일이 이루어진다. 다움상담코칭센터에서는 상담동의서에 지도감독에 대한 부분을 개인수퍼비전/공개수퍼비전 두 부분을 모두 제시하면서 내담자의 동의를 받는다. 접수 데스크에서 이러한 과정이 이루어진 후에 실제로 상담실에서 상담사는 내담자에게 녹음동의를 받게 된다. 상담윤리에서 비밀보장보다 더 우선되는 것은 없다. 비밀보장을 최우선으로 하는 상담이 상담의 녹음을 요청하는 아이러니와 이율배반이 모든 상담센터의 실제이다. 어떻게 녹음동의를 받을 수 있을까? 녹음동의를 상담실습이나 강의, 혹 수퍼비전에서 이 부분에 대해서 다루게 된다. 무엇이라고 하는 것이 가장 전문적이고도 효율적일까? "동의서 작성 과정에서 설명 들으신 대로, 내담자님을 더 잘 돕기 위해서 녹음을 합니다." 이렇게 말하기 전에 녹음을 위한 준비가 이루어져 있어야 한다. 예전에는 녹음기를 작동하였고 테이프를 가져왔지만, 지금은 스마트폰에서 간단하게 녹음작업이 이루어진다. 한 회기 50~60분 녹음을 위한 충전을 충분히하고, 녹음 볼륨을 세밀하게 조절하여 준비했다가, 동의와 함께 버튼을 누르고 상담으로 진입한다. 녹음기 자체가 방해가 안 되도록 하여 곧 내담자와 상담사가 녹음한다는 사실을 잊게 되면 성공적이다.

행정실의 사전동의 후에, 상담사는 녹음작업 준비-녹음동의-녹음 실시-전사(transcript)의 네 단계를 수행하게 된다. 지금은 녹음기 시대가 지나서 스마트폰이 녹음과 동영상 촬영까지도 감당해준다. 과거에 수퍼바이지들이 흔히 "깜빡 잊고 못 가져왔습니다"의 무의식적 역동을 다루지 못하게 된 부분이 아쉽다. 녹음된 내용을 전사하는 과정에서도 상담사의 윤리가 매우 중요한다. 컴퓨터 타자 속도가 빠르다는 이유에서 미성년 자녀에게 축어록을 풀도록 하는 일은 윤리규정에 어긋난다. 그리고 녹음 후에 전사를 마치고 충분히 공부를 하고 혹 수퍼비전의 자료로 활용했다면, 바로 삭제하는 것이 마땅하다. 상담은 상담사와 내담자 두 사람이 닫힌 공간에서 하는 비밀스런 작업이다. 그리고 상담사의 발달이 이루어져서 내담자를 더욱 효율적으로 돕기 위해서는 상담 녹음은 필수불가결한 과정이다.

경청 공감 훈련

상담사가 되고자 훈련하는 인턴 레지던트 수련생이나 기타 상담학 강의에서 만나서 학생들에게 '온박음질'을 가르친다. 어릴 적 바느질을 배울 때 온박음질, 반박음질, 시치기, 호기 등등의 기법이 있었다. 온박음질이란 바로 바늘이 나갔던 첫 부분까지 매번 다시 와서 더 멀리가는 바느질이다. 그러기에 바느질이 더디다. 그러나 매우 단단하다. 경청을 설명할 때 사용하는 용어가 왜 온박음질인가 하면 내담자가 말한 처음부터 끝을 다시 되짚어 보면서 기억하는 습관이 필요하기 때문이다. 물론 반영할 때 전체를 모두 완벽하게 반복하지 않지만, 재봉틀 바느질의 뒷편처럼, 상담사는 마음속으로 한 번 전체를 다시 함께 가는 것이 필요하다. 반박음질 같은 경청, 시치는 것 같은 엉터리 바느질, 호기 같은 듬성듬성한 경청으로는 내담자의 마음을 제대로 반영하는 진술을 만들어내기가 불가능하다.

최소한의 격려(minimal encouragement)

온전한 경청과 공감반영을 위해서는 위에서 말한 온박음질이 필요하지만 실제로 상담현장에서 내담자의 말을 모두 온박음질해서 반영한다면 상담의 진행은 매우 어려울 수 있다. 마음으로 하되 실제로 표현하기는 여러 가지 방법이 있다. 특히 내담자가 첫 상담에 와서 묶혔던 긴 사연을 모두 털어놓고자 할 때 이를 자세히 보고 들어야 하지만, 우선 전체를 이해하기 위해서는 내담자의 말을 끊지 않고 가는 기법도 필요하다. 이럴 때 사용하는 것이 적절한 눈맞춤하기, 고개 끄덕이기, 몸을 내담자 쪽으로 기울이기, 표정으로 공감 전달하기, 그리고 최소한의 격려를 말로 표현하는 '음', '아' 등이 있다. '음'이나 '아' 같은 짧은 표현은 추임새라고도 한다. 이는 마치 밭의 채소가 잘 자라도록 호미질을 중간중간에 해주는 것에 비견할 수 있다. 자라고 있는 채소를 따라서 함께 가면서 뿌리를 상하지 않게 조심하면서 땅에 공기를 넣어주는 것이 채소 성장에 꼭 필요하다. 내담자의 이야기도 따라가면서 해주는 호미질 같은 추임새가 요청된다.

말에 감정 끼워 넣기(filling feelings into the words)

말은 글이 아니다. 감정을 글 속에 풍부하게 표현하지만 글자 자체를 크거나 작게 하지는 않는다. 그리고 말은 다르다. 나중에 글자화하면 일정하게 기록이 되겠지만 말은 고저와 장단, 다시 말해서 사성을 다 표현할 수 있다. 내용을 나타내기 위한 표현의 선택도 중요하지만, 선택한 말들을 어떻게 부리는가는 화자의 자유이다. 그래서 우리는 종종 말을 책읽는 것처럼 하지 말라고 한다. 상담사는 일종의 성우처럼 말에 감정을 끼워 넣어서, 고저 장단을 자유자재로 하면서 그 뉘앙스 변화를 잘 활용할 수 있다. 상담과 코칭을 '대본 없는 2인극'이라 생각하는데, 상담사라는 배우가 하는 역할에 충분한 감정이입과 이입된 감정의 자유스런 표현이 매우 중요하다. 상담사의 온 몸 경청과 온 몸 사용이 내담자에게 전달될 때 상담의 문이 열린다. 이러한 목적으로 상담사의 다양한 독서, 시낭송(감상), 연극공연(하기와 감상하기) 등도 매우 효율적인 학습효과를 나타낸다. 축어록을 읽는 것을 보면 벌써 감정이입을 얼마나 하고 표현할지가 가늠이 된다. 상담사의 진솔한 자기개방과 표현이 수련의 첫 걸음이기에, 학회에서 내담자 경험이라는 이름으로 교육분석 수련을 요청한다. 비록 정신분석가가 되는 훈련은 아니지만, 전문상담사가 되기 위해서는 자기이해, 자기발견, 자기수용과 자기개방이 자기성장과 자아실현의 전제조건이 된다.

도매금으로 넘기지 말고

어떻게 내담자의 마음속으로 들어갈 수 있을까? 필자가 가진 신념이 있다면 모든 사람에게는 안으로 들어갈 수 있는 바늘 귀 같은 아주 작은 구멍이 있다는 것이다. 적대적이고 방어가 세고 매우 냉소적이라 하더라도 그 자체가 그의 표현이기에 내담자의 마음 안으로 들어가는 길이 있다고 생각한다. 이를 위해서 자세히 보고 귀담아 듣는 기술이 요청된다. 거부하는 내담자의 모든 몸짓이 매우 소중한 자기표현이며, 거부 자체가 자기표현이기에 그러하다. 차분하게 기다리면서 내담자를 이해하려고 노력하다 보면 아주 작은 실마리가 발견된다. Kluckholn & Murray의 이야기처럼 모든 인간의 이야기에는 다음의 공통점이 발견된다. 첫째, 어떤 이야기는 다른 모든 이야기와 공통된 이야기이다(universal story). 둘째, 어떤 이야기는 다른 일부의 이야기와 동일하다(cultural story). 셋째, 어떤 이야기는 다른 어떤 이야기와도 같지 않다(personal story).[17]

　상담은 위의 셋째 이야기를 매우 중요하게 대한다. 한 개인의 이야기는 다른 어떤 사람의 이야기와도 같지 않다는 전제를 토대로 한다. 인간의 고유함과 존엄성을 생명으로 한다. 그러기에 '도매금으로 넘기지 말자'는 이야기를 하게 된다. 상담사로서 경력이 쌓이다 보면 초보 때보다 내담자 이해가 쉬울 수 있다. 그렇다고 새로운 내담자를 다 안다고 볼 수가 없다. 이럴 때 발생하는 것이 매너리즘이고 진단적 태도이다. 내가 전문가라는 갑옷을 입게 되는 것이다. 그러면 내담자의 상처난 속살 안으로 들어가기보다는 '이미 다 안다'와 비슷한 태도를 취할 때가 있다. 그래서 상담사들에게 거듭거듭 이야기한다. 내담자의 이야기 아래에 있는 더 깊은 이야기를 들추어 보라고. 내담자의 이야기 밑에 어떤 경험이 있는지를 자세히 탐색하는 것이 우리의 일이다. 겉을 보는 것이 아니고 말의 표면만을 듣는 것이 아니라, 말의 이면에 있는 실질적인 경험과 감정을 조심스럽게 함께 조용히 들추어 보는 작업이 상담이다. 낙엽 아래에 무엇이 있는지, 보기 전에 알 수 없지 않은가 말이다. "영어 너무 못해요" 속에는 오랫동안 영어를 잘하고 싶은 욕망과 씨름해온 그 사람의 경험이 오롯이 들어 있다. "남편이 죽도록 꼴 보기 싫어요" 속에도 그 남편을 끌어안고 뜨겁게 사랑하고자 하는 진솔한 육정의 이야기가 하나 가득 들어 있다. 도매금으로 넘기지 말고, 이야기 하나하나를, 한 사람 한 사람을 소중하게 대하는 일이 상담사의 본분이다.

온박음 바느질하듯

바느질에서 가장 중요한 것은 무엇인가? 바늘귀에 실을 꿰어 바느질한다는 것이다. 바늘귀에 항상 실이 꿰어 있어야 바느질이 이어진다. 그럼 상담에서는 무엇이 바늘이고, 무엇이 바늘귀이고, 무엇이 실일까? 우선 실은 내담자의 이야기이며 내담자의 이야기를 듣고 반영진술하는 상담자의 반응일 수 있다. 그러면 무엇이 바늘이고 바늘귀일까? 잠시 여기에서 다른 이야기로 건너가 보고자 한다.

합창단 활동을 열심히 할 때 지휘자 선생님이 늘 말씀하였다. 노래를 한 음, 한 절씩 하지 말고 프레이즈를 잘 연결하라는 말씀을 강조하고 또 강조하였다. 특히 고음일 때도 그 음을 기준으로 하면서 흔들리지 말고 그 음에다가, 다시 말해서 그 피치에다가 그다음을 연결하라고 주문하곤 하였다. 상담사는 항상 바늘귀를 일정하게 열어 두고 여기에 내담자의 이야기를 꿰는데, 이리저리 돌아다니지 말고, 일정하게 그 이야기에 맞게 이어가는 역할이 요청된다는 것이다. 그러므로 상담사는 바느질을 올곧게 하는 사람이다. 바느질을 위해서 실을 한 번 꿰면 웬만큼 바느질을 할 수 있다. 이야기의 대목과 단락을 잘 구별하면서 새롭게 실을 꿰기도 하고, 중간에 마치기를 할 수도 있다.

예전에 여자 중고등학교에서는 재봉시간도 있었고 바느질 시간도 있었다. 바느질의 여러 종류에 대해서 실습을 하면서 배웠다. 시치기, 감치기, 호기, 반박음질, 온박음질 등이다. 지금 바느질 강의를 늘어놓을 요량은 아니지만, 상담대화가 바느낌과 닮아 있다고 생각한다. 처음에 대충 주제를 시치거나 감춰놓고 나서 어떤 이야기는 반박음질도 하고 온박음질도 한다. 그리고 필자는 온박음질을 강조한다. 특히 반복되는 심각한 증상의 스트레스, 잊히지도 않고 잘 생각나지도 않는 이율배반의 외상들은 아주 꼼꼼한 바느질이 필요하다. 외과 의사의 수술도 마찬가지일 것이다. 초보상담사가 상담훈련할 때 하는 입내내기, 반복하기 등이 바로 온박음질 형태의 경청과 반영 훈련이다. 이런 과정을 반복하여 익숙해졌을 때 다른 기법을 익힐 필요가 있다.

어려서 겨울에 어머니께서 세 딸에게 주신 과제가 있다. 버선에 버선볼 대기이다. 지금의 사람들이 들으면 정말 호랑이 담배 먹던 시절 이야기이다. 결코 부드럽지 않은 무명 버선을 주신다. 그리고 양 옆 볼에 댈 천을 마련해서 주시고 버선볼을 붙이라고 하신다. 이 바느질의 어려움은 바느질을 이면에서 하고 뒤집는 것이 아니라 겉에 다가 대어야 한다는 것이다. 그러니까 바느질 솜씨가 빼어나야 덧대인 부분이 일체감을 이루게 된다. 이 글을 쓰면서 아마도 나이도 제일 어렸지만 나의 버선볼이 제일 울퉁불퉁했을 것이라 회상한다. 외할머니와 어머니의 바느질 솜씨는 작은 언니가 이어가고 있다. 하룻밤 새어 기가 막힌 퀼트 가방을 만들어내는 그 솜씨의 근원이 꼼꼼한 바느질에 있었다. 상담사도 꼼꼼한 바느질 솜씨가 필요하다.

상담과 핑퐁게임

상담을 2인 3각이니, 바느질이니 이야기하였는데, 이번에는 스포츠에서 상담을 가장 닮은 것은 무엇일까 생각해본다. 어려서부터 탁구를 좋아했거니와 지금도 기회가 될 때는 탁구를 즐긴다. 실력이 우수하다는 것은 전혀 아니다. 탁구채를 잡고 친다는 것이다. 이는 배드민턴에도 적용된다. 셔틀이 있고 라켓이 있는데, 라켓으로 셔틀을 맞출 수 있다면 배드민턴을 친다고 할 수 있다. 잘해야만 친다고 할 필요가 있을까? 그냥 탁구도 치고 배드민턴도 친다. 어떻게? 물론 나는 초보자처럼 탁구와 배드민턴을 한다. 그런데 상담을 핑퐁게임에 비유하게 되는 데는 아주 좋은 파트너, 정말 코치 같은 파트너와 탁구를 쳐본 경험 때문이다. 초보자가 어떤 류의 볼을 보내든, 똑딱 볼을 보내는 헛치는, 코치는 다 받아준다. 다 받아줄 수 있는 사람이 바로 상담사이다. 내담자가 어떤 이야기를 하던 모두 이해하려고 노력하고 감정이입하여 수용하고 그 공감을 전달하는 일이 상담사의 몫이다. 바로 유능한 코치가 하는 일이다. 초보자에게 강한 스매싱(직면)을 하는 코치는 없다. 강 스매싱을 할 수 있을 때도 가볍게 놓아서 다시 초보자가 칠 수 있도록 격려하는 사람이 코치이며 상담사이다. 그러기에 상담은 야구가 아니라고 할 수 있다. 상담사는 투수(내담자)가 보내는 투구를 강하게 쳐내는 타자가 아니다. 굳이 야구에 비유하자면 야구의 포수 같다고나 할까? 투수의 어떤 볼이라도 미리 알아채고 정확하게 스트라이크나 볼로 처리되도록 받아내는 포수의 역할 말이다. 무릎 꿇고 앉아 있는 포수의 노고가 바로 이해(understand)하려고 노력하는 상담사의 자세와 닮아 있다. 한 방의 홈런을 노리는 타자는 오히려 코칭을 하는 코치에게서 찾아볼 수 있다. 강력 질문(powerful question)으로 내담자를 한 방에 '훅' 가게 할 수도 있다.

못을 빼는 이야기

우리는 수도 없이 "나는 그런 것 못해요. 나는 이거 못 먹어요. 나는 영어 못한다니까요. 노래도 못해요"라고 생각하고 말해 왔다. 오늘은 이 말에서 못을 빼고자 한다. 실제로 나무에 박힌 못을 빼는 못 빼기는 매우 어렵다. 못을 박는 것보다 박힌 못을 빼는 것이 몇 배나 어렵다. 나는 무슨 목적으로 못 빼기를 하려는 것일까? 지난 세월에 자신의 잠재력과 역량을 과소평가하고 남이 미처 묻기도 전에 못한다고 했던 것이 너무나 많았다는 반성에서 이런 못 빼기를 생각하였다. 누가 나에게 배드민턴을 잘 치느냐고 물으면 할 말이 적어진다. 나는 그냥 배드민턴을 한다. 꼭 잘 쳐야 하는가? 섬기는 만리현감리교회 1부 예배에 바이올린을 들고 가서 피아노와 함께 반주를 한다. 누가 나에게 바이올린을 잘하느냐고 물으면 또 할 말이 있다. 꼭 잘해야 하느냐고? 나는 나의 아주 작은 실력을 갖고 연주하는 것을 기쁘고 감사하게 여긴다. 우리센터 월례예배에서도 바이올린을 연주했었다. 음악 수준이 높은 사람이 듣기에는 매우 불안할 것이다. 그러나 꼭 잘하는 사람만 바이올린을 해야 한다면 그것은 부당하다. 나는 그 근거를 성서에서 찾았다.

예수님이 광야에서 집회를 하시다가 점심 때가 되어 군중이 시장해 하자 "너희 중에 먹을 것이 있느냐?"고 물으셨다. 우리가 모두 너무나 잘 아는 대로 한 소년이 물고기 두 마리와 보리떡 다섯 개를 그대로 내어 놓았다. 어떤 성서학자의 해석에 의하면 그 물고기는 우리나라 멸치만한 것이었다고 한다. 어린 소년 한 명의 점심도시락을 전체를 위해서 내어 놓은 이 소년의 진솔함과 용기가 나의 마음을 사로잡은 어떤 저녁이 있었다. 텔레비전에서 어떤 목사님이 설교를 이 본문으로 설교를 하셨고, 나는 영어 성경에서 소년이 하는 말 "What little I have I offer to thee."를 발견하고 little이라는 단어에서 커다란 은혜를 게시받았다. 아무것도 없는 것은 아니고 아주 적은 것(little)을 바치면 하나님이 축사하셔서 오천 명을 먹이고도 남는다는 기적의 셈법을 발견한 것이다. 그래서 그 저녁에 안방으로 들어가서 나를 기독교대한감리회여선교회 전국연합회 문화부장 추천하였던 장로님에게 '예, 부족하지만 제가 해보겠습니다"라고 거절했던 직책을 수락하였다. 내가 가진 little을 주님께 헌신하면 주님께서 크게 사용하시리라는 것을 깨달았기 때문이었다. 그러면서 나의 인생관이 상당히 긍정적으로 선회한 것 같다.

그러면서 두 아들 대학 진학을 위해서 기도할 때는 아들 앞에 부정적인 생각이나 말을 절대로 내놓지 않는 것을 원칙으로 하였다. 여러분 함께 '못'을 뺍시다.

탐색 질문을 위한 기술

다석 류영모는 그의 다석일지에서 '물음 · 불음 · 풀음'을 주장하였다. 물음은 자기가 묻고 자기가 대답하는데, 물어서 불려서 종단에는 푼다고 하였다. 그분은 사

람의 말씀의 성질은 분명하게 '무름'이고 'ㅁ'이 열려서(破) 'ㅂ'이 되어 부름이
되고 더 올라가면 '푸름'이 된다고 하였다. 생각을 자꾸 불려서 종단에는 풀어지
게 하는 것이 말 자체의 성질이라고 하였다. 그러므로 묻게 되면 붙게 되고 결국
에는 풀어헤치게 된다는 것이다. 자꾸 묻고 붙고 풀고가 '므름, 브름, 프름'이라
고 그는 말한다. 말씀 자체가 불어서 풀어지는 것이 있으리라고 하였다. 그는 소
리라는 것은 기운이 목구멍을 통해서 대기를 진동시켜서 나오는 것인데, 대기의
진동이 곧 바람이라고 하였다. 다시 말해서 바람 소리가 말인데, 말이란 것이 결
국 하늘의 기운이 움직여서 나가는 끄트머리라고 보았다.[18]

　전문코치들은 강력 질문(powerful question)으로 고객에게 의식의 전환과 긍정적
사고를 촉진한다. 도로시 리즈는 원활한 대화와 창조적 사고로 이끄는 〈질문의 7
가지 힘〉을 소개하였다.[19] 상담사들은 경청과 이해와 반영에 이어 구체적인 탐색
을 위한 질문기술에 능숙할 필요가 있다. 가장 먼저는 폐쇄질문이 아니라 개방질
문을 사용할 필요가 있다. 부정적 질문보다는 긍정적 질문, 유도성 질문보다는 가
치 중립적인 질문이 선호된다. 양자택일 질문, 다중질문 등은 부적절하고 비효과
적이다. 필자 스스로가 했던 실수를 공개한다.

　필자 : 〈나는 꼼수다〉가 TV 프로그램이에요? 라디오 방송이에요?
　청자 : 인터넷 방송입니다.

　〈나는 꼼수다〉가 무엇인가 물으면 되는데, 세상에는 TV와 라디오밖에 없는 줄
아는 자신의 부족한 지식을 갖고 양자택일 질문을 해서 자신의 무식을 드러내었
다. 정곡을 찌르는 강력한 질문은 억지로 가르칠 수도 없고 그냥 만들 수도 없다.
경청, 이해, 공감, 반영이 잘 이뤄지다 보면 대상을 더 잘 알게 되고 무엇이 필요
한지 깨닫게 되어서 강력하고 효과적인 질문이 떠오르게 된다.

상담자의 바람직한 역할(Here & Now/종말론)

내담자 속으로 들어가기

상담은 실시간적이다. 소위 말하는 라이브이다. 이것이 상담을 어렵게 하는 중요한 요인이다. 미리 준비해서 콘티를 가지고 하면 얼마나 좋을까! 그리고 우리 인생도 대체로 라이브다. 미리 예습해 보는 것이 가능하다고 생각할 수 있지만, 엄밀하게 인생에 예습은 없다. 그리하여서 상담학자들은 이구동성으로 지금 그리고 여기(Here & Now)를 강조한다. 굳이 게슈탈트 심리학을 열어 놓은 Fritz Pearls만이 아니라 모든 상담학자들은 지금-여기를 강조하였다. 지금 내 앞에 있는 내담자 속으로 바로 들어가야 한다. 인간은 신비한 구조물이다. 어떻게 그 안으로 들어갈 수 있을까? 내담자가 세상에 태어나서 지금, 여기 상담사 앞에 앉기까지의 삶을 간략하고 효율적으로 이해하는 방법은 무엇일까?

심리전기의 모든 방법론을 최근에 집대성한 William Todd Schultz(2005)에 의하면, 심리전기란 마치 인간을 이해하려는 사람들이나 무지개를 찾는 사람들처럼, 일반적인 방법론은 없고 이론과 연구방법론으로 무장하고서 다른 사람의 세부적인 사항까지 알고자 하는 것이다. Schultz는 심리전기의 목적이 다른 사람을 설득력 있게 아는 것과 우리 자신을 아는 것이라고 두 가지로 압축한다.[20] 마찬가지로 상담은 내담자를 설득력 있게 아는 것과 상담사 자신을 아는 것 두 가지로 압축된다.

"Already but…, not yet…' : 기독상담의 종말론적 지평

'기독상담의 종말론적 지평에 대해 말해보시오.' 연세대학교 박사과정을 위한 면접과정에서 김균진 교수님께로부터 받은 질문이다. 너무나 당황하고 어떻게 대답할 길이 없어서 '모르겠습니다'라고 하였다. 또 다른 교수님의 질문이 있었던 것 같은데 그 질문은 기억나지 않는다. 대답하지 못한 질문은 2002년 가을부터 나의 가슴에서 간간히 목소리를 낸다.

박사과정 중에서도 이 물음을 구체적으로 다룬 적이 없었고, 따로 궁구하지도 못했다. 최근에 이 질문이 다시 수면 위로 떠올랐다. '기독상담의 종말론적 지평'에 대해 서투른, 너무나 서투른, 아주 작은 대답을 시도해본다.

Already but…, not yet…(이미, 그러나 아직)은 유한성 속에 살고 있는 인간의 죽음, 숙명과 연관하여 하이데거, 틸리히, 빅토르 프랑클 등의 학자가 인간의 존재론적 불안에 대해서 깊이 고심하면서 다다른 결론 중 하나이다. 너무나 잘 알다시피 우리 모두는 사형선고를 받았다. 태어남은 죽음을 전제로 한다. 사형구형이 아니라 이미 사형언도를 받았고 단지 사형집행이 유예되어 그 날짜를 알지 못하는 망각증 덕분에 하루하루 무감각하게 살아갈 뿐이라고 생각한다. 아니면 그 반대로 불안증에 시달려서 하루도 편하지 못하게 살아가는 우리의 이웃도 있다. 사람의 모든 불안과 갈등, 상담 코칭 현장에서 이야기되는 그 모든 삶의 이야기에 대한 적극적 경청과 공감, solution에 대한 고민이 바로 기독상담의 매일매일의 종말론적 지평이라고 생각하게 되었다. 졸업하고 나서 깨닫게 되는 입학 면접시험의 구술문제가 매우 뜻깊게 다가온다. 상담코칭학에서 강조하고 강조하는 'Here & Now'를 Already but, not yet…에 대한 해답으로 이해한다. 삶은 오직 지금-여기에만 있다. 흐릿하게나마 잡는 기독상담의 종말론적 지평이 바로 지금-여기라는 것을 말하면서 새로운 기쁨과 소망에 잠긴다.

Already but — 이미 예비되어 있지만, 아직 우리 눈에 보이지 않고 손에 잡히지 않는 그 무엇 — Not yet 사이에서 우리는 마치 어린 아기처럼 새근거리며 인생을 살아간다. 이미 우리 안에 와 있지만 아직 영안이 열리지 않아서 바라보지 못하는 것을 찾는 작업이 필요하다. 아주 작은 깨달음 하나를 어느 여름 날 바람이 갖다 주었다.

별을 따러 가지 않아도

먼 곳 아니라면
굳이 버스에 갇히고 싶지 않다
내 발로 한 걸음 한 걸음
바람을 맞으며 걷는 이 자유로움…
나를 동물로 만드신 하나님을 찬미한다

남들은 작은 발이라 하되
이 발로 아니 가본 곳 없다
북쪽으로는 소련과 노르웨이 찬 바람을 맞았고
러시아 대륙 끝 모를 지평선에 압도되기도 하였고
노르웨이 스웨덴, 지지 않는 백야의 밤에
그리운 님들 향해 잠 못 이루기도 했지
북극 툰드라의 아름다운 빙하 예술
북극 항로를 개발한 위인들께 감사
베링해협 넘으며 느끼던 몽고인의 자부심
태평양을 넘으며 지구 허리를 감싸기 몇 번

뉴질랜드 아름다운 섬나라
이 세상 어느 나라 보다 잘 조화된 건물의 색, 색, 색
서로가 서로를 인지하고 보듬는 색의 완벽한 어울림
뜻밖의 곳에서 하나님의 솜씨 어루만지게 되고

별을 따러 가지 않아도
이미 별을 발로 밟고 서 있는 나를 만난다

지구별을 누가 작은 별이라 하는가?

이렇게 아름답고 크고 놀라운 별을

내 생전에 만나 본 적이 없다

혹 하나님이 허락하시면 아프리카 대륙을 밟아 보려나

남미의 이과수 폭포에 땀을 식히려는지

한여름 망중한 지구를 맴돈다

(2016. 6. 28. 박순)

세계관(신론/부모-자녀 관계론)

영문도 모르고 태어난 이 세상

개인의 삶의 시초는 무엇인가? 우리가 잘 아는 대로 난자와 정자의 수정이다. 수정란이 바로 우리 개인의 시작이다. 우리나라와 같은 동양에서는 뱃속부터 나이를 세는 셈이고 서양식은 출생 후부터 카운트를 한다. 무엇이 더 과학적인가 생각해보면 답은 명확하다. 한국식의 셈나이가 개인의 생물학적 기원을 더 분명하게 기억한다.

이제부터 부모역할에 관한 이야기를 시작하면서 먼저 이 모든 이야기를 자녀의 입장에서 바라보는 시각을 제시한다. 왜냐하면 인간은 누구나 다 누군가의 자녀로 그 삶을 출발하기 때문이다. 그리고 이 세상의 누구도 자기 삶에 그토록 중요한 대상인 부모를 선택하지 못한다. 그 역도 마찬가지이다. 부모들은 자녀가 내 뱃속에 있었다고 하고 내 배 아파서 낳았다고 한다. 맞는 말이다. 그러나 부모가 자녀를 만든 것은 아니다. 부모의 몸을 통해서 오는 것은 정한 이치이지만 부모가 자녀를 디자인할 수 없기 때문이다.

인간은 누구나 이 세상에서의 삶을 어떤 분들의 자녀로 시작한다. 태어남 자체가 개인의 의사나 선택과는 무관하다. 오로지 보냄을 받는다. 던져짐을 당한다. 귀하게 태어나든 어려운 환경에 태어나든 태어남 자체에 자신의 의도는 개입되지 않았다. 그래서 영문도 모르고 태어난 삶이라는 이야기가 성립된다. 인간의 이야기의 시작이 여기에 있다. 조금 더 이야기하자면 영문도 모르고 국문도 모르면서 우리는 태어났다. 독자들이여, 그렇지 아니한가!

　태어남을 시작으로 개인의 이야기가 전개된다. 제일 중요한 것이 부모와의 상호작용이다. 인간은 매우 미숙하게 태어나므로 정말 손이 많이 간다. 전적인 돌봄이 없이는 인간의 생존은 없다. 인류 역사에 수많은 불가사의한 기적들이 있었지만 아직까지 아무도 돌보아주지 않은 신생아가 자력으로 성장했다는 이야기는 들어보지 못했다. 여기에서 인간됨의 독특한 이야기가 시작이 된다. 자녀-부모 관계의 중요성은 말할 것도 없다. 기린은 양수에서 떨어져 나와서 40초 후에 벌써 걷기 시작한다. 아기 코끼리는 생후 6시간 안에 벌써 엄마 옆에서 유연하게 수영을 한다. 기린이나 코끼리에 비교할 때 갓난아기가 할 수 있는 일은 감각운동적으로 매우 미숙하다. 아기는 시각, 청각, 감각이 태내에서 완벽하게 발달하지 않은 상태로 출생한다. 그래서 더 신비하게 인간의 발달이 진행되는 것인지도 모른다. 가장 단순한 예로 신생아는 손을 펼 줄 모른다. 꼭 쥐고 있는 것이 아니라 아직 자신의 손을 펼치도록 근육이 발달되어 있지 않다. 이어지는 자극에 의해서, 다시 말해서 수많은 스킨십을 통해서 손을 조금씩 펼치기 시작한다. 처음에 대근육이 발달하고 그다음에 소근육이 발달한다. 이를 위해서는 적절한 자극과 접촉이 필수적으로 요청된다. 돌 무렵에 '잼잼잼잼'을 하는 것은 스스로 손을 쥐락펴락 하게 되었다는 인증식인 셈이다. '도리도리'도 마찬가지이다. 이제 목을 스스로 좌우로 가누게 되었다는 발표행사이다. '짝짜꿍 짝짜꿍'은 양손을 마주쳐서 손뼉을 치게 되었다는 새로운 기능의 표현인데, 이전까지는 잘 이루어지지 않았다는 것이다. '잼잼잼잼', '도리도리', '짝짜꿍 짝짜꿍'이 상체의 발달에 관한 것이라면 '따로따로' 세워보기와 '섬마섬마' 걷게 하기는 하체의 사지발달이 얼마나 이루어졌는가 검증하는 구체적인 방식의 표현이다. 이만큼 오는 데 적어도 13개월의 지속적인 자극과 훈련이 요청된다. 직립인간이 되는 데 기본적으로 13개월이 요청된다. 이렇게 개체는 계통발생적인 발달을 거쳐서 직립인간으로서의 놀라운 경지로 진입하게 된다. 여기까지 오는 데 얼마나 많은 눈맞춤과 옹알이, 목욕과 세수가 있었을지 헤아리기 불가능할 정도로 반복이 요청된다.

자녀의 입장에서 바라본 신세계

부모역할을 이야기하기에 앞서서 자녀 입장에서 바라본 삶의 경험을 따라가 보고자 한다. 세상에 태어나 보니 대체로 커다란 두 물체가 자기 앞에 왔다갔다 한다. 우선 이 두 물체를 '대상(object)'이라고 이름 짓고 넘어가자. 자녀의 입장에서는 아직 물아의 구분이 없다. 자타가 아직 하나인 상태이다. 여기에서 대상관계 이론의 거울이론(mirroring)이 구성되었다. 어머니와 아직 미분화 상태인 신생아는 자기를 유심히 바라보는 대상을 자기 자신으로 인식한다는 것이다. 그래서 거울대상의 역할은 아기의 자아성장에 결정적으로 중요하다. 이런 내용을 중요한 타자(significant others)라 이름 붙였다. 미분화 상태에서 점차 자기 자신을 알아가는 과정이 초기 신생아부터 대략 3년간이다. 이러한 3년여간의 지속적인 발달을 대상관계이론에서 가장 중요하게 생각한다. 세부적으로 이야기하기에 앞서서 우리나라 조상들의 선견지명을 예찬하고 넘어가고자 한다. '세살 버릇 여든 간다'라는 우리나라의 속담을 구미대륙의 대상관계이론 학자들이 몰래 도용한 것인가? 우리나라 어르신들의 축적된 지혜를 서양학자들의 이론으로 배우고 가르치게 되면서 묘한 미소가 입가에 맺히게 된다. 자부심과 안타까움, 그리고 새로운 가능성의 발견 같은 복합적인 감정들이다.

일부학자들은 부모를 '신'이라 말한다. 신생아와 유아에게 있어서는 신적인 절대적인 권위와 무소불능의 권력을 행사하기 때문이다. 이미 태어난 아기를 전제로 하지만, 잉태된 아기를 세상에 데려올지 아니면 세상을 보여주지 않을지 결정하는 것도 부모된 신들의 몫이다. 특별히 '모신'의 권위는 태아에게 절대적이다. 어머니의 건강상태, 영양상태, 심리정서적 변화, 생리적 기능의 기복, 이 모든 것이 태아에게 오롯이 전달된다. 일찍이 우리나라에서 태교를 중요시함은 한국식 셈나이의 중요성과 함께 우수한 과학적 태도이었음을 거듭 확인하게 된다. 그런데 인간신이 갖는 부조화가 바로 부모됨의 딜레마이다. 잘 알지도 못하고 절대로 전지전능한 신도 아니고 무소부재한 신도 아닌데 자녀의 삶의 질에 관계되는 일거수 일투족을 결정하고 관리하는 일을 수행하게 되니 이 아이러니가 우리의 과제이다.

그리하여 부모라는 거울이 투영하는 모든 내용이 아기의 자아 컨텐츠로 차곡차곡 정립된다. 유아가 자아의 정체성, 즉 아무개라는 이름과 함께 '나'라는 자아가 만들어지는 시기를 대체로 24개월로 본다. 직립하여서 보행하고 누워있던 돌 전의 삶과 획기적으로 다른 세상을 1년여간 산 뒤에, 아빠의 등에서 두루 세상을 바라본 뒤에, 자아가 만들어진다. 초기 신생아 시기의 따뜻하고 포근한 엄마 품과 마찬가지로 든든한 아빠의 어깨는 아기를 보다 너른 세상으로 인도하는 기둥의 역할을 한다. 우리나라 말의 집사람과 바깥사람의 역할처럼 명료하게 아내와 남편의 사회적 역할을 구분지은 말이 세상에 또 있을까 싶다.

모든 여자들 속에는 여신이 있다

진 시노다 볼린은 전작 〈우리 속에 있는 여신들〉(1992)에서 융 심리학의 '원형' 개념을 차용하여 그리스 신화에 나오는 여신들을 여성 내면에서 활동하는 원형으로 설명했다. 그 책은 여성 독자들이 진정한 자기와 다른 여성을 이해하는 데 많은 도움을 주었으며, 여신 운동과 페미니즘의 등장에 큰 영향을 주었다. 그 책을 쓴 뒤로 큰 병을 얻어 죽을 고비를 넘기고, 이혼을 경험하고, 또 폐경기에 접어든 저자는 이제 나이 쉰이 넘은 여자들의 심리 원형을 분석한다. 그리고 이 시기에 여성의 내면에 새로운 강력한 에너지와 잠재력이 나타난다고 설명하며 생기 넘치는 '아줌마' 할머니 시기를 축복하고 환영한다.

여자 인생의 세 번째 단계

흔히 여자의 인생 주기는 처녀-어머니(활동적인 중년 여성)-할머니의 3단계로 구분되고, 여자의 일생은 달의 변화에 비유되어 각 단계는 초승달, 보름달, 그믐달에 해당한다고 말한다.

여자 인생의 두 번째 단계에서는 대개 연애와 결혼, 육아, 직장 일 등 책임져야 할 일과 관계가 너무 많아 언제나 동동거리며 산다. 나이 쉰 즈음이면 아이들이 모두 자라서 독립하거나 결혼하고 (같이 살더라도 어머니 손길이 필요하지 않게 되고), 많은 일과 의무에서 조금 놓여난다. 그리고 여자다운 매력을 기대하는 눈길이 사라지므로 자기 겉모습에 대해 편안해진다. 성에 대해서도 '내숭'과 욕망을 벗어던지고 유쾌하게 이야기할 수 있게 된다.

다른 한편, 그만큼 사는 동안 누구든 한 번쯤은 인생의 깊고 어두운 면을 보게 된다. 갑자기 큰 병이 생기거나, 남편이 바람이 나서 젊은 여자와 함께 떠나 버릴 수도 있고, 승승장구하던 직장에 유리 천장이 떡하니 버티고 있음을 깨닫고 환멸을 느낄 수도 있다.

그렇게 여자다움이라는 껍질을 벗고 깊고 또 어두운 고통의 세계를 맛본 여자 속에서는 이제 지혜와 자비, 분노와 쾌활함의 원형이 깨어난다.

영문도 모르고 국문도 모르고 던져진 존재

하나님이 인간을 창조하였다는 것은 인간의 피조성을 나타낸다. 자신의 의지로 세상에 오는 사람이 없고, 오직 보냄을 받아서 이 세상에 생명으로 존재하는 것이 모든 인간의 실존이다. 자신의 의지와 관계없이 세상에 오는 이 피투성이 인간이 자기존재에 대한 물음을 시작하는 출발점이 될 수 있다. 이 점이 인간이 혼돈하는 영역이다. 던져진 존재인데 자유의지가 주어지기에 착각을 일으키기가 쉽다. 우수한 지능, 좋은 체력 조건, 이미 이루어 놓은 인류의 문화와 문명으로 우리가 스스로를 만든 창조자가 아니라, 한낱 피조물에 지나지 않는다는 것을 망각하기가 너무 쉽다. 하룻밤 자고 일어나면 잊어버리듯이 이 분명한 실존의 한계를 부인하고 벗어나고자 끊임없이 욕망으로 몸부림치는 것이 인간의 모습이다.

기독신앙을 고백하지 않는 사람은 말할 것도 없고, 기독 신앙인이라고 해서 항상 자신이 피조물이라는 정체성을 바르게 인식하고 그 한계 안에서 삶을 영위하지 않는 것을 인류의 문제행동이라고 하겠다. 죄 또는 타락이라고 부르는 것은 인간이 신이라고, 신처럼 될 수 있다는 잘못된 인식에서 비롯되어(인지적 측면), 하나님에 대한 불만을 품게 되고(정서적 측면), 하나님처럼 행동하게 된다(행동적 측면). 인지-정서-행동의 인간의 세 영역을 고루 치료하는 것이 기독상담의 목표가 된다.

그릇된 정보

현대인에게 정보는 매우 귀중하다. 정보화 사회가 되어서 누가 어떤 정보를 얼마나 많이 가지고 있느냐가 그 사람의 가치로 평가되기도 한다. 그리고 에덴동산에도 그릇된 정보가 판을 쳤다. 뱀이 하나님이 주신 정보에 대해서 다른 해석을 제공한다. 가뜩이나 산보시간마다 선악과에 자동적으로 눈길이 가서 참 불편하였는데, 정녕 죽을까 봐서 못 먹고 있었는데, 그렇지 않다는 안심시키는 말이 어찌 인간의 귀에 들어가지 않겠는가? 안전하다는데, 먹을 수도 있지 않은가? 새로운 정보제공자가 친절하게 해석하여 주기를 죽지 않는 것만이 아니라 하나님처럼 되고, 선악을 다 구별하는 지혜를 얻게 된다는 데 어떻게 더 주저할 수 있을까? 너무 망설이면 좋은 것을 놓치는 법이니, 결단을 해야 할 때도 있다. 그래도 하와는 경거망동하지 않았다. 정보원의 말을 자신의 눈으로 재확인하였다. 선악과를 자세히 살펴보니 먹음직도 하고 보암직도 하고 지혜롭게 할 만큼 탐스럽기도 하다. 이런 것을 보고도 결단하지 못하는 사람을 우리는 우유부단형이라고 부른다. 그리고 부부는 일심동체, 어떻게 이렇게 좋은 것을 부인이 혼자 먹을 수 있는가? 한국의 여인은 좋은 것은 자기가 하나도 먹지 않고 남편에게만 주는 경향이 있었는데, 그래도 에덴동산에서는 여자도 좋은 것을 자신이 먼저 먹고 그 다음에 남편에게 주었으니 여성운동이 급하지 않을 듯하다. 한국여성들이 에덴동산으로 하와라는 고대의 학자를 찾아가 유학을 해서 어떻게 그렇게 자기중심적이 될 수 있었는지를 배워야 할 것 같다(에덴대학에서 포닥과정이나 초청교수로 이야기가 되면 얼른 다녀오겠습니다). 요즈음 한창 부부갈등으로 이혼가정이 많고 이혼까지 가지 않는다 하더라도, 하와와 아담처럼 부부가 한뜻을 이루지 못하는 가정이 많은데 그런 의미에서 이 부부는 모범 부부이다. 아내의 말을 듣는 남자, 그런 남자를 세상의 여자들은 아주 높이 평가한다. 큰소리만 치거나 남자말만 옳다거나 여자에게서 무슨 선한 것이 나오겠냐고 불신하는 남편보다 장차 무슨 일이 일어날지 모르지만 아내가 제안하는 일은 모름지기 따라주는 남편을 아내들은 목마르게 그리워한다. 한국의 남편들도 아담이라는 대선배에게 특강을 들어야할 것 같다. 어떻게 그렇게 아내의 말을 순수하게 따랐는지 그 심리와 비결을 전수하면 좋을 것 같다. 질문도 많이 하고 세미나도 많이 하고 워크숍을 꼭 하고 오면 좋을 것 같다. 안다고 다 실행되는 것이 아니므로 반복적인 훈련, 공동체가 함께 하여 서로 연대를 이루며 변화하는 경험, 이런 것이 매우 효과적이므로 한국 남성이 단체로 유학을 다녀오면 좋을 듯하다.

그릇된 정보에 현혹되는 일은 인간이 항용 반복하는 일이다. 그릇되었다 함은 다 맞지는 않았다는 말이다. 결과적으로 보면 뱀이 한 말 중에 눈이 밝아진다는 말은 그대로 이루어져서 벗은 몸을 보게 되었으나, 하나님처럼 되지도 않았고, 선악을 구별하게 되지도 못했다. 그러므로 그릇된 정보는 일부만 옳은 정보라고도 할 수 있다. 그러므로 일부 옳은 부분이 있기에 인간은 현혹되기가 쉽다. 바야흐로 인류는 정보화 사회에 살고 있고 한국인의 세계의 정보화를 주도하는 선두주자로서 빨리빨리 나아가고 있다. 그릇된 정보, 다시 말해서 부분적으로만 옳은 정보에 현혹되지 않도록 눈을 밝혀야 할 일이다.

자기정당성

아담은 하나님이 어디에 있느냐, 곧 지금 너의 마음이 어떠하냐를 물으셨을 때에 '하나님께서 함께 하라고 주신 여자'라는 표현으로서 자기 행위의 정당성을 주장하는 노력을 한다. 자신의 불순종에 대해 자신이 혼자 전적으로 책임질 수 없는 이유를 내밀며 하나님께 당신이 일부 원인을 제공하였다는 것을 물고 들어간다. 인류의 조상이 머리가 좋은 편이다. 이러한 자기정당성의 주장은 인간의 건강한 부분이기도 하다. 물론 하나님과의 관계에서 아담이 처음부터 하와를 거부하지도 않았고, 선악과에 대한 명령에 대해서 토를 달지 않고 자유의지로 수용하였기에 이와 같은 논리는 하나님과의 관계에서는 승복될 수가 없다. 질문 시간을 주면 질문을 하지 않고 상황이 종료된 다음에 아무리 말을 하려고 하여도 이미 상황 끝인 것을 우리가 종종 경험하는데, 인간의 예지 능력은 매우 제한되어 있어서 곧 자신이 발휘하게 될 배반의 시나리오를 전혀 감지하지 못하고 있다.

아담의 논리는 여러 가지이다. 하나님이 주신 여자가 권하여서 먹었고, 그 여자는 잘못된 정보인 뱀의 말을 들었으므로 자신은 전체적으로 책임질 수 없다는 항변은 현대판 심리로 말한다면 '억울감'의 호소이다. 억울하다는 그 심정을 하나님께 아담이 토로한 것이다. "부모님, 왜 날 낳으셨나요? 언제 낳아 달라고 말씀드린 적 있습니까?"라는 부모에 대한 저항의 노래는 고금동서에 늘 회자되고 있다. 자식이 무슨 죄가, 결국, 내가 무슨 죄가 있느냐는 이 불만은 내가 이 세상을 살고 싶어서 자의적으로 온 것이 아닌데, 낳아 놓고 말 안 듣는다고, 공부 못한다고, 제때에 결혼 안 한다고 이렇게 나무라면 곤란하다는 항변을 자녀들은 부모에게 종종 털어 놓는다. 인간의 자기정당성은 역사적인 뿌리도 깊고 대인관계에서는 상호적으로 인정되고, 스스로 자신의 존재를 인정한다는 면에서 긍정적인 기능이 있는데, 이는 자기의(Self-Righteous)와 엄격하게 구별되어야 한다.

자기의(Self-Righteousness)로 빠지는 지름길

물론 아담이 자기정당성을 하나님께 호소하였지만 자신이 의롭다는 주장까지 펼치지는 않았다. 아담은 그렇게 까지 타락하지는 않았는데, 아마 하나님과 직접 대면하고, 교회라는 제도를 통하지 않았기 때문인 것 같다. 나를 포함한 오늘의 기독교인의 모습은 예수님이 우리에게 붙여주신 '위선자(僞善子, Hypocrites)라는 별명에 너무 어울리는 것 같다. 선을 행하고 있다는 착각 속에서 자신이 선하고 의롭다는 주관적인 생각을 타인에게 투사하여 곧 나는 의롭고 남들은 의롭지 않다는 판단을 자주 하게 되기도 한다. 우리 안에 있는 그림자(쉐도우, shadow)는 남에게 모두 투사하고 우리는 거룩하다는 집단적인 최면에 빠진 것이 아닌지 매우 염려스럽다. 우리가 제도와 조직을 갖춘 역사적인 공동체 속에서 이런 사고를 발전시켜 왔기에, 교회에 들어온 사람, 구원을 입으로 시인한 사람들, 오늘 교회에 나온 사람들, 나와 뜻을 같이 하는 사람들은 의롭고, 여기에서 제외되는 기독교에 들어오지 않은 사람, 입으로 구원을 시인 하지 않는 사람, 산으로 들로 놀러 가고 예배에 빠진 사람들, 나의 뜻을 비판하는 사람들은 소위 말하는 '세상 사람들', 곧 의롭지 않은 사람들로 우리의 의식 안에서 분류되기도 한다. 우리 예수 믿는 사람들이 '선한 사람들, 옳은 사람들, 바른 사람들'이라는 원망(願望, wishes)은 문자 그대로 바라는 일, 그 자체일 뿐이지, 우리가 이미 당도한 일은 아니다. 그런데 그렇게 기도하고 노래하면서 우리가 이미 그렇게 된 줄로 착각하는 현상이 우리 안에서 감지된다.

성인의 반열에 오른 프란시스의 '평화의 기도'를 최근에 다시 부르면서 성인의 기도를 조금 다른 측면에서 분석해보았다. 기도의 내용에 딱 알맞게 붙인 매우 차분하고 음정과 박자의 변화가 적은 조용히 고백하는 형식의 이 노래는 기독교인들이 진실로 바라는 기도를 압축해서 나타내준다. 자신이 평화의 사도가 되고 싶다는 아주 거룩한 소명의 천명으로 시작해서 미움이 있는 곳에 사랑을, 상처가 있는 곳에 용서를, 의심이 있는 곳에 믿음을 주는 사도가 되고 싶다는 이 고백적인 기도는 모든 기독교인의 마음을 울리고 남음이 있다. 이런 거룩한 소망을 비판할 수는 없다. 절망하는 자에게 희망을, 어두운 곳에 빛을, 슬픔이 있는 곳에 기쁨을 주고자 하는 간절한 기도는 부르는 이의 마음을 사로잡는다. 그다음에 이어지는 가사를 옮겨 본다.

> 오 주여, 위로받기보다는 위로하며 살게 하소서
> 이해받기보다는 이해하고
> 사랑받기보다는 사랑하며
> 용서받기보다는 용서하며

분명하게 이분법적으로 대비되는 선을 노래하면서 마음이 정화되는 경험을 하기도 한다. 그렇지, 내가, 우리가, 기독교인이 이렇게 베풀면서 살아야지라는 마음의 소원을 품는 것까지는 그리 문제될 것이 없다. 그러나 아주 솔직하게 현실적으로 개인의 경험 안에서 이 기도를 성찰하다 보면, 나는 위로하기 보다는 위로받아야 평안하며, 오해받는 것은 견딜 수 없는 고통이며, 온 세상의 사랑을 다 독점하여도 배부르지 않을 것 같기도 하고, 정말 그 사람은 용서할 수 없는 자신의 진솔한 감정들을 어렵지 않게 꺼낼 수 있다. 우선 저 '세상 사람들'은 내버려두고, 공동체 안에 들어와서 우리라고 서로 믿고 부르는 사람들 사이에서 정말 위의 노래를 노래로만 부르지 않고 실천하는 사람은 만나기가 쉽지 않다. 인간의 심층심리 속에 깊이 위로받고, 이해받고, 사랑받고, 영원히 용서받고 싶은 심리가 원천적으로 또아리를 틀고 있는데, 맑고 고운 목소리로 이 노래를 합창하였다고 하여서 그 심리가 없어지는 것은 아니다. 그리고 더욱 중요한 것은 진심으로 위로받고, 그 모습 그대로 이해받으며, 따뜻한 사랑으로 감싸임을 받고, 정말 용서받을 수 없는 죄와 허물을 값 없이 용서받은 경험이 없이, 어떻게 남을 위로하고 이해하며 사랑하고 용납할 수 있는지 묻지 않을 수 없다. 물론 우리의 이상은 하나님,

예수님, 성령님이지 인간 사이에서 이런 경험을 의미하는 것이 아니라고 한다면, 더 이상 할 말은 없다. 인간 사이에서 불가능한 것을 어떻게 쉽고, 거룩하게 노래만 부를 수 있는가?

이 평화의 기도를 다른 각도에서 접근해본다. '오 주님, 나는 정말 사랑의 사도가 되고 싶은데 내 안에 미움이 가득하고, 용서하고 싶지만 좀체로 상처가 아물지 않으며, 사람을 신뢰할 수 없으며, 위로를 하는 것도 좋지만 나의 슬픔과 괴로움을 제대로 위로 받아야 직성이 풀리고, 나를 제대로 이해 받지 않으면 밤잠이 안 오고 열이 나며, 사랑과 인정을 받지 못하는 것은 견딜 수 없고, 내 마음은 평화롭기보다는 물결칠 때가 더 많으니 나를 긍휼히 여겨 달라'는 심정에서 이 노래를 부른다면 훨씬 현실에 접근한다. 나를 포함해서 교회에 매우 열심히 다니고 봉사 많이 하는 사람 중에 '사나운' 사람들을 많이 보았다. 측은지심보다는 남을 재단하고 평가하는데 도사가 된 우리의 자화상을 다시 그리고 싶다. 새신자가 한 주일이라도 빠지면, 진심으로 무슨 심리에서, 어떠한 사연으로 오지 못했는가 관심을 기울이기 보다는 '새신자 떨어지면 어떻게 하나?' 하는 결과에 대한 집착으로 내심 불안하고 짜증이 나거나 밉지는 않은지 자문해 볼 일이다. 주일성수 꼬박꼬박 하는 사람들, 십일조 정확하게 하는 사람들이 타인에게 들이대는 그 잣대가 무섭다. 소망교회 권사의 "지난 주에 한 주일 일부러 빠졌어요, 내가 주일 성수했다는 의(self-righteousness)에 빠질까 봐서요"라는 고백이 십 년이 훨씬 넘었는데도 잊히지 않는 것은 무슨 이유일까? 용서에 대한 문제는 신학적으로, 심층적으로 재조명할 필요가 있다.

평화의 사도의 자리는 어디인가? 평화가 가장 요청되는 곳, 바로 전쟁터이다. 유엔이 지구의 분쟁지역에 평화유지군을 파병하는 것이 상징적으로 이를 대변한다. 그런데 현실적으로 싸우는 양자 사이를 헤집고 들어가서 대화와 타협을 촉구하려면 거의 전투를 해야 하는 경우가 있다. 싸우는 두 사람들 뜯어 말리려면 나도 몸을 바쳐서 행위를 해야 하는데, 잘못하면 얻어 맞고, 다치기도 하고, 양쪽으로부터 모든 욕을 먹는 경우가 많다. 본전을 찾기는 매우 어렵다고 한다. 그리고 애써서 뜯어 말렸다고 해서 관계된 쌍방이 서로에 대한 이해를 넓히고, 화해하고 협력하는 경우는 드물게만 발생한다. 잠시 열을 식혀서 더 큰 불상사를 막는 기능, 즉 소방수의 역할이지 심층적인 변화, 이해의 증진, 평화의 정착까지는 요원하다. 기독교인들이 현실에서 평화유지군으로 있는지는 그들의 가족과 친척, 직장의 동료와 상사, 이웃의 사람들, 동창들에게 물어봐야 한다. 그리고 교회 내부에서 물어도 모든 사람이 좋은 점수를 받지는 않을 듯하다. 높은 점수를 받는 사람이 그렇게 많지는 않을 것 같다. 왜냐하면 자기의 주관적인 이해관계에 따라서 평가는 매우 달라지기 때문이다. '쓸데없이' 남을 높이 평가해서 자신을 왜소하게 보이고 싶지 않은 심리도 우리 안에 있기 때문이다. 효용가치, 이익추구의 심리가 인간에게 있기 때문이다. 누구의 이익을 물을 필요가 있는가? 자신의 이익 – 심지어는 타인의 실패와 손해가 나에게 무한한 기쁨으로 다가오기도 한다. 타인의 기쁨이 나의 기쁨으로 다가오는 경우는 나의 입장을 망가뜨리지 않을 때에 한한다.[21]

양심이라는 본능

어린자녀들이 부모의 말에 불순종하고서는 얼굴을 잘 들지 않고 앞에 나타나기를 꺼리고 불러도 잘 오지 않기도 한다. 멀리 가려고 한다. 아담과 하와가 개별지도를 하지 않아도 우리가 대체로 그런 것을 보니 본성인가 보다. 하나님이 하신 말씀을 거역하고 나니, 떳떳하지 못한 마음이 들어서 일단 하나님의 기척이 들리자 숨었다고 기록되어 있다. 인간이 아주 후안무치한 존재는 아닌 것 같아서 다행이다. 준엄한 명령을 어기고도 당당히 얼굴을 들고 왔다면 어떤 사태가 벌어졌을까? 2009년도 시작을 연쇄살인으로 장식한 강호순은 결코 보통사람이 아니다. 현장감식하는 것을 보니 그도 고개를 조금 숙이고 있었다. 지존파, 막가파, 그리고 우리가 이름을 모르는 많은 파들이 모두 양심을 잃어버렸다고는 생각하지 않는다. '그릇된 정보'의 경우와 마찬가지로 일부는 인정받을 부분이 있는데, 인정받지 못할 부분이 더 많기 때문에 문제가 된다.

까꿍과 숨박꼭질

온 세계의 거의 모든 어린이가 기본적으로 배우는 '까꿍'은 대상영속성을 체득하는 과정에서 매우 중요하다. 18~24개월까지 성장해서 눈앞에서 사라진 물체도 아주 없어지지 않고 존재한다는 믿음을 갖는 것을 대상영속성이라고 한다. 대체로 눈앞에서 사라진 것은 존재하지 않는다고 인식하는 단계와 눈앞에서 사라진 대상도 어디엔가 존재하다가 다시 나타날 것이라는 신뢰를 갖는 그 중간단계에서 어린이와 양육자는 '까꿍'놀이를 즐기게 된다. 사라졌다가 다시 나타나면 너무나 신기해하면서 깔깔거리다가, 나중에는 잠깐 사라졌을 뿐이지 다른 곳에 있다는 믿음이 확고해져도 아기는 이런 놀이를 반복하기를 좋아한다. 이런 까꿍이 발전한 것이 숨박꼭질이다. 누군가에게 나의 존재를 감추고 싶은 욕구와 그런 욕구를 허락하지 않으려는 두 마음이 합쳐져서 숨박꼭질을 구성한다. 숨고 찾는다. 에덴동산에서 원초적인 숨박꼭질이 이루어졌다.

불안과 두려움

벗었으므로 두려워서 숨었다고 아담이 고백한다. 현대인은 대체로 의상에 익숙하며 벗으면 조금 위축되기도 한다. 사람에 따라서는 두렵기까지 할 수도 있다. 두려우면 숨는 것이 기본 패턴이다. 자기보다 힘이 있는 어떤 큰 존재의 뜻을 어겼을 때, 인간은 두려움을 갖게 되고 그 두려움의 감정이 두려워서 숨게 된다. 두려움의 근원은 하나님의 말씀대로라면 죽음에 대한 두려움이기 때문이다. '정녕 죽으리라' 하신 주의사항을 어겼으므로 죽음을 두려워하게 된다. 인간이 스스로 삶을 유발한 것은 아니지만 생명의 지속본능, 즉 종족의 번식본능이 있다고 말한다. 죽음의 본능을 말하는 것은 이런 두려움이 내재화되어 죽을 수도 있다는 심리가 원초적으로 인간의 내면에 자리 잡았다는 것이다. 프로이트가 말한 타나토스가 창조자의 명령을 어기면 정녕 죽으리라는 것을 알고서도 지킬 수 없었기에 우리 안에 죽음에 대한 공포가 본능처럼 자리를 잡고 있는 것은 아닐까?

투사(projection)라는 부부의 역동

결혼해서 살다가 무엇이 잘 안 되었을 때 자기 자신을 돌아보는 배우자가 더 많다면 세상은 얼마나 지금과 다른 모습이 되었을지 달라도 아주 많이 다를 것 같다. 현대의 부부들이 인류 최초의 부부관계를 그대로 빼어 닮은 것인지 아무튼 인류 최초의 부부는 무엇이 잘못되었을 때에 상대방 탓을 분명하게 지적하고 한 가지 더 나아가서 하늘에 대고 삿대질을 한다. 아담은 말한다.

'하나님이 주셔서 나와 함께 하게 하신 여자

그가 그 나무 실과를 내게 주므로

내가 먹었나이다.' (창세기 3 : 12)

아담의 논리가 정연하다. 두려움에 떨었다고 했는데 할 말을 따박따박 아주 잘한다. 첫째가 '하나님이 주셔서 나와 함께 하게 하신 여자'로부터 일이 시작된 것임을 명백하게 짚어 나간다. 아담이 먼저 선악과를 먹거나 뱀이라는 믿지 못할 정보를 퍼뜨리는 정보원에게 넘어간 것은 아니다. 그런데 성경을 뒤져봐도 어디 아담이 하나님께 "혼자 못 살겠어요, 배우자를 연말까지 꼭 보내 주세요."라고 기도한 흔적이 없다. '하나님이 보시기에 사람(아담) 독처하는 것이 좋지 못하니'라고 기록되어 있다. 어떻게 오늘날의 한국의 부모들과 하나님의 마음이 이렇게 똑같을 수 있을까? 본인보다 부모님의 입장이 도대체 결혼 안하고 있는 자녀를 보기가 너무나 안 되어서 돕는 배필을 구한다는 이야기가 그대로 복사판이다. 현대판 아담 중에 혹시 이렇게 말하는 사람이 있을까? "내가 언제 결혼한다고 그랬어요? 엄마가 빨리 하라고 해서 했던 것뿐이지." 그렇다면 배우자 선택을 어떤 일이 있더라도 부모가 정해 주어서는 안 될 것 같다. 큰일이 날 수도 있다. 성경은 기록하고 있다. '하나님이 주셔서 나와 함께 하게 하신 여자' 때문에 하나님의 명령을 어기게 된 것이므로 원인제공이 하나님 편에 있다는 점을 아담은 두려움 가운데서도 당당하게 지적할 수 있을 정도로 뇌의 용량이 여타의 생물체에 비해서 크다.

그는 기억하고 있다. 어느 날 곤히 자다가 깨어보니 갈빗대 하나에 없던 금이 생겼고, 하나님이 웬 여자를 친히 이끌고 오셨던 사건을 최근의 일이기에 그는 명명백백하게 기억하고 논박을 한다. 하나님은 데려다주셨고 하와는 따라왔고 그런데 사랑의 마음이 자신도 모르게 생겨나서 "갈빗대 하나 없어진 것은 아무 상관도 없습니다. 이렇게 더 보드랍고 말랑말랑한 뼈를 가진 여성을 제 몸의 일부를 가지고 만들어주셨으니 제 아내는 저에게 결코 남이 아니고 제 뼈나 제 살이나 마찬가지입니다"라고 사랑의 찬가를 불러서 요즈음도 결혼식마다 이 성경 구절이 아주 바쁘게 불려 다닌다.

그리고 사랑의 감정에 대해서 논한다면, 이것이 결코 인위적인 감정이 아니고 자연적인 감정의 소산이기에 여기에 대해서도 인간은 책임을 모두 질 수는 없다는 것을 사랑을 한 번이라도 해본 사람은 경험적으로 알고 있다. '오늘 저녁에 퇴근길에 전철에서 어떤 여자를 만나면 사랑을 시작해야지, 우리 부모님이 내가 누군가를 사랑하고 결혼하기를 얼마나 바라시는데'라고 굳게 또 굳세게 맹세하여도 이런 감정이 잘 일어나 주지 않는다. 전혀 생각지도 않았는데 그냥 나도 모르게 가슴이 울렁거리고, 그 사람의 눈을 마주 치기가 어려워지고, 그냥 다 좋아 보이고, 아담처럼 갑자기 시를 읊는 수준까지는 아니지만 '한 번쯤 말을 걸겠지, 언제쯤일까?'라고 정말 언제쯤일까라고 송창식처럼 비음도 섞어 가면서 몸을 틀어가면서 그때를 알 수 없는 안타까움을 절규하게 된다. 그다음에는 말 한 번 붙여 봤으면, 손 한 번 잡아 봤으면, 조금 만 더 오래 같이 있었으면 하고 마음속의 세레나데를 부르는 것이 고금동서에 모두 같으니 이것이 어찌 개인이 학습이나 노력으로 할 수 있는 일일까? 누군가 이런 프로그램을 몰래 넣어 두었기에 인간이라는 컴에 그것이 뜨는 것이지 아무도 그런 프로그램을 깔아 놓은 적도 없는데, 그냥 뜬다면 인간의 사랑이라는 감정이 불법으로 컴에 뜨는 상업광고나 포르노그라피 같은 것처럼 불가항력의 침입이란 말인가? 그냥 컴퓨터만 켜면 내가 실행시키지도 않는 프로그램이 뜨는 경우가 있는데, 그리고 좀처럼 퇴치가 잘 안되고 강력하여 전문가의 도움이 필요한 정도이던데, 사랑이라는 큐피드의 화살은 인간이 만드는 것이 아닌가 보다.

고대 그리스 로마의 사랑의 화신인 큐피드는 보통 활과 화살통을 갖고 다니는 날개 돋힌 어린아이로 나타나며 이 화살에 맞으면 사랑과 열정에 빠지게 된다. 때로는 전쟁의 신 마르스와 같이 갑옷을 입은 모습으로 그려지기도 하는데 아마도 전쟁(arm)과 사랑(armour) 사이의 반어적 비교를 암시하거나 정복이 불가능한 사랑을 상징하기 위함인 듯하다. 어떤 문학작품들은 큐피드를 냉정하고 타인에게 무관심한 것으로 그리기도 하지만, 일반적으로는 인간이나 신의 연인들에게 행복을 나누어주므로 자비로운 신으로 여겨진다. 그의 나쁜 짓이란 기껏해야 짓궂게 짝을 짓는 정도인데, 이러한 짓궂은 장난은 종종 큐피드의 어머니인 베누스가 지시한다. 베누스의 책략이 역효과를 내는 이야기도 있는데, 베누스(사랑의 여신, 큐피드의 어머니)가 인간 프시케(psyche, 정신)에게 복수하려고 큐피드를 끌어들였다가 오히려 큐피드가 프시케를 사랑하게 되어 아내로 삼는다는 것이다(다음자료 참조). 사랑이 정신과 합일되는 것이 역효과적인 결혼이라는 위의 해석은 인간의 사랑과 정신이 짝을 이루기가 어렵다는 뜻으로도 이해할 수 있다.

다행스럽게도 아담은 하와를 보자마자 큐피드의 화살에 꽂혀서 그리고 하와도 아무런 불만사항도 창세기에 남기지 않고 둘이 벌거벗었으나 부끄러워 아니하는 지상낙원을 잠시 연출한다. 남녀가 밀월기간에 느끼는 서로가 그냥 좋기만한 감정의 원형을 보여준다. 성경 기록에 의하면 남자인 아담은 부모를 떠나 그 아내 하와와 연합하여 둘이 한 몸을 이루었다. 왜 그럴까? 왜 특별히 남자인 아담이 부모를 떠나야 할까? 여자인 하와는 부모를 떠나지 않아도 된다는 암시인가? 무슨 뜻이 접혀져 있는지 조금 펼쳐보아야 할 것 같다. 특히 21세기 한국에서는 …

나만의 교육분석 방법론

밀실에서의 성스러운 교육분석 작업을 지면에 옮기는 것은 어떤 역동일까? 이미 연세대학교연합신학대학원 부설 코칭아카데미를 위해서 '전문코치를 위한 자기분석'을 개발할 때, 나의 교육분석 작업을 한번 정리해보았다. 그때 2013년에 작업한 내용이 한국코치협회의 역량강화 프로그램(30시간)으로 인증되었다. 실제로 사용하는 모델들을 총망라해보니 60시간 분량의 작업임을 확인하였다. 내담자에 따라서, 필요에 따라서 여러 가지 이론과 기법을 통합적으로 사용하고 있는 자신을 발견할 수 있었다. 그 당시에 한번 정리하여 본 경험이 자신의 교육분석 스타일을 더 잘 보게 해주었다. 초기, 중기, 말기에 사용하는 기법과 도구는 다음과 같다.

초기상담 (1~3회기)	주요호소 경청, 상담목표 합의하기 인생 초기 기억탐색 기본 심리검사 : HTP, KFD, 문장완성검사, MMPI
중기상담 (4~15회기)	real want 탐색 목표행동 탐색하기 내담자 호소의 심리적 기원 내담자의 현재 환경 자원 내담자의 내적 자원 내담자의 대처방식
말기상담 (16~20회기)	실행 결과에 따른 정서적인 변화 자신감과 행복 나누기 힘 또 실어주기

주요호소의 파악을 위해서는 로저스의 무조건적 긍정적 존중, 정확한 공감적

이해, 진솔성을 가장 중요시하면서 자세히 보고 귀담아 듣는 노력을 기울인다. 성격이해와 대처방식 파악은 정신역동적으로 아들러의 개인심리학의 근간이 되는 초기기억 탐색을 한다. 이를 통해 내담자의 성격유형, 대처방식, 발달된 감각, 대인관계, 감정 스펙트럼 등을 분석하여서 내담자의 패턴을 발견하고자 노력한다. 그리고 문장완성 검사와 HTP, KFD를 실행하다 보면 내담자의 과거는 물론이고 현재의 상황에 대한 파악이 종합적으로 이루어진다. 어떤 삶을 살아왔는지와, 지금 살고 있는지가 투사검사를 통해서 알려진다. 여기에 임상적으로 MMPI 검사가 필요하다고 생각이 되면 다면적 인성검사를 추가한다.

이런 기초 작업을 토대로 초기의 어설펐던 목표설정이 새롭게 구체화될 수 있다. 목표는 언제나 인지행동적 기법을 활용하면서 행동언어로 구체화하도록 요구한다. 내담자의 이야기경청과 질문은 이야기치료적 기법으로 해체하면서, 외재화, 톡특한 결과를 탐색하며, 행동변화를 위해서는 ― 해결중심적 기법으로 척도 질문, 예외 질문, 기적질문을 사용한다. 후기에 가면 코칭적 접근이 활용되기도 한다. 지금까지의 경험이 알려주는 바는 20회기의 교육분석은 수박 겉핥기와 마찬가지이며, 40회기의 교육분석은 어떤 개인이라도 정체성이 뚜렷이 정립되어 잠재력이 드러나기 시작하고 진로가 열리기 시작한다는 것이다. 70회기 정도하면 웬만한 정신병리에서 놓임을 받게 되고, 200회기를 하게 되면, 자신이 생각지도 못했던 진로에 뛰어난 성취를 하고 있는 것을 보게 된다. 교육분석은 상담수련의 못자리, Base Camp이다. 그동안 미숙한 나에게 자신의 삶의 이야기를 나누어준 모든 분들에게 진심으로 머리 숙여 감사의 마음을 전한다.

2014년부터 배운 모래놀이를 교육분석에 활용하여 심층작업을 하게 되는 것은 또 하나의 성장경험이다. 분석심리학에서 발달된 모래놀이는 상징과 행위를 통한 내담자의 무의식 표출에 더할나위 없이 적합하다. 교육분석뿐만 아니라 아동이나 청소년에게 활용할 때 진지한 작품이 나올 때 경외감에 사로잡히게 된다. 대상의 연령에 따라서, 함께 살아온 미해결 과제의 중량감에 의해서, 그리고 달성하고자 하는 목표와 환경에 따라서 다양한 이야기, 서로 유사하지만, 그 누구의 이야기와도 닮지 않은 이야기가 노정되는 교육분석의 장이다. 그리고 교육분석 70회기를 넘긴 H, P, M, 부부가 합해서 200회기를 넘긴 P&L, 5년 정도 부부상담을 한 H&K, 5년째 상담을 지속하고 있는 N 등이 나의 진정한 스승이다. 그분들이 교육분석가 박순의 수퍼바이저다.

상담사를 위한 교육분석가로서의 경험이 〈전문코치를 위한 자기분석 코칭〉 프로그램으로 개발된 것은 특별한 경험이었다. 대상에 따라서 다양하게 사용하던 교육분석 프로그램을 종합하여 보았을 때 60시간의 프로그램이 완성되었다. 이 프로그램은 5부 코칭이야기에서 소개한다.

단기상담 10회기 모델

일선의 상담사들은 단기상담 모델에 익숙할 필요가 있다. 내담자들이 대체로 10회기 정도의 상담을 선호하는 것이 첫 이유다. 둘째로는 바우처 상담이나 EAP 기업상담이 대체로 10회기 정도의 단기상담이나 단기코칭으로 진행되기 때문이다. 또한 학회의 내담자경험 수련이 2급 수준에서는 10회기를 요청하고 1급에서는 20회기를 필수로 한다. 여러 가지 목적에서 상담사들이 10회기 정도의 단기상담 모델을 발달시킬 필요가 있다. 코로나 이후 화상상담이 급속히 대두되면서 상담이나 코칭 회기가 더욱 단기로 되는 경향이 있다. 위의 교육분석상담에서는 대체로 20회기의 모델을 제시하였는데 추가로 10회기 상담모델을 실제에 의해서 제시하면 대체로 아래와 같다. 필자가 기본으로 하고 있는 개인심리학적 정신역동적 치료와 가계도를 중심으로 하는 가족역동중심 접근, 그리고 인지행동적 접근과 이야기치료적 접근을 통합한 단기상담 모델이다.

회기	상담진행의 단계적 모델	수퍼비전
상담신청 사전상담	상담동의서 및 접수면접지 작성	
1회기	주요호소 및 상담주제 확인, 상담구조화, 라포형성 내담자 이야기를 경청하며 가족가계도 작성 시작 (인생초기기억탐색, SCT를 회기 이후 작성이나 과제로 제시)	
2회기	인생초기기억 해석 및 내담자의 패턴 및 강점 발견 (외향/내향, 능동/피동, 감각적 자원, 인적 자원, 감정스펙트럼)	수퍼비전 1
3회기	HTP, KFD의 실시와 해석, 정서적 지원 (내담자 개인과 가족의 심리내적 역동과 갈등 파악)	
4회기	SCT 관련 에피소드 탐색 및 해석상담, 심리검사 종합소견 (추가적으로 필요하다고 판단될 때 mmpi 실시)	
5회기	구체적인 상담목표 합의에 따른 실행계획의 수립	수퍼비전 2
6~8회기	필요한 상담교육적 접근 목표달성을 위한 구체적인 활동 과제 문제 및 갈등 해결에 대한 의지와 자신감의 고취	수퍼비전 3
9회기	변화된 대처방식과 성공경험의 축하, 종결 준비	
10회기	종결상담, 초기 상담주제와 상담목표달성 정도 확인 후속상담 필요성에 대한 논의	
추수상담	1개월 후, 2개월 후, 6개월 후	

미주

- -

1) 제럴드 코리, 심리상담과 치료의 이론과 실제, 10판, 천성문 외 공역, 2017. 학지사.

2) 제럴드 코리, 집단상담의 이론과 실제, 김명권 외 공역, 2017. 학지사.

3) 박순. 2L3A-LISTEN 모델 중에서

4) 출처 : http://cafe.daum.net/21SMC/IHLf/75?q=%B3%FA%C0%C7%20 3%C3%FE%B1%B8%C1%B6&re=1

5) 최근에 특정한 거룩한 목적을 위해서 은행에 신용대출을 문의하였다. 우선 60세 이상의 사람은 신

용대출이 불가하다는 규정에 대한 설명을 들었다. 그러나 대학교 겸임교수이기에, 대출이 가능할 것같이 보이므로 본점에 문의하여 결과를 알려주겠다고 하였다. 긍정적 평가로 대출을 신청하면서 아주 여러 서식에 자필로 서명하였다. 은행원은 친절하게 내가 자필로 서명할 부분을 미리 연필로 기록하였다가 나에게 그 위에 그냥 쓰인대로 똑같이 기록하라고 일러주었다. 나머지 부분의 깨알 같은 글씨를 읽겠다고 나선다면 은행원이 나에 대해 어떤 평가를 할지, 대출이 허락될지 실험을 해보지는 않았다. 나머지 부분의 깨알 같은 글씨를 읽어보지도 않고 지시를 따르는 나에게는 '깨알 같은 글씨 어디에 불평등한, 불합리한 조항이 포함되어 있을 수 있다'는 불안과 불만이 올라왔다. 하나님의 단서 조항이 불평등도 아니고 깨알 같은 글씨로 놓치게 되어 있지 않다는 점에서 하나님의 성품과 기독인의 윤리를 발견한다.

6) 각당복지재단에서 발행하는 뉴스레터에 원고청탁을 받고 2017년 여름에 게재한 글이다.

7) 김종주, 라깡 정신분석과 문학평론, 신경정신과 전문의8 문학평론가, 김종주의 하나의학사, 1996. pp.121-129.

8) 전인권 남자의 일생에는 소변 보는 어린 남동생을 부러운 마음으로 본다고 남성의 심리가 투사된 해석이 덧붙여진 예닐곱살 된 여아의 모습이 나와 있다.

9) '아쉼따나'는 '아쉽게나마'라는 말의 방언적 표현이다. '아쉽게나마'가 그 심리의 의미를 형태적으로 나타내지 못하여 그 독특한 뉴앙스를 전하지 못하는 데 반해서 '아쉼따나'는 정말 아쉬운 마음이 알알이 맺힌 그 결정적(結晶的)인 형태를 발음상으로, 또한 그 글자의 외형적인 표현으로 보다 또렷하게 그대로 보여준다. '아-쉼-따-나'에서 '아'를 내어 발음하고 쉼에서 그 맺힌 심리를 입술음으로 대변하며 '따'로 그 마음의 강도를 복합자음으로 강조하고 '나'에서 다시 그 아쉬운 마음의 총체를 그대로 내려놓는 발화의 행위가 구별될 수 있다. 조음하여 발성하는 발성기관과 심리적인 기제가 작동하는 가슴과의 보다 일체적인 화합을 보여주는 보다 아름답고 우월한 표현이라고 생각한다. 이 표현을 가르쳐준 연세대 연합신학대학원에 재학 중인 김희신에게 감사하는 마음으로 각주를 붙인다. 방언의 근원지가 어디인지 궁금하다.

10) 나의 대학 동기인 최인균 교수의 솔직하고 용감한 질문에서 비롯되었다. 아주 옛날 대학교 시절에 참고로 1971년에 수학여행을 갔다. 남녀공학이었기에 남녀 학생이 함께 갔다. 여행의 중반을 지난 어느 날 버스는 대관령을 지나 설악으로 향하고 있었다. 우연히 평소에 친하게 지내던 그가 옆자리에 앉았다. 그는 몇 번 망설이다가 용기를 내어 조그맣게 물었다. "여성의 생리라는 것이 어떤 것입니까?" 이전에도 그렇고 한 번도 받아본 적 없는 질문이다. 남성으로서 도저히 알 수 없는 것을 여성에게 진솔하게 물었기에 나는 나의 주관적인 경험을 가지고 설명하였다. "일종의 펌프 작용과 같은 것입니다. 내부에 있는 것을 밖으로 보내는 것입니다."

11) 인간의 유사성(similarities)과 상이점(differences)에 대한 필자 개인의 구체적인 경험을 소개하고자

한다. 1984년 당시 홀트아동복지회에 근무하던 중에 입양아기 9명을 세 사람이 프랑스와 노르웨이까지 호송(escort)하고 노르웨이 양부모 가정에서 홈스테이를 하게 되었다. 첫 해외여행이고 총 33시간의 비행 후이어서 매우 피곤하였는데, 그 부부의 진솔한 영접은 우리의(나와 이명자과장)의 마음을 푸근하게 여겼다. 양부인 Lars Petter Aamodt는 마침 수요일 저녁 성경공부 모임에 가는데 같이 가겠냐는 물음에 나는 피곤도 잊고 함께 다녀왔다. 일품요리로 밥을 준비해서 대접하고 안방을 우리의 침실로 내어준 부인 Marit Aamodt는 자신은 아침형 인간이어서 피곤해서 쉬겠다고 들어갔고 남편은 밤이 가까워 올수록 점점 살아나는 듯이 보이는 저녁형 사람이었다. 그분들은 한국에서 아들과 딸을 입양한 목사와 교사의 가정으로 홀트 할머니와 말리 홀트를 비롯해서 수많은 홀트 직원에게 부부의 침실을 빌려주는 한국문화의 존중자이다. 첫 해외출장이어서 모든 것이 긴장되고 낯설은 우리에게 그 부부는 금방 편안함을 제공하였다. 맛있는 저녁 먹여 주고, 안방까지 내어 주는 사랑을 받고, 거실 가득한 한국의 문화 콜렉션이 우리를 편안하게 하고 '아 노르웨이도 사람 사는 곳이구나. 우리와 비슷한 점이 많구나'라고 동질감을 느끼며 부담감을 덜어 내면서 그들의 이질적인 외모에 대한 거리감을 좁힐 수 있었다. 이 부부와 필자의 부부는 현재까지 35년의 교류를 이어오면서 상호방문으로 우정을 돈독하게 하고 있다.

12) 필자는 수련회 프로그램을 구성하여 실시할 때에 낮의 프로그램은 낯선 그룹과 해보는 색다른 경험을 부여하고, 밤에는 보다 편한 대상과 잘 수 있도록 허용하는 것이 효율적임을 여러 번 경험하였다. 잠자리의 불편은 낮의 활동에 지장을 주며, 불편한 대상과의 동거는 관계를 더 그르치기도 한다. 인간에게 "할 수 있으면 모든 사람과 더불어 평화하라"고 말씀하신 바울 사도의 권면에 대해서 과거에는 후반절의 모든 사람과 더불어 평화하라는 가르침으로 마음에 새겨왔는데, 최근에는 '할 수 있으면'에 보다 초점을 맞추게 된다. 다시 말해서 할 수 없으면 안 해도 된다는 허용적인 표현으로 해석하고 있는데, 이는 모든 사람과 더불어 평화하는 것은 불가능하다는 판단에 기인한다. 내가 저를, 저가 나를 특별히 대적하는 것이 아니지만 서로에 대한 이해가 부족하고, 서로의 이익이 상충되는 것을 피할 수 없는 것이 인간의 실존이기 때문이다.

13) 연고전의 경우는 양교의 전통을 세워주고, 두 대학의 동문관계를 결성시켜 주었고, 1년에 한 차례의 대결과 나머지 기간에 선의의 경쟁으로 한국 대학의 발전과 국가의 발전에 크게 기여하고 있다.

14) 유명한 순교자 〈이기풍 목사님의 삶과 신앙〉의 첫 장에 보면 청년시절 그의 공격성이 잘 나타나 있다.

'어느 날 이기풍은 집을 나서다가 생전 처음 보는 양코배기가 지나가는 것을 보았다. 보기 드문 체구에다가 도도한 몸짓으로 가슴을 내밀고 가는 꼴을 보고 비위가 거슬렸다. 이분이 마포삼열 (S. A. Moffett) 선교사였다. 이기풍은 마포 선교사의 뒤를 따라가 집을 확인하고, 석전패 친구들을 불러모았다.

"저 양코배기가 무엇하러 우리 나라에 왔을까? 저것들도 날도둑놈들이 아닌가? 그렇다. 저놈들을 우리 나라에서 하루바삐 몰아내자."

이기풍은 대여섯 명의 친구들과 마포 선교사의 집으로 떼지어 몰려가, 집안으로 신나게 돌을 우박같이 쏟아부었다. 집안에서 모든 것이 부서지는 소리가 났지만, 돌을 다 던져도 아무런 반응이 없었다. 직접 거만한 양코배기와 대결하지 못한 것이 분하였지만 물러설 수밖에 없었다. 이로부터 한 달이 지난 어느 날, 우연히 장터를 지나던 이기풍은 사람들이 웅성거리는 것을 보고 무슨 일인가 확인하다가, 그 양코배기가 책을 들고 서투른 조선말로 사람들에게 무엇인가 이야기하는 것을 보게 되었다. 반사적으로 이기풍은 발 밑에 있는 돌을 들고 다가갔다. 낌새를 알아챈 사람들이 슬금슬금 피하자, 이기풍은 오른 팔을 두어 번 돌리고 돌을 날렸다. 날아간 돌은 마포 선교사의 턱에 정통으로 맞았다. 마포 선교사는 그 자리에 거꾸러졌고, 삽시간에 낭자하게 흐르던 피가 땅으로 배어들었다.

대동강을 사이에 두고 동편 대 서편의 큰 석전인 이 자리에서 벌어지게 되기 때문이다… 저 양코배기 무엇하러 우리나라에 왔을까?… 요새끼 잘 만났다. 내 돌 맛 좀 봐라. 어느 새 날아갔는지 마포(Samuel A. Moffett) 선교사의 턱에 정통으로 맞았다. 마포선교사는 그 자리에 거꾸러졌고 삽시간에 흐르는 피가 낭자하게 땅에 배어들었다.

15) 용산 철거 현장 화재 사고는 2009년 1월 20일 대한민국 서울특별시 용산구 한강로 2가에 위치한 건물 옥상에서 점거농성을 벌이던 세입자와 전국철거민연합회(이하 전철연) 회원들, 경찰, 용역 직원들 간의 충돌이 벌어지는 가운데 발생한 화재로 인해 다수의 사상자가 발생한 사건이다. 이 사건으로 철거민 5명과 경찰특공대 1명이 사망하고 23명이 크고 작은 부상을 입었다. 당시 언론들은 이 사건을 가리켜 주로 용산 참사라고 지칭하였다. 사고 당시의 폭력 문제, 용역 직원, 안전대책, 과잉진압 여부 등에 대한 논란과 함께 검찰의 수사가 이어졌고, 이후 수사결과, 홍보지침, 왜곡시도 등에 대한 논란도 있었다. 화재원인 논란은 차치하고 폭력성 논란, 여론조작 논란, 왜곡시도 논란, 홍보지침 논란 등 각종의 논란을 불러일으킨 이 사건에 대한 위키백과사전의 기록을 인용한다.

[폭력성 논란]
사건 직후 용산경찰서는, 농성자들이 1월 19일부터 사용한 시위용품이 화염병 150개, 염산병 40여 개, 벽돌 1천여 개, 골프공 300여 개, 유리구슬 400여 개이며 그로 인한 피해는 다음과 같았다고 밝혔다.

화염병 투척 : 농성건물 옆 건물 상가, 공가(1층 단독)에 화재 발생.

새총으로 유리구슬 발사 : 차량 파손, 경찰 채증요원 가슴 타박상.

검찰 발표에 따르면 농성자들은 화염병 400개, 염산병 40여 개, 쇠파이프 250여 개, 골프공 1만 개, 새총 20개, 1톤이 넘는 시너 등으로 무장하고 있었다고 한다.

1월 28일 오전 경찰청은 본 사건과 관련하여 여론조사 참여를 독려하라는 지시를 하였고, 광주경찰청은 산하 경찰서 직원들에게 '용산사건 관련 인터넷 여론조사 적극 참여 요망: MBC 100분 토론 시청자 투표'라는 문자메시지를 보냈다. 여론조작 논란이 일었고, 부적절한 처사였다는 지적이 있다. 100분 토론 인터넷 설문 '용산 참사의 가장 큰 원인은 무엇이라고 보는가?'의 결과는 '경찰의 과잉진압' 48%(19,222명), '불법 과격시위' 45%(18,049명), '재개발 사업의 구조적 문제' 7%(2,845명)로 집계됐다.

[왜곡시도 논란]

경찰이 1월 21일 오전 8시경 경찰청 홈페이지에 올린 '사실은 이렇습니다'라는 게시물에서 화학소방차 2대가 사전에 배치된 것처럼 서술하였다. 이에 대해 경찰 측이 왜곡을 시도한 것이라는 견해가 있다.

[홍보지침 논란]

2009년 2월 3일 청와대 국민소통비서관실 행정관은 경찰청 홍보담당관에게 용산참사를 무마시키기 위해 경기 서남부 지역 연쇄 살인 사건을 적극 활용하라는 이메일을 보내 논란이 되었다.

> 용산사태를 통해 촛불시위를 확산하려고 하는 반정부단체에 대응하기 위해 '군포연쇄살인사건'의 수사내용을 더 적극적으로 홍보하기 바랍니다. … 예를 들면 ▲연쇄살인 사건 담당 형사 인터뷰 ▲증거물 사진 등 추가정보 공개 ▲드라마 CSI와 경찰청 과학수사팀의 비교 … 용산 참사로 빚어진 경찰의 부정적 프레임을 연쇄살인사건 해결이라는 긍정적 프레임으로 바꿀 수 있는 절호의 기회입니다. …
>
> – 청와대 행정관 이메일

16) 필자가 박사학위 논문으로 '학대받은 존속살해 무기수의 이야기심리학적 심리전기'를 썼기에 강호순 사건이 나자 "교수님도 비슷한 인물 연구하셨지요?"라는 질문을 여러 번 받았다. 물론 살인사건이라는 점에서 강호순 사건, 존속살해, 용산참사는 동일하다. 그리고 사건에 대한 심층적인 이해와 해석은 입장에 따라서 매우 다양할 수 있다. 우선 필자가 연구한 자신의 부모님을 살해한 무기수가 반사회적 인격장애자라고 진단되는 강호순과 확연히 다르다는 점을 천명한다. 그는 DSM IV의 인격장애 부분에 의한다면 '달리 분류되지 않는 인격장애'에 속한다고 필자는 보는데 실질적으로 11가지 인격장애 영역 가운데서 반사회성인격장애와 경계선인격장애를 제외한 나머지 9가지에 조금씩 해당된다. 조은경은 비롯한 심리학자들은 그를 MMPI와 면담을 기초로 하여 회피성인격장애로 진단하였고, 그는 편집성, 강박성, 분열성, 분열형, 자기애성, 의존성, 히스테리성 인격장애의 부분들을 나타내나, 2007년 필자가 실시한 MMP 결과와 그간에 주고받은 서신에 의하면 그는 인격장애자로 진단될 요건을 구비하고 있지 않다. 오히려 기분장애 부분에 해당되는 요인이 있었지만 2009년 현재 그의 심신의 상태는 매우 건강하다고 본다. 그는 반사회적인격장애자라기 보다는 강박적으로 경계가 뚜렷한 '바른 생활 십자가 사나이'의 의식적인 페르조나와 그

쉐도우에 해당하는 억압된 원한이 양극화현상을 보이는 에난티오드로미(Enantiodromi; 참조 이부영 분석심리학 p. 109) 상태에서 부모님을 살해하여 그 대가로 무기징역을 살고 있다. 융학파 분석가인 폰 프란츠 여사는 이러한 사람을 일러 '부정적 구세주'로 지칭하고 있다. 〈융학파의 꿈해석〉 그는 강호순 사건을 계기로 "'사이코패스(반사회성 성격장애)'에 대한 사회적 관심이 높아지고 있습니다. 요즘 사이코패스 테스트가 인터넷을 통해 돌아다니고 있는데요?"라고 편지를 보내왔다.

유라 : 단순히 진단도구만을 갖고 한 사람을 사이코패스라고 단정 지을 수는 없죠. 우리들이 사이코패스라고 판단하는 것은 인터넷에 떠돌아다니는 근거 없는 진단도구만을 갖고 하는 게 아닙니다. 행동관찰, 대화패턴을 보고, 도구도 활용하고 해서 종합적으로 평가하는 거죠. 요즘 언론에서 진단도구 하나로 사람의 사이코패스 성향을 알 수 있는 것처럼 보도하고 있는데, 아주 위험한 발상입니다. 점수도 그래요. 예를 들어 커트라인이 30점이라고 치죠. 도구가 만들어진 건 특성이 있느냐 없느냐를 알아보자는 것이지 점수가 고저를 의미하는 것은 아니에요. 25점이 22점보다 더 특성이 강하다? 강호순이 유영철보다 점수가 낮으니 성향이 약하다? 이런 식으로 말할 수 있는 게 아닙니다.

17) 양유성, 이야기치료, 학지사

18) 류영모, 〈다석강의〉, 다석학회 역음. 교양인, 2016. p.973.

19) 도로시 리즈 〈질문의 7가지 힘〉, 노혜숙 옮김. 더난 출판.

20) 박순, 학대받은 존속살해 무기수의 이야기심리학적 심리전기, 2008.

21) 필자는 로마서 12장 15절의 '즐거워하는 자들로 함께 즐거워하고 우는 자들로 함께 울라'는 말씀을 새로운 각도로 이해하는 경험을 한 적이 있다. 우는 사람들과 진심으로 함께 울기도 매우 어렵지만, 즐거운 사람과 함께 그 즐거움에 동참하는 것도 결코 쉬운 일이 아니며, 오히려 더욱 어려운 일임을 체험하였다. 필자의 둘째 아들이 대학에 현역으로 고3 졸업하는 해에 합격하였음을 나누는 친구와의 통화에서 "어떻게 너한테만 그런 일이 일어나느냐?"라는 질문을 하는 친구의 마음에서 인간의 한 면모를 발견하였다. "자기가 필자보다도 매우 열심히 뒷바라지를 했는데도 두 아들이 모두 재수를 했는데 어째서…?" 그냥 단순하게 축하만을 할 수 없는 심리가 참 솔직한 표현이고 인간을 배우는 계기가 되었다. 솔직한 친구의 고백으로 가장 친한 동창의 기쁨에 동참하는 것은 남의 기쁨에 동참하는 것보다 어렵구나. '우리'이기 때문에 더욱 어려운 사례들이 얼마나 많은가? 올림픽 금메달을 따면 전 국민이 환호할 수 있지만, 국가대표 선발에서 탈락한 경쟁관계의 선수나, 경기 중에 패한 동료는 그냥 단순하게만 박수를 칠 수는 없는 이치이다. '사촌이 땅을 사면 배가 아픈' 심인증적 신체화증상(psychosomatic)을 나타낸 우리 선조들은 기독교를 안 믿어서 그렇게 솔직할 수 있었을까?

통합적
가족상담방법론

한국 가족 이대로 좋은가

2018년을 사는 한국인이 느끼는 여러 가지 진솔한 느낌이 있겠지만, 부부가족상담사로서 가장 무겁게 다가오는 주제가 바로 '한국 가족 이대로 좋은가?' 하는 심각한 물음이다. 필자 스스로의 인생을 환영받지 못하는 딸로 출발하여 역기능 가정에서 성장했고, 이를 만회하기 위한 기나긴 노력을 기울여 비로소 좀 마음을 놓을 수 있게 되었다. 나의 상담사된 과정은 나를 안정화시키기 위한 끊임없는 노력의 부산물이라고도 할 수 있다. 누구나 더 행복하고 싶고 평화롭고 싶은 심연을 갖고 있다. 어떤 개인도 부모의 몸을 통해 세상에 오고, 가족의 틀 안에서 성장하게 되며, 사회의 공기를 마시면서 자신을 만들어 가게 된다. 대한민국은 6.25 동란이라는 무서운 민족상잔의 전쟁을 겪으면서 상한 심정이 더욱 상했고, 가난했던 조국은 말할 수 없는 피폐에 처했었다. 그럼에도 불구하고 우리는 지금 '4만불 시대에는 코칭이 필요하다는데…'라고 하면서도, 심리적으로 불편하고, 행복하지 않으며, 더 나아가서 굉장히 화가 난 '앵그리(angry)'한 개체로서 살아가고 있다. 한국인의 심성이 헝그리(hungry)에서 앵그리(angry)로 변하였다고 서울대학교 이재열 교수님은 2018년도 한국상담심리학회 학술대회 강연에서 '한국사회의 변화

와 n포 세대'라는 제목으로 예리하게 분석하였다.[1]

　부부가족상담사로 만나는 가족을 보면 부부 사이, 부모자녀 사이, 형제자녀 사이에 냉기가 흐르고 살기가 돈는 경우가 비일비재하다. 한마디로 의사소통이 되지 않으니 화합과 행복이 있을 수 없다. 대한민국에서 태어난 아기의 수가 감소하여 출산합계율이 지속적으로 떨어진다고 국가정책의 변화를 모색하고 있다. 태어난 아기들을 우리가 건강하고 행복하게 잘 키울 준비가 되어 있는지 자문하지 않을 수 없다. 여성들이 직장생활을 하면은 가정과 직장의 양립이라는 갈등에 휩싸이게 된다. 임신과 출산과 양육에는 당연히 여성의 희생과 헌신이 필요하다. 자신의 몸으로 2세를 잉태하고, 10개월 안전하게 품고 있다가, 안전하게 출산하여, 진자리 마른자리 갈아주면서, 밤낮으로 양육해야 자녀가 건강하게 자란다. 인간은 매우 미성숙하게 태어나기에 양육자의 세심한 손길이 없이는 정상적인 성장발육이 일어날 수 없다.

이제는 말할 수 있는 비밀

아주 오래전 자녀가 어릴 때의 일을 이제는 말할 수 있게 되었다. 그래도 조심스러워 이 부분은 관계자들이 읽지 않게 되기를 바라는 마음이 있다. 홀트아동복지회에 근무하던 시절이다. 지나간 일이지만, 남편은 수시로 "그만 다녀, 사표를 쓰지 않으면 내가 김한규 회장님에게 사표를 써서 보내겠다"라고 3년 정도 끈질기게 퇴직을 강요하였다. 물론 홀트는 일이 많았다. 과장 회의는 토요일 오후 3시 일산복지타운에서 시작하기도 하였다. 토요근무가 없는 외국계 회사에 다니는 남편에게는 불편한 아내의 직장이었다.

　홀트 퇴근길에는 주유소가 있었다. 그 앞을 지나던 나는 소스라치게 놀랐다. 나는 마음속으로 "집에 세 남자가 없으면 나는 무지무지 비탄스럽겠지만, 홀트 일을 아무 장애 없이 원없이 할 수 있겠다"라고 상상하고 있는 나를 발견하였다. 문자화하기 두렵지만 나는 심리적으로 이미 가족을 없애고 있었다. 직장에서의 분위기도 이러한 상상을 하도록 부추기고 있었다. 그 당시의 상관이셨던 어떤 남성은 "회사 일을 다 하고서 퇴근하세요"가 면접 때의 주문이었을 뿐만 아니라, 지방 출장을 보낼 때는 금요일 밤에 가서 일요일 저녁에 올라오도록 요청하였다. 사무실 일에 지장이 없도록 주말을 이용해서 출장업무를 완수하라는 요청이었다. 안에서 만나는 남성이나 밖에서 만나는 남성이나 여성에게 명령하고 주문하는 내용이 일방적이었기에, 가정과 직장의 양립을 포기하고 떠난 우수한 여성 인력이 얼마나 많을지 우리는 쉽게 생각할 수 있다. 그런 상황에서도 버텨낼 수 있는 힘은 어려서부터 배운 교훈이었다. 한번 들어간 직장에서 적어도 3년은 근무해야 후배나 후임에게 본이 될 수 있다고 배웠기에 쉽게 사표를 쓸 수 없었다. 홀트 내부의 사정은 힘겹기만 하였다. 해외입양부에 미주과와 구주과가 있다. 처음에 영국인 여성 베이커 부인의 후임으로 들어가 유럽기관과의 일을 맡았었다. 유럽이라면 노르웨이, 덴마크, 독일, 룩셈부르크, 그리고 프랑스의 AEM(Les Amis Des Enfants du Mond), Rayon de Soleil(RDS), La Cause 3기관이었다. 들어가서 곧 구주과장이 되어 유럽 관련 일에 몰두하던 중, 미주과장이 퇴직하는 일이 발생하자 미주과장 겸직이 되었다. 미국과 유럽의 업무량의 차이는 엄청날 때였다. 홀트 업무는 매년 해외협력기관과 입양예정인원을 배정하고 시작한다. 그 업무의 차이가 컸고 그 당시에 홀트는 해외입양 업무에 최선을 다하고 그 숫자는 지금 생각하면 천문학적 숫자였다. 그러니까 일이 4배 이상 늘어난 셈이었다. 그리고 해외입양부 바로 옆에 번역과 사무실이 있었는데, 번역과의 과장자리가 공석이 되자 직장에서는 번역과장 자리도 겸직하게 하였다. 집에서는 사표를 제출하기를 바라고 홀트에서는 1인 인력으로 3인의 수고를 그냥 얻을 수 있다는 셈법으로 나오고 있었다. 일석이조가 아니라 일석삼조의 희생자가 되고 있었다.

상황이 이렇게 되었을 때, 기도하고 기도하면서 마침내 나는 "이제는 남편이 원하면 사표를 내겠다"는 결심이 굳어졌다. 남편에게 조심스럽게 물어보니, 이제는 다녀도 좋다는 답이 왔다. 이런 사연은 개인적인 일이면서 수많은 전문직 여성의 당시 상황을 비춰주는 일이기에 기록으로 남겨본다.

"엄마 아빠, 어린이집에 가려고 태어난 게 아니에요"

나의 주된 관심 주제는 '민주적인 가정'이라고 연세대 석사 때 입술에 맺혔다. 온 가족이 평등하게 권리와 의무를 공유하는 상태를 이상적인 가정으로 생각한다. 민주적인 가정에 대한 꿈은 지금도 이어지고 있다. 그런 의미에서 Don Browning 이 2006년에 출판한 〈Equality in the Family〉[2]는 나의 신념이 세계적인 신학자의 저술로 화답받는 쾌거였다. 일생 연구하고 연구한 대석학은 가정 안에서의 불균형과 불평등을 세계인류 평화를 저해하는 가장 크고 암적인 요소로 보았던 것이다. 그렇다면 어떻게 가정 안에서 민주주의가 실현될 수 있을까? 바로 학력이나 체력이나 수입의 고하나 장애 여부를 떠나서 1인 1표의 선거처럼, 상호대등하게 대우하는 차별 없는 가정을 이루는 것이 기독교적이고 세계적이라는 주장이다.

2018년에는 어린이집 사건도 많고 많았다. 일방적으로 어린이집 교사를 매도할 생각은 전혀 없다. 단지 영유아를 어린이집에 맡기게 되는 이 현실에 대해서 함께 고민하고 또 고민하고자 한다. 앞에서도 전문직 여성의 가정과 직장의 양립의 애로를 소회하였다. 여성과 남성이 자신의 엄마와 아빠를 떠나서 가정을 이루면서 시작하는 임신과 출산과 양육은 한 인간의 일생을 좌우하는 중대사이다. 개개 가정에서 그러할 뿐더러 국가적인 차원에서 더욱 그러하다. 국민의 건강과 행복을 영아부터 담보하는 것이 사회보장의 슬로건 아닌가. 영국에서 시작된 '요람에서 무덤까지(From Cradle to the Grave)'는 많은 국가가 고민하고 실천하고자 하는 국책이다. 대한민국도 국민의 복지와 행복을 위해서 연구하고 발전하고 있는 상황이다. 여기에서 누리정책이 나오고 보육비 지원이 2018년도에도 지속적으로 증가하고 있다.

세상에 태어나기 전 태아들은 자궁 안에서 외부 소리를 인식하고 반응한다. 태어나기도 전부터 키울 걱정에 숨죽이는 부모들의 한숨을 듣고 있는 태아들의 마음은 어떠할까? 그리고 이전에는 자녀양육이 대체로 엄마, 그리고 친정과 시부모님, 그리고 도우미 순이었다면, 이제는 현실이 바뀌었다. 손을 빌려줄 친정부모나 시부모가 근거리에 있지 않거나, 그럴 상황이 되지 못하는 경우가 많다. 확대가족이 핵가족으로 변하면서 핵가족의 인력부족은 태어나는 영아를 돌볼 손이 매우 부족한 현실이 되었다. 과거에는 보육시설이 부족해서 자가양육이 대세였다면, 이제는 어린이집에서 영아부터 유아까지 모든 보육을 맡아주고 있다. 2018년에는 KC대학 교육대학원 야간 강의를 맡아서 이상심리와 집단상담을 강의하면서 학교 교사와 어린이집 원장님과 교사들을 많이 만나게 되었다. "아기들이 너무 이뻐요. 우리가 아기가 하는 첫 행위를 볼 때가 많아서 사진을 찍고 동영상을 찍기도 해요, 부모들이 불쌍하지요, 밤에만 애들을 보니까요." 사랑으로 영유아를 돌보는 힘든 수고 속에서 그들은 아기들이 처음 뒤집기 하는 것도 보고, 처음 소파에서 내리면서 전능감에 젖어 있는 모습을 관찰하기도 한다. 첫 발짝을 떼는 황홀한 순간도 어린이집에서 먼저 발생하기도 한다. 영유아와 어린이를 사랑하는 교사들이 안타까운 마음으로 전하는 이야기에서 필자는 아기들의 소리 없는 외침을 듣게 된다. "엄마 아빠, 어린이집에 가려고 태어난 게 아니에요."

어린 자녀의 일상을 함께 하지 못하면 그들의 습관이나 성격 이해에 어려움이 발생한다. 이러한 간극은 자녀와 부모 사이 의사소통의 어려움을 발생시키고 안정애착에 위협요소가 된다. 어린 자녀와 부모와의 안정애착이 가장 핵심적인 발달과제이기에 3세 이전의 자녀와 할 수 있으면 학령기 전의 자녀를 부모가 가급적 많은 시간, 최대한 함께 할 필요가 있다. 알아야 이해하게 되는데, 함께 해야 알게 되기 때문이다. 살가운 가족이 되기 위해서는 서로의 살(몸)이 더 많이 가까이 있을 필요가 있다.

법원 가사상담위원의 애환

여러 해 서울가정법원과 의정부 법원 고양지원에서 이혼가족을 위한 가사상담을 했다. 협의이혼 부부들은 현재 의무면담을 받도록 제도화되어 있고 가사상담위원이 이 상담을 담당한다. 이혼숙려제도의 확립을 위해서도 상담사들이 의견을 모으고 목소리를 내었다. 여의도 국회의원 회관에 가서 공청회를 했었다. 지금 이 제도가 보편화되어 협의이혼이라고 해도 그 자리에서 이혼이 판결되던 그러한 일을 제도로 막고 있다. 최근에도 누가 질문을 해왔다. 어떤 경우에 이혼이 발생하는가에 대해서. 사례마다 다르지만 외도, 폭력, 중독 등이 부부관계를 심각하게 위협하며, 이러한 증상이 복합적으로 나타날 때 결혼 유지는 매우 어렵게 된다.

부부 사이를 한 겹 뚫고 들어가 보면 언제나 마주하는 한 가지 고전적 주제가 있다. 바로 '성격차이'이다. 결론적으로 미리 말하면 세상의 어느 부부도 성격이 같지 않다. 예를 들어 선천적 성격유형의 차이를 드러나게 해주는 MBTI 검사 결과 부부가 같은 ISTJ 유형이라고 나와도 실제로 의사결정하고 의사를 소통하고 집행하는 방식에는 개인차가 언제나 존재한다. 온 인류를 16개의 성격유형으로 분류한 지혜는 대상을 이해하는 편리함을 주지만, 부부는 언제나 유형으로 만나는 것이 아니고 구체적인 두 사람의 개인으로 만난다. 언제나 성격차이가 있다. 성격유형이 같은 유형이라도 업무처리와 의사소통 습관에 차이가 있다. 그러니까 결혼이라는 제도는 서로 다른 성격을 조율하도록 고안된 제도이다. 쉽게는 남녀의 성반응에 차이가 있다. 남성의 흥분기와 고조기와 해소기는 여성의 그것과 다르다. 무슨 목적으로 이렇게 다르게 디자인되었을까 생각하다 보니 하나의 답이 떠오른다. 서로 존중하고 기다려주고 배려해주며, 즉 긴밀하게 소통하며 하나가 되는 뜻이 그 안에 장착되어 있다고 본다.

그렇게 사랑하는 사람과 결혼을 결정하고 한국에서의 힘든 결혼식 준비 절차를 다 거치고 자녀를 함께 낳아 키우던 분들이 이혼이라는 카드를 만지작거리면서 그래도 남아있던 정이 분노로 고착되고 속수무책인 자녀를 위한 친권, 양육권, 면접교섭권을 합의하기 위해서 부부상담을 하러온다.

통합적 가족상담방법론: 소로록 넘어가는 잡채 같은

필자는 상담학을 배우고 가르치며 수련하는 과정에서 한국상담학회 부부가족상담학회 회원으로서 지속적으로 부부가족상담에 대한 관심을 놓지 않고 있다. 2017년 5월 한국상담학회 부부가족상담학회는 춘계학술대회 주제로 '부부가족상담의 절충적/통합적 접근'을 채택하여 심도 있는 연구와 발표 및 토의가 있었다. 기조강연으로 최연실(상명대학교 교수)의 부부가족상담의 '오래된 미래: 통합과 절충'에 이어서 주제강연 1: 가족상담의 절충적/통합적인 이론적 모형 김용태(횃불트리니티신학대학원 교수), 주제강연 2: 사례를 통해서 본 부부가족상담의 절충적/통합적 접근 박남숙(이레심리상담연구소 소장), 주제강연 3: 한국가족에 적용 가능한 통합적 가족치료모델 박태영(숭실대학교 교수)이었다. 이 학회에 참석하여서 더욱 나의 부부가족상담 방법론의 통합적 적용에 대해서 성찰하게 되었다. 2020년에 새롭게 출간된 〈한국가족을 중심으로 한 부부-가족상담 핸드북〉[3]이 바로 학회 임원진들의 고민에서 창출된 한국적 가족상담을 위한 실제적인 핸드북이라고 생각한다.

　다음 도표는 가족상담의 역사적 발달과 함께 연구되고 개발된 다양한 가족상담 이론의 명칭과 주요개념, 주요기법, 그리고 이를 통합한다면 어떻게 할 수 있을지 고심해본 필자의 잡채이론이다. 소로록 넘어가는 잡채처럼, 각 이론을 통합적으로 활용할 수 있기를 바라는 마음에서 재미삼아 해본 작업이다. 연구와 놀이의 통합적 적용이라고 할 수 있다. 세계인이 인정하는 한국의 음식 ─ 김치, 불고기, 잡채 ─ 가운데서 잡채가 가장 인기 있고 보편적으로 환영받는 파티메뉴이다. 특별히 가족상담을 잘하기 위해서 고심하는 부부가족상담 수련생을 위한 특별 메뉴이다.

이론	주요개념	주요기법	잡채재료
체계이론	가족항상성, 가족 삼각관계, 가족규칙, 가족 신화, 가족 의식, 격리와 밀착, 부모화	가족체계 파악, 체계 간의 소통이나 피드백, 순환적 인과관계 이해	양푼
정신역동	역동심리과정, 대상관계이론, 역할이론, 항상성이론, 관계윤리	치료자의 태도, 감정정화기법, 경청, 감정이입, 해석, 분석적 중립성의 유지	양파
다세대	자아분화, 삼각관계, 핵가족의 정서체계, 가족투사과정, 다세대 전수과정, 출생순위, 정서적 단절, 사회적 정서과정	탈삼각관계 과정, 3대 가계도로 정서체계, 기능 유형을 도식화, 코칭, 과정 질문, '나의 입장' 기법	당면
경험적	자아존중감, 의사소통 유형과 대처유형, 가족규칙, 상호작용의 구성 요소, 경험, 만남, 직면, 직관과정, 성장, 존재, 자발성, 행동, 지금 여기	상징적 기법, 은유, 명상, 형, 빙산탐색, 가족재구조화, 재정의, 가족조각, 만다라 활용, 원가족 도표, 원가족 삼인군 치료, 역할극	시금치, 미나리, 부추, 호박
인지행동	강화, 처벌, 소거, 행동형성, 모델링	인지행동주의적 부모교육, 인지행동주의적 부부치료	퍼브리카 (빨강/노랑)
구조주의	가족 구조, 하위체계, 경계선, 제휴, 권력, 위계구조, 합류, 실연, 가족 재구조화	합류(유지, 추적, 모방), 가족의 재구조화-긴장고조 기법, 증상활용 기법, 과제부여, 경계선 만들기, 균형 무너뜨리기, 가족신념에 도전하기, 체계의 재편성, 구조의 수정, 실연화, 효과적인 위계질서의 창조, 부모가 응집력있는 하위체계 역할, 구조적 지도	당근
교류분석	자아상태, 의사소통, 게임 및 인생각본, 구조와 기능분석, 부모자아, 어린이 자아, 어른 자아, 오염과 배제, 교류분석, 상보교류, 교차교류, 이면교류, 스트로크, 시간의 구조화, 디스카운팅	구조분석, 기능분석, 이고그램, 계약체결, 각본 분석, 각본 퇴행, 재결단 작업	오이
전략적	의사소통, 가족 항상성, 이중 구속, 피드백 고리, 가족 규칙, 권력과 통제, 위계, 역설적 지시, 가족 게임, 가설 설정, 순환질문, 중립성	역설적 개입-증상 처방, 제지 기법, 가장 기법, 고된 체험 기법, 긍정적 의미 부여, 의식, 불변 처방, 순환질문 은유적 과제	고기

인간중심	무조건적 긍정적 존중, 정확한 공감적 이해, 진솔성	경청, 공감, 반영, 탐색, 직면	소금, 간장, 참기름
해결중심	해결중심단기치료, 환류고리, 강점과 자원, 변화 욕구, 협동적 동료관계	해결지향적 질문(면접 전 질문, 불평형 유형, 방문형 유형, 고객형 유형, 기적 질문, 예외 발견 질문, 척도 질문, 대처 질문, 관계성 질문, 악몽질문, 간접적인 칭찬, 그 외에 또 무엇?)	설탕, 후추, 계란 고명
이야기치료	인간은 능동적 행위자, 이야기는 삶을 반영하는 매체이자 도구, 경험은 사회적 산물, 정체성은 사회적 산물, 삶은 복합적인 이야기, 문제와 사람은 별개, 의도상태는 인간 삶의 방향	해체적 경청, 문제의 정상화, 문제의 외재화, 문제의 지도, 독특한 결과 찾기, 대안적 이야기의 구축, 새로운 이야기의 강화, 재진술을 통한 이야기의 풍부화, 인증을 위한 의식, 상장 수여	중국 당면
한국적	유기체론적, 전체론적, 집단주의적, 종교적 접근, 무속/민간신앙 접근, 사주와 점, 가부장, 효, 우애, 업보, 음양오행, 가계계승, 위계질서, 한의 정서, 부부중심, 양성평등, 자녀교육, 지역감정, 학력차별	가계도 작업, 가족 비밀, 가족 신화, 추임새 넣기, 공감 표현	표고버섯, 느타리버섯, 목이버섯, 석이버섯

가족상담 잡채 레시피

- 양푼(체계이론) : 잡채를 하려면 우선 큰 그릇이 필요하다. 상담이라는 시공간, 혹은 가족상담사의 폭넓은 인간 이해와 역량이 우선되어야 된다. 가족치료와 개인치료의 구분점은 체계적인 관점이라는 시각에 있다. 양푼같이, 가족 전체를 담아내는 커다란 체계론적 시각이 필요하다.

- 당면(다세대이론) : 잡채의 제1 주재료는 당면이다. 모든 가족에게는 대대로 내려오는 이야기 줄거리가 있다. 보웬은 다세대전수(trans-generation)라는 가계에 내려오는 긍정적인 이야기와 부정적인 이야기가 후대까지 전달된다는 것을 발견해내고 개념화하였다. 잡채에는 당면이, 필요하듯이 가족상담에서는 세대 간 전수로 내려오는 이야기 탐색이 그 출발점이 된다.

- 양파(정신역동이론) : 잡채의 제2 주재료는 양파이다. 가족상담의 발전적 역사가 그러하거니와 모든 가족의 이야기에는 가족의 정신역동과 가족원 개인의 심리내적 역동이 잠재되어 있다. 가족 상담을 위해서는 이러한 역동을 이해하는 것이 불가결하다. 정신역동의 무의식 탐색은 껍질을 까면 또 껍질이 나오는 양파에 비견하여 볼 수 있다.
- 당근(구조주의) : 잡채의 제3 주재료는 당근이라고 할 수 있다. 개인적인 선호가 다르겠지만 붉은 당근이 잡채에서 담당하는 시각적 효과와 중심적인 역할은 부인할 수 없다. 가족의 구조를 분석하고 하위체계 간의 경계선을 세우는 것은 어쩌면 곡선인 당면과 시금치 사이에서 당근이 담당하고 있는 역할일 수 있다.
- 시금치, 미나리, 부추, 호박(경험주의적 성장) : 잡채를 하기 위해서 꼭 필수적으로 요청되는 채소가 푸른 채소이다. 시금치를 전통적으로 많이 사용하여 왔고, 그다음으로 미나리, 호박, 부추 등이 다채롭게 선택받는다. 시금치를 경험주의적 의사소통 가족상담으로 간주하는 이유는 시금치는 양파나 당근보다는 더 현상적이고 경험적이다. 삶아 무치는 실제적인 경험에 따라서 모양새와 맛이 많이 달라질 수 있는 가변성이 있다. 그리하여 경험주의적 성장 가족상담에 다양한 채소군을 위치시킨다.
- 퍼브리카(빨강과 노랑, 인지행동적) : 최근에 잡채에 화려한 퍼브리카를 넣는 추세가 있다. 특히 빨강과 노랑으로 기존의 채소군이 나타내지 못한 색감을 나타내는데, 이는 바로 인지행동적가족상담이 추구하는 강화, 처벌, 소거, 행동형성, 모델링을 주개념으로 하는 인지행동적 부모교육과 인지행동적 부부교육이라고 할 수 있을 것이다.
- 오이(교류분석적) : 오이는 여름철에 잡채할 때 시금치 대용으로 종종 사용된다. 정신역동적인 양파가 있지만 교류분석은 오이처럼 시원하고 명쾌하게 자아상태를 어버이, 어른, 어린이로 분석하는 명쾌함과 시원함이 있다. 그리하

여서 오이가 교류분석적 가족상담을 연상시킨다. 시금치가 식상한 사람은 오이로도 대체할 수 있을 것이다.

- 고기(전략적) : 잡채에서 고기가 차지하는 위치는 어떠한가? 당면과 채소가 어우러진 맛을 내지만 여기에 영양가와 품격을 높여주는 것이 어떤 고기를 어떻게 썰어서 볶았는가에 있다. 돼지고기, 소고기가 취향에 따라서 선택되듯이 전략적 가족치료에서도 가족규칙을 발견해내며 여기에 역설적 개입으로 다양한 처방을 내리기도 한다.

- 소금, 간장, 참기름(인간중심) : 잡채 재료를 여기까지 준비하기 위해 꼭 필요한 것이 소금, 간장, 기름이다. 인간중심에서 강조하는 무조건적 긍정적 존중, 정확한 공감적 이해, 진솔성의 자세와 태도를 가지고 각종 주재료에 대해서 일일이 경청하고 공감해서 반영하고 탐색하며 직면하면서 볶지 않으면 주재료가 좋은 상태로 완성되지 않는다. 일반 가족상담 이론에서 인간중심적 가족상담이론을 제시하지 않고 있는데, 아마도 모든 가족상담사가 보편적으로 인간중심적 성격이론에 대한 이해와 치료기법을 자신도 모르게 사용하고 있을 것이다. 인간중심 성격이론에서는 통합된 유기체로서의 인간, 주관적 현실로서의 현상적 장, 실현 경향성, 자기와 자기개념, 가치의 조건, 자기와 경험의 불일치, 온전히 기능하는 사람을 제시한다. 이 모든 것이 잡채의 모든 재료들이 각각의 입장을 충분히 견지하면서 통합된 유기체로 발전하는 과정과 유사하다.

- 설탕, 후추, 고명(해결중심) : 해결중심적 가족상담에서는 긴 과거를 캐내지 않는다. 앞으로 나아갈 방향을 가볍게 터치할 뿐이다. 잡채 만드는 과정의 마지막은 양념하기다. 해결중심상담의 질문기법이 이에 해당될 수 있다.

- 중국당면(이야기치료) : 잡채를 할 때 비교적 가는 면인 보통 당면이 사용되나 때로는 보다 굵은 면인 중국당면이 사용된다. 이이야기치료는 심리치료 전통의 끄트머리에 그리고 가족치료라는 집에서 새롭게 나온 막내로서 심리

치료와 가족치료의 모든 기법이 새롭게 변신한 이론과 기법이다. 지금까지의 이야기를 해체하고, 새로운 대안적 이야기 구성에 상담사와 내담자 및 가족이 동등한 위치에서 참여한다. 내담자의 이야기에 의미부여를 하면서 새로운 시각으로 재저작할 수 있을 것이다. 그런 점에서 이야기치료를 중국당면과 결부시켜 본다.

- 표고버섯, 느타리버섯, 목이버섯, 석이버섯(한국적 가족상담) : 표고버섯, 느타리버섯, 목이버섯, 석이버섯 등이 당연히 외국에서도 사용되고 있지만, 표고나 목이, 석이 등의 버섯은 한국 여인의 손길에서 다듬어지는 역사가 묻어있다. 당면, 양파, 시금치, 당근의 기본재료 만으로도 잡채를 만들 수 있지만, 표고나 목이, 석이 등의 버섯을 넣을 때 잡채의 풍미가 격상된다. 마찬가지로 가족상담에서 한국가족문화의 특성을 세심하게 이해하고 살핀다면 가부장 사회에서 부부중심의 양성평등의 가정으로 거듭나려고 진통하고 있는 한국 가족을 위한 품격 있는 가족상담 서비스를 연구하면서 제공할 수 있을 것이다.

종합적으로, 주 재료가 신선해야 풍미 있는 잡채가 완성된다는 점을 경험적으로 강조한다. 여러 재료를 혼합하는 것이기에 적당히 넣으면 맛이 떨어지게 되고, 몇 가지만 넣더라도 좋은 재료를 각기 잘 정성스럽게 준비해서 배합하면, '전체는 부분의 합보다 크다'는 것을 맛으로 알게 된다.

부부가족 상담

그동안에 전문상담사로서 실제 수행한 부부상담이나 가족상담의 사례를 분류하고 정리해보는 과정을 갖고자 한다. 가장 대표적인 사례들이 부부간의 갈등이라고 하겠다. 서로 사랑하고 합의해서 결혼하였는데 시간이 흐르면서 정말 더 이상한 지붕이나 이불 속에 함께 할 수 없겠다는 처절한 호소를 갖고 상담센터를 방문한 모든 분들에게 고개를 숙인다. 경험에 의하면 법원에 가기 전에 상담센터에 오기만 해도 회복의 기회가 훨씬 다양하게 펼쳐진다. 나중에 기록하겠지만 법원에 다녀온 사례들은 회복이 상당히 어렵다. 협의이혼의 경우에는 그나마 낫지만, 재판이혼으로서 변호사에게 수임을 맡긴 사례들은 서로 배우자에게 가졌던 빛바래지 않은 낡은 사진첩까지 모두 망가뜨리는 부정적인 영향을 미친다. 법률인들을 폄하하거나 비하할 마음은 전혀 없다. 그러나 전문상담사의 목표는 가능한 모든 이론과 접근법을 사용하여 부부가 회복되도록 돕는 일을 우선으로 한다. 변호사님들도 당연히 함께 살 수 있는 가능성이 많은 부부에게 회복과 화합의 길을 안내하고 계실 것이다. 그럼에도 불구하고 일단 재판이혼으로 가서 친권, 양육권, 면접교섭권 등의 기본적인 자녀 관련 사항을 넘어서면, 위자료와 재산분할권이 드러나게 되는데, 이는 승소나 성공수임료와 직결되는 부분이 있다. 재판이혼 과정에서 배우자에게 전달되는 소장을 보고 상처를 입는 분들이 상당히 많다. 함께 2인 3각이 되었을 때에 협력하고 이해하였던 부분이 반대 입장에 서서 변호사에게 전달되어 돌아온 소장은 함께 살았던 배우자에게 충격인 경우가 비일비재하다. 그러면 여기에 어떤 결과가 따르겠는가? 대체로 자신도 변호사를 통해서 차마 하지 않고 조용히 헤어지려고 했던 부분까지 모두 헤집고 까발리고 때로는 부풀리게도 된다. 물론 의사소통에서는 입장에 따라서 송신 메시지와 수신 메시지가 유사한 듯 다른 경우가 발생한다. 때로는 유사하지 않고 전혀 반대로 해석된 경우도 실생활에서 발견된다. 인간의 자기중심성을 벗어날 수 있는 한계치가 있기에 완벽히 상대가 전한 내용을 상대의 입장과 똑같이 이해하거나 수용하기 어렵기 때문일 것이다.

이혼상담

이혼에는 실제로 7가지 다른 측면의 이혼이 있는데 정서적 이혼, 법적 이혼, 경제적 이혼, 자녀 양육권의 이혼, 사회적 가족과의 이혼, 종교적인 이혼, 그리고 심리적인 이혼이 있다.

정서적인 이혼으로 고착된 부부를 생각보다 많이 만나게 된다. 단기간 혹은 장시간에 걸쳐서 정서적인 이혼이 발생하는데, 개인상담이나 부부상담으로 위기 극복하기가 이루어질 수 있다. 서로 대상에 대한 애정으로 결혼하였지만 기대감의 상실과 실망, 그리고 가치관의 변화, 연애기간에 수면 밑에 있다가 결혼 후에 표면화되는 부정적인 행동이 이러한 정서적인 이혼을 촉발한다. 문화는 마치 피처럼 강력하다. 결혼학자들이 강조하는 대로 결혼은 두 사람의 결합이 아니라 양가의 결합이다. 양가 문화의 차이는 곧 행동양식의 차이와 대처방식의 차이로 드러나게 되고 부부갈등의 직접적인 소재가 된다. 부부불화를 일으키는 불쏘시개가 항상 준비되어 있는 셈이다. 그런데 우리 한국인이 소중하게 생각하는 설, 추석, 부모님 생신, 제사모시기 등으로 양가를 방문하는 기회가 많은 부부는 소위 '우리집'을 다녀오면서 불쏘시개에서 자동발화가 일어난다. 요즈음 양성평등 측면에서 명절과 제례 등에서 실질적이고 바람직한 변화가 여성가족부를 중심으로 일어나고 있는 것은 부부가족 전문상담사의 입장에서는 너무나 반가운 일이다. 부부가족 상담을 하다 보면 명절이 무서워진다. 이번 명절을 무사히 넘기느냐가 관건인 가정이 의외로 많이 있다. 내담자들이 명절을 잘 다녀오면 마음이 푸욱 놓인다. 이 대목에서 떠오르는 마음 아픈 사례하나를 기록하고자 한다.

사례 1 : 아버지의 부고장을 기다리는 아들

아주 여러 해 전에 어떤 중년 여성이 이혼확인기일을 앞두고 상담을 신청하였다. 사유는 여성이 카드빚 등 부채를 많이 지게 되어 남편이 이혼을 요청했다는 것이다. 이혼확인기일을 앞두고 복잡하고 두려운 마음에 용기를 내어 상담센터를 두드린 것이다. 이미 부부는 별거에 들어가서 남편은 본가 어머님집으로 돌아간 상태였다. 자신의 사연을 눈물로 이야기하면서 그 부인은 확인기일 전에 남편에게서 어떤 전화가 오지 않을까, 혹시 이혼신청을 취하하자는 전화가 오지 않을까 내심 기대하고 있었다. 예상과 달리 전화는 오지 않았고, 확인기일에 이혼확인서를 받은 전남편은 20년 동행에 대한 아무런 언급도 없이 냉랭하게 돌아갔고 곧바로 구청에 신고하였다.

그리고 얼마 있다가 이혼한 부부의 아들이 상담센터를 방문하였다. "도대체 이럴 수가 있는가?"라고 아들은 분개하였고 아버지를 '가족을 버린 몹쓸 사람'으로 이야기하면서 '아버지가 죽었다'는 말을 듣고 싶다고 하였다. 대학입시에서 사수를 한 그 청년은 그 해에 원하던 대학에 진학하였고, 우수한 성적으로 대학생활을 마치고 현재 유능한 회사원으로서 독립을 향해 매진하고 있다.

결과를 미리 말했지만 과정은 매우 험난하였다. 이제 이 청년은 명절에 아버지와의 곤혹스런 만남을 하지 않기로 했다고 지난번 상담에서 힘주어 말하였다. 아버지와의 격돌, 몸싸움 후에 내려진 결론이었다. 명절증후군은 며느리만 앓는 것이 아니다. 이렇게 이혼한 가정의 자녀들도, 그것도 장성한 자녀들까지도 심각하게 아파하고 고통스러워하는 것이다. 상담기간이 여러 해였는데 상담주제는 다른 것도 많았지만 일 년에 두 번 오는 추석과 구정이 상담사까지도 두렵게 만드는 연례행사였다.

법적인 이혼 단계란 바로 도저히 함께 할 수 없다고 결정해서 협의이혼이나 재판이혼의 과정을 통해서 법적으로 이혼한 상태이다. 이 과정에는 법원의 중재에 의한 조정(보통 1~2차)과 가사상담(8~15회기)의 기회가 부여된다. 이혼을 결심했다가도 경제적인 이유로 번복하는 사례도 있다. 재산분할의 고통과 난점, 자신의 집을 톱으로 반쪽 내는 느낌, 이혼 소송 외에 위자료 및 재산분할 소송을 별도로 하다보면, 대체로 변호사에게 의뢰할 수밖에 없고 상대방에 대한 상호비난으로 심리적인 상처가 크기도 하고 경제적인 부담도 상당하게 된다. 또한 경제적인 이혼이란 결혼하여 부부가 서로의 경제를 공유하던 상태에서 서로의 수입과 지출에 대한 간섭과 배려가 없어지게 되는 의미도 포함된다. 가사상담위원으로서 볼 때 우리나라 법원에서 이전보다 매우 실질적인 노력을 기울이는 부분이 바로 이혼가정의 14세 이하 미성년 자녀에 대한 연구와 정책적 배려이다. 자녀 양육권에 대한 이혼에서 양육권, 친권, 면접교섭권을 결정하게 되는데, 판사가 가급적 자녀에게 최소한의 충격이 가도록 판결하고자 노력하는 것을 볼 수 있다. 가사상담위원들이 진행하는 자녀양육안내교육에서도 빠짐없이 이 부분을 강조한다. 이사와 전학에 대해서 자녀에게 미리 상의하고, 예상할 수 있도록 돕고, 유치원이나 학교의 전학에 따르는 상실감정을 읽어주고, 다니던 놀이터나 문구점과의 작별, 그리고 친구와 교사와의 작별에 대해서 자신의 눈높이에서 이해하고 고민하고 마주하도록 구체적으로 설명하고 그들의 마음을 보듬어 주도록 요청하고 있다. 부부관계는 해소하더라도 부모의 역할을 함께 협력하는 것이고, 자녀에게 부모의 사랑이 변하지 않을 것과 그들의 잘못으로 이혼하는 것이 아니며 이혼하게 되어 진심으로 미안한 마음을 전하도록 교육한다. 면접교섭권이 잘 이루어지지 않는 가정을 위해서는 이혼판결 이전에라도 사전판결로서 면접교섭 진행을 하도록 하고 양육비를 지급하도록 하는 사례를 많이 접하였다. 이혼한 부부라 하더라도 자녀의 입장에서는 '내 엄마, 내 아빠'이며, 자녀는 주양육친과 부양육친의 협력적인 양육을 받은 권리가 있다. 부양육친과 자녀가 면접교섭권을 갖는 것은 당연한 법적 권리이다. 자녀 앞에서 이혼한 상대방에 대한 비난을 하지 않도록 강조하고 또 강조하며, 한쪽 부모가 아닌 양 부모와 좋은 관계를 갖도록 협력하도록 요청도 한다.

　사회적 가족과의 이혼단계에서는 배우자 중심으로 구축된 관계망의 해체, 배우자의 친척이나 친지와의 결별이 뒤따르게 되는데, 이혼자에 대한 사회적 지지망이 매우 중요하다. 이혼을 숨기거나 숨기게 하는 문화가 아직도 많은 가정과 직장에서 작동하고 있다. 이혼상담이 전문적으로 많이 이루어지는 미국에서 공부한 교수에 의하면 이혼 전에 6개월의 상담, 이혼 과정에서 6개월의 상담, 이혼 후에 6개월의 상담, 그리하여 최소한 1년 반의 상담이 필요하다고 강의를 들을 때 그 내용이 하도 신기해서 기억하지 않을 수 없었다. 이혼 전에, 과정에, 이혼 후에 상담한다는 것이 무슨 뜻인지 한국부부가족상담문화원의 심상권 원장님에게 부부가족상담을 배울 때는 이해하지 못하였는데, 현재 갈등 상황에 있는 부부를 만나는 상담사로서 이에 대한 교육을 강조하게 된다. 이혼 전에는 이혼을 하는 것이 자신에게 총체적으로 유리한가, 진정으로 원하는 바인가를 조력받기 위해서 적어도 6개월의 상담이 필요하다. 그리고 실제적으로 협의이혼이나 재판이혼 과정에 있는 부부에게는 6개월의 상담이라는 것은 필요한 양에 비하면 터무니 없이 짧은 기간일 수도 있다. 이혼이 이루어진 후에 예상하지 못한 일들이 발생하게 되는데, 이때에도 전문적으로 지혜를 함께 발견하면서 힘을 실어주는 전문상담사의 도움이 필요하다. 이혼 후 당면하게 되는 큰 관문이 바로 누구에게, 어떻게, 언제, 어느 만큼 이혼을 알릴까 하는 고민이다. 이혼한 남성들이나 여성들이 결코 쉽게 이 부분을 넘기지 못하고, 사전부터 커다란 고민을 끌어안고 잠을 자게 된다. 연말 정산 때 서류를 내야 하는데 언제 어떻게 총무과에 이야기할까가 이혼 당사자들의 고민 중의 고민이기도 하다. 이혼 당사자들이 이혼 전부터 부모나 동기간 및 친척이나 친지에게 자신의 이혼을 그대로 드러내는 사례가 있는가 하면, 부모나 동기간, 친척이나 친지에게 전혀 노출하거나 상의하지 않고 이혼에 이르는 경우도 있다. 이혼 후에도 오랜 기간 미성년 자녀에게 정확하게 말하지 않거나 못하는 이혼가정이 상당수에 이른다고 생각한다. 필자의 경우도 상당히 가까운 친구가 30대에 이혼하였는데, 이혼 후에 통보를 받고 상당히 당황하고 섭섭했던 경험이 있다.

사례 2 : 조부모와 친척에게 이혼을 비밀로 하는 사례

어떤 전문직 여성의 사례이다. 이 여성은 이혼 후에 신속하게 재혼을 희망하며 매우 적극적으로 노력하였고, 현재 결혼에 성공하여 자녀까지 출산한 행복한 엄마로 자신의 전문직을 이어가고 있다.

이 여성은 이혼 후에 명절에 조부모나 친척을 만나지 못하고 있었다. 딸의 이혼을 수치스럽고 죄송스럽게 생각한 부모가 이 딸을 사랑하는 조부모와 친척에게는 이혼 사실을 말하지 못하도록 금하였기 때문이다. 일가친척이 모이는 명절이 이 여성에게는 매우 괴로운 시간이었다. 특별히 자신을 사랑해주었고, 보고 싶은 할머니나 조부모를 만나지도 못하고 인사도 못드리는 그 마음이 오죽하겠는가! 혹시 내가 결혼하기 전에 돌아가시면 어떡하나 마음을 졸이기도 하고 정말 우울한 명절을 몇 해 보내었던 것이다. 그런 이유만은 아니지만 이 여성은 적극적으로 만남의 장에 자신을 투입하여 원하는 남성을 만나게 되었고, 아주 행복한 결혼에 이르게 되었다.

이혼에는 종교적인 이혼단계도 포함되어 있다. 이혼을 허락하지 않는 종교를 갖고 있는 경우도 있고, 특정 종교집단에서는 이혼을 금하고 심각하게 비난하기도 한다. 이혼으로 인한 종교직분의 박탈이 이전보다 약화되기는 하였지만, 이혼이나 재혼의 금지가 어떤 종교에는 아직도 유효하다. 개신교에서는 이혼자를 위한 집단상담을 운영하여 상처치유와 미래계획에 대한 도움을 제공한다. 이혼 후 같은 교회에 다니는 경우에 여러 가지 불편을 호소하는 경우가 있다. 같은 교회에서 성장한 경우에 결혼 후 같은 교회를 다니다가 이혼하게 되면 같은 교회에 머무는 경우도 있고, 한 편이 떠나기도 하고 둘 다 떠나기도 한다. 이렇듯 이혼으로 인하여 종교생활에도 영향을 미치어 개인의 기반을 흔들게 되기도 한다.

이혼의 7단계 중에서 가장 어렵고 중요한 부분이 바로 심리적인 이혼이다. 심리적인 이혼은 법적 및 경제적 이혼 후에 적어도 2~4년이 소요된다. 이러한 이유로 이혼 후의 상담이 요청되는 것이다. 이혼 후에 상대방을 지속적으로 증오하고 있다면 아직 결혼관계 해소가 미정리된 상태라고 할 수 있다. 원수처럼 헤어지는 것은 심리적인 이혼이 안 된 상태이다. 이는 법적으로 헤어졌지만 상대방을 가슴에 품고 사는 상태이다. 이혼에는 심리적인 분리가 반드시 필요하다. 더 이상 싸울 이유도, 미워할 이유도 없어야 하는데, 이게 말처럼 쉽지가 않다. 두 사람 사이에 자녀가 있는 경우에는 끊어지지 않는 심리적인 줄이 있다. 왕래를 하지 않아도 줄이 있다. 그러다가 성장한 자녀의 결혼식 때에 다시 심각한 고민에 봉착하기도 한다. 누가 부모석에 앉을 것인가? 한 부모가 재혼을 한 경우에는 고려해야 할 변수가 너무나도 많게 되고, 부모나 자녀가 모두 다른 입장일 때가 있어 결혼식 전후에 폭풍이 일기도 한다.

사례 3 : 둘째 딸 결혼식에는 부모자리에 반드시 앉겠다는 어머니

이혼 부부의 자녀결혼식과 관련된 다양한 사례가 있을 수 있는데, 후회에 가득찬 어머니를 만난 적이 있었다. 남편의 외도에 의한 이혼으로 기억되는데, 이혼 당시에 자녀들이 미성년을 모두 지내고 대학생 정도의 수준이 되었던 것 같다. 자녀들이 모두 잘 성장하였고 큰딸이 결혼하게 되었을 때에 이 주제가 대두되었고 그때 재혼한 남편과 새 부인이 결혼식장의 부모석을 차지하게 되었다. 결혼 후에 자녀들은 어머니와 함께 생활하였고 아버지는 경제적으로 지원하였고, 교류도 이어지고 있었다. 재혼하여 10여 년이 경과한 남편은 당연히 자기의 현재 부인이 그 자리에 앉아야만 하다고 주장하였다. 그리하여 생모이면서 실질적인 양육을 지속한 어머니는 얼떨결에 양보할 수밖에 없었다. 결혼식장에서 자신의 생모가 결혼식장에 오지 못하고 아버지가 다른 여성과 앉아 있을 때에 신부의 마음은 과연 어떠했을까? 첫딸의 결혼식에 참석조차 못한 어머니는 현재 전문직 여성으로 자기계발을 이루었고, 둘째 딸 결혼식에는 자신이 어머니 자리에 앉겠다는 결심을 힘 있게 말하고 있다. 경제논리가 이면에서 작동하고 있음은 말할 것도 없다.

이혼을 한다면, 어떤 이혼이 바람직할까? 처음에 이혼상담에 대한 교육을 받으면서 뇌리에 각인된 내용이 바로 생산적이고 창조적인 결혼이어야 한다는 당위였다. 이혼을 어떻게 '창조적인 이혼'으로 만들 수 있을까? 이혼은 고통이고 슬픔이고 실패이고 파멸이 아닌가? 이혼이라는 고통스런 과정을 통해서 개인이 성장하고 자신의 참 욕구를 자각하고 새롭게 설계한 경우가 우리 주위에는 또한 너무나도 많다. 앞으로 더 많아져야 한다고 하면, 이혼을 부추기는 것으로 오해 받을 수 있겠지만, 그런 입장은 절대로 아니다. 맺어진 결혼이 가급적 장수하기를 바라고, 전문가 용어로 또한 우스개처럼 하는 말이 있다. '세상에 별 사람 없고, 새로 만나도 어떤 사람을 만나게 될지도 알 수 없으니 수리해서 그냥 사는 것이 더 낫습니다.' 그럼에도 불구하고, 새로운 파트너와 행복을 쟁취한 사례를 기록한다.

사례 4 : "우리 두 사람 다 재혼인데 너무나 행복합니다."

조금 오래된 사례이긴 하지만 이런 여성이 있었다. 자신의 남편에 대해 말하기를 "눈감고 뒷짐 지고 지나가다 부딪친 아무나와 결혼해도 이 사람보다는 낫겠다" 어떤 과정을 통해서 결혼에 이르렀는지 자세히 들을 기회는 없었지만, 아들 낳고 딸 낳고 사는 부부였는데, 아내의 실망과 좌절이 위의 문장처럼 압축되고 있었다. 지금부터 30여 년 전이니 지금보다 이혼하기 조금 더 어려운 정황이었는데, 이 여성은 용감하고 솔직하게 이혼을 선택하였고, 재혼에도 성공하였다. 전문직 여성으로서 자신의 일을 갖고 있었고, 새 배우자와의 사이에 모든 협력이 효율적으로 이루어지고 있었고, 자신의 자녀도 모두 양육하고 있었다. 이만 하면 '창조적인 이혼' 사례로 손색이 없다고 생각한다.

우리나라에는 아직도 이혼 후에 6개월의 상담을 받는 부부들이 많지 않다. 인생의 힘든 고비에 전문가의 도움을 받는 것이 생각하지 못한 새로운 길을 열어가는 탁월한 선택일 수 있다.

상담사와 변호사

실제로 이혼재판을 관장하는 가정법원에서는 판사가 사건을 조정에 회부하여 쌍방의 차이와 간극을 조절하게 제도적으로 지원하고 있다. 그리고 가급적 예산이 허락하는 범위 내에서 가사상담에 참여하도록 독려하고 있다. 가사상담에는 부부는 물론 미성년자에게도 전문상담사들이 심리상담과 놀이치료를 제공하면서 마음의 상처를 최소화하고 긍정적으로 나아가도록 조력하고 있다. 이 과정에서 전국법원에서 법원상담을 맡아 아주 최소한의 비용으로 전문적인 상담을 수행하는 상담사들의 수고가 국민행복의 한 축을 담당하고 있음을 기억하면서, 스스로도 자부심을 느끼게 된다. 최소한의 변호사 수임료보다 적게 들이고 가정을 회복할 수 있는 기회가 바로 부부가족 전문상담사를 만나는 결단 속에 숨어 있다.

양재동 서울가정법원에서 가사상담위원으로 일한 것이 2014년도 말부터이다. 또한 한국가족문화상담협회 구미례 이사장님의 추천을 받아서 2015년도부터 의정부법원 고양지원에서 가사상담위원으로 법원상담을 지속하였고, 중간에 조정위원으로 직책을 변경하여 현재에 이르고 있다. 여러 사례 중에 귀하고 귀한 사례는 가정이 회복된 사례들이다. 특별히 2017년에는 결혼갱신을 위한 막중한 소임을 자각하고 최선을 다한 결과 세 부부가 어렵지만 다시 함께 결혼생활을 이어가고 있다.

가정을 위협하는 삼제 : 외도, 폭력, 중독

'외도가 도대체 어디에 있는 섬이길래 그렇게 많은 사람이 거기를 가는가?'라고 우스갯소리를 하면서 잠깐 웃지만, 외도는 펄펄 끓는 지옥불에 배우자를 단 번에 밀어 넣는 염라대왕이다. 결혼은 두 사람의 배타적인 이성 관계 약속이며 배타적인 성생활, 다시 말해서 다른 여성이나 남성을 배우자보다 가깝게 하지 않겠다는 결연한 법적 약속이다. 성서말씀을 차용한다면 '나 이외에 다른 이성을 두지 말라'는 확고한 경계를 세우는 선언이다. 심리적인 약속만이 아니라 엄연히 사회적으로 인정되는 법적 효력을 갖는 약속이다. 이러한 신성한 약속이 깨어지는 것은 무엇 때문일까? 쉽게 말해서 지키기 힘들기 때문이다. 그런 의미에서 우리나라의 유명한 가수 조영남 씨가 톱탤런트 윤여정 씨와 외도로 인해서 이혼하게 되면서 '한 여자만 사랑하기 힘들다'라고 고백한 것은 솔직성이란 면에서는 높이 평가될 수 있다. 옳은 것과 할 수 있는 것, 실제 하는 생활은 늘 다를 수 있기 때문이다. 결혼식을 올릴 때의 진실과 결혼 생활 이후의 진실은 달라지기 때문이다.

사춘기 소년 소녀를 위한 성교육 교재로 사용되는 미국 서적 Boys and Sex[4]와 Girls and Sex에는 한 개인이 일생 경험하게 되는 로맨스의 횟수에 대해서 연구한 바를 포함하고 있었다. 오래전 기억이지만 개인의 일생에 7~10회의 사랑이 찾아온다고 하였다. 책을 읽을 당시가 30대 초반이었기에 굉장히 많은 횟수로 여겨졌는데, 이제 70년을 살고 보니 사람들의 일생에 다시 찾아오지 않을 것 같았던 사랑이 오고 또 온다는 현실이 보인다. 단순한 성관계나 성매매 이상의 감정이 교환되는 사랑은 그리 빨리 끝나지 않는다는 사실이다. 70대 부부나 80대 부부에게도 사랑과 성이 공존한다. 90세 100세 부부에게도 사랑과 성이 함께 존재한다. 이때의 사랑과 성의 개념은 그 실질적인 내용면에서 진화와 성숙을 거듭하게 된다고 생각한다. 친밀감과 부드러움의 추구에 동서고금과 남녀노소의 구별이 없어 보인다. 즉 본능이라는 이야기다. 많은 배움과 교훈과 규칙과 약속이 있지만 본능보다 더 인간을 쉽게 움직이는 것은 없다.

사례 5 : "제 딸 또래의 아이가 눈에 밟혀서 돌아왔습니다."

전문직 남녀가 채팅을 통해 만나서 결혼을 하였다. 이 부부가 상담실에 왔을 때, 아내의 마음은 지옥 불에 다 태워져 있었고, 남편은 혼란 그 자체였다. 외도 당사자가 상담실에 왔다면 이제 문제는 거의 다 해결된 것이나 마찬가지이다. 그래서 상담사는 외도 당사자를 진심으로 존중하고 세심하게 대한다. 그러면서도 상담사는 정색하며 묻는다. "왜 가정으로 돌아오려고 하십니까?" 세상에 이렇게 묻는 상담사가 어디 있나 하겠지만, 아내 몰래 여러 해 다른 집 생활을 해온 남편이 돌아오는 데는 확고한 신념이 없이는 불가능한 일이라는 인식에서 조금 당황스럽겠지만 의사를 확인하는 과정을 거친다. "제 딸 또래의 아이가 눈에 밟혀서 돌아왔습니다."

성장과정에서 자기 의사나 목소리를 내지 못하고 자랐던 착한 사람이었다. 그는 처갓집이 여러 가지로 어려울 때 자신들의 전세를 빼서 처가에 들어가 방 하나를 차지하고 살게 되었다. 처가를 위한 처가살이인데 나중에 듣고 보니 수많은 부부균열 가정처럼 아내는 자녀와 잠을 자고 신랑은 다른 방에서 잠을 잤다. 부부 사이가 멀어지게 되고 성생활에 찬바람이 불다 못해 동결된 지 여러 해였다. 속마음을 다 말하지 못하고 살던 착한 사위와 부모님께 효도하는 착한 딸은 자신들의 행복과 안위를 반납하고 있었다. 이리하여 상담에서는 착한 사람 콤플렉스를 매우 심각하게 다룬다. 지나친 자기중심성이 문제이지만, 자기 돌봄이 없는 대상중심은 개인의 행복을 앗아가 버린다.

가정폭력은 대체로 다양한 수준의 술 문제, 혹은 알코올중독과 함께 양립한다. 남편에 의한 아내 폭력은 우리나라에 가정폭력 쉼터를 지역마다 세우게 만들었다. 신체적 폭력과 함께 언어폭력, 시선폭력, 정서적인 폭력 등 다양한 차원이 폭력이 배우자 관계를 파괴한다. 견디다 못해 쉼터로 도망가고, 이혼을 제기한다. 남편의 폭력 때문에 아내는 벌벌 떨면서 이혼 소송을 제기하였다. 폭력행위에 대해서 확인하는 과정에서 남편의 대답이 상담사를 경악하게 한다. "한 번밖에 목을 조르지 않았습니다." 예순을 넘긴 어떤 남편은 자랑스럽게 마치 무용담처럼 아내 폭력을 이야기하였다. "정신 차리라고 각목으로 때렸습니다." 아내를 각목으로 때려서 아파트 계단을 굴러 내리게 했던 남편은 무엇이 문제냐 하는 식이었다. 아내를 정신이상자로 보고 자신이 고치려 했다는 입장이다. 상담사가 보기에 아내는 정상 중에도 정상적인 심리를 가진 한국 여성이었다. 부모가 너무나 싸워서 딸이 상담비용을 대면서 부모가 상담을 받지 않으면 집을 나가겠다고 하고 억지로 왔던 부부였다.

중독은 무섭다. 연세대학교상담코칭지원센터가 한국도박문제관리센터의 위탁센터가 되면서부터 도박중독 상담을 현재까지 지속하고 있다. 첫 내담자가 매우 성공적으로 치유되었고 자신의 친구가 우울증에 걸리자 소개할 정도로 현재까지 좋은 관계를 유지하고 있지만 중독 상담은 어렵다. 한국도박문제관리센터가 포함하는 도박의 종류에는 카지노, 경마, 경륜, 경정, 복권, 스포츠 도박, 소싸움의 소위 말하는 7가지의 합법적 도박 외에 카드, 화투, 성인오락, 주식, 투견/투계, 사다리게임, 기타 등의 불법도박이 있다. 관리센터는 도박을 합법과 불법, 온라인과 오프라인으로 구별하여 분류한다. 2014년에 시작한 도박상담사례에 위의 모든 종류의 대상자가 포함되어 있다. 그래도 가장 많기로는 단연 스포츠 도박이다. 소위 말하는 '국민체육진흥복권'이라는 합법적 도박이다. 도박문제관리센터는 대상자와 가족을 모두 소중하게 여기면서 대상자에게 12회기 무료상담을 지원하고 가족에게는 4회기의 무료상담을 지원한다. 도박문제관리센터는 12회기의 매뉴얼상담을 지원하고 지도하고 있다. 대상자들에게 상담사가 요청하는 간곡한 한 가지는 상담사에게 솔직히 이야기해 달라는 것뿐이다. 도박 대상자의 두 가지 특징은 '눈덩이 같은 부채와 계속되는 거짓말'이다. 술이나 니코틴처럼 냄새가 나는 것도 아니기에 외부인이나 가족을 속이기에 용이하다. 상담사에게 잘 보일 필요도 없고 솔직하게 다 이야기해주면 감사하겠다고 초기에 당부를 한다.

사례 6 : "사실 토토를 계속 하고 있었습니다."

법원에서 의뢰하는 이혼상담 사례 중에서 도박중독에 의한 이혼소송 사례가 있었다.

이혼상담과 도박중독 상담을 모두 하는 입장이기에 법원에서 허락하는 회기 내에 부부를 개별 및 함께 상담하면서 관계개선과 신뢰회복을 위해서 심혈을 기울였다. 소를 제기한 아내도 남편의 변화를 신뢰하면서 다시 합하게 될 수 있기를 위한 실질적인 협조를 하고 있었다. 이미 별거 중이었기에 함께 살 집의 위치를 정하는 문제로 상호 양보도 하고 협조도 하면서 회복이 눈 앞에 점점 다가오고 있었다. 이 과정에서 상담사는 부부관계 회복을 돕기 위해서 피고에게 도박문제관리센터 1336에 전화해서 상담을 신청하도록 안내하였다. 그러면 12회기의 무료상담을 같은 상담사로부터 받을 수도 있기 때문이었다. 정말 마음을 다해서 늦은 시간과 상담사의 형편을 가리지 않고 상담을 진행하였다. 대상자도 정말 선생님에게 진실만을 솔직하게 말하겠다고 자신의 과거부터 소상하게 이야기하였다. 그럼에도 불구하고 결정적으로 이사 문제가 매듭지어지지 않고 시간이 흘러가고 있었다. 그러던 어느 날 아내로부터 청천벽력 같은 이야기가 들려왔다. 남편이 도박을 계속하고 있다는 것이었다. 아내보다 상담사가 더 놀라고 실망했다고 하면 말이 안 되겠지만 그렇게 철썩같이 진실만을 솔직하게 다 말하겠다고 했던 눈빛이 거짓이었다는 사실에 상담사도 한겨울에 맥이 풀리고 늘어져 버린 경험이 있다.

　절대로 그 대상자가 상담사를 속이기 위해서 그렇게 했다고 생각하지 않는다. 중독의 속성상, 따면 따서 못 그만두고, 잃으면 잃어서 못 그만두는 문자 그대로 무서운 독이 몸과 마음에 퍼져 있는 상태가 중독이다. 뇌에 영향이 미쳐 있기에 자신도 모르게 다시 습관적으로 반복하게 되는 기전이 몸에 학습되어 있는 것이다. 그 이후에 지속적 상담을 통해서 직업을 유지하게 도움도 주었고 가족도 동반의존에서 벗어나도록 교육과 상담을 병행하였는데, 지금 궁금하지만 전화나 카톡을 하기가 두렵다. 정말 믿었다가 실망한 사례가 중독상담사들에게는 수도 없이 많기 때문이다.

　도박중독 상담에서 중요하게 생각하는 중독 이해의 첫걸음이 바로 도박에 대한 정의이다. '자신의 확실한 것을 불확실한 것에 거는 모든 행위'. 결과적으로 경제적인 가치가 확실한 것과 불확실한 것을 구별하는 기초지식만 있으면 된다. 두 사람이 100원짜리 동전을 갖고 가위 바위 보를 해서 이기는 사람이 갖기로 한다면 이것은 도박일까? 그렇다 명백하게 도박행위이다. 왜냐하면 가위 바위 보에서 누가 이길지를 미리 예측할 수 없기 때문이다. 단지 도박금액이 적다뿐이지 도박행위임에는 틀림이 없다. 한 번의 결과가 아니라 누적결과로 승패를 가린다면 미리 예측하기는 매우 어려워진다. 그런데 알 수 없는 미래를 미리 알기 원하는 인간의 예언 욕구와 물질을 더 갖기를 원하는 인간의 탐욕이 만나는 자리에서 도박이라는 이상한 꽃이 피어난다. 세계적인 IT강국인 한국이 '빨리빨리' 덕분에, IT 발전, 게임산업과 더 나아가서 도박산업이라는 더욱 이상한 꽃도 피어나고 있다. 왜 꽃이라고 하는가? 너무 유혹적인 특성이 있기에 그렇다.

주식이 도박의 종류에 들어가는 것에 대해서 주식투자자들은 심한 불평과 불만을 서슴지 않고 내뱉는다. "주식은 도박이 아닙니다"라고. 그러면 한국도박문제관리센터는 어떤 목적에서 도박의 종류에 주식을 포함시켰을까? 바로 위에 기술한 대로 주식도 결과를 예측할 수 없는 불확실한 것에 속하기 때문이다. 그리고 매일 TV와 모든 매체에서 방송을 해주기에 도박이라고 생각하지 않는 사람들이 많다. 경제 활동이라고 생각할 뿐이다. 그러나 주식을 투기적 목적으로 해본 경험이 있는 모든 분들은 자신들이 겪었던 스트레스와 결과를 가지고 쉽게 주식이 도박임을 경험적으로 수긍하게 된다. 한국의 결혼실정이 남성에게 과도한 집 마련의 부담이 지어져 있는 것이 사실이다. 남녀평등은 헌법 속에서 잠자고 있고, 오랜 결혼 관습이 남자가 집을 마련하기를 기대한다. 영어의 husband의 어원이 house+band, 즉 집 계약 문서를 들고 있는 사람이라는 뜻이라고 학부시절 영문과 전형국교수님에게 배운 적이 있다. 한국의 젊은 남성들이 지고 있는 짐을 생각하면 하루 빨리 이 문제에 대한 새로운 사고가 정립되고 관습의 변화가 과감하게 이루어져야 한다고 생각한다. 처가에서 은근히 기대하고 사랑하는 신부가 묻는 질문에 젊은 남편감은 묘수를 생각하게 되기도 한다. 이럴 때 주식이 황금알을 낳는 거위로 선택된 두 사례가 있다.

사례 7 : "전세 살고 있다고 말했는데 사실은 월세였습니다."

데이트하면서 식사하고 차 마시면서 드는 비용에 대해서도 남성이 더 부담을 느끼는 것이 현실이다. 그러나 데이트 비용에 비하면 신혼집 마련의 무게는 남성들을 이상한 곳으로 몰기도 한다. 두 사람은 대학시절부터 CC였고 10년 이상의 변함없는 사랑으로 결혼에 이르게 되었다. 도시 여성과 지방 출신의 남성, 더 배운 여성 집안과 덜 배운 남성가족, 사회문화적으로 우위인 여성과 내세우지도 않고 굳이 내세울 것도 없는 남자의 집안 등등의 차이나는 문화를 두 사람이 이기고 결혼에 이르렀다. 문제는 사랑하는 두 사람이 함께 살 집을 마련할 때에 일어났다. 남자는 차마 월세 살고 있다고 말할 수가 없었다. 거짓말을 하려는 것이 아니라 진실을 말할 용기가 없었다고 상담사는 이해한다. 재원을 마련하는 방편으로 주식에 손을 댄 그 청년은 1억 가까운 손실을 입게 되었고, 아내와의 별거, 개인회생 등의 굴레를 뒤집어쓰고 상담실에 동행하였다. 아내는 신사임당처럼 귀티가 나고 신랑은 조선의 선비 같은 양반 풍이었다.

개인회생이라는 용어를 그때 처음 들었다. 상담사를 교육시키는 것은 내담자의 상황이다. 개인회생을 '개인이 열심히 노력하며 회생한다'는 심리적인 뜻으로만 어렴풋이 해석하려고 하는 나에게 개인회생이 경제관련 법률 용어이며 판결에 의해서 승인된다는 사실이 학습되었다. 이 커플은 5년간의 개인회생도 완결하였고 부부협력도 완벽하고 숙원과제이던 집마련도 모두 이룬 행복한 커플이다. 이혼 직전에 상담센터를 찾은 지혜로운 선택이 이 부부에게는 지금까지도 지속적으로 발생하고 있다고 확신한다. 부언하자면 개인회생을 자신의 힘으로 해결해야 재발의 위험이 감소된다.

부부관계뿐 아니라 모든 관계에서 대상이 변하기를 바라는 것이 인지상정이다. 그런데 현실에서는 이런 바람이 잘 이루어지지 않는다. 강의시간에 힘주어 말하게 된다. 인간은 습관을 발전시키는 유기체인데 스스로 생각하기에 안 좋은 습관도 변경하기가 매우 힘들고 포기하게 되는 경우가 많다. 연초의 금주 금연 선언이 작심삼일로 끝나거나, 다이어트 계획이 성공보다 실패가 더 많다는 사실이 여실히 입증을 한다. 이자관계 이상의 의사소통 과정에는 언제나 차이가 있게 되고 갈등의 소지가 있다. 남녀의 차이, 연령의 차이, 가문의 차이, 교육의 차이, 총체적으로 가치관의 차이가 두 사람의 소통에 걸림돌로 작용한다. 내게 당연한 요구가 상대방에게는 도저히 넘을 수 없는 무리한 요구가 되는 경우가 많다. 그래서 다시 한 번 문화가 우리 몸 속의 피처럼 돌고 있다고 이해하게 된다. 피가 아무리 돌고 돌아도 A형이 AB형으로 바뀌지는 않는다.

사례 8 : "주식이 문제가 아니라 의사소통이 문제입니다."

결혼 전 연애시절부터 남편의 주식투자를 인지하였던 아내가 그 심각성을 다 알 수는 없었다. 이 사례에서는 주식을 도박으로 인정하지 않는 인지적 오류가 부부의 화합을 방해하는 장애요소로 작용하였다. 남편을 지극히 신뢰하고 사랑하는 아내는 남편의 주식투자와 부채 발생 사실을 알고 강력하게 도박중독 상담을 권면하였다. 신랑도 아내의 성화에 도박중독 상담을 받았지만 여전히 주식을 도박으로 분류하지 않고 있었다. 그러면서, 아니 그러다 보니 주식투자로 인한 부채 발생이 거듭되었다. 또한 이 부부는 이 문제 및 양가 관습의 차이로 '심각하게 다투고 화해하기'를 반복하고 있었다. '이혼하자, 법원에 가자'가 어떤 때는 진심으로, 더러는 상대방 위협의 방편으로 이루어지다가 한 배우자가 감당할 수 없는 어떤 상황이 오면서 급기야 법원을 방문하게 되었다.

미주
----

1) 이재열, "한국사회의 변화와 n포 세대", (사)한국상담심리학회 2017 학술대회

2) Browning, D. S. (1991) A Fundamental Practical Theology: Descriptive and Strategic Proposals. Minneapolis: Fortress Press.

3) 권수영 외, 한국 가족을 중심으로한 부부-가족상담 핸드북, 2020, 학지사.

4) Wardell Pomeroy, Boys and Sex, 1981. Dell.

코칭
이야기

코칭 입문

2013년 봄에 새롭게 시작한 일이 하나 있다면 바로 인코칭에 가서 KAC 자격증 취득과정을 시작한 것이다. 그 당시의 복잡한 마음은 앞에서 여러 번 이야기한 대로, 예순여섯 살의 나이에 새롭게 상담사 자격증 과정을 시작하는 심난함 그 자체였다. 정말 내가 이 나이에 또 다른 자격증 취득을 위해서 출발을 해야 하는 것인가? 이러한 복잡한 심경에서 그 당시에 꿈을 다섯 번이나 꾸면서 결국은 시작을 했고 결과적으로는 골든슬램이 되었다.

그때 곁가지 하나를 추천한 사람이 있으니 바로 연세대학교상담코칭지원센터에서 함께 일하던 이명진 전임상담사였다. 자신은 이미 코칭자격증 과정을 시작했으니, 상담사 자격증 과정을 고민하지 말고 코칭을 해보라는 권면이었다. 그래서 언제나처럼 함께 더불어 하는 것을 좋아하는 나이기에, 그리고 5인 이상 등록하면 할인도 해준다고 해서 박순, 장성금, 계정숙, 김춘일, 전혜리 이렇게 5명이 KAC 자격증 과정을 인코칭에서 했고 우리 모두는 그해 봄에 KAC, 즉 한국코치협회 인증코치가 되었다. 그 후 우리는 2015년에 함께 다움상담코칭센터를 창립하였고 현재 상담과 코칭의 양날개를 펴며 센터를 운영하고 있다.

그리고 그해 가을에 일이 본격적으로 시작되었다. 상담수련을 오래도록 한 사람에게 코칭 자격증 취득과정은 결코 어렵지 않은 일이었다. 자격증을 취득했다고 달라진 것은 없이 그렇게 연세대학교상담코칭지원센터 전임상담사로 한창 무르익어 가는 그즈음에 새로운 만남이 시작되었다. 연세대학교상담아카데미와 코칭아카데미에서 매우 뛰어나게 공부하고 있으며 현재 상담코칭학 박사과정을 수료하고 코칭계에서 활약하고 있는 문효정 코치에게서 뜻밖의 이야기를 듣게 되었다. 자신이 그 당시에 KPC 자격취득과정을 위해서 멘토코칭을 받고 있는데, 멘토코치님에게 가니 바로 교수님의 책 〈상담자의 자기분석〉을 읽고 있더라는 것이다. 그래서 우리 교수님 책이라고 하니, 이 분을 한 번 만나게 해달라고 부탁하였다는 것이다. KAC 코치 자격을 단순하게 취득하였을 뿐이지 한국코칭계에서 어떤 분들이 활약하고 있는지 상황 파악을 하지 않고 있던 시기였다. 그리하여 그해 가을에 한국코칭계에서 뛰어난 공헌을 하고 있는 김상복 코치(KSC)님을 2013년 6월 27일에 만났다고 나의 이메일은 기록을 내보여 준다. 그분이 마침 하지에 지체장애를 갖고 있다는 이야기를 들었고, 돌아가신 큰오빠의 소아마비가 다시 생각나기도 하였다. 그분은 우리 남편이나 둘째처럼 수염을 기르시는 분이라고 해서 친근감을 갖고 만나게 되었다.

그분의 요청은 분명하고 목적지향적이었다. 한국의 전문코치를 위해서 '자기분석' 프로그램을 개발해 달라는 것이었다. 지금 돌이켜 보면 그분의 혜안이 놀랍고도 감사하다. 그리하여서 2013년 여름부터 전문코치를 위한 자기분석 프로그램 개발을 위해서 사용하지 않았던 뇌의 부위를 작동하게 되었다. 상담사 자격수련 과정으로 요청되는 교육분석에서 사용하고 있는 프로그램을 모두 열거하여 보니, 60시간의 프로그램이 구성되었다. 개인들에게는 대체로 20시간의 교육분석이 이루어지지만 피분석자의 상태와 필요에 따라서 적절한 접근을 하다 보니, 사용하고 있는 기법이 다양하였다. 결과적으로는 60시간의 프로그램이 30시간으로 압축되어 한국코치협회에서 전문코치를 위한 자기분석 코칭(Self-Analysis Coaching)으로 인증을 받았다. 이번 기회에 처음에 기획되었던 60시간 분량의 프로그램을 기록으로 남긴다. 부제로 '개인의 신화를 찾아서'라고 한 것은 획기적인 일이었다. 프로그램에 녹아 있는 생애발달심리학이 앞서 가족상담론에서 말한 당근라면, 이야기심리학은 이 프로그램의 당면에 해당한다. 그리고 가족치료적 접근이 시금치라면 신화심리학은 풍미가 뛰어난 버섯류로 분류하고 싶다. 다시 말해서 개인과 조직의 발달에 대한 정확한 이해와 개인과 조직의 이야기를 알아듣고 이어가도록 돕는 능력, 그리고 개인이 가족에게서 왔고 가족의 영향을 가지고 자신의 삶을 펼쳐나가는 모양새를 파악하는 기술이 요청되고, 무엇보다도 개인과 조직이 향하고 있는 개인 삶의 꿈과 비전을 함께 찾아내어 이루도록 조력하는 것이 전문코치에게 중요한 역량이라 할 수 있다. 종교를 뛰어넘어 모든 개인에게 이미 어리어 있고 더욱 피어나게 할 책무가 있는 영성적인 측면이 프로그램의 뒷부분에 무게를 더해 주었다.

전문코치를 위한 자기분석 코칭(Self-Analysis Coaching: SAC) : 개인의 신화를 찾아서

SAC-A : 자녀로 시작한 삶의 첫 마당(개인-가족) : 20hr

   Module 1 : 워크숍 오리엔테이션

   Module 2 : 인생 초기 기억

   Module 3 : 심리검사를 통한 자기발견(HTP, KFD)

   Module 4 : 의사소통 스타일과 자아분화

   Module 5 : 원가족 3인군 안에서 자기 찾기

   Module 6 : 자기 이야기의 개방과 메타포

   Module 7 : 정체성 발달 탐색

(계속)

Module 8 : 개인 이야기의 특성분석

SAC-B : 부부 혹은 창조적 독신으로 열어가는 둘째 마당(사회-국가) : 20hr

Module 0 : 워크숍 오리엔테이션(생애발달심리학의 비교분석)

Module 1 : 부부 중심 가계도-보웬의 다세대 가족치료적 관점

Module 2 : 내가 선택한 나의 전문직(가치관 검사)

Module 3 : 부부 역동(Firo-B 대인관계탐색검사)

Module 4 : 현실 인식(강점 관점 : 내게 감추어진 보화)

Module 5 : 비전 탐색 1 : 나의 에베레스트는?/상징놀이

Module 6 : 장애물 인식 : 5방패 만들기

Module 7 : 동등한 관계형성의 기술(고객과의 관계, 부모자녀 관계)

Module 8 : 성숙성(Generativity)의 대본 실행 : 자녀/후배 세우기
"자녀는 부모의 맞춤선생"

SAC-C : 함께 또 따로 펼치는 셋째 마당(인류-영원) : 20hr

Module 0 : 워크숍 오리엔테이션(생애발달심리학의 비교분석)

Module 1 : 에릭슨의 절망과 자아통합(창조적 노년기, George Vaillant)

Module 2 : 숨은 그림 찾기(페르소나와 쉐도우의 통합, Carl Jung)

Module 3 : 매카담스의 인생 8대 사건에 의한 자서전 쓰기

Module 4 : 개인의 신화

Module 5 : 칼 로저스의 충만한 존재-Fully Functioning Being

Module 6 : 5 Key Words

Module 7 : 인생설계 10년 : "손자녀는 조부모의 석좌교수"

Module 8 : 온전케하는 영성 : 나는 무엇으로 사는가? 나는 어떻게 사는가? 나는 무엇을 위해 사는가?(안셀름 그륀)

위의 프로그램에 사용된 상담이론과 기법을 기술하면 다음과 같다. 생애발달심리학(프로이트, 융, 에릭슨, 클라인벨), 아들러의 개인심리학, 인간중심이론, 이야기심리학(McAdams), 분석심리학, 신화심리학(융, 볼렌, Feinstein, Klippner), 긍정심리학(강점관점), 영성이론(Anselm, Fowler), 심리검사(HTP, KFD, SCT, Firo-B, MMPI, 의사소통 유형, 자아분화검사, 가치관 검사), 가족치료(보웬, 사티어), 가계도(보웬 다세대, 사티어 원가족 3인군), 부모-자녀 관계론, 이야기 특성분석 이론(Hopewell), 정체성 발달이론(Erikson, Marcia, Vaillant), 자서전 쓰기(McAdams) 등, 다시 말해서 박사과정 코스웍에서 배운 이론들이 거의 망라되고 있다. 가르쳐주신 은사님들에게 머리를 숙여 감사를 드린다.

전문코치를 위한 자기분석코칭(SAC) 프로그램 개발과 인증[1]

이 뜻밖의 과업의 산파는 단연코 현재 연세대학교 연합신학대학원에서 박사과정을 이미 수료하고 학위논문을 준비하면서 외부출강으로 바쁜 문효정 교수이다. 단순하게 김상복(KSC) 코치와의 만남을 안내한 길잡이가 아니라, 자기분석코칭 프로그램이 세상에 나오도록 할 수 있는 것을 모든 것을 다한 귀한 협력자이다. 위에서 기술한 대로 60시간의 프로그램이 도출되었을 때, 필자가 원고를 작성하고 김상복 코치님과 문효정 코치가 우리집 1층에 와서 함께 원고를 일일이 읽고 피드백을 나누며 원고의 완성을 함께 이루어 나아갔다. 마침 겨울이었는데, 우리집 1층은 평소에 쓰지 않는 공간이고, 특별한 경우에만 사용하고 있었는데, 추운 그곳에서 함께 저녁을 먹으면서 원고를 읽고 심도 있는 토론을 하였다. 원고작성이 이루어지면서 실제 파이롯 워크숍을 어디에서 할지에 대해서는 김상복 코치님이 많은 조언과 도움을 주었다. 필자가 당시에 출강하고 있던 차의과학대학(과대표 양수지)과 남서울대학원(과대표 허연정) 학생들과 학기 중에 파이롯 워크숍을 할 수 있는 아이디어를 제공해주었고, 실제로 차의과학대학 수업에 참관을 오기도 하였다. 무한한 열정으로 지원해주었다. 또한 실제로 한국의 코칭계의 탑에서 일하시는 전문코치를 모아서 파이롯을 하자는 의견을 제안해주었고, 실제로 코치들을 모두 불러 모아 주었다. 워크숍 장소로 방배동의 생각과 마음센터 등 여러 곳 물색하던 중에 연세대학교신과대학 강의실로 정해졌다. 일이 되려면 이렇게 되는 것인지 한국코치협회의 부회장이시던 서복선 코치님을 비롯해서 최동하 코치, 황은미 코치, 문효정 코치, 고태현 코치, 오창석 목사님 등 현재 한국코칭계의 거목들이 직접 첫 파이롯 60시간에 참가하였다. 2014년 겨울방학 중 1월과 2월에 토일 주말에 걸쳐서 하루 10시간씩 워크숍을 해서 60시간의 파이롯을 감행하였다. 이때부터 하루 10시간의 워크숍이나 집단상담을 그리 어렵지 않은 일정으로 소화하게 되었다. 전문코치들의 기운이 개발자에게로 모두 쏟아져 들어온 모양이다.

필자가 원고를 작성하면 할수록 진심으로 감사한 은사 교수님의 얼굴이 원고 행간에 나타나곤 하였다. 바로 연세대학교 연합신학대학원의 정석환 학장님이셨다. 학장님에게 박사과정 동안 배운 여러 과목이 나의 원고에 녹아져 내리고 있었다. 성인발달심리학, 이야기심리학, 분석심리학, 꿈·신화·환상 등이 자기분석 코칭 과목에 주요한 내용으로 씨줄과 날줄로 짜여나가고 있었다. 그리하여 학장님께 학장님을 공동개발자로 넣게 해 달라고 여러 번 간청을 드렸다. 세 번이나 그러지 말고 박순 박사의 이름으로 하라고 거절하시는 것을 간청 위에 간청을 드려서 허락을 받았다. 그리하여 인증 프로그램 개발자가 정석환, 박순, 김상복 3인으로 되었다.

2014년 겨울 방학에 또 하나의 획기적인 일이 이루어졌는데 연세대학교 연합신학대학원 부설 코칭아카데미의 정식과목으로 60시간의 강의가 채택되었다. 당시 권수영 소장님의 결단으로 이루어진 쾌거였다. 코칭아카데미 고급과정의 강의로 토요일 하루 10시간씩 6회에 걸쳐서 수업을 하였다. 고급과정 학생들과의 열정어린 수업이 회상이 되면서 그분들의 이름을 기억하고자 한다. 현재 한국코치협회의 큰 일꾼인 최은주 코치가 과대표로 갖가지 수고를 하였다. 커다란 과일 간식을 풍성하게 준비하여 오던 영상이 나의 메모리 스크린에 간직되어 있다. 문효정, 안앤지정숙, 신명숙, 최은주, 박종화, 제임스 등등. 그리고 또한 연세대학교 전임상담사로 있던 연세대학교상담코칭지원센터에서 수차례에 걸쳐서 SAC-A, SAC-B, SAC-C를 각기 20시간씩 센터의 수련 프로그램으로 운영하였다. 파이 롯을 돌리고 또 돌린 셈이다. 인증이 될 때까지 반복하였다. 센터의 박철형 실장님이 이 과정에서 많은 도움을 주었다. 정석환 학장님의 조교로 수고하던 김정수 박사과정생(현재 한국기독교상담심리학회 사무국장)이 PPT 작업을 맡아 주었다. 하나님의 돕는 손길이 곳곳에서 모아지고 있었다.

순조롭게 시작된 자기분석코칭 프로그램이 한국코치협회의 인증을 필하기까지에는 우여곡절이 있었다. 모든 출산에는 진통이 따르는 법, 그렇게 이해한다. 그리고 이러한 일이 다움상담코칭센터를 위한 기본모델과 심화모델의 인증을 위해서 노력하는 2017년과 2018년에도 반복적으로 지속되고 있다. 아무튼 2016년 봄에 한국코치협회 심사위원이신 정요섭 코치님의 참관심사와 코치협회에서 여러 인증심사위원의 심의 과정을 거쳐서 인증을 마쳤다. 연세대학교 연합신학대학원 코칭아카데미의 프로그램으로 인증되었다. 60시간의 파이롯 프로그램이 30시간으로 단축, 압축되었다.

여기에 행정과정과 실제 강의 진행을 위해서 정현주 과장님이 여러 해 수고해 주었다. 현재도 지속적으로 이 프로그램의 운영을 위해서 매 학기 수고하고 있다.

한 송이의 국화꽃을 피우기 위해서 봄부터 소쩍새는 그렇게 울었고, 내게는 잠도 오지 않는 수많은 밤이 있었다. 미당 서정주 선생님의 이 시가 국민의 마음에 새겨진 국민시라면 여기에 못지않은 또 하나의 시가 내 가슴에 아로 새겨져 있다. 바로 김소엽 시인의 '꽃이 피기 위해서는'이다. 김소엽 시인이 연세대 연합신학대학원 동기이고 현재까지 40년간 교류를 이어가며 나의 어설픈 시에다가 '박순 선생님이 수필시를 쓰시는군요'라고 격려의 말을 해주고 있다. 지면에 게재하면서 우의와 감사를 한층 더 두텁게 하고자 한다. 이 시만큼 현재의 나의 마음을 나타내는 시를 찾기는 쉽지 않다. 바로 내 마음이다.

꽃이 피기 위해서는…

김소엽

꽃이 그냥 스스로 피어난 것은 아닙니다.
꽃이 피기 위해서는 햇빛과 물과 공기가 있어야 하듯이

꽃이 저 홀로 아름다운 것은 아닙니다.
꽃이 아름답기 위해서는 벌과 나비가 있어야 하듯이

꽃의 향기가 저절로 멀리까지 퍼지는 것은 아닙니다.
꽃의 향기를 전하기 위해서는 바람이 있어야 하듯이

나 홀로 여기까지 온 것은 아닙니다.
기도로 길을 내어주고 눈물로 길을 닦아준 귀한 분들 은덕입니다.

내가 잘나서 내가 된 것은 더더욱 아닙니다.
벼랑 끝에서 나를 붙잡아주고 바른길로 인도해주신
보이지 않는 그분의 섭리와 은총이 있은 까닭입니다.

〈코칭 수퍼비전〉 번역

한국코치협회의 코치대회상을 수상하기도 한 김상복 코치님은 대단한 혜안과 실행력을 동시에 겸비한 분이다. 자기분석 코칭 프로그램 개발과 함께 코칭 전문 서적 번역을 제의해왔다. 〈Supervision in the Helping Professions〉, 〈Coaching & Mentoring Supervision〉, 〈Supervision in Action〉의 3권을 갖고 연구 검토하면서 제의해왔다. 시그마프레스 출판사와의 검토 끝에 결국 〈Supervision in Coaching〉 을 먼저 번역하기로 하였고 〈코칭 수퍼비전〉이라는 제목으로 2014년 가을에 출간되었다.[2] 역량강화 프로그램 인증보다 더 빨리 이 일이 완결되었다.

출판에 약간의 경험을 갖고 있는 나로서는 출판에는 전제조건이 있다는 것을 알고 있었다. 다시 말해서 출판사가 책의 출판에 동의하기 위해서는 판매에 대한 구체적인 계획이 선행되어야 한다. 그러므로 이 책을 나와 김상복 코치 두 사람이 번역을 하는 것은 판매의 폭이 그리 넓지 않을 수 있다. 김상복 코치님은 코칭계 에서 확고한 위치에 있지만, 나는 상담학계의 일원이고, 그리고 두 사람 다 대학 에 확고한 위치를 가진 정교수가 아니었다. 겸임교수로서 여러 대학에서 강의를 하고 있었지만, 대학이나 대학원의 교재로서의 자리매김이 정확하지 않으면 불황 에 허덕이는 출판사는 출판에 동의하기 어렵게 된다. 이럴 때에 이 책의 실제적인 출생과 성장을 위해서는 현실적인 대안탐색이 요청된다. 연세대학교상담코칭학 과 교수님이시고 연세대학교상담코칭지원센터 소장이시던 권수영 소장님에게 요 청을 드리니 쾌히 동의해주셨다. 이리해서 3인 공역으로 2014년 가을에 〈코칭수 퍼비전〉이 출간되었다. 한국코칭계를 위해서 일조한 일이고, 개인적으로 코칭수 퍼비전에 대해서 학습할 수 있는 귀한 배움의 기회였다. 가장 크게 배운 두 가지 가 있다면 '전문성의 지속적 발달'이라는 발달과제와 '코칭 프레즌스'이다. 가장 핵심적인 두 요소를 가슴에 담고 코치로서의 역량을 발전시키게 되었다는 것 이다.

코칭은 늦둥이 효자

오매불망 전문상담사가 되는 꿈을 30년 만에 어렵게 이루었다. 중고등학교의 영어교사를 뒤로 하고 연세대학교 연합신학대학원에서 상담학을 배우기 시작한 1979년부터 박사학위를 2008년에 취득하기까지 꼭 30년이 경과하였다. 사람이 꿈을 이루고 나면 더 이상의 소원이 없어질 수 있어서 스스로를 '소원성취한 사람'으로 생각하고 더 이상 개인을 위한 소원을 기도하지 않기로 작정하고 있었다. 이미 이루어진 것을 감사하기에도 시간이 모자랄 정도로 받은 은혜가 많고 이 은혜의 분량이 이미 60년에 꽉 채워져 있었다. 바라지도 않고 그리지도 않았던 일이 성취되는 일을 그때부터 지속적으로 경험하고 있다.

상담에만 전념한 기간이 2008년부터 2013년까지 만 5년에 불과하다. 그리고 바로 특별한 외도를 하였다면 바로 코칭에 입문한 것이다. 2013년에 입문하였으니 이제 겨우 7년이 경과하였을 뿐인데 코칭이라는 늦둥이 막내아들의 효도가 끝이 없이 이어지고 있다. 전술한 대로 역량강화 프로그램으로 자기분석코칭이 한국코치협회의 인증을 받았고, 〈코칭 수퍼비전〉이 시그마프레스에서 공역으로 출간되었다. 적지 않은 성과요 귀한 열매가 주렁주렁이라고 말할 수 있겠다. 그런데 코칭은 끝없이 나를 불러일으킨다.

2L3A-LISTEN 코칭대화 모델 개발

다움상담코칭센터 창립을 논의하는 과정에 '코칭 펌을 합시다'라는 이명진 원장님의 말이 귀에 박혔다. 상담으로는 우리가 많은 경험이 있지만 상담과 코칭의 양날개를 달려는 센터라면 앞으로 코칭에 대한 준비가 더욱 필요하겠다는 마음이 들었다. 다움상담코칭센터가 2015년 7월 1일에 출범하여 우리는 9월 21일에 다움상담코칭연구원이라는 이름으로 월요일 교육을 시작하였다. 일종의 내규 같은 원칙이 있었다면 상담-놀이상담-코칭을 균형있게 교육한다는 것이었다. 그래서 첫학기에 정신역동과 상담-놀이치료-생애설계코칭의 세 과목을 개설하였고, 이 러한 기조는 한동안 유지되었다.

이명진 원장이 코칭대화 모델을 강의할 때 함께 하면서 하나님이 주시는 영 감이 있어서 수업시간에 강의안에 메모를 하였다. 바로 LISTEN이라는 여섯 글 자, 상담과 코칭에서 가장 강조하는 경청에 대한 이니셜이 주어졌다. 그러면서 이 LISTEN에 대한 세부 작업인 Listening, Inspiring, Strengthening-Targetting- Enlarging-Not Normalizing/Knowing이 뒤따르게 되었다. 다움상담코칭센터의 인 증대화 모델이 있어야겠다는 필요가 지속적으로 마음속에 이어졌다. 그리고 서우 경 코치가 기독교상담과 코칭, NLP Practitioner 과정을 열강하면서 다움상담코칭 센터에 코칭의 바람이 뜨겁게 불고 있었다. 그리하여 수많은 밤과 밤을 이어가면 서 2017년 4월경에 '봄-들음-깨달음-물음-함'의 또 다른 이니셜이 우리말과 글 로 필자에게 결정화(chrystalized)되었다. '봄-들음-깨달음-물음-함'을 영어화하 니 Look-Listen-Apperceive-Ask-Act의 2L3A가 만들어졌다. 여기에 숨은 협력자 가 있었으니 연세대학교 코칭아카데미에서 자기분석코칭 강의를 듣던 김태형 코 치가 휴식시간에 왕관을 그려가지고 나왔다. 교수님의 2L과 3A를 조합하니 왕관, Crown이 된다는 것이었다. 이후로 나의 모든 코칭 강의안에 Crown이 등장하게 된다. 2017년 가을과 겨울에 걸쳐서 전문가에서 수퍼비전을 받으면서 두 가지를 기초와 심화 모델로 세분하는 방안이 모색되었다. 드디어 2018년 여름에 2L3A- LISTEN 코칭대화 모델이 계속해서 파이롯 워크숍으로 진행하게 되었다. 이 과정 의 어려움과 숨은 도움은 하늘이 아시기에 굳이 여기에 기록하지 않는다. 2018년 겨울과 2019년 1월에 다시 한 번 워크숍을 하면서 인증심사를 받으려고 준비하였 다. 하늘의 뜻에 따라서 결과가 맺어질 것이라 믿는다.

연세대학교 상담코칭학과

코칭 인생에 결정적인 도움을 주는 많은 전문코치가 있다. 그리고 나의 코칭 인생의 자궁공간은 역시 연세대학교 상담코칭학과에 있다. 석사 과정 때는 기독교교육학과 상담학 전공으로, 박사 과정에는 신학과 목회상담학 전공으로 입학하였는데, 우리 졸업 이후에 학과 명칭이 상담코칭학과로 변경되었다. 여기에는 선구자적인 혜안을 가지신 정석환 교수님, 권수영 교수님, 유영권 교수님의 학과 발전에 대한 노력이 숨어 있다. 비록 졸업을 하였지만 지속적으로 연세대학교상담코칭지원센터에서 전임상담사로서 교육분석과 강의, 수퍼비전을 하면서 코칭은 자연스레 가까워지게 된 것이다. 그리고 연세대학교연합신학대학원에는 상담아카데미와 코칭아카데미가 나란히 비학위과정으로서 이 분야의 역량을 강화하는 강의와 임상이 이어지고 있다.

코칭 — 내 인생 홈피의 팝업창

2018년도에는 한국코치협회 역량강화위원회 위원으로 활동하게 되었다. 서복선 부회장님이 역량강화위원장을 맡으면서 동참을 권유하였고 기쁜 마음으로 합류하였다. 아마 첫 역량강화 위원회 때인 것 같다. 각자에게 코칭이 무엇인지 발표하도록 하였다. 아직 위원들이 내게는 낯설 때였다. 코칭이 과연 내게 무엇인가? 고민하는데 입술에 번쩍 '팝업창'이라는 말이 붙었다. 코칭은 내 인생홈피에 새롭게 나타난 팝업창이다. 이렇게 말하고 나니 코칭이 내게 한 기능과 역할들이 보다 구체적으로 보이기 시작하였다.

　코칭은 어떤 팝업창인가? 새로운 아이디어와 창의력을 보여주는 창이다. 수면 아래에 잠자고 있던 잠재력을 꺼내어 무엇인가 만들도록 하고 그 성과물을 게시하여 주는 새로운 창이다.

하나님께 빨대 꽂고 산다

2018년 가을에 배용관 코치가 주재한 코치 더 코치 및 체인코칭 프로그램에 참여하면서 좋은 코치들을 많이 만나게 되었다. KSC-KPC-KAC가 상하좌우로 연결되는 매우 효율적이고 복합적인 시스템 안에 들어가게 되었다. 3조의 조장으로서 KPC 상호 체인코칭과 KPC가 KAC를 코치 더 코치하는 프로그램을 구조화하는 역할을 담당하였다. 3명의 KPC 코치가 각기 2명의 KAC 코치를 코치 더 코치하는 프로그램이었다. KPC를 위한 체인코칭과 코치 더 코치는 배용관 KSC께서 모두 맡아주었다. 첫째로 KPC 상호 체인코칭은 박순 코치가 김향진 코치를 코칭하고, 김향진 코치는 오지연 코치를 코칭하고 오지연 코치는 박순 코치를 코칭하는 시스템으로 각기 8회기로 구성되었다. 여기에서 소위 말하는 '대박'이 터졌다. 훌륭하게 성장하고 있는 두 분의 코치를 만나서 수요일밤 9시나 10시, 토요일 밤 9시나 10시에 텔레코칭하는 전무후무한 경험을 하였고, 이는 4차산업혁명의 실제적 경험이었다. 야심한 밤에 허심탄회 체인코칭을 하면서 귀한 고백이 입술로 터져 나왔다. 오지연 코치와의 코칭세션에서 "하나님께 빨대 꽂고 산다."라는 멘트가 뻥 터져 나왔다. 그렇다. 박순 코치는 "하나님께 빨대 꽂고 산다." '무대뽀 감사'로 일관하려고 노력하는 삶에서 '하나님께 빨대 꽂고 산다'로 진화한 것인가? (2018. 12. 10.)

무대뽀 감사

하나님 감사합니다
그냥 감사합니다
그저 감사합니다
감사하다니까요

정말이라니까요

진짜라니까요

절 못 믿으시겠어요

허 참

(2015. 5. 23. 새벽)

무대뽀 감사로 일관하면서 온유와 겸손을 덧입혀야 하는 고귀한 과제를 발견하였다.

'언더우드상담코치연구소' 설립

한국코치협회프로그램 인증 규정에는 인증을 개인에게는 주지 않고 사업체에게만 준다는 규약이 있다. 〈봄-들음-깨달음-물음-함〉 모델이 다움상담코칭센터의 개발 모델로 선정되지 않았기에 긴 긴 기도의 시간이 이어질 수밖에 없었다. 아기를 태중에 임신하여 해산이 가까워 오는데 아기 아빠가 없는 형국이라고나 할 수 있을 것이다. 자칫 유복자나 사생아가 되기 쉬운 정황이었다. 그리고 코치협회는 아버지가 없는 프로그램을 인증하지 않는 정책을 갖고 있다. 처음부터 다움상담코칭센터에서 상담과 코칭의 양 날개를 펼치기 위해서 연구개발된 프로그램이지만 원정출산을 하게 된 것이다. 고심 끝에 '언더우드상담코칭연구소' 명의로 사업자 등록을 하였는데, 나중에 보니 '언더우드상담코치연구소'로 기록되어 나온다. 사업자 등록하러 간 날의 심란한 마음이 이런 실수로 자신을 드러낸다. 꿈보다 해몽이라고 해야 하나? 기왕에 일이 이렇게 되었으니 오랫동안 상담사를 코치로 만드는 꿈을 품고 있었기에 '상담코치'라는 신조어도 쉽게 받아들이게 되었다. '코칭상담사'라는 자격을 생각해 본 적이 있었는데 그 꿈이 결과적으로 '상담코치'로 귀결되었다. 언더우드상담코치연구소는 연세대학교를 설립한 위대한 선교사 언더우드(Horace G. Underwood, 1859~1916)와 그의 가문에 흘러내리는 숭고한 정신을 사모하며 바라본다. 연희동 숲 아래(underwood)에 살면서 지근거리에 있는 연세대학교를 내 집처럼 드나든다. 내 집처럼이 아니라 사실 내 집이다. 연세동산 교수사택에서 태어나 삶의 3/4을 신촌과 연희동에서 맴돌고 있다. 연세 숲 아래에 거하는 복되고 복된 삶을 누리면서 시시때때로 언더우드 선교사의 고귀한 삶을 생각하게 된다. 2019년 연세대학교 연합신학대학원은 개교 160주년을 기념하여 언더우드 선교 비전어록을 캘리그라피 청연재이 선생님의 글로 부활시켰다. 그분에게 임하신 성령이 우리와 늘 함께 계시다는 놀라움이 감격스러울 뿐이다. 언더우드상담코치연구소 주관 코칭워크숍에 참여하시는 모든 분들과 언더우드 정신을 틈틈이 연구하고 이어가기를 간절히 소망한다.

봄-들음-깨달음-물음-함, 비즈니스 & 라이프 코칭 인증완료[3]

2019년이 네 밤밖에 남지 않은 한 해가 저물어 가는 시점에 감사와 기쁨이 넘쳐 나온다. 기가 뿜어 나오는 것이 기쁨이라고 했던가! 2019년 11월 12일 마침내 한국코치협회 인증심사를 통과하였다. 수퍼바이저들의 지도감독 덕분에 기초과정 20시간, 심화과정 40시간으로 구성하여서 〈봄-들음-깨달음-물음-함〉 비즈니스&라이프 코칭과 〈2L3A-LISTEN〉 코칭 프로그램으로 인증을 필하였다. 그리고 인증 후 첫 워크숍을 바로 어제 마치고 다시 코칭 이야기를 이어갈 동력을 얻었다. 2019년 12월 26일과 27일에 보수교육과 더불어 신규등록생을 대상으로 20시간의 워크숍을 하였다. 파이롯을 하던 때와는 사뭇 다른 심정으로 여유를 갖고 강의와 실습을 진행하였다. 3회기 이상의 파이롯이 필요한 이유를 경험상 알게 되었다. 내용 구성은 물론이고 진행의 노하우도 회가 거듭할수록 달라진다. 워크숍 참여대상들의 수준과 상태에 따라서 모듈을 자유자재로 선택하고 진행하는 지혜가 모아지기 시작한다. 코칭을 목적이 있는 대화라고 강의하면서 나도 모르게 목적지향적이 되는 자신을 발견한다. 파이롯 기간에 참여해준 모든 분들께 감사의 인사를 드린다. 처음에 다움상담코칭센터에서 장을 펼치도록 협력한 이명진, 전혜리, 정정숙, 이정수 네 분 원장님과 일일이 이름을 열거하지 않지만 참여해주신 분들에게 머리를 숙인다. 그중에서도 두 사람을 특히 기억하기를 원한다. 조말희 다움상담코칭센터 전임상담사님이 백석대학원 동기들과 지인 여러분을 코칭 워크숍에 초대해주었다. 김수영 다움상담코칭센터 전문코치는 개발자가 낙심하고 지쳐 있을 때 손잡아 일으켜준 고마운 사람이다. 신안산대학에서 만났을 때 "교수님, 코칭 안 하세요? 배우겠다는 사람들이 많아요." 그 말에 힘입어 2018년 여름 워크숍과 겨울 워크숍이 기획되었다. 사람과의 만남 속에 축복과 응답이 있는 것을 오롯이 체험하였다. 이 글을 쓰는 지금 2020년 1월에 할 심화워크숍 40시간이 기대된다. 코칭은 참여자의 에너지 레벨을 높이고 잠재력과 창의력을 발휘하도록 이끄는 마법사다. 수시로 마법에 걸리기를 희망하고 있다. 특별히 여러 해 교분을 이어가고 부족한 나를 어머니로 높여 불러주는 곽동현 목사님이 손힘찬 작가와 함께 참석한다고 하여서 마음이 설레인다. 만남은 온통 축복인데 그중에 특별한 만남이 있다. 바로 곽동현 목사님과의 만남이 그러하다.

곽동현 목사님 : 잠재력 진로개발 코치

어떤 정체성을 가진 코치인가 물을 때 떠오르는 몇 가지가 있다. 그중 으뜸이 잠재력 진로개발코치이다. 물론 자기분석코칭으로 먼저 한국코치협회 인증을 받았다. 그러나 자기분석은 과정적 목표일 뿐이고 최종적이고 궁극적인 목적은 자신 안의 잠재력과 진로를 개발해 가도록 조력하는 코칭을 제일 귀하게 생각한다. 2009년의 저술 〈상담사의 자기분석〉의 부제가 이미 '잠재력 진로개발 이야기'였다. 그 책도 잠재력 진로개발 코칭 강의하러 가는 중에 잉태된 책이다.

필자의 잠재력과 진로를 견인해준 고마운 목사님이 바로 곽동현 목사님이다. 처음 만남은 박종혜 이사장님이 운영하시는 한국고령사회 교육원 방배동 교육장이었다. 강의 후에 곽동현 목사님으로부터 연락이 왔다. 겨울 방학에 과학영재캠프를 여는데 오프닝 특강을 맡아달라는 요청이었다. 얼떨결에 수락하고는 고민에 빠졌다. 내가 과학영재를 잘 모르는데, 그리고 초중고등 학생 캠프에서 환갑이 넘은 강사가 공감을 잘할 수 있을까 적잖이 고민이 되었다. 빨리 포기할까도 생각했다. 솔직히 잘 몰라서 강의 준비가 어렵겠다고 말했으면, 10년 넘게 이어지는 깊고 긴 교유는 이루어지는 않았을 것이다.

고민을 시작했다. 고민하는 사람이 아름답다고 나의 고민을 품어주신 송항룡 은사님의 말대로 고민은 새로운 씨앗을 가져온다. 과학영재란 어떤 대상을 의미하는가를 궁구하기 시작하니 뜻밖에 눌려 있던 기억이 솟아오른다. 큰아들이 이대부속초등학교 다닐 때 서부교육청 과학영재교실에 다니게 되어서 학부형으로 가서 교육청장님을 만나 뵌 적이 있었다. 둘째 아들도 형처럼 같은 서부교육청 주재 과학영재교실에 다녔고, 초등학생 때 과학기술부 장관상을 타온 생각도 어렴풋이 난다. 둘째는 사실 대단한 과학자가 될 조짐이 여러 가지 보였었다. 중학교에 다닐 때 방송반 교사께서 특별히 귀하게 보시고 S대 공대 진학을 목표로 개인집으로 부르셔서 수학을 가르쳐 주시고 사모님이 자장면을 만들어 먹이시는 은혜를 입었었다. 첫째와 둘째는 달라도 너무나 달랐다. 첫째는 공부하는 사람이고 둘째는 만드는 사람이다. 첫째가 과학계열 고등학교로 진학했을 때 방을 한 번 치워주면서 놀란 적이 있다. 그 당시에 완전영어 등 여러 가지 학습참고 자료가 있었는데 소위 문제집이 모두 끝까지 풀어져 있었다. 사실 필자는 이런 일이 거의 한 번도 없는 ENFP인데 아들은 소위 말하는 ISFJ이다. 말 없이 모든 문제집을 다 끝까지 푸는 학생이었기에 서울과학고 입학이 가능했던 것이다. 우리 부모된 이는 이런 사실을 전혀 모르고 바깥 일만 하고 있었다. 둘째는 이미 중학교 때 자기방에 스피커 25개를 만들어서 천장 구석구석에 매달고 음향을 실험하고 있었다.

책상 위의 연습장은 한 달 이상 그대로고 서랍에는 조립 키트가 가득가득 들어 있었다. 애들 아빠 몰래 10만 원씩 지원한 애들 엄마는 상당히 허용적인 엄마임에 틀림이 없다. 청계천 전자상가, 세운상가 등을 기웃거리던 둘째는 미국교환학생을 계기로 음악을 하는 학생이 되었고 현재도 전문음악인으로 연주를 하고 있다.

이렇듯 '과학영재' 한 가지 주제를 생각해도 연결되는 이야기가 많다. 그 당시에 나는 '오호 우리 애들도 과학영재였구나'라는 발견 속에 안도감을 느끼며 그 다음 고민으로 넘어갔다. 성인 대상으로 주로 교육하던 방법론은 아닐 것이었다. 그리하여 비행기 날리기 놀이도 하면서 학생들과 호흡을 맞췄고, 어린 초등학교 6학년 여학생으로부터 사인을 해달라는 행복한 경험도 하였다.

이야기가 자못 장황하다. 셋째의 생각은 바로 '곽동현 목사님이 나의 무엇을 보고 이런 주제의 강의를 부탁하셨을까?' 그렇다. 내가 강의를 하겠다고 나선 것이 아니고, 그분이 강의를 들으면서 저 교수님께 강의를 청해야지 생각했다면 그분의 '믿음'을 실현시킬 책무가 내게 있는 것이 아닌가! 그분은 무엇을 보았을까? 오늘까지 이 물음을 던져본 적은 없다. 그러나 그 이후로 2020년 오늘까지 교분이 이어지는 것은 그분이 아마 남이 못 본 것을 보았기 때문일 것이다. 이렇듯 잠재하여 있어 아직 수면에 드러나지 않은 가능성을 촉발하고 격려하는 코칭은 정말 놀랍고도 놀랍다.

원산다움상담코칭센터

세워지기를 기도하는 센터의 이름이다. 이북 원산에 '원산다움상담코칭센터'를 세우기 원하는 비전이 NLP 코칭 timeline 작업에서 확실하게 확립되었다. 원산에 서울에 있는 다움상담코칭센터와 같은 센터가 세워지기를 바라는 기도이다. 다움상담코칭센터는 2015년 6월에 세워지기 전 2008년 11월부터 매달 월례기도회로 준비되고 있었다. 하나님의 이끄심의 깊은 섭리를 모르는 우리는 매달 성실하게 예배를 드렸고, 돌아보니 그것이 다움상담코칭센터를 세우는 과정이고 기도회였다. 그리고 센터 설립 후에 우리는 첫 금요일 12시에 월례감사예배를 드린다. 신년감사, 부활절감사, 창립감사, 추수감사, 성탄절 다섯 번의 특별 예배와 7번의 정규 예배가 다움상담코칭센터를 견인하는 수레바퀴이다.

원산을 입술에 붙여주신 것은 필자가 한창 기독교대한감리회여선교회전국연합회 문화부장으로 몰입하고 있을 때였다. 1990~2002년까지 소위 12년간을 전일제로 일하지 않고 지냈다. 그때 그렇게 선교와 봉사, 특히 훈련된 합창단원으로서 선교와 봉사의 대열에 동참하게 해주신 하나님의 은혜는 특별 은총으로 부르고 싶다. 인생의 클라이맥스 — 40 초반부터 50 초반까지 그렇게 할 수 있었던 것은 또 다른 기도의 결과이다. 비록 어머니는 1995년에 하늘 나라로 가셔서 눈으로 다 보시지 못하셨지만, 막내딸이 선교와 봉사에 헌신하기를 끊임없이 기도하고 촉구하셨다. 주일 날 교회에 가면 두툼한 여선교회 발행 책자들, 감리교회 관계 출판물 등을 주시곤 했다. 마음속으로 찡그리며 왜 용돈을 이렇게 쓸데없는 일에 허비하실까 안타깝고 화가 나기도 하였다. 나는 여선교회에 눈꼽 만한 관심과 애정도 없었다. 금반지를 해드리면서도 '엄마, 정신 차리세요. 은혜받았다고 집회에서 이 반지 빼서 바치지 마세요.' 요렇게 다그치는 막내딸이 어머니는 어떠하였을까? 부끄럽고 고맙고 감사하고 말로 다 할 수가 없다.

어머니의 기도가 나를 서울연회 중구용산지방 여선교회 회장과 기독교대한감리회여선교회전국연합회 문화부장의 직책으로 이끌었다. 그리고 음악을 사랑하시던 어머니의 생활습관이 내리배어서 중구용산지방여선교회 합창단과 기독교대한감리회여선교회전국연합회 연합합창단원 생활로 이어졌다, 농담할 때 '곱창단'이라고 했던 두 합창단원으로 날마다 찬송하고 기도하게 하신 것이다. 한남동 여선교회전국연합회 회관에서는 늘 세미나와 예배가 이어졌다. 1990년대 어느 해인가 이북에서 300만 명이 굶어 죽었다는 믿지 못할 르뽀가 있었다. 여선교회 회원들이 1개 이상의 10만 원 상당의 survival kit 마련을 위해서 헌금을 했다. 또한 감리교회는 이북연회를 위해서 남한의 연회가 이북연회를 구성하고 위해서 기도하는 제도가 있었다. 이북 땅을 그리며 기도하는 중에 원산에 마음이 머무르는 것을 느꼈다. 그때부터 원산이 입술에 붙었고, 생각하고 사랑하게 되었다. 누구는 질문한다. 왜 평양이 아니고 원산인가? 물론 평양에 있는 김정일 위원장에게 느헤미야처럼 다가가는 기도의 용사를 위해 기도했고, 또한 지금도 지근거리에 있다는 크리스천들이 김정은 위원장에게 담대하게 복음을 전하는 그 기회를 위해서 기도한다.

꿈 이야기 교회의 부활 : 원산을 향한 첫걸음

꿈 이야기 교회 창립예배는 3인이 모여 연세대학교의 연희동센터 가장 구석진 방, 나의 개인상담실에서 이루어졌다. 그때 동참한 정정숙, 이정수 두 분은 내가 둘렀던 스툴에 대한 회상을 이야기한다. 그리고 2개월 후인 2008년 11월부터 연세대학교상담코칭지원센터 월례기도회로 확장되었다. 이 기도회는 연세대학교상담코칭센터 건립추진위원회를 낳았고, 함께 기도하면서 2억 원에 가까운 기금을 연세대학교동문회에 기부하였다. 기부금이 모두 연세대학교 대외협력처 계좌로 입금되었었다. 이 기금의 일부가 연세대 연희동 센터가 마포구 성산동으로 이전할 때 귀한 보증금으로 사용되었다고 후에 들었다. 그리고 연세대학교연합신학대학원의 목적기금으로 자리매김된 것으로 추측하고 있다. 이 지면에서 후원해주신 모든 분께 감사의 인사를 드리고자 한다. 그리고 건립추진위 운동은 월례예배를 중심으로 이루어졌고, 그 월례예배가 다움상담코칭센터 창립원장 5인의 결속을 만들었다고 생각한다. 알 수 없는 하나님의 섭리에 머리를 숙일 뿐이다. 그리고 하나님께서 다시 꿈 이야기 교회를 통해 우리를 인도하고 계시다.

　원산의 그 어느 집에서 함께 만나 예배를 드리고 상담 강의도 하고 코칭도 하고 집단상담도 하는 그런 그림을 그린다. 그림이 행동이 되기 위해 준비한다. 이런 마음이 서우경 코치가 이끄는 NLP프랙티셔너 과정 중 타임라인에서 터져 나왔고 2018년도 2L3A 워크숍 시간에 이어졌다. 그리고 2019 크리스마스에 다움상담코칭센터 전임코치로 합류하신 이혜정 목사님과의 코칭 시간에 다시 나누어졌다. 실행계획을 촉구하는 이혜정 코치님의 질문 덕분에 2020년 1월부터 한 달에 한 번씩 '꿈이야기집단'을 하겠다는 구체적인 계획이 도출되었다. 그리하여 2020년 1월 23일에 첫 모임이 열렸다. 현재는 박순 원장, 순복음교회 이현숙 선생님, 서기대 서재은 선생님, 이혜정 목사님, 이정수 원장님, 이렇게 5인이 월 1회 셋째 목요일 11시를 기억한다. 예배 준비는 서로 돌아가면서 한다. 이혜정 목사님의 제언으로 2월부터 예배에 봉헌순서가 마련되었다.

이끄시는 대로 가고자 한다. 경원선을 뚫리게 하시고, 12명의 동반자를 세우시며, 하나같이 말씀과 상담과 코칭으로 무장된 우리가 다움상담센터 근처 가좌역을 출발하는 그날은 언제일까? 2023년에는 원산에 가기를 소망하고 적어도 내 생애에 다섯 번 이상은 원산 땅을 밟고자 한다. 그래서 어머니에게서 전해들은 외할머니 전라열 전도부인의 괄괄함을 사모하고 기도한다. 충서 지방에 기도처 20여 개를 세우시고, 1933년도 감리교 조선연회록에 안면도에 기도처를 세운 분으로 이름이 남겨진 나의 외할머니는 처량하고 곤한 길을 두루 다니셨다. 남편이 눈을 크게 뜨고 반대할 때도 두 아들이 서슬 퍼렇게 반대할 때도 오직 한 길 천주학을 하시고 스스로 한글을 깨우치신 외할머니의 믿음의 기운이 내게 전달되기를 간구한다.

라디오 재봉틀

어릴 적 삶의 장면에 어머니의 바느질 모습이 있다. 어머니의 한복 바느질로 생계를 이어갈 때가 있었는데, 어머니 말씀대로 치마는 둘둘 박으시고, 섭이나 깃은 조심스럽게 인두로 지져서 손으로 꿰메셨다. 어머니는 음악을 정말 좋아하시고 사랑하시고 사랑하시는 분이었다. 바로 엊그제사, 지금의 내가 있을 수 있는 것은 어머니께서 삶의 가장 어려운 대목을 노래로 풀어내신 덕분이라는 것을 깨달았다. 당신의 인생 가운데 중년에 큰아들의 사망이라는 감당할 수 없는 커다란 비극이 찾아왔어도, 어머니는 그 마음을 "해는 져서 어두운데 , 찾아오는 사람 없어, 밝은 달만 쳐다보니 외롭기 한이 없네…" 해진 후 찾아오는 외로움과 슬픔을 노래에 얹어서, 정말 감정이입하여 부르셨고, 우리 4남매는 어머니 음악교실의 학생들인 셈이다. 지금 생각하니 얼굴 보고 싶은 아들을 그리면서, 애증의 대상인 남편이 행여나 돈 한 푼 가지고 오지 않을까 기다리시던 마음이 이제사 보인다.

박사과정에서 꿈의 신비한 작용에 대해서 배울 때 하나의 환상이 떠올랐다. '라디오가 나오는 재봉틀.' 재봉틀은 지금은 사라진 가전제품이지만 필자 어릴 적엔 대단한 재산목록에 속했다. 학교에서 가정생활 조사할 때 아마 재봉틀이 있는가도 조사했을 것이다. 당시에는 재봉틀 대가리만 훔쳐가는 도둑도 많았다. 아무튼 재봉틀은 바느질에 사용되는데, 거기에서 음악이 나오면 어떨까 하는 엉뚱한 발상이 떠올랐다. 오늘 새벽 전까지만 해도, 재봉틀 바느질 소리와 아름다운 음악소리가 어떻게 조화될까 염려가 있었는데, 재봉틀 바느질 소리에 맞춰서 클래식 음악이 나오는 재봉틀, 아니 미싱(machine)을 상상하며 입가에 미소가 감돈다. 다다이스트의 자세로 들어갔기에 새로운 발명품이 나왔나? 낯익은 것을 낯선 장소에서 마주하게 하는 초현실주의적인 미술기법을 '데페이즈망(dépaysement)'이라고 부르는데, 일상의 익숙한 사물들이 예기치 않은 방식으로 만나면서 빚어지는 우연과 전복의 미학이다. 아이러니와 풍자가 내 삶의 이야기에 늘 어리어 있다. 어렸을 적 발음 그대로 하면 '라지오 자방틀'이다. 필자가 기억하는 1950년대 후반이 시기에 우리 집에 라디오는 없었다. 그 당시에는 집집마다 라디오가 있지 못했다. 가끔 오빠가 광석을 가지고 연결한 광석라디오가 소리를 내기도 하고 끊어지기도 하였다. 그래서 지금이라도 라디오 재봉틀을 만들어 그 때의 결핍을 보상하고 있는 것일까요?

클래식 음악이 나오는 재봉틀을 만들고 나니, 환히 웃으시는 엄마 얼굴이 보인다. 어머니의 40대 말, 50대 초, 아직 젊고 아름다우시던 어머니의 말 없는 환한 미소가 떠오른다. 명문대학교 교수부인에서 삯바느질하는 아주머니로 전락하셨으면서도 항상 웃으며 말씀하시고 늘 노래를 즐겨 부르셨던 아름다운 엄마의 초상이 보인다. 노래하는 재봉틀은 엄마다. 엄마는 노래하는 재봉틀이다. 그 바느질로 끼니를 이었다. 그런데 엄마, 왜 웃기만 하고 말씀을 안 하세요? 엄마!

라디오 재봉틀이 버전업이 되면서 바느질하는 사람의 마음 깊은 곳에 있는 음악이 흘러나오게까지 되었다. 그냥 라디오 음악이 나오기도 하고, 어릴 적 동요를 생각하면 바로 그 노래가, 가곡을 떠올리면 금방 그 노래로, 클래식을 생각하면 바로 그 곡의 연주가 흘러나오는 라디오 재봉틀. 뭐라구요? 기왕이면 TV 재봉틀을 만들라구요? 허참. 우리 어렸을 적에는 TV가 없었다니까요. 아니 필자를 위한 배려라구요? 엄마가 그 노래 부르시던 모습까지 항상 볼 수 있다구요? 오, 예!
(2020. 3. 5.)

미주

1) 정석환, 박순, 김상복 개발 〈전문코치를 위한 자기분석 코칭〉, 연세대학교 코칭아카데미, 2016.

2) Jonathan Passmore, 코칭 수퍼비전, 권수영, 박 순, 김상복 공역, 시그마프레스, 2014.

3) 박순, 이규일, 조정연 개발, 〈봄-들음-물음-깨달음-함〉 비니즈니스 & 라이프 코칭 프로그램, 언더우드상담코치연구소, 2019.

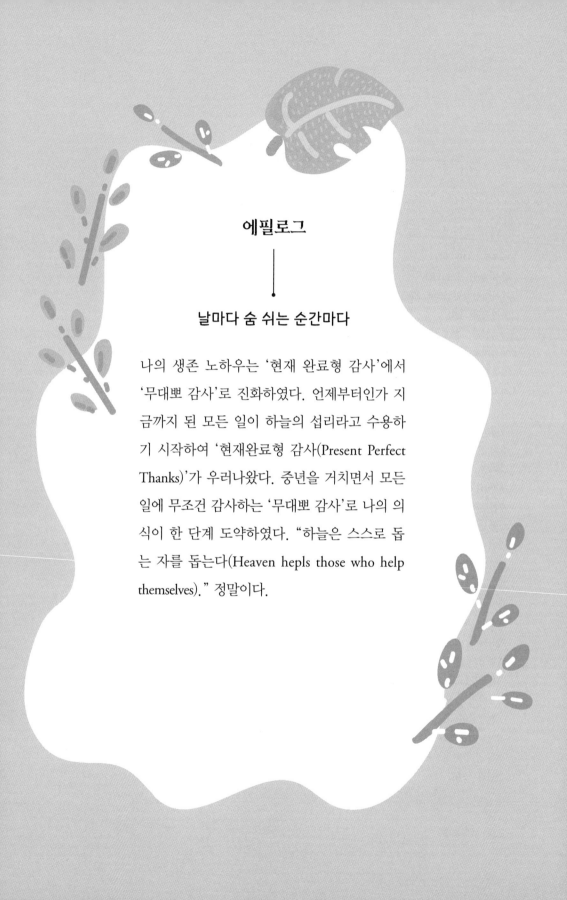

에필로그

날마다 숨 쉬는 순간마다

나의 생존 노하우는 '현재 완료형 감사'에서 '무대뽀 감사'로 진화하였다. 언제부터인가 지금까지 된 모든 일이 하늘의 섭리라고 수용하기 시작하여 '현재완료형 감사(Present Perfect Thanks)'가 우러나왔다. 중년을 거치면서 모든 일에 무조건 감사하는 '무대뽀 감사'로 나의 의식이 한 단계 도약하였다. "하늘은 스스로 돕는 자를 돕는다(Heaven hepls those who help themselves)." 정말이다.

찾아보기

지은이

박순(朴純), Soon Park, Ph.D

연세대학교 영문학과를 졸업하고 수원 매향여자정보고교와 신광여고에서 영어교사를 하던 중에 삶의 방향을 전환하여 상담사와 코치의 길을 걷고 있다. 2008년에 연세대학교 대학원에서 신학박사학위(Ph.D, 상담코칭학 전공)를 취득하였다.

1979년에 연세대 연합신학대학원에서의 상담학 전공(문학석사)을 출발점으로 연세대학생상담센터, 생명의전화, 홀트아동복지회에서 일하였다. 중년에 12년간 전업주부로서 자녀교육에 헌신하며 중구용산지방여선교회회장, 감리교여선교회전국연합합창단원, 서울연회부회장으로서 선교와 봉사의 현장에 있었다. 박사학위 취득 후 연세대학교상담코칭지원센터에서 전임상담사로서 강의와 교육분석, 수퍼비전을 담당하였고 2015년에 연세다움상담코칭센터 원장이 되어 상담과 코칭의 양날개를 펼치고 있다.

전문코치의 역량강화를 위한 〈자기분석 코칭〉 프로그램을 연세대 코칭아카데미에서 개발하였고, 〈2L3A : 봄-들음-깨달음-물음-함〉 비즈니스&라이프 코칭 프로그램을 언더우드상담코치연구소에서 개발하였다. 상담사와 코치로서 지속적인 전문성의 개발을 실천하고 있으며, 자기분석과 자기실현을 넘어서 자기창조의 길을 열어가고 있다.

저자는 임상경력 40년을 통합하는 이 책의 출판이 향후 인생행로의 나침반이 될 것임을 즐거운 마음으로 예감하고 있다.

학력 : 연세대학교 영어영문학과 졸업(1972)
　　　연세대학교 연합신학대학원 문학석사(상담학, 1981)
　　　연세대학교 대학원 신학박사(상담학 전공, 2008)

현 : 연세다움상담코칭센터 원장
　　언더우드상담코치연구소 대표
　　서울사이버대학교 외래교수
　　KC교육대학원 겸임교수

　　한국목회상담협회/한국기독교상담심리치료학회 감독
　　한국상담학회/한국상담심리학회 수퍼바이저
　　(사)한국가족문화상담협회 수련감독
　　한국코치협회 전문코치(KPC) 중독전문가
　　연세대학교 연합신학대학원 합창단 단장
　　궁동산배드민턴클럽 고문

전 : 언세대학교연합신학대학원/차의과학대학교 겸임교수
　　숭실사이버대학교/KC대학원 외래교수
　　연세대학교상담코칭지원센터 전임상담사
　　매향여자정보통신고등학교/신광여고 영어교사
　　연세대학교 학생상담센터 카운슬러
　　홀트아동복지회 과장
　　생명의 전화 교육위원, 홍보위원장

저서 : 상담자의 자기분석, 시그마프레스
　　심리전기와 상담, 시그마프레스
　　가족해체경험에 대한 이야기치료적 접근, 산마루 글방
공저 : 상담학질적연구방법론 사례집, 시그마프레스
　　중독과 영성, 학지사
　　죽음준비교육, 도서출판 샘솟는 기쁨
공역 : 코칭 수퍼비전, 시그마프레스
논문 : 존속살해 무기수의 이야기심리학적 심리전기
　　심리전기적 상담연구방법론
　　성서 속의 성폭력 내러티브
　　노년기의 두 얼굴: 잃어버림과 덧입음
　　도박중독과 홍익인간의 영성